Rolf Höfert

Von Fall zu Fall – Pflege im Recht

3., überarbeitete und erweiterte Auflage

Rolf Höfert

Von Fall zu Fall – Pflege im Recht

Rechtsfragen in der Pflege von A–Z

Mit 27 Abbildungen

3., überarbeitete und erweiterte Auflage

Springer

Rolf Höfert
Hauptstraße 24
56587 Oberhonnefeld

ISBN-13 978-3-642-16592-4, 3. Auflage, Springer Verlag Berlin Heidelberg New York
ISBN-13 978-3-540-79328-1, 2. Auflage, Springer Verlag Berlin Heidelberg New York

Bibliografische Information der Deutschen Bibliothek
Die Deutsche Bibliothek verzeichnet diese Publikation in der Deutschen Nationalbibliografie; detaillierte bibliografische Daten sind im Internet über http://dnb.ddb.de abrufbar.

Springer Medizin
Springer-Verlag GmbH
ein Unternehmen von Springer Science+Business Media
springer.de

Planung: Barbara Lengricht und Susanne Moritz, Berlin
Projektmanagement: Dr. Ulrike Niesel, Heidelberg
Copyediting: Bettina Arndt, Weinheim
Layout und Umschlaggestaltung: deblik Berlin

SPIN 80017336
Satz: TypoStudio Tobias Schaedla, Heidelberg

Gedruckt auf säurefreiem Papier 22/2122/UN – 5 4 3 2 1 0

Vorwort zur 3. Auflage

Die Anforderungen an die Beschäftigten im Gesundheitswesen steigen fortwährend. Diese Entwicklung wirkt sich zugleich auf die Rechtsprechung für den Pflegeberuf aus.

In dieser Auflage finden Sie Auszüge der aktuellen Gesetze und Verordnungen für den Pflegebereich. In 88 Fallbeschreibungen, 141 Urteilen und 102 Praxistipps werden die verschiedenen Situationen im Pflegealltag aus rechtlicher Perspektive beleuchtet.

Neu hinzu kommen die Kapitel »Gewalt in der Pflege« und »Patientensicherheit« mit hilfreichen Beispielen sowie Tipps zur Fehlervermeidung bzw. Haftungsprophylaxe im Sinne von: **»Aus Fehlern anderer lernen, um eigene Fehler zu vermeiden.«**

Das Berufsrecht mit klarer Kompetenz- und Aufgabendefinition für die Pflege ist in Deutschland gesetzlich leider noch nicht geregelt. Weiterhin erfolgt das von Fall zu Fall retrospektiv durch Richterentscheidungen. Die Luftfahrt kann uns hier nur als bedenkenswertes Beispiel dienen. Im Vergleich zum Pflegealltag würde ein Pilot nie ohne Co-Pilot und Bordpersonal ein voll besetztes Flugzeug starten.

Unter dem Motto »Was alles so passieren kann« soll Ihnen dieses Buch ein nützlicher Begleiter in der Sicherheitsprävention sein. Nur in einer offenen Fehlerkultur sind konstruktive Lösungs- und Vermeidungsstrategien gut zu realisieren. Mit einem durchdachten Risikomanagement beugen Sie Regressansprüchen gegen Ihre Person und/oder Ihren Träger vor.

Ich wünsche, dass dieses Buch Ihnen angesichts der Herausforderungen Ihres pflegerischen Engagements die nötige Klarheit in rechtlichen Belangen bietet. Allem gemeinsam ist das Ziel, eine qualitativ gesicherte Versorgung von Bürgern als Patienten und Bewohner im Krankenhaus, Altenheim sowie in der ambulanten Pflege zu gewährleisten. Denn: **Vorbeugen ist besser als leiden und haften!**

Neuwied, im Herbst 2010

Rolf Höfert

Vorwort zur 1. Auflage

Sicher haben Sie im Pflegealltag schon einmal eine sog. Schrecksekunde erlebt. Vergleichbar der Luftfahrt, kann es auch im medizinischen und pflegerischen Leistungsbereich zu einer »Beinahe-Katastrophe« kommen.

Dieser Ratgeber für den pflegerischen Alltag zeigt, dass es grundsätzlich darum gehen muss, aus Fehlern zu lernen, um Fehler zu vermeiden.

Medizinischer Fortschritt, Erkenntnisse der Pflegewissenschaft, alternde Gesellschaft, Forderungen steigender Effizienz bei knappen Ressourcen stellen eine große Herausforderung an alle Beteiligten im Gesundheitswesen dar. Neben diesen Rahmenbedingungen müssen die Patienten- und Bewohnersicherheit, Qualitätssicherung und der Schutz der Profession Pflege im Mittelpunkt stehen. Sobald ein Patient oder Bewohner mit der jeweiligen Einrichtung einen Vertrag abgeschlossen hat, geht er davon aus, dass sich sein Restrisiko dadurch weitgehend reduziert hat.

Die Rechtsempfindlichkeit der Bürger mit meist materiellen Schadenersatzansprüchen hat in den letzten Jahren wesentlich zugenommen. Im juristischen Ernstfall sieht sich die Pflege mit dem Vorwurf der gefährlichen Pflegehandlung konfrontiert. Strafrechtliche und zivilrechtliche Konsequenzen können einschneidende Folgen für jeden Einzelnen bedeuten.

In diesem Buch finden Sie Fälle, Urteile, die wesentlichen Paragraphen der entsprechenden Gesetze und Praxistipps zu den Brennpunkten des pflegerischen Alltags. Das Recht orientiert sich an Gesetzen und nicht an Rahmenbedingungen. Die Fälle und Urteile lassen sich auf alle Leistungsbereiche der Pflege übertragen. Die Verantwortung der Pflege im Versorgungssystem wird transparent und soll Ihnen als Modul der Sicherheit dienen.

Dieses Buch möchte Ihnen vor allem aber ein hilfreicher Begleiter im Spannungsfeld Ihres Praxisalltags sein. Denn: **Vorbeugen ist besser als haften!**

Neuwied, im Herbst 2005 Rolf Höfert

Inhaltsverzeichnis

Abkürzungsverzeichnis

ADS	Arbeitsgemeinschaft Deutscher Schwesternverbände und Pflegeorganisationen e.V.
AG	Amtsgericht
AltPflG	Altenpflegegesetz
AVR	Arbeitsvertragsrichtlinien
BA	Bundesausschuss der Lehrerinnen und Lehrer für Pflegeberufe e.V.
BAG	Bundesarbeitsgericht
BÄK	Bundesärztekammer (Arbeitsgemeinschaft der Deutschen Ärztekammern)
BALK	Bundesarbeitsgemeinschaft Leitender Pflegepersonen e.V.
BAT	Bundes-Angestellten-Tarifvertrag
BDH	Bund Deutscher Hebammen e. V., jetzt DHV Deutscher Hebammen Verband e.V.
BeKD	Berufsverband Kinderkrankenpflege Deutschland e.V.
Betr.VG	Betriebsverfassungsgesetz
BFLK	Bundesfachvereinigung Leitender Krankenpflegepersonen der Psychiatrie e.V.
BGB	Bürgerliches Gesetzbuch
BGBl.	Bundesgesetzblatt
BGH	Bundesgerichtshof
BMG	Bundesministerium für Gesundheit und Soziale Sicherung
BMJ	Bundesministerium der Justiz
BSG	Bundessozialgericht
BtMG	Betäubungsmittelgesetz
BRDrs	Bundesratsdrucksache
Bt-Drs	Bundestagsdrucksache
DBfK	Deutscher Berufsverband für Pflegeberufe e. V.
DBVA	Deutscher Berufsverband für Altenpflege e.V.
DGF	Deutsche Gesellschaft für Fachkrankenpflege und Funktionsdienste e.V.
DKG	Deutsche Krankenhausgesellschaft

DPR	Deutscher Pflegerat e.V., Bundesarbeitsgemeinschaft der Pflegeorganisationen und des Hebammenwesen
DNQP	Deutsches Netzwerk für Qualitätsentwicklung in der Pflege
DPV	Deutscher Pflegeverband e. V.
GG	Grundgesetz
GKV	Gesetzliche Krankenversicherung
GKV-WSG	Gesetz zur Stärkung des Wettbewerbs in der Gesetzlichen Krankenversicherung
GMG	GKV-Modernisierungsgesetz
HeimG	Heimgesetz
HeimPersV	Heimpersonalverordnung
ICN	International Council of Nurses
IfSG	Infektionsschutzgesetz
KG	Kammergericht
LAG	Landesarbeitsgericht
LG	Landgericht
LSG	Landessozialgericht
MDK	Medizinischer Dienst der Krankenversicherung
MedGV	Medizingeräteverordnung
MPG	Medizinproduktegesetz
OLG	Oberlandesgericht
PDL	Pflegedienstleitung
PPR	Pflegepersonalregelung
PQsG	Pflegequalitässicherungsgesetz
PsychPV	Psychiatrie Personalverordnung
RöV	Röntgenverordnung
RVO	Reichsversicherungsordnung
SGB	Sozialgesetzbuch
StGB	Strafgesetzbuch
StPO	Strafprozessordnung
TVÖD	Tarifvertrag für den öffentlichen Dienst
VG	Verwaltungsgericht
VPU	Verband der Pflegedirektorinnen und Pflegedirektoren der Universitätskliniken und der Medizinischen Hochschulen Deutschlands e.V.

Abmahnung

Im Zusammenhang mit **Pflegefehlern** kommt der Abmahnung eine besondere Bedeutung zu. Die Abmahnung erfüllt vor allem eine Rüge-, Hinweis- und Warnfunktion und ist in vielen Fällen der erste Schritt zu einer verhaltensbedingten Kündigung. Dieser arbeitsrechtliche Schritt erfolgt oft direkt nach einem Vorfall innerhalb der Pflegeleistung, bevor die Staatsanwaltschaft ermittelt bzw. zivilrechtliche Forderungen aufkommen.

Beispiele für Abmahnungen

- Alkohol, Drogenmissbrauch, Medikamentenmissbrauch
- Arbeitsverweigerung
- Nichteinhaltung der Dienstanweisungen
- Nichtbeachtung vorliegender Standards
- Kompetenzüberschreitung
- Dokumentationsmängel
- Ungerechtfertigte freiheitsentziehende Maßnahmen
- Körperverletzung (z. B. Dekubitus, fehlerhafte Injektion, Sturz)
- Unpünktlichkeit
- Eigenmächtiger Urlaubsantritt
- Diebstahl von Medikamenten

In einer Abmahnung muss der Arbeitgeber das vertragswidrige Verhalten konkret darstellen. Folgende Angaben sind grundlegend:

- Art
- Ort
- Zeit
- Zeitdauer
- Auswirkungen

! Als Warnfunktion für eine eventuelle spätere Kündigung gilt der Hinweis, dass weitere Pflichtverstöße nicht mehr hinnehmbar sind und im Wiederholungsfall mit der Entlassung zu rechnen ist.

Eine Anhörung des Arbeitnehmers vor Ausspruch einer Abmahnung ist rechtlich nicht erforderlich, d. h. der Arbeitgeber ist nicht verpflichtet, den Arbeitnehmer vor der Abmahnung zu dieser Sache anzuhören. Nur der Träger einer Einrichtung ist befugt, Abmahnungen auszusprechen. Er überträgt diese Befugnis, im Sinne des Direktionsrechts, auf die Führungskräfte im Pflegemanagement, die stellvertretend für den Träger die Abmahnung aussprechen dürfen.

Dem Arbeitnehmer ist hinreichend Gelegenheit und Zeit zu geben, sein Verhalten zu ändern.

Abmahnungen, die nicht zutreffende Feststellungen beinhalten, müssen aus der Personalakte entfernt werden. Ungerechtfertigt ist eine Abmahnung, wenn sie unverhältnismäßig ist, auf unzutreffende Tatsachen beruht oder unsachlich und beleidigend formuliert ist.

Wirkungsdauer einer Abmahnung

In der erst- und zweitinstanzlichen Rechtsprechung und in der Literatur gilt die Auffassung, dass eine Abmahnung nach 2 bzw. 3 Jahren automatisch ihre Wirkung verliert. Das Bundesarbeitsgericht (BAG) lehnt jedoch in seiner Rechtsprechung eine schematische Betrachtungsweise ab.

Beispiel

Urteil: Das BAG entschied über die Wirksamkeit einer erklärten außerordentlichen Kündigung. Es musste beurteilen, ob eine gegenüber dem gekündigten Arbeitnehmer zuvor ausgesprochene Abmahnung wegen Diffamierung von Führungskräften und Kollegen im Rahmen der vorzunehmenden Interessenabwägung und Prüfung der Unzumutbarkeit der Weiterbeschäftigung berücksichtigt werden konnte. Im Urteil wurde dieses bejaht und folgende Grundsätze bestätigt:

»Ob eine Abmahnung nach Ablauf einer bestimmten Zeit wirkungslos geworden ist, lässt sich nicht pauschal beurteilen. (…) Eine ursprünglich ausreichende Abmahnung verliert ihre Bedeutung grundsätzlich erst dann, wenn aufgrund des eingetretenen Zeitablaufs oder aufgrund neuer Umstände (z. B. einer späteren unklaren Reaktion des Arbeitgebers auf ähnliche Pflichtverletzungen anderer Arbeitnehmer) der Arbeitnehmer wieder im Ungewissen sein könnte, was der Arbeitgeber von ihm erwartet bzw. wie er auf eine etwaige Pflichtverletzung reagieren werde. Dies lässt sich jedoch nur unter Berücksich-

▼

tigung aller Umstände des Einzelfalls, insbesondere der Art der Verfehlung des Arbeitnehmers und des Verhaltens des Arbeitgebers im Anschluss an die Abmahnung, beurteilen.« (BAG, Urteil vom 10.10.2002 – 2 AZR 418/01).
Das heißt: Das BAG hat die außerordentliche Kündigung gegenüber einem nach tarifvertraglichen Vorschriften ordentlich nicht mehr kündbaren Arbeitnehmer wegen grober Beleidigung von Vorgesetzten und Kollegen bestätigt. Die Abmahnung habe nicht nur weiterhin Bestand, sondern müsse zumindest bei der Interessenabwägung auch zu Lasten des Klägers berücksichtigt werden.

Möglichkeiten des Arbeitnehmers

Praxistipp

Als Arbeitnehmer können Sie:
- den Arbeitgeber auffordern, die Abmahnung aus der Personalakte zu entfernen.
- eine Gegendarstellung zur Personalakte geben. Wichtig ist der Hinweis auf § 83 Abs. 1 Betr.VG.
- Beschwerde beim Betriebsrat oder beim Arbeitgeber gem. §§ 84, 85 Betr. VG wegen ungerechter Behandlung einlegen.
- eine vermittelnde Vertretung wie Betriebsrat, Personalrat oder Mitarbeitervertretung einschalten.
- Klage beim Arbeitsgericht auf Entfernung und Aufhebung der Abmahnung aus der Personalakte einlegen.
- die Richtigkeit der Abmahnung im Rahmen eines späteren Kündigungsschutzprozesses prüfen lassen.

Ermahnung

Zu unterscheiden von der Abmahnung ist die Ermahnung, die mündlich oder auch schriftlich erfolgen kann. Mit einer Ermahnung wird der Arbeitnehmer lediglich zur Einhaltung seiner vertraglichen Pflichten angehalten. Es fehlt die Androhung von Rechtsfolgen, wie sie bei der Abmahnung erforderlich ist. Eine Ermahnung ist in der Praxis als Vorstufe zur Abmahnung zu sehen.

▶ Kündigung

Ärztliche Anordnung

Die Anordnungsverantwortung für medizinisch-diagnostische und therapeutische Maßnahmen trägt nach bestehender Rechtslage grundsätzlich der Arzt. Nach überwiegender Meinung ist die **Durchführung** von Injektionen, Infusionen und Blutentnahmen grundsätzlich dem Arzt vorbehalten. Er darf diese Tätigkeiten dem Assistenzpersonal übertragen, ist damit aber zur Aufsicht und Kontrolle des für ihn tätig werdenden Personals verpflichtet.

Die Pflegeperson führt die verordnete Maßnahme im Sinne des Altenpflegegesetzes § 3,2. oder des Krankenpflegegesetzes § 3 (2) 2.a,b aus. Der Arzt haftet strafrechtlich und zivilrechtlich für die ordnungsgemäße Anordnung, bezogen auf den Patienten und den Adressaten der Anordnung. Die übertragene Aufgabe muss inhaltlich genau bestimmt sein. Voraussetzung sind Kenntnisse und Fähigkeiten der Pflegeperson.

Die Durchführungsverantwortung für die verordnete Maßnahme übernimmt die Pflegeperson. Bestehen Bedenken bezüglich der Verordnung, müssen diese umgehend dem Arzt bzw. einem leitenden Arzt gegenüber geäußert werden (Remonstrationsrecht, -pflicht). Bleibt der Arzt trotz dieser Bedenken bei seiner Anordnung, so trifft ihn die alleinige Verantwortung für einen eventuellen Schaden.

Das häufige Argument, der Arzt sei nicht verfügbar gewesen, kann nur im äußersten Notfall gelten.

Möglichkeiten der Anordnung

- **Krankenhaus:**
  Ständige Verfügbarkeit eines Arztes
- **Altenheim:**
  Anordnung per Fax vom behandelnden Arzt des Bewohners
- **Ambulante Pflege:**
  Anordnung per Fax vom Hausarzt

Der Arzt darf die Durchführung von intravenösen Injektionen, Infusionen oder Blutentnahmen jeweils nur an die einzelne Pflegeperson übertragen. Die ärztliche Anordnung über die Durchführung muss zeitgerecht schriftlich festgehalten und vom Arzt unterschrieben werden.

Verpflichtungen zur schriftlichen ärztlichen Anordnung

Verpflichtungen ergeben sich u. a. aus:

- Ärztliches Standesrecht (§ 15 MBÖ-Ä)
- Krankenhausvertragsrecht

- Deliktsrecht (§ 810 BGB)
- Dokumentationspflicht
- Ständige Rechtsprechung des BGH
- Empfehlungen der DKG
- SGB V (Krankenversicherungsrecht)

Eine Pflegeperson kann sich einer Anordnung dann verweigern, wenn sie sich fachlich nicht oder nicht ausreichend für diese Maßnahme qualifiziert fühlt. Dies gilt insbesondere für die Injektion von Röntgenkontrastmitteln, Zytostatika, Herzmedikamenten und weiteren Medikamenten, im Rahmen derer häufiger Zwischenfälle bekannt wurden.

In vielen Einrichtungen gibt es Spritzenscheine als Befähigungsnachweise vor dem Hintergrund der haftungsrechtlichen Verantwortung. Dieser Spritzenschein entbindet aber nicht von einer individuellen, rechtlichen Würdigung bei einzelnen Komplikationen in der Durchführung einer Injektion im Sinne der Durchführungsverantwortung. Der Spritzenschein ist lediglich eine organisatorische Möglichkeit, um die Qualifikation einzelner Pflegekräfte für bestimmte Injektionen formal festzulegen.

Diese von vielen Juristen empfohlene Legitimation zur Durchführung bestimmter ärztlicher Tätigkeiten, wie z. B. Infusion und i.v.-Injektionen, bestätigt, dass der Arzt sich jeweils individuell von der Qualifikation der per Spritzenschein bestätigten Pflegeperson überzeugt hat. Rechtlich sind diese Nachweise nur akzeptabel, wenn es sich um Einzelnachweise und nicht um Pauschalbescheinigungen handelt. Das bedeutet, dass z. B. ein von dem Chirurgen eines Krankenhauses ausgestellter Spritzenschein nicht automatisch für die Durchführung von Infusionen auf der internistischen Station gilt.

Der Befähigungsnachweis entbindet nicht von der Übernahmeverantwortung und Durchführungsverantwortung der jeweiligen Maßnahme durch die Pflegeperson. Es ist hiermit lediglich die Anordnungshaftung des Arztes geprägt.

Wie eine Ausführung ärztlicher Verordnungen geregelt ist, muss im Sinne der Organisationsverantwortung durch die Pflegedienstleitung gemeinsam mit Ärzten und Träger formuliert werden. Hierin sollten die Ziele von stellenbeschreibenden Dienstanweisungen Berücksichtigung finden, die auf Grundlage von Standards erarbeitet werden. Somit erfüllt der Träger die Garantenstellung aufgrund des Vertrages mit dem Patienten bzw. Bewohner.

Beispiel

Urteil: Verantwortung des Pflegepersonals bei Übernahme ärztlicher Anordnungen

Mit einer vom Stationsarzt erteilten Anordnung zur Verabreichung einer Infusionsflasche mit Kaliumchlorid beauftragt eine Stationsschwester eine Lernschwester, die sie aufgrund ihres Ausbildungsstandes (2,5 Jahre) und der bisher gezeigten Zuverlässigkeit für hinreichend qualifiziert hielt. Diese spritzte jedoch 10 ml Kaliumchlorid 7,45%ig unmittelbar in den Infusionsschlauch anstatt wie vorgesehen in die Infusionsflasche. Das 6-jährige Kind kollabierte sofort und verstarb unter dem klinischen Zeichen des Kreislaufstillstandes. Die Staatsanwaltschaft beim Landgericht München erhob Klage wegen fahrlässiger Tötung gegen den Chefarzt, den Stationsarzt, die Stationsschwester und die Lernschwester.

Die Entscheidung des Gerichts: Das Landgericht München hat den Chefarzt und den Stationsarzt vom Vorwurf der Anklage freigesprochen. Dem Chefarzt könne ein Anweisungs- und Auswahlfehler nicht vorgeworfen werden. Er konnte sich darauf verlassen, dass der seit längerer Zeit auf Station tätige Stationsarzt dafür Sorge tragen würde, dass gerade auch einfache Behandlungen, die allerdings lebensgefährlich sein können, von erfahrenen, gut ausgebildeten Kräften ausgeführt werden. Eine Pflichtverletzung konnte weder dem Chefarzt noch dem Stationsarzt zum Vorwurf gemacht werden. Im Rahmen der Handlungsverantwortung wurde die Stationsschwester mit einer Geldstrafe von 50 Tagessätzen zu je DM 20,- verwarnt. Die Verurteilung zu dieser Strafe blieb vorbehalten. Die Lernschwester erhielt eine Freiheitsstrafe von 8 Monaten auf Bewährung wegen fahrlässiger Tötung (LG München I, 16. Strafkammer, Urteil vom 27.10.1978, AZ: 16 KLS 124 JS 43 12 76).

Praxistipp

Wenn Sie in einer Einrichtung arbeiten, die Befähigungsnachweise für i.v.-Injektionen (»Spritzenscheine«) vergibt, dürfen Sie erst nach Erhalt dieses Scheines entsprechende Injektionen verabreichen. Ansonsten können Sie bei Komplikationen zur Rechenschaft gezogen werden.

Überträgt ein Arzt Tätigkeiten wie i.v.-Injektionen, Infusionen und Blutentnahmen an eine Pflegeperson, so trägt jedoch er die Anordnungsverantwortung. Die Pflegeperson übernimmt die Durchführungsverantwortung. Es sollte darauf bestanden werden, dass die Anordnung zur Durchführung schriftlich erteilt wird und alle Detailanordnungen wie z. B. Dosis, Zeit und Applikationsart beinhaltet. Fühlt sich die Pflegeperson aufgrund ihres Ausbildungsstandes nicht in der Lage, die Anordnung durchzuführen, so ist ihre Verweigerung zulässig, da die Umsetzung der Anordnung eine Gefährdung des Patienten bedeuten würde.

Telefonische Anordnungen durch den Arzt

Im pflegerischen Alltag ist die Verbindlichkeit und Rechtswürdigkeit von telefonischen Anordnungen problematisch. Grundsätzlich besteht hier die Gefahr, dass es bei der Übermittlung zu Flüchtigkeit oder Missverständnissen kommt. Nur in äußersten Notfällen dürfte diese Form gewählt werden, und so ist es wichtig, dass in diesem Fall durch die Pflegeperson die Anordnung schriftlich fixiert und dem Arzt gegenüber wiederholt wird. In der Dokumentation ist dieses mit dem Kürzel »TA« zu vermerken und die Unterschrift des Arztes umgehend nachzuholen. Kommt es nach einem Übermittlungsfehler zum Rechtsstreit, wird sicherlich der Arzt zunächst mit der Hauptschuld belastet, da er sich entschieden hat, seine Anordnung telefonisch zu übermitteln.

Praxistipp

Sollte eine telefonische Anordnung unumgänglich sein, so wiederholen Sie die Anordnung während des Telefongesprächs und äußern Sie Ihre Bedenken. Dokumentieren Sie die Anordnung und ggf. Ihre Einwände und lassen Sie diese umgehend abzeichnen.

Bei der Dokumentation hilft die **Sechs-R-Regel**:

1. **R**ichtiger Patient
2. **R**ichtiges Medikament
3. **R**ichtige Dosierung
4. **R**ichtige Applikationsform
5. **R**ichtiger Zeitpunkt
6. **R**ichtige Vitalzeichen – Eckwerte

Grundsätzlich muss eine ärztliche Anordnung schriftlich und mit Unterschrift erfolgen. Bestehen Sie daher auf eine schriftliche Anordnung, denn was nicht dokumentiert ist, ist auch nicht verordnet!

▶ Aufgabenstellung, Delegation, Dokumentation, Infusion, Injektion, Remonstration

Alkohol im Dienst

Bei Pflegenden tritt häufig die Gewissensfrage auf, wie sie sich unter rechtlichen Aspekten verhalten sollen, wenn ein alkoholisierter Kollege den Dienst antritt oder ein alkoholisierter Arzt einen Patienten behandelt. Ähnlich wie bei der Straßenverkehrsordnung gilt auch beim Alkohol im Dienst, dass Mitarbeiter eine Mitverantwortung übernehmen. Das heißt, wer zulässt, dass ein alkoholisierter Mitarbeiter pflegerisch tätig wird und z. B. die Schicht für 32 Patienten übernimmt, trägt gleichfalls die Verantwortung für Mängel, die hierdurch in der Patientenversorgung entstehen.

Grundlagen dieser Mitverantwortung sind im Altenpflegegesetz, dem Krankenpflegegesetz, jeweils § 3, und den Qualitätssicherungsaspekten genannt. Demnach sind alle Umstände, die die Gesundheit des Patienten beeinflussen können, zu beobachten und diese Beobachtung an alle Beteiligten in der Diagnostik, Therapie und Pflege weiterzugeben. Hierzu gehört eine alkoholisiert den Nachtdienst antretende Nachtwache ebenso wie ein (im Bereitschaftsdienst) hinzugerufener Operateur, der unter Alkoholeinfluss nicht in der Lage ist, die sachgerechte Operation durchzuführen.

Beispiel

Fall: Ein Krankenpfleger übernimmt alkoholisiert den Nachtdienst einer chirurgischen Station. Gegen 3 Uhr wird dieser nach einem lauten Sturz von Patienten, mit Schnittverletzungen auf dem Flur liegend, aufgefunden. Der Vorwurf der Organisations- und Anordnungsverantwortung richtete sich zunächst gegen die Stationsleitung. Nachdem ihr erst gekündigt wurde, erhielt sie schließlich eine Abmahnung. Belastend für sie wirkte, dass bei dem Mitarbeiter in der Vergangenheit Alkoholprobleme im Dienst aufgefallen und ihr diese bekannt waren. Sie hätte für einen Ersatz der Nachtwachenbesetzung Sorge tragen müssen.

Urteil: Berufsverbot für alkoholkranke Krankenschwester

Das Verwaltungsgericht Arnsberg bestätigte in einem Urteil das Berufsverbot gegen eine 32-jährige Krankenschwester. Die Richter hoben in ihrem Urteil hervor, dass der Beruf der Krankenschwester erfordert, auch in Belastungssituationen eigenverantwortlich und vorausschauend zu reagieren. Krankenschwestern müssten am Wohl der Patienten orientierte

▼

Entscheidungen treffen. Bedingt durch den Alkoholmissbrauch sei nicht auszuschließen, dass die Frau die Kontrolle über ihre Handlungen verliere und nicht mehr in der Lage sei, ihren Beruf mit der erforderlichen Konzentration auszuüben. Eine Gefährdung der Patienten sei aufgrund der Krankheit nicht auszuschließen. Die zuständige Behörde entzog der Krankenschwester die erteilte Erlaubnis zur Führung der Berufsbezeichnung »Krankenschwester« mit der Begründung, den Beruf der Krankenschwester könne nur ausüben, wer über entsprechende körperliche und geistig seelische Fähigkeiten verfüge.

Aus den Entscheidungsgründen: Die Anfechtungsklage der Krankenschwester gegen die Ordnungsbehörde war zulässig, in der Sache jedoch nicht begründet. Das Gericht sah die Voraussetzungen des § 2, Abs. 2, Satz 3, des Krankenpflegegesetzes für einen Widerruf der Erlaubnis zur Führung der Berufsbezeichnungserlaubnis als erfüllt, denn nach Aushändigung der Erlaubnisurkunde hat sich der Gesundheitszustand der Klägerin zwischenzeitlich derart verändert, dass diese nunmehr gesundheitlich nicht mehr zur Ausübung des Berufes der Krankenschwester geeignet sei. (VG Arnsberg, Urteil vom 20.12.2006, AZ: 9K 514/06).

Praxistipp

Wenn Sie mit der Problematik eines alkoholisierten Kollegen konfrontiert sind, müssen Sie in Zusammenarbeit mit der Pflegedienstleitung sofort organisatorische Maßnahmen einleiten. Nur so können Sie eine Patientengefährdung bzw. den Vorwurf gegen Sie wegen Fahrlässigkeit ausschließen.

► Arbeitsrecht, Remonstration

Notizen für den Alltag

Altenheim

Im Altenpflegebereich häufen sich strafrechtliche Ermittlungen, Strafprozesse und zivilrechtliche Haftungsprozesse von Bewohnern, Angehörigen und Sozialversicherungsträgern gegen die Einrichtung bzw. gegen einzelne Pflegende. Hauptvorwürfe sind ungerechtfertigte Fixierungen, Druckgeschwüre, Mangelernährung, mangelnde Dokumentation, unterlassene Hilfeleistung und mangelhafter Nachtwacheneinsatz.

Die hohe Pflegebedürftigkeit und die steigende Zahl von dementen Bewohnern stellen große Herausforderungen an die Pflege im Heimbereich. Vertrags- und leistungsrechtliche Grundlagen für den Heimbereich sind neben dem Heimvertrag das Sozialversicherungsgesetz, das Heimgesetz und die Heimpersonalverordnung. Für die Pflegenden stellt sich die Verantwortung im Sinne des Altenpflegegesetzes und Krankenpflegegesetzes.

Personelle Anforderungen für Heime

Die Heimpersonalverordnung (HeimPersV), vom 19.07.1993 (BGBL I, S. 1205f) trat nach jahrelanger Diskussion am 01.10.1993 in Kraft, zuletzt geändert durch die 1. Änderungsverordnung vom 22.06.1998 (BGBL I, S.1506). Ziel der Heimpersonalverordnung ist es, dem Zweckparagrafen 2 des Heimgesetzes, die Heimbewohner vor Beeinträchtigungen ihrer Interessen und Bedürfnisse durch die Sicherung einer angemessenen und sachgerechten Betreuung zu schützen. Dieses ist jedoch nur möglich, wenn eine ausreichende Zahl an Beschäftigten zur Verfügung steht und das Personal auch persönlich und fachlich qualifiziert ist. Die gesetzliche Grundlage dafür bietet § 2 HeimG.

Verordnung über personelle Anforderungen für Heime (Heimpersonalverordnung – HeimPersV) – Auszug

Im Rahmen der Föderalismusreform zum 01.09.2006 wurde das Heimrecht in den Verantwortungsbereich der Länder übergeben. Wo keine landesrechtlichen Regelungen vorliegen, gilt weiterhin das Bundesgesetz.

§ 1 Mindestanforderungen

Der Träger eines Heims im Sinne des § 1 Abs. 1 des Heimgesetzes darf nur Personen beschäftigen, die die Mindestanforderungen der §§ 2 bis 7 erfüllen, soweit nicht in den §§ 10 und 11 etwas anderes bestimmt ist.

§ 2 Eignung des Heimleiters

(1) Wer ein Heim leitet, muss hierzu persönlich und fachlich geeignet sein. Er muss nach seiner Persönlichkeit, seiner Ausbildung und seinem beruflichen Werdegang die Gewähr dafür bieten, dass das jeweilige Heim entsprechend den Interessen und Bedürfnissen seiner Bewohner sachgerecht und wirtschaftlich geleitet wird.

(2) Als Heimleiter ist fachlich geeignet, wer

1. Eine Ausbildung zu einer Fachkraft im Gesundheits- oder Sozialwesen oder in einem kaufmännischen Beruf oder in der öffentlichen Verwaltung mit staatlich anerkanntem Abschluss nachweisen kann und
2. durch eine mindestens zweijährige hauptberufliche Tätigkeit in einem Heim oder in einer vergleichbaren Einrichtung die weiteren für die Leitung des Heims erforderlichen Kenntnisse und Fähigkeiten erworben hat. Die Wahrnehmung geeigneter Weiterbildungsangebote ist zu berücksichtigen.
3. Wird das Heim von mehreren Personen geleitet, so muss jede dieser Personen die Anforderungen des Absatzes erfüllen.

§ 4 Eignung der Beschäftigen

(1) Beschäftigte in Heimen müssen die erforderliche persönliche und fachliche Eignung für die von ihnen ausgeübte Funktion und Tätigkeit besetzen.

(2) Als Leiter des Pflegedienstes ist geeignet, wer eine Ausbildung zu einer Fachkraft im Gesundheits- oder Sozialwesen mit staatlich anerkanntem Abschluss nachweisen kann.

§ 5 Beschäftigte für betreuende Tätigkeiten

(1) Betreuende Tätigkeiten dürfen nur durch Fachkräfte oder unter angemessener Beteiligung von Fachkräften wahrgenommen werden. Hierbei muss mindestens einer, bei mehr als 20 nicht pflegebedürftigen Bewohnern oder mehr als vier pflegebedürftigen Bewohnern mindestens jeder zweite weitere Beschäftige eine Fachkraft sein. In Heimen mit pflegebedürftigen Bewohnern muss auch bei Nachtwachen mindestens eine Fachkraft ständig anwesend sein.

(3) Pflegebedürftig im Sinne der Verordnung ist, wer für die gewöhnlichen und regelmäßig wiederkehrenden Verrichtungen im Ablauf des täglichen Lebens in erheblichem Umfang der Pflege nicht nur vorübergehend bedarf

§ 6 Fachkräfte

Fachkräfte im Sinne dieser Verordnung müssen eine Berufsausbildung abgeschlossen haben, die Kenntnisse und Fähigkeiten zur selbständigen und eigenverantwortlichen Wahrnehmung der von ihnen ausgeübten Funktion und Tätigkeit vermittelt. Altenpflegehelferinnen und Altenpflegehelfer, Krankenpflegehelferinnen und Krankenpflegehelfer sowie vergleichbare Hilfskräfte sind keine Fachkräfte im Sinne der Verordnung.

§ 8 Fort- und Weiterbildung

(1) Der Träger des Heims ist verpflichtet, dem Leiter des Heims und den Beschäftigen Gelegenheit zur Teilnahme an Veranstaltungen berufsbegleitender Fort- und Weiterbildung zu geben. Mehrjährig Beschäftigten, die die Anforderungen des § 6 nicht erfüllen, ist Gelegenheit zur Nachqualifizierung zu geben.

(2) Die Verpflichtung nach Absatz 1 besteht nur, wenn sich die Veranstaltungen insbesondere auf folgende Funktionen und Tätigkeitsfelder erstrecken:

1. Heimleitung,
2. Wohnbereichs- und Pflegedienstleitung sowie entsprechende Leitungsaufgaben,
3. Rehabilitation und Eingliederung sowie Förderung und Betreuung Behinderter,
4. Förderungen selbständiger und selbstverantworteter Lebensgestaltung,
5. aktivierende Betreuung und Pflege,
6. Pflegekonzepte, Pflegeplanung und Pflegedokumentation,
7. Arbeit mit verwirrten Bewohnern,
8. Zusammenarbeit mit anderen Berufsgruppen sowie mit Einrichtungen und Diensten des Sozial- und Gesundheitswesens,
9. Praxisanleitung,
10. Sterbebegleitung,
11. rechtliche Grundlagen der fachlichen Arbeit,
12. konzeptionelle Weiterentwicklung der Altenhilfe und der Eingliederungshilfe für Behinderte.

Beispiel

Urteil 1: Zur quantitativen Personalausstattung eines Pflegeheims mit Fachkräften

Während einer unangemeldeten städtischen Kontrolle wurde festgestellt, dass in einem Altenpflegeheim insgesamt zu wenig Personal, insbesondere Pflegepersonal, beschäftigt werde. Daraufhin forderte die Stadt die Betreiberin schriftlich auf, umgehend zu gewährleisten, dass in jedem Wohnbereich sowohl in der Früh- als auch in der Spätschicht mindestens eine Fachkraft und im gesamten Pflegezentrum (mit damals 187 Bewohnern) in jeder Nachtschicht mindestens vier Fachkräfte ständig anwesend sind, um die Bewohner vor drohenden Gefährdungen ihres Wohls durch unangemessene, nicht nach dem allgemein anerkannten Stand medizinisch-pflegerischer Erkenntnisse erbrachter Pflege zu schützen. Hiergegen erhob die Betreiberin Widerspruch. Das Verwaltungsgericht Sigmaringen wies den Antrag der Klägerin auf Wiederherstellung der aufschiebenden Wirkung ihres Widerspruchs zurück. Die Klägerin wiederum erhob Klage beim Verwaltungsgericht, das jedoch die Klage abwies.

Entscheidungsgründe: Die Beklagte, d. h. die Stadt, hat der Klägerin zu Recht aufgegeben, in jeder Früh- und Spätschicht in jedem Wohnbereich mindestens eine Fachkraft einzusetzen; auch die weitere Anordnung, im gesamten Pflegezentrum in jeder Nachtschicht mindestens vier Fachkräfte einzusetzen, ist rechtlich nicht zu beanstanden. § 17 Abs. 1 Satz 1 HeimG dient vorrangig dem Wohl der Heimbewohner, welches das Gesetz schützen, fördern und sicherstellen will. Dieses Wohl definiert sich durch ihre menschliche Würde, ihre Bedürfnisse und ihre Interessen (§ 2 Abs. 1 Nr. 1 HeimG) und bedingt Ansprüche gegenüber dem Träger, insbesondere das Recht auf eine dem allgemein anerkannten Stand der fachlichen Erkenntnisse entsprechende Qualität des Wohnens und der Betreuung im Heim. Insbesondere ist auch das angedrohte Zwangsgeld mit € 500,- für jede nicht anwesende Fachkraft im Sinne des § 19 Abs. 3 LVwVG angemessen. Die Berufung wurde zugelassen, da die Rechtssache grundsätzliche Bedeutung hat (VG Sigmaringen, Urteil vom 31.01.2007, AZ: 1K 473/05VG).

Urteil 2: Heimleiter darf nicht zugleich verantwortliche Pflegekraft sein

Strittig zwischen den Beteiligten war, ob die Klägerin verpflichtet ist, in der von ihr betriebenen zugelassenen stationären Pflegeeinrichtung, einem

▼

Stift, die Stelle der ständig verantwortlich ausgebildeten Pflegekraft mit einer anderen Person als der des Heimleiters (Hausdirektors) zu besetzen. Das Gericht entschied, dass der Leiter eines Pflegeheimes, das über 131 zugelassene Pflegeplätze verfügt, nicht zugleich die Stelle der ständigen verantwortlichen Pflegefachkraft besetzen darf. Denn alle von dem Pflegeheim zu erbringenden pflegerischen Leistungen müssen rund um die Uhr von dieser Fachkraft organisatorisch und inhaltlich verantwortet werden. Der Umstand, dass im Stift die Fachkraftquote des § 17 Abs. 5 des Baden-Württembergischen Rahmenvertrags überschritten ist, rechtfertigt es ebenfalls nicht, dass der Heimleiter weiterhin auch unter Wahrnehmung seiner Leitungsfunktion als ständig verantwortliche ausgebildete Pflegekraft anzuerkennen ist.
Außerdem gilt laut Erlass des Ministeriums für Arbeit und Soziales Baden Württemberg vom 28.09.05, dass zwar nach den bislang vorliegenden Erfahrungen der Heimaufsichtsbehörden das Funktionieren einer Personalunion Heimleitung/Pflegedienstleitung im Rahmen eines dieser Personen entlastenden Leitungsmodells bis zu einer Größe von etwa 50 Plätzen »eher unproblematisch« sei. Die kritische Grenze wird danach jedoch bei etwa 100 Plätzen gesehen (LSG Baden-Württemberg, Urteil vom 16.11.2007, AZ: L4P 2359/04).

Heimrecht

Seit der Föderalismusreform 2006 sind die Bundesländer für das Heimwesen zuständig. Das nachstehende Bundesgesetz regelt die zivilrechtliche Ausgestaltung der Verträge. Mit dem Gesetz werden neben dem Heim auch andere Wohn- und Betreuungsformen erfasst. Es regelt sowohl die Miete des Wohnraums als auch die Bindung von Pflege- und Betreuungsleistungen.

Gesetz zur Regelung von Verträgen über Wohnraum mit Pflege- oder Betreuungsleistungen (Wohn- und Betreuungsvertragsgesetz – WBVG) vom 29.07.2009 (BGBl. I S. 2319), Auszüge in Kraft getreten am 01.10.2009:

§ 1 Anwendungsbereich

(1) Dieses Gesetz ist anzuwenden auf einen Vertrag zwischen einem Unternehmer und einem volljährigen Verbraucher, in dem sich der Unternehmer zur

Überlassung von Wohnraum und zur Erbringung von Pflege- oder Betreuungsleistungen verpflichtet, die der Bewältigung eines durch Alter, Pflegebedürftigkeit oder Behinderung bedingten Hilfebedarfs dienen. Unerheblich ist, ob die Pflege- oder Betreuungsleistungen nach den vertraglichen Vereinbarungen vom Unternehmer zur Verfügung gestellt oder vorgehalten werden.
(2) Dieses Gesetz ist entsprechend anzuwenden, wenn die vom Unternehmer geschuldeten Leistungen Gegenstand verschiedener Verträge sind und [...] 3. der Unternehmer den Abschluss des Vertrags über die Überlassung von Wohnraum von dem Abschluss des Vertrags über die Erbringung von Pflege- oder Betreuungsleistungen tatsächlich abhängig macht.

§ 2 Ausnahmen vom Anwendungsbereich

Dieses Gesetz ist nicht anzuwenden auf Verträge über 1. Leistungen der Krankenhäuser, Vorsorge- oder Rehabilitationseinrichtungen im Sinne des § 107 des Fünften Buches Sozialgesetzbuch.

§ 3 Informationspflichten vor Vertragsschluss

(1) Der Unternehmer hat den Verbraucher rechtzeitig vor Abgabe von dessen Vertragserklärung in Textform und in leicht verständlicher Sprache über sein allgemeines Leistungsangebot und über den wesentlichen Inhalt seiner für den Verbraucher in Betracht kommenden Leistungen zu informieren.
(2) Zur Information des Unternehmers über sein allgemeines Leistungsangebot gehört die Darstellung

1. der Ausstattung und Lage des Gebäudes, in dem sich der Wohnraum befindet, sowie der dem gemeinschaftlichen Gebrauch dienenden Anlagen und Einrichtungen, zu denen der Verbraucher Zugang hat, und gegebenenfalls ihrer Nutzungsbedingungen,
2. der darin enthaltenen Leistungen nach Art, Inhalt und Umfang,
3. der Ergebnisse der Qualitätsprüfungen, soweit sie nach § 115 Absatz 1a Satz 1 des Elften Buches Sozialgesetzbuch oder nach landesrechtlichen Vorschriften zu veröffentlichen sind.

(3) Zur Information über die für den Verbraucher in Betracht kommenden Leistungen gehört die Darstellung 1. des Wohnraums, der Pflege- oder Betreuungsleistungen, gegebenenfalls der Verpflegung als Teil der Betreuungsleistungen sowie der einzelnen weiteren Leistungen nach Art, Inhalt und Umfang, 2. des den Pflege- oder Betreuungsleistungen zugrunde liegenden Leistungskonzepts.

§ 4 Vertragsschluss und Vertragsdauer

(1) Der Vertrag wird auf unbestimmte Zeit geschlossen. Die Vereinbarung einer Befristung ist zulässig, wenn die Befristung den Interessen des Verbrauchers nicht widerspricht.

(3) Mit dem Tod des Verbrauchers endet das Vertragsverhältnis zwischen ihm und dem Unternehmer.

§ 5 Wechsel der Vertragsparteien

(1) Mit Personen, die mit dem Verbraucher einen auf Dauer angelegten gemeinsamen Haushalt führen und nicht Vertragspartner des Unternehmers hinsichtlich der Überlassung des Wohnraums sind, wird das Vertragsverhältnis beim Tod des Verbrauchers hinsichtlich der Überlassung des Wohnraums gegen Zahlung der darauf entfallenden Entgeltbestandteile bis zum Ablauf des dritten Kalendermonats nach dem Sterbetag des Verbrauchers fortgesetzt.

§ 6 Schriftform und Vertragsinhalt

(1) Der Vertrag ist schriftlich abzuschließen. Der Abschluss des Vertrags in elektronischer Form ist ausgeschlossen. Der Unternehmer hat dem Verbraucher eine Ausfertigung des Vertrags auszuhändigen.

(3) Der Vertrag muss mindestens 1. die Leistungen des Unternehmers nach Art, Inhalt und Umfang einzeln beschreiben, 2. die für diese Leistungen jeweils zu zahlenden Entgelte, getrennt nach Überlassung des Wohnraums, Pflege- oder Betreuungsleistungen, gegebenenfalls Verpflegung als Teil der Betreuungsleistungen sowie den einzelnen weiteren Leistungen, die nach § 82 Absatz 3 und 4 des Elften Buches Sozialgesetzbuch gesondert berechenbaren Investitionskosten und das Gesamtentgelt angeben.

§ 7 Leistungspflichten

(1) Der Unternehmer ist verpflichtet, dem Verbraucher den Wohnraum in einem zum vertragsgemäßen Gebrauch geeigneten Zustand zu überlassen und während der vereinbarten Vertragsdauer in diesem Zustand zu erhalten sowie die vertraglich vereinbarten Pflege- oder Betreuungsleistungen nach dem allgemein anerkannten Stand fachlicher Erkenntnisse zu erbringen.

§ 9 Entgelterhöhung bei Änderung der Berechnungsgrundlage

(1) Der Unternehmer kann eine Erhöhung des Entgelts verlangen, wenn sich die bisherige Berechnungsgrundlage verändert.

§ 10 Nichtleistung oder Schlechtleistung

(1) Erbringt der Unternehmer die vertraglichen Leistungen ganz oder teilweise nicht oder weisen sie nicht unerhebliche Mängel auf, kann der Verbraucher unbeschadet weitergehender zivilrechtlicher Ansprüche bis zu sechs Monate rückwirkend eine angemessene Kürzung des vereinbarten Entgelts verlangen.

(2) Zeigt sich während der Vertragsdauer ein Mangel des Wohnraums oder wird eine Maßnahme zum Schutz des Wohnraums gegen eine nicht vorhergesehene Gefahr erforderlich, so hat der Verbraucher dies dem Unternehmer unverzüglich anzuzeigen.

§ 11 Kündigung durch den Verbraucher

(1) Der Verbraucher kann den Vertrag spätestens am dritten Werktag eines Kalendermonats zum Ablauf desselben Monats schriftlich kündigen. Bei einer Erhöhung des Entgelts ist eine Kündigung jederzeit zu dem Zeitpunkt möglich, zu dem der Unternehmer die Erhöhung des Entgelts verlangt.

§ 12 Kündigung durch den Unternehmer

(1) Der Unternehmer kann den Vertrag nur aus wichtigem Grund kündigen. Die Kündigung bedarf der Schriftform und ist zu begründen. Ein wichtiger Grund liegt insbesondere vor, wenn

1. der Unternehmer den Betrieb einstellt, wesentlich einschränkt oder in seiner Art verändert und die Fortsetzung des Vertrags für den Unternehmer eine unzumutbare Härte bedeuten würde,
2. der Unternehmer eine fachgerechte Pflege- oder Betreuungsleistung nicht erbringen kann, weil a) der Verbraucher eine vom Unternehmer angebotene Anpassung der Leistungen nach § 8 Absatz 1 nicht annimmt.

§ 13 Nachweis von Leistungsersatz und Übernahme von Umzugskosten

(1) Hat der Verbraucher nach § 11 Absatz 3 Satz 1 aufgrund eines vom Unternehmer zu vertretenden Kündigungsgrundes gekündigt, ist der Unternehmer dem Verbraucher auf dessen Verlangen zum Nachweis eines angemessenen Leistungsersatzes zu zumutbaren Bedingungen und zur Übernahme der Umzugskosten in angemessenem Umfang verpflichtet.

§ 14 Sicherheitsleistungen

(1) Der Unternehmer kann von dem Verbraucher Sicherheiten für die Erfüllung seiner Pflichten aus dem Vertrag verlangen, wenn dies im Vertrag vereinbart ist. Die Sicherheiten dürfen das Doppelte des auf einen Monat entfallenden Entgelts nicht übersteigen.

§ 15 Besondere Bestimmungen bei Bezug von Sozialleistungen

(1) In Verträgen mit Verbrauchern, die Leistungen nach dem Elften Buch Sozialgesetzbuch in Anspruch nehmen, müssen die Vereinbarungen den Regelungen des Siebten und Achten Kapitels des Elften Buches Sozialgesetzbuch sowie den aufgrund des Siebten und Achten Kapitels des Elften Buches Sozialgesetzbuch getroffenen Regelungen entsprechen. Vereinbarungen, die diesen Regelungen nicht entsprechen, sind unwirksam.

(2) In Verträgen mit Verbrauchern, die Leistungen nach dem Zwölften Buch Sozialgesetzbuch in Anspruch nehmen, müssen die Vereinbarungen den aufgrund des Zehnten Kapitels des Zwölften Buches Sozialgesetzbuch getroffenen Regelungen entsprechen. Absatz 1 Satz 2 ist entsprechend anzuwenden.

§ 16 Unwirksamkeit abweichender Vereinbarungen

Von den Vorschriften dieses Gesetzes zum Nachteil des Verbrauchers abweichende Vereinbarungen sind unwirksam.

! Mit der Föderalismusreform vom 01.09.2006 liegt die Gesetzgebungskompetenz für das Heimrecht bei den Ländern. Liegen keine Landesheimgesetze vor, gelten die Kriterien des bisherigen Heimgesetzes.

Beachten Sie das für Ihr Bundesland zutreffende Heimgesetz:

- Baden Württemberg
  Landesheimgesetz (LHeimG) vom 04.06.2008
- Bayern
  Gesetz zur Regelung der Pflege-, Betreuungs- und Wohnqualität im Alter und bei Behinderung (Pflege- und Wohnungsqualitätsgesetz – PfleWogG) vom 03.07.2008
- Berlin
  Wohnteilhabegesetz (WtG) vom 03.06.2010
- Brandenburg
  Gesetz über das Wohnen mit Pflege und Betreuung (BbgPBWoG) vom 08.07.2009

- Hamburg
  Hamburgisches Gesetz zur Förderung der Wohn- und Betreuungsqualität älterer, behinderter und auf Betreuung angewiesener Menschen (HmbWBG) vom 15.12.2009
- Nordrhein-Westfalen
  Gesetz über das Wohnen mit Assistenz und Pflege in Einrichtungen (Wohn- und Teilhabegesetz – WTG) vom 18.11.2008
- Mecklenburg-Vorpommern
  Einrichtungsqualitätsgesetz (EQGM-V) vom 28.04.2010
- Rheinland-Pfalz
  Landesgesetz über Wohnformen und Teilhabe (LWTG) vom 22.12.2009
- Saarland
  Saarländisches Gesetz zur Sicherung der Wohn-, Betreuungs- und Pflegequalität für ältere sowie pflegebedürftige und behinderte Volljährige (Landesheimgesetz – LHeimGS) vom 06.05.2009
- Schleswig-Holstein
  Gesetz zur Stärkung von Selbstbestimmung und Schutz von Menschen mit Pflegebedarf oder Behinderung (Selbstbestimmungsstärkungsgesetz – SbStG) vom 17.07.2009
- Gesetzentwürfe Bremen
  Landesgesetz zur Sicherstellung der Rechte von Menschen mit Pflege- und Betreuungsbedarf in unterstutzenden Wohnformen (Bremisches Wohn- und Betreuungsgesetz- BremWoBeG) Stand März 2010
- Niedersachsen
  Niedersächsisches Gesetz zum Schutze von Heimbewohnerinnen und Heimbewohner (HeimbewSchutzG) Stand Juni 2010
- Sachsen
  Gesetz zur Regelung der Betreuungs- und Wohnqualität im Alter, bei Behinderung und Pflegebedürftigkeit (Sächsisches Betreuungs- Wohnqualitätsgesetz- SächsBeWoG) Stand April 2010
- Sachsen-Anhalt
  Bewohnerschutzgesetz Stand März 2010

In Hessen, Sachsen-Anhalt und Thüringen liegen noch keine Gesetze vor. Hier gilt weiterhin das Bundesheimrecht.

Beispiel

Fall 1: Eine 78-jährige schwerkranke Frau wurde aus einem Heim in Begleitung eines Juristen und einer Pflegerin in die Kreisverwaltung eines 200 km entfernten Ortes gefahren und dort zurückgelassen, weil es Streit um die Heimunterbringungskosten mit dem Sozialamt gab.

Fall 2: Der Leiter eines inzwischen geschlossenen Pflegeheims ist wegen fahrlässiger Körperverletzung vom Amtsgericht Berlin-Tiergarten zu € 4.000,- Geldstrafe verurteilt worden. Eine betagte Patientin hatte sich wund gelegen. Das Gericht stellte Pflegefehler aufgrund erheblichen Personalmangels fest. Dafür sei der Angeklagte verantwortlich gewesen. In dem Heim mit 30–35 Pflegebedürftigen war nachts zumeist nur eine Kraft eingesetzt. Die Pflegekräfte waren trotz ihrer Bemühungen den Anforderungen des regelmäßigen Umbettens der Pflegebedürftigen nicht gewachsen. Die Wunde der Bewohnerin vergrößerte sich und sie hatte Schmerzen. Die Problematik sei dem 62-jährigen Angeklagten bekannt gewesen. Die Argumentation der Staatsanwaltschaft: Der Leiter hätte den Zustand ändern oder das Heim schließen müssen.

Fall 3: Tod beim Duschen

Eine 89 Jahre alte Frau verletzt sich beim Duschen so schwer, dass sie 2 Tage später an den Folgen des Sturzes stirbt. Die Altenpflegehelferin verwendete ein neues Hebegerät und schnallte die einseitig beinamputierte 89-Jährige trotz Einweisung durch die Stationsleitung offenbar unsachgerecht in einen Tragegurt. Sie wurde wegen fahrlässiger Tötung zu einer Geldstrafe von 60 Tagessätzen zu je € 25,- verurteilt. Die Stationsleiterin und der Heimleiter jedoch wurden freigesprochen.

Fall 4: Eine Bewohnerin stürzt nachmittags. Der Vorfall wird weder durch die zuständige Pflegeperson dokumentiert noch dem Nachtdienst mitgeteilt. Die Nachtwache besucht die betroffene Bewohnerin nur zweimal, ohne besondere Veränderungen festzustellen. Sie wird vom Frühdienst bewusstlos vorgefunden, ins Krankenhaus eingeliefert und verstirbt dort.

Fall 5: Eine Altenpflegeschülerin wäscht einen angeblich immobilen Bewohner. Nach Lösen des Bettgitters dreht sich der Bewohner plötzlich, stürzt aus dem Bett und erleidet schwere Kopfverletzungen.

Fall 6: Eine Bewohnerin stürzt mit dem Rollstuhl die Treppe hinunter, nachdem ein dementer Bewohner ihr die Etagentür öffnet, so dass sie

▼

ungebremst ins Treppenhaus fährt und hinunterstürzt. Sie erleidet eine Gehirnerschütterung und eine Schulterfraktur. Beschuldigt wird eine Altenpflegerin, die zu dem Zeitpunkt allein den Dienst für 29 Bewohner machen musste, und damit die Verantwortung hatte.

Fall 7: Fahrlässige Tötung – Bewährungsstrafe für Altenpfleger: Zu 1 Jahr Haft auf Bewährung wegen fahrlässiger Tötung und € 2000,- Geldstrafe wurde ein Altenpfleger verurteilt, der durch zu heißes Duschen den Tod einer Wachkomapatientin verursacht hat. Auch wenn der Mann seine beruflichen Pflichten grob vernachlässigt habe, sah das Gericht von einem Berufsverbot ab. Der Vorfall sei ihm eine Lehre gewesen. Die Patientin verstarb trotz Versorgung in einer Fachklinik 1 Monat später an den schweren Verbrühungen. Unstrittig war, dass die Verbrühungen den Tod der Frau verursacht haben (AG Osnabrück, April 2007).

Beispiel

Urteil 3: Heimleiter sind juristisch verantwortlich

Für die unzureichende Versorgung von Pflegepatienten können nach einem Urteil des OLG Karlsruhe auch Heimleiter strafrechtlich zur Verantwortung gezogen werden. Mit der Entscheidung bestätigten die Richter ein Urteil des Landgerichts Karlsruhe, das den ehemaligen Leiter eines nordbadischen Altenpflegeheims wegen fahrlässiger Körperverletzung zu einer Geldstrafe in Höhe von € 900,- verurteilt hatte.

In dem Heim war eine 76-jährige Schlaganfallpatientin so schlecht gepflegt worden, dass sie vom Liegen einen Dekubitus bekam und im Krankenhaus behandelt werden musste. Die Pflegekräfte waren deshalb bereits wegen Körperverletzung rechtskräftig verurteilt worden. Das OLG begründete die strafrechtliche Verantwortlichkeit des Heimleiters u. a. damit, dass er durch sein Pflegepersonal ständig über den Zustand der Patientin informiert gewesen sei. Als direkter Vorgesetzter der Pflegekräfte trage er die Verantwortung. Spätestens bei Verschlechterung der Geschwürerkrankung hätte der Angeklagte ärztliche Hilfe holen müssen (OLG Karlsruhe, AZ: 1Ss 84/04).

Urteil 4: Tod nach verschluckter Zahnprothese

Bei einem 75-jährigen Patienten verschlechterte sich nach zwei Hüftoperationen der Allgemeinzustand so sehr, dass er in ein Pflegeheim verlegt wer-

▼

den musste. Hier verstarb er nach 5 Tagen an einer Lungenentzündung. Die Obduktion ergab, dass sich eine in den Rachenraum verlagerte Unterkieferzahnprothese dort mindestens 1–2 Tage befunden habe. Sie sei ursächlich dafür, dass beim Schlucken Speisematerial in die Lunge gelangte und nachweislich zur Lungenentzündung geführt hat.
Hauptvorwurf gegen die zwei verurteilten Altenpflegerinnen war, dass der tödliche Ausgang hätte verhindert oder verzögert werden können, wenn eine sachgerechte Kontrolle und Pflege der Mundhöhle, ein rechtzeitiges Entfernen der Zahnprothese und das Hinzuziehen eines Arztes zur Behandlung erfolgt wären. Verurteilt wurde die Altenpflegerin wegen fahrlässiger Körperverletzung zu einer Geldstrafe von € 2.700,- und die andere Altenpflegerin wegen fahrlässiger Tötung zu einer Geldstrafe von € 3.000,- (AG Bühl, AZ: Cs 200/Js 698/03).

Praxistipp

Wie verhalte ich mich, wenn die Situation für mich nicht verantwortbar ist, da eine Gefährdung der Bewohner vorliegt?
Richten Sie Ihre Bedenken bezüglich der mangelnden Versorgungsqualität und der für Sie nicht tragbaren Organisationsverantwortung schriftlich an die Pflegedienstleitung bzw. Heimleitung.

► Altenpflegegesetz, Dekubitus, Krankenpflegegesetz, Qualitätssicherung, Sturz

Notizen für den Alltag

Altenpflegegesetz

Gesetz über die Berufe in der Altenpflege

(Altenpflegegesetz – AltPflG vom 25.08.2003 (BGBl. I. S. 1690)

Mit der Entscheidung des Bundesverfassungsgerichtes vom 24.10.2002 AZ 2 BvF 1/01 wurde die Regelungskompetenz des Bundes für das Berufsbild Altenpflege festgestellt. Damit wurden zugleich die bis dahin bestehenden 17 Ausbildungsregelungen in 16 Bundesländern aufgehoben. Diese Entscheidung führte dazu, dass das Berufsbild Altenpflege gemäß Art. 74 GG den Heilberufen zugeordnet wurde.

Das Gesetz sieht keine Vorbehaltsaufgaben vor. Die Ausbildungsziele im § 3 sind im Sinne der »Straßenverkehrsordnung« für alle Altenpfleger verbindlich. Unter rechtlichen Aspekten ist zu unterstellen, dass der pflegerische Alltag sich an diesen Zielen orientiert. Wesentlich sind die Übergangsvorschriften (§ 29), wonach die vor In-Kraft-Treten dieses Gesetzes erteilte staatliche Anerkennung als Altenpfleger Gültigkeit besitzt. Aus dieser gesetzlichen Neuordnung folgt, dass der Berufsinhaber das erforderliche Fachwissen eigenverantwortlich und die Pflegedienstleitung im Sinne der Organisationsverantwortung die Kenntnisse der Mitarbeiter adaptieren muss.

§ 1 (Erlaubnis)

Die Berufsbezeichnungen »Altenpflegerin« oder »Altenpfleger« dürfen nur Personen führen, denen die Erlaubnis dazu erteilt worden ist.

§ 2 (Voraussetzungen für die Erlaubnis)

(1) Die Erlaubnis nach § 1 ist auf Antrag zu erteilen, wenn die antragstellende Person

1. die durch dieses Gesetz vorgeschriebene Ausbildung abgeleistet und die jeweils vorgeschriebene Prüfung bestanden hat,
2. sich nicht eines Verhaltens schuldig gemacht hat, aus dem sich die Unzuverlässigkeit zur Ausübung des Berufs ergibt,
3. nicht in gesundheitlicher Hinsicht zur Ausübung des Berufs ungeeignet ist.

(2) Die Erlaubnis ist zurückzunehmen, wenn eine der Voraussetzungen nach Absatz 1 Nr. 1 nicht vorgelegen hat. Die Erlaubnis ist zu widerrufen, wenn nachträglich die Voraussetzung nach Absatz 1 Nr. 2 weggefallen ist. Die Erlaubnis kann widerrufen werden, wenn nachträglich die Voraussetzung nach Absatz 1 Nr. 3 weggefallen ist.

§ 3 (Ausbildungsziel)

Die Ausbildung in der Altenpflege soll die Kenntnisse, Fähigkeiten und Fertigkeiten vermitteln, die zur selbständigen und eigenverantwortlichen Pflege einschließlich der Beratung, Begleitung und Betreuung alter Menschen erforderlich sind. Dies umfasst insbesondere:

1. die sach- und fachkundige, den allgemein anerkannten pflegewissenschaftlichen, insbesondere den medizinisch-pflegerischen Erkenntnissen entsprechende, umfassende und geplante Pflege,
2. die Mitwirkung bei der Behandlung kranker alter Menschen einschließlich der Ausführung ärztlicher Verordnungen,
3. die Erhaltung und Wiederherstellung individueller Fähigkeiten im Rahmen geriatrischer und gerontopsychiatrischer Rehabilitationskonzepte,
4. die Mitwirkung an qualitätssichernden Maßnahmen in der Pflege, der Betreuung und der Behandlung,
5. die Gesundheitsvorsorge einschließlich der Ernährungsberatung,
6. die umfassende Begleitung Sterbender,
7. die Anleitung, Beratung und Unterstützung von Pflegekräften, die nicht Pflegefachkräfte sind,
8. die Betreuung und Beratung alter Menschen in ihren persönlichen und sozialen Angelegenheiten,
9. die Hilfe zur Erhaltung und Aktivierung der eigenständigen Lebensführung einschließlich der Förderung sozialer Kontakte und
10. die Anregung und Begleitung von Familien- und Nachbarschaftshilfe und die Beratung pflegender Angehöriger.

Darüber hinaus soll die Ausbildung dazu befähigen, mit anderen in der Altenpflege tätigen Personen zusammenzuarbeiten und diejenigen Verwaltungsarbeiten zu erledigen, die in unmittelbarem Zusammenhang mit den Aufgaben in der Altenpflege stehen.

§ 27 (Bußgeldvorschriften)

(1) Ordnungswidrig handelt, wer ohne Erlaubnis nach § 1 die Berufsbezeichnung »Altenpflegerin« oder »Altenpfleger« führt.

(2) Die Ordnungswidrigkeit kann mit einer Geldbuße bis zu dreitausend Euro geahndet werden.

§ 29 (Übergangsvorschriften zur Führung der Berufsbezeichnung)

(1) Eine vor Inkrafttreten dieses Gesetzes nach landesrechtlichen Vorschriften erteilte Anerkennung als staatlich anerkannte Altenpflegerin oder staatlich anerkannter Altenpfleger gilt als Erlaubnis nach § 1.

Praxistipp

Welche Konsequenzen haben die Übergangsvorschriften für Altenpfleger, die vor 2003 die Prüfung absolviert haben?

Das Bundesaltenpflegegesetz hat für frühere Absolventen die Konsequenz, dass sie sich die in § 3 gestellten Anforderungen durch Fortbildungsmaßnahmen aneignen müssen. Dies gilt insbesondere für die Mitwirkung während einer Behandlung und die Ausführung ärztlicher Verordnungen. Die Pflegedienstleitung trägt die Verantwortung, dass die Qualifikation der pflegerischen Mitarbeiter der jeweiligen Aufgabenstellung entspricht.

► Ärztliche Anordnung, Aufgabenstellung

Notizen für den Alltag

Alternative Heil- und Pflegemethoden

Im pflegerischen Alltag ist häufig die Anwendung alternativer Heil- und Pflegemethoden, z. B. Wickel, Umschläge, strittig. Hier ist zu differenzieren zwischen der pflegerischen Tätigkeit im Krankenhaus und der Tätigkeit im Altenheim sowie der ambulanten Pflege.

Im Rahmen des Patientenaufnahmevertrages des Krankenhauses wird die Therapie durch die Ärzte zugesichert. So sind von der klassischen Medizin abweichende Heil- und Pflegemethoden jeweils mit dem behandelnden Arzt abzustimmen, inwieweit sie in den Behandlungsplan gehören. Dies gilt auch vor dem Hintergrund, dass der bestehende Therapieplan für einen Patienten durch zusätzliche Anwendung alternativer Heilmethoden gestört wird und der Patient zu Schaden kommen kann.

Die Beachtung dieser Wechselwirkung und damit der Gefahren gebieten auch die Sorgfaltspflichten.

Beispiel

Fall 1: Der Arzt verordnet sedierende Medikamente. Eine Krankenschwester verabreicht dem Patienten einen Wickel mit belebenden Essenzen.

In der Altenpflege und ambulanten Pflege stehen die Anwendung alternativer Heil- und Pflegemethoden im Ermessen der Pflege, sind aber dennoch dem behandelnden Arzt wegen eventueller Wechselwirkung mit seinen Verordnungen mitzuteilen. Der Patient ist hierbei zeitnah und ausführlich zu unterrichten, außerdem muss er in diese Methoden einwilligen.

Pflegende dürfen Anordnungen von Heilpraktikern nicht umsetzen, da Maßnahmen der Diagnostik und Therapie im Sinne des Altenpflegegesetzes und des Krankenpflegegesetzes nur auf ärztliche Anordnung durchzuführen sind. Diese Problematik verstärkt sich in der ambulanten Pflege und in der Pflege im Altenheim.

Praxistipp

Berücksichtigen Sie mögliche Wechselwirkungen von alternativen Pflegemethoden mit einer medikamentösen Behandlung. Stimmen Sie sich immer mit dem behandelnden Arzt ab, und beachten Sie die Dokumentation.

▶ Ärztliche Anordnung, Aufgabenstellung, Dokumentation, Haftung, Medikamente, Schmerz

Notizen für den Alltag

Ambulante Pflege

Das Fallpauschalengesetz sieht vor, dass Patienten mit oftmals noch hohem Pflegebedarf heute früher aus dem Krankenhaus entlassen werden. Hinzu kommt die demografische Entwicklung, die einen steigenden Anteil pflegebedürftiger alter Menschen zur Folge hat. Dementsprechend umfangreich gestalten sich die Anforderungen an ambulante Pflegekräfte.

Die Leistungen im ambulanten Bereich finden überwiegend im Rahmen der Leistungen nach § 37 »Häusliche Krankenpflege« SGB V (Krankenversicherung) und nach SGB XI (Pflegeversicherung/Pflegeweiterentwicklungsgesetz – in Kraft seit 01.07.2008) statt.

SGB V § 37 Häusliche Krankenpflege

(1) Versicherte erhalten in ihrem Haushalt oder ihrer Familie neben der ärztlichen Behandlung häusliche Krankenpflege durch geeignete Pflegekräfte, wenn Krankenhausbehandlung geboten, aber nicht ausführbar ist, oder wenn sie durch die häusliche Krankenpflege vermieden oder verkürzt wird. Die häusliche Krankenpflege umfasst die im Einzelfall erforderliche Grund- und Behandlungspflege sowie hauswirtschaftliche Versorgung. Der Anspruch besteht bis zu vier Wochen je Krankheitsfall. In begründeten Ausnahmefällen kann die Krankenkasse die häusliche Krankenpflege für einen längeren Zeitraum bewilligen, wenn der Medizinische Dienst (§ 275) festgestellt hat, dass dies aus den in Satz 1 genannten Gründen erforderlich ist.

(2) Versicherte erhalten in ihrem Haushalt oder ihrer Familie als häusliche Krankenpflege Behandlungspflege, wenn sie zur Sicherung des Ziels der ärztlichen Behandlung erforderlich ist; der Anspruch umfasst das Anziehen und Ausziehen von Kompressionsstrümpfen ab Kompressionsklasse 2 auch in den Fällen, in denen dieser Hilfebedarf bei der Feststellung der Pflegebedürftigkeit nach den §§ 14 und 15 des Elften Buches zu berücksichtigen ist. Die Satzung kann bestimmen, dass die Krankenkasse zusätzlich zur Behandlungspflege nach Satz 1 als häusliche Krankenpflege auch Grundpflege und hauswirtschaftliche Versorgung erbringt. Die Satzung kann dabei Dauer und Umfang der Grundpflege und der hauswirtschaftlichen Versorgung nach Satz 2 bestimmen. Leistungen nach den Sätzen 2 und 3 sind nach Eintritt von Pflegebedürftigkeit im Sinne des Elften Buches nicht zulässig. Versicherte, die nicht auf Dauer in Einrichtungen nach § 71 Abs. 2 oder 4 des

Elften Buches aufgenommen sind, erhalten Leistungen nach den Sätzen 1 bis 4 auch dann, wenn ihr Haushalt nicht mehr besteht und ihnen nur zur Durchführung der Behandlungspflege vorübergehender Aufenthalt in einer Einrichtung oder in einer anderen geeigneten Unterkunft zur Verfügung gestellt wird.

(3) Der Anspruch auf häusliche Krankenpflege besteht nur, soweit eine im Haushalt lebende Person den Kranken in dem erforderlichen Umfang nicht pflegen und versorgen kann.

(4) Kann die Krankenkasse keine Kraft für die häusliche Krankenpflege stellen oder besteht Grund, davon abzusehen, sind den Versicherten die Kosten für eine selbstbeschaffte Kraft in angemessener Höhe zu erstatten.

(5) Versicherte, die das 18. Lebensjahr vollendet haben, leisten als Zuzahlung den sich nach § 61 Satz 3 ergebenden Betrag, begrenzt auf die für die ersten 28 Kalendertage der Leistungsinanspruchnahme je Kalenderjahr anfallenden Kosten an die Krankenkasse.

§ 132a Versorgung mit häuslicher Krankenpflege

(1) Die Spitzenverbände der Krankenkassen gemeinsam und einheitlich und die für die Wahrnehmung der Interessen von Pflegediensten maßgeblichen Spitzenorganisationen auf Bundesebene sollen unter Berücksichtigung der Richtlinien nach § 92 Abs. 1 Satz 2 Nr. 6 gemeinsam Rahmenempfehlungen über die einheitliche Versorgung mit häuslicher Krankenpflege abgeben; für Pflegedienste, die einer Kirche oder einer Religionsgemeinschaft des öffentlichen Rechts oder einem sonstigen freigemeinnützigen Träger zuzuordnen sind, können die Rahmenempfehlungen gemeinsam mit den übrigen Partnern der Rahmenempfehlungen auch von der Kirche oder der Religionsgemeinschaft oder von dem Wohlfahrtsverband abgeschlossen werden, dem die Einrichtung angehört. Vor Abschluss der Vereinbarung ist der Kassenärztlichen Bundesvereinigung und der Deutschen Krankenhausgesellschaft Gelegenheit zur Stellungnahme zu geben. Die Stellungnahmen sind in den Entscheidungsprozeß der Partner der Rahmenempfehlungen einzubeziehen. In den Rahmenempfehlungen sind insbesondere zu regeln:

1. Inhalte der häuslichen Krankenpflege einschließlich deren Abgrenzung,
2. Eignung der Leistungserbringer,
3. Maßnahmen zur Qualitätssicherung und Fortbildung,
4. Inhalt und Umfang der Zusammenarbeit des Leistungserbringers mit dem verordnenden Vertragsarzt und dem Krankenhaus,

5. Grundsätze der Wirtschaftlichkeit der Leistungserbringung einschließlich deren Prüfung und
6. Grundsätze der Vergütungen und ihrer Strukturen.

(2) Über die Einzelheiten der Versorgung mit häuslicher Krankenpflege, über die Preise und deren Abrechnung und die Verpflichtung der Leistungserbringer zur Fortbildung schließen die Krankenkassen Verträge mit den Leistungserbringern. Wird die Fortbildung nicht nachgewiesen, sind Vergütungsabschläge vorzusehen. Dem Leistungserbringer ist eine Frist zu setzen, innerhalb derer er die Fortbildung nachholen kann. Erbringt der Leistungserbringer in diesem Zeitraum die Fortbildung nicht, ist der Vertrag zu kündigen. Die Krankenkassen haben darauf zu achten, dass die Leistungen wirtschaftlich und preisgünstig erbracht werden. In den Verträgen ist zu regeln, dass im Falle von Nichteinigung eine von den Parteien zu bestimmende unabhängige Schiedsperson den Vertragsinhalt festlegt. Einigen sich die Vertragspartner nicht auf eine Schiedsperson, so wird diese von der für die vertragschließende Krankenkasse zuständigen Aufsichtsbehörde bestimmt. Die Kosten des Schiedsverfahrens tragen die Vertragspartner zu gleichen Teilen. Bei der Auswahl der Leistungserbringer ist ihrer Vielfalt, insbesondere der Bedeutung der freien Wohlfahrtspflege, Rechnung zu tragen. Abweichend von Satz 1 kann die Krankenkasse zur Gewährung von häuslicher Krankenpflege geeignete Personen anstellen.

§ 3 SGB XI Vorrang der häuslichen Pflege

Die Pflegeversicherung soll mit ihren Leistungen vorrangig die häusliche Pflege und die Pflegebereitschaft der Angehörigen und Nachbarn unterstützen, damit die Pflegebedürftigen möglichst lange in ihrer häuslichen Umgebung bleiben können. Leistungen der teilstationären Pflege und der Kurzzeitpflege gehen den Leistungen der vollstationären Pflege vor.

§ 36 (1) Pflegesachleistung

(1) Pflegebedürftige haben bei häuslicher Pflege, Anspruch auf Grundpflege und hauswirtschaftliche Versorgung als Sachleistung (häusliche Pflegehilfe). Leistungen der häuslichen Pflege sind auch zulässig, wenn Pflegebedürftige nicht in ihrem eigenen Haushalt gepflegt werden; sie sind nicht zulässig, wenn Pflegebedürftige in einer stationären Pflegeeinrichtung oder in einer Einrichtung im Sinne des § 71 Abs. 4 gepflegt. werden. Häusliche Pflegehilfe wird durch geeignete Pflegekräfte erbracht, die entweder von der Pflegekasse oder

bei ambulanten Pflegeeinrichtungen, mit denen die Pflegekasse einen Versorgungsvertrag abgeschlossen hat, angestellt sind. Auch durch Einzelpersonen, mit denen die Pflegekasse einen Vertrag nach § 77 Abs. 1 abgeschlossen hat, kann häusliche Pflegehilfe als Sachleistung erbracht werden.

§ 77 (1) Häusliche Pflege durch Einzelpersonen

(1) Zur Sicherstellung der häuslichen Pflege und Betreuung sowie der hauswirtschaftlichen Versorgung kann die zuständige Pflegekasse Verträge mit einzelnen geeigneten Pflegekräften schließen, soweit

1. die pflegerische Versorgung ohne den Einsatz von Einzelpersonen im Einzelfall nicht ermöglicht werden kann,
2. die pflegerische Versorgung durch den Einsatz von Einzelpersonen besonders wirksam und wirtschaftlich ist,
3. dies den Pflegebedürftigen in besonderem Maße hilft, ein möglichst selbständiges und selbstbestimmtes Leben zu führen oder
4. dies dem besonderen Wunsch der Pflegebedürftigen zu Gestaltung der Hilfe entspricht.

In dem Vertrag sind Inhalt, Umfang, Qualität, Qualitätssicherung, Vergütung sowie Prüfung der Qualität und Wirtschaftlichkeit der vereinbarten Leistungen zu regeln; Die Vergütungen sind für Leistungen der Grundpflege und der hauswirtschaftlichen Versorgung sowie für Betreuungsleistungen nach § 36 Abs. 1 zu vereinbaren.

§ 11 SGB XI Rechte und Pflichten der Pflegeeinrichtungen

(1) Die Pflegeeinrichtungen pflegen, versorgen und betreuen die Pflegebedürftigen, die ihre Leistungen in Anspruch nehmen, entsprechend dem allgemein anerkannten Stand medizinisch-pflegerischer Erkenntnisse. Inhalt und Organisation der Leistungen haben eine humane und aktivierende Pflege unter Achtung der Menschenwürde zu gewährleisten.

Die Rechtsbeziehung zwischen ambulantem Pflegedienst und dem Patienten ist jeweils im Pflegevertrag geregelt. Zwischen dem Arzt und dem Pflegedienst besteht keine Rechtsbeziehung, vergleichbar zum Krankenhausalltag. Diese Tatsache ist insbesondere bei Übernahme ärztlicher Tätigkeiten durch den Pflegedienst zu beachten. Vertraglich gebunden ist der Patient mit seiner Krankenkasse und seinem Arzt, der Pflegedienst per Vertrag mit der Krankenkasse (§ 132 a SGB V) oder mit dem Patienten direkt.

Beispiel

Fall 1: Ein Patient bekommt von einer Krankenschwester ärztlich verordnet intramuskuläre Injektionen und klagt bereits über Rötungen an der Injektionsstelle. Als Urlaubsvertretung kommt eine Altenpflegehelferin zur Injektion. Nachdem der Patient auf die Entzündung hinweist, sagt die Helferin, sie werde an der Stelle injizieren, wo die Fachkraft es getan hat. Es kam zu einem Spritzenabszess. Die Schadensgeldklage richtete sich gegen die leitende Pflegekraft/Sozialstation bezüglich ihrer Organisations- und Anordnungsverantwortung im Rahmen der Sorgfaltspflicht.

Fall 2: Ein Pflegedienst hat den Auftrag, lediglich einmal wöchentlich eine Patientin zu baden (kleine Pflege). Die Patientin erleidet einen Schlaganfall, sodass ihre Angehörigen zusätzlich eine unausgebildete Helferin einstellen. Die Pflegefachkraft stellt bei ihrem wöchentlichen Besuch drei Dekubitalgeschwüre fest und informiert daraufhin die Angehörigen. Diese unternehmen jedoch nichts.

Fall 3: Angehörige drängen die Pflegekraft einer Sozialstation dazu, nach den Pflegemaßnahmen die Wohnungstür von außen zu verschließen. Der Patient springt daraufhin durch die Scheibe und verletzt sich schwer.

Fall 4: Ein Patient wird am Freitagnachmittag in akutem Zustand aus dem Krankenhaus entlassen. Die Angehörigen beauftragen einen Pflegedienst zur Behandlungspflege. Ein Hausarzt ist für eine Verordnung der Leistungen nicht erreichbar. Die Krankenkasse lehnt die Finanzierung wegen fehlender ärztlicher Verordnung ab.

Fall 5: Zwei Pflegekräften eines ambulanten Pflegedienstes in Bayern wurde vorgeworfen, eine 92-jährige Rentnerin nach einem Sturz mit zweifachem Beinbruch hilflos in ihrer Wohnung zurückgelassen zu haben. Die Frau ist später in einer Klinik verstorben. Die zum Dienst eingeteilte Pflegekraft hatte die alte Frau nach der Körperpflege in ihren Rollstuhl setzen wollen. Diese konnte sich jedoch nicht auf den Beinen halten und stürzte neben dem Bett zu Boden. Sie erlitt eine Ober- und Unterschenkelfraktur. Der Vorwurf: Die Pflegekraft habe die Patientin mit einer herbeigerufenen Kollegin in den Rollstuhl gehievt, ohne den starken Schmerzen der Frau auf den Grund zu gehen und die Frau alleine zurückgelassen. Eine Nachbarin hatte später aufgrund des lauten Wimmerns und Stöhnens der Patientin den Notarzt gerufen.

Beispiel

Urteil 1: Fahrlässige Tötung – 9 Monate Freiheitsstrafe auf Bewährung. Die 34-jährige Altenpflegerin eines ambulanten Pflegedienstes hatte eine 45-jährige MS-Patientin an den Füßen aus dem Rollstuhl gezogen, um sie ins Bett zu bringen. Die Patientin schlug mit dem Kopf auf den Fußboden und erlitt ein Hirntrauma mit Todesfolge (AG Lünen, 13.07.2009).

Urteil 2: Ein Pflegedienst sollte für die Fußentzündung einer diabeteskranken Patientin verantwortlich gemacht werden. Es entstand eine Gangrän, die eine Notfallbehandlung erforderte. Dem Pflegedienst wurde vorgehalten, die Veränderung am Fuß nicht rechtzeitig erkannt und falsch behandelt zu haben. Von Patientenseite wurde behauptet, dass der Pflegedienst nicht auf die Notwendigkeit einer frühzeitigen ärztlichen Behandlung hingewiesen habe. Die Klage wurde vom Gericht abgewiesen (AG Neuss, Urteil vom 08.11.2000, AZ: 37C 7054/99).

Urteil 3: Krankenschwester wegen fahrlässiger Tötung verurteilt. Die 40-jährige Mitarbeiterin eines ambulanten Pflegedienstes betreute eine bewegungsunfähige und künstlich beatmete Patientin. Die Angeklagte befand sich im Waschkeller und hörte dort den Alarmton nicht, als sich der Beatmungsschlauch aus der Halterung löste. Der Ehemann hatte seine an amyotropher Lateralsklerose leidende Frau 1 Stunde später tot aufgefunden. Der Witwer – ein Arzt – hatte die Angeklagte und ihre Kolleginnen vom Pflegedienst schriftlich auf die Möglichkeit hingewiesen, dass der Schlauch sich lockern könnte. Der beauftragte Pflegedienst sei auf die Betreuung künstlich beatmeter Menschen spezialisiert. Die Angeklagte habe seine Frau nur einmal pro Woche betreut, ihr fehle die Routine der anderen Schwestern, so der Ehemann. Das Gericht verurteilte die Frau wegen fahrlässiger Tötung zu € 1500,- Geldstrafe und 3 Jahren Berufsverbot als Intensivkrankenschwester (AG München AZ: 814 D S 123 Js 11305/08).

Praxistipp

Beachten Sie im Rahmen Ihres gesetzlichen Auftrages, dass Sie Beobachtungen am Patienten, notwendige Maßnahmen und ggf. trotz Ihrer Anregung nicht-ärztlich verordnete Maßnahmen dokumentieren und dem Arzt zur Kenntnis geben müssen. In Konfliktfällen sollten Sie den MDK oder die zuständige Kassenärztliche Vereinigung (KAV) einbeziehen.

▶ Berufsordnung, Haftung, Patientenrechte, Qualitätssicherung

Arbeitnehmerhaftung

Haftung des Arbeitnehmers aufgrund des Arbeitsvertrages

Als Folge steigender Schadenersatzansprüche aus Behandlungs- und Pflegefehlern wurden die Haftpflichtprämien für die Einrichtungsträger angehoben. Dadurch kommt es auch vermehrt zu Rückgriffsforderungen des Arbeitgebers auf den Arbeitnehmer.

Rückgriffsanspruch des Arbeitgebers auf den Arbeitnehmer

Der Arbeitgeber kann nach allgemein üblichen Grundsätzen vom Arbeitnehmer Schadenersatz verlangen, wenn dieser seine arbeitsvertraglichen Verpflichtungen verletzt hat. Als haftungsmildernd für den Arbeitnehmer gegenüber seinem Arbeitgeber kann sich auswirken, wenn dem Arbeitgeber eine Mitschuld nachgewiesen werden kann. Dies ist dann der Fall, wenn der Arbeitgeber (Träger der Einrichtung) weder die gebotenen Anweisungen erteilt noch die erforderlichen Überwachungen durchgeführt hat, d. h. nur mangelhafte Arbeitsmaterialien zur Verfügung gestellt werden, die Arbeit nicht hinreichend organisiert ist, der Arbeitnehmer überlastet ist und seine Fähigkeiten offensichtlich überfordert sind, sowie Arbeitszeitvorschriften in erheblicher Weise verletzt worden sind.

Da die Pflegekraft in keinem vertraglichen Verhältnis mit dem Patienten steht, kommt eine direkte Inanspruchnahme aus deliktischem (rechtswidrigem) Handeln auf Schadenersatz und Schmerzensgeld in Betracht.

Mitverschuldungsaspekte des Arbeitgebers

- Fehlende Desinfektions- und Hygienepläne für Räume und Geräte
- Nichtbeachtung der neuesten gesicherten Erkenntnisse aus Wissenschaft und Technik
- Weigerung des Arbeitgebers, die Arbeitnehmer auf Fortbildungsveranstaltungen zu schicken

- Fehlen von Anweisungen für die verschiedenen Desinfektionen
- Mangelnde Umsetzung des Medizinproduktegesetzes
- Keine Anweisungen zur Kontrolle von Ergebnissen
- Mangelnde Übergabezeiten zwischen den Schichtdiensten
- Personelle Unterbesetzung

Leistet der Arbeitgeber (Träger) dem Patienten wegen eines schuldhaften, fehlerhaften Handelns seines Angestellten einen Schadenersatz, so kann er vom Angestellten aufgrund des Arbeitsvertrages die Rückerstattung des an den Patienten gezahlten Schadenersatzbetrages fordern. Der Rückgriff ist in den §§ 421 und 426 BGB geregelt.

Diese Rückgriffsmöglichkeit wurde durch die Rechtsprechung des Bundesarbeitsgerichts eingeschränkt, da bei gefahr- und schadensgeneigter Arbeit der Arbeitnehmer von seinem Arbeitgeber nicht schadenersatzpflichtig gemacht werden kann, wenn das Verschulden des Arbeitnehmers im Hinblick auf die besonderen Gefahren der übertragenen Arbeit, nach den Umständen des Falles nicht schwer ist (leichte Fahrlässigkeit). Der Arbeitnehmer, als Schädiger, haftet aber gegenüber dem Arbeitgeber, wenn er dem Patienten den Schaden vorsätzlich, mittel oder grob fahrlässig zufügt.

Ist ein Arbeitnehmer als Schädiger verpflichtet, dem Patienten (Geschädigten) Schadenersatz zu leisten, kann er im Rahmen der gefahrengeneigten Arbeit von seinem Arbeitgeber auf dem Wege des Rückgriffs diese Schadenersatzleistung zurückfordern, sofern er leicht fahrlässig gehandelt hat. Dieser Rückgriff ist jedoch nicht möglich, wenn der Schaden vorsätzlich oder grob fahrlässig zugefügt wurde.

Beispiel

Urteil 1: Gefahrengeneigte Arbeit

Schäden, die ein Arbeitnehmer bei gefahrengeneigter Arbeit nicht grob fahrlässig verursacht, sind bei normaler Schuld (auch normale, leichte oder mittlere Fahrlässigkeit oder mittleres Verschulden genannt) in aller Regel zwischen Arbeitgeber und Arbeitnehmer zu teilen, wobei die Gesamtumstände von Schadensanlass und Schadensfolgen nach Billigkeitsgrundsät-

▼

zen und Zumutbarkeitsgesichtspunkten gegeneinander abzuwägen sind (BGH, Urteil vom 29.11.1990, IZR 45/89).

Urteil 2: Haftung des Arbeitnehmers

- Wenn er im Dienst dem Arbeitgeber einen hohen Schaden zufügt
- Bei grober Fahrlässigkeit in der Regel den Gesamtschaden
- Bei mittlerer Fahrlässigkeit unter Berücksichtigung des Einzelfalles zur Hälfte
- Bei leichtester Fahrlässigkeit nicht

(BAG, Urteil vom 23.01.1997 – 8AZR 893/95)

Beispiel

Fall 1: Ein Krankenhausträger hat einem Patienten wegen grober Fahrlässigkeit Schmerzensgeld zahlen müssen, weil nach einer Operation im Bauchraum ein Bauchtuch vergessen wurde. Die verantwortliche Krankenschwester konnte nicht beweisen, dass sie die Bauchtücher gezählt und diesen Vorgang dokumentiert hatte. Der Träger forderte daraufhin von ihr den Schadenersatz.

Fall 2: Ein Altenheimträger wurde zur Zahlung eines Schmerzensgeldes wegen eines entstandenen Dekubitus bei mangelnder Pflegedokumentation verurteilt. Er fordert den Ersatz von der Stationsleitung zurück, weil ihr grobe Fahrlässigkeit nachgewiesen werden konnte.

Praxistipp

Bei Schäden in der Behandlung und Pflege muss zunächst der Träger der Einrichtung haften. Sie müssen bei Fahrlässigkeit mit einer Schadensbeteiligung oder vollen Haftung rechnen. Eine wesentliche Rolle in der Beweisführung spielt für Sie die Dokumentation.

Wichtig für Sie ist, dass Sie, bei vorher erkannten Gefahren, diese schriftlich mitgeteilt haben (Remonstrationsrecht und -pflicht). Zu empfehlen sind unbedingt eine persönliche Berufshaftpflichtversicherung und eine Berufsrechtsschutzversicherung.

► Haftung, Sorgfaltspflicht, Versicherungsschutz

Aufgabenstellung

Die Berufe der Alten-, Kranken- und Kinderkrankenpflege gelten im Sinne von Artikel 74 des Grundgesetzes, Abs. 1, Nr. 19 als »anderer Heilberuf«. Grundlage für die Tätigkeit und die Verantwortlichkeit in der Alten-, Kranken- und Kinderkrankenpflege sind das Altenpflegegesetz vom 25.08.2003 (BGBl I S. 1690) und das Krankenpflegegesetz vom 16.07.2003 (BGBl I S. 1442). Die Gesetze regeln die Erlaubnis zum Führen der Berufsbezeichnung und so auch zur Wahrnehmung der Aufgaben im Sinne der Ausbildungsziele (§ 3).

Verantwortung und Tätigkeitsmerkmale der Pflege

Ein hohes Maß an Spannungen und Konflikten im pflegerischen Alltag entsteht durch die nicht gesetzlich definierten und anerkannten vorbehaltenen Aufgaben der Pflegeberufe im Sinne eines Berufsgesetzes. Dennoch sind im Altenpflegegesetz und im Krankenpflegegesetz die eigenverantwortlichen pflegerischen Aufgaben und die Mitwirkung bei ärztlichen Maßnahmen als Ausbildungsziel definiert. Diese Definition ist gerade für die kooperative Zusammenarbeit mit der Ärzteschaft, aber auch gegenüber der Laienpflege, zur klaren Abgrenzung der Verantwortung sehr wichtig.

Besonderes Spannungspotential arbeitsrechtlicher und zivilrechtlicher Auseinandersetzungen haben Blutentnahmen, intravenöse Injektionen, Transfusionen, Infusionen, Assistenz bei Operationen und Injektionen in liegende Kathetersysteme. Mit den aktuellen Gesetzen wurde der Kernbereich der Pflege mit eigenverantwortlichen/eigenständigen und mitverantwortlichen Aufgabenbereichen festgelegt. So geht aus dem Urteil des Bundesverfassungsgerichts zum Altenpflegegesetz vom 24.10.2002 hervor: »Klare Unterscheidungen zwischen Einsatzbereichen von Fachkräften und ausgebildeten Helfern sind erforderlich und gesetzliche Regelungen zur Abgrenzung der Tätigkeiten notwendig«.

Die Pflegepersonalregelung (PPR), am 01.01.1993 im Rahmen des Gesundheitsstrukturgesetzes in Kraft getreten, definierte erstmals die Aufgaben im Sinne von Tätigkeitsprofilen für die allgemeine sowie spezielle Pflege und legte diese damit auf dem Verordnungswege fest. Wenn auch die PPR 1996 durch Bundesratsentscheidung ausgesetzt wurde, so greift sie dennoch als qualitativdokumentierender Faktor weiterhin.

Die Berufsordnungen des Deutschen Pflegerates (18.05.04), der Freien Hansestadt Bremen (01.01.05), des Saarlandes (13.12.07) und der Hansestadt Hamburg (29.09.2009) definieren die Berufsaufgaben der Altenpflege, Kranken- und Kinderkrankenpflege.

Auszug aus der Berufsordnung des Saarlandes

§ 4 Berufsaufgaben

(2) Pflegefachkräfte nehmen ihre Aufgaben eigenverantwortlich, im Rahmen der Mitwirkung und interdisziplinär mit anderen Berufsgruppen wahr.

(3) Im Rahmen der Eigenverantwortung werden durch Pflegefachkräfte insbesondere nachfolgende Aufgaben ausgeführt:

a) Erhebung und Feststellung des Pflegebedarfs, Planung, Organisation, Durchführung und Dokumentation der Pflege,
b) Evaluation der Pflege, Sicherung und Entwicklung der Qualität der Pflege,
c) Beratung, Anleitung und Unterstützung von zu pflegenden oder zu betreuenden Personen und ihrer Bezugspersonen in der individuellen Auseinandersetzung mit Gesundheit und Krankheit sowie im Rahmen der primären, sekundären und tertiären Prävention nach dem jeweiligen Stand von Wissenschaft und Technik,
d) Einleitung lebenserhaltender Sofortmaßnahmen bis zum Eintreffen der Ärztin oder des Arztes,
e) Anleitung von Schülerinnen und Schülern sowie Mitverantwortung für die Ausbildung dieser,
f) Anleitung von neuen Kolleginnen und Kollegen sowie von Hilfskräften.

(4) Im Rahmen der Mitwirkung werden von Pflegefachkräften insbesondere folgende Aufgaben ausgeführt:

g) Durchführung ärztlich veranlasster Maßnahmen,
h) Maßnahmen der Prävention, medizinischen Diagnostik, Therapie oder Rehabilitation,
i) Maßnahmen in Krisen- und Katastrophensituationen.

(5) Zu den speziellen Berufsaufgaben der Pflegefachkräfte gehören insbesondere:

2. umfassende Information der zu pflegenden oder zu betreuenden Personen über den Gesundheits- und Pflegezustand, um Mitwirkung und Mitentscheidung zu ermöglichen,

3. Entwickeln und Überprüfen ihrer Pflegetätigkeit nach anerkannten wissenschaftlichen Erkenntnissen,

4. Übernahme von Verantwortung im Team im Rahmen des Kompetenzbereiches und Beachten des Kompetenzbereiches anderer Berufsgruppen,
5. vertrauensvolle Zusammenarbeit mit Angehörigen und Laien sowie deren Beratung und Anleitung,
6. Beteiligung an der Qualitätsentwicklung und Qualitätssicherung,
7. Pflegeüberleitung von zu pflegenden oder zu betreuenden Personen in andere Einrichtungen oder Bereiche in Zusammenarbeit mit anderen Berufsgruppen.

§ 5 Berufspflichten gegenüber Anderen

1. Schweigepflicht
2. Auskunftspflicht
3. Beratungspflicht
4. Informations- und Beteiligungspflicht
5. Dokumentationspflicht
6. Meldepflicht

§ 6 Berufspflichten zur Kompetenzerhaltung und Qualitätssicherung

1. die Teilnahme an internen Qualifizierungsmaßnahmen,
2. die Teilnahme an externen Fortbildungsveranstaltungen bei anerkannten Fort- und Weiterbildungsträgern,
3. die Teilnahme an Qualitätssicherungsmaßnahmen sowie
4. die Teilnahme an fachlichen Hospitationen und Auditverfahren

In jedem Jahr sollen in der Regel Maßnahmen der Kompetenzerhaltung im Umfang von mindestens zehn Stunden neben dem Studium der Fachliteratur durch jede Pflegefachkraft erbracht werden.

(3) Pflegefachkräfte sind verpflichtet, sich an Maßnahmen der Qualitätssicherung zu beteiligen.

Gutachten zur Kooperation und Verantwortung

Am 03.07.07 wurde vom Sachverständigenrat zur Begutachtung der Entwicklung im Gesundheitswesen 2007 ein Gutachten an die Bundesministerin für Gesundheit übergeben. Das Gutachten zeigt umfassende und aufeinander abgestimmte Konzepte für eine zielorientierte Gesundheitsversorgung im Sinne der Kooperation und Verantwortung aller Akteure im Gesundheitswe-

sen. Die Ziele setzen darauf, in Form adaptiver Reformvorschläge zum Abbau vorhandener Defizite beizutragen:
- Die Entwicklung der Zusammenarbeit der Gesundheitsberufe als Beitrag zu einer effizienten und effektiven Gesundheitsversorgung
- Integrierte Versorgung in der GKV: Entwicklung, Stand und Perspektiven
- Krankenhauswesen: Planung und Finanzierung
- Qualität und Sicherheit: Angemessenheit und Verantwortlichkeit in der Gesundheitsversorgung
- Primärprävention in vulnerablen Gruppen

Zur Neustrukturierung der Zusammenarbeit stellte der Rat fest:
Die Zusammenarbeit der Gesundheitsberufe entspricht nicht den Veränderungen im Morbiditätsspektrum oder den neuen strukturellen Anforderungen einer sektorenübergreifenden Versorgung. Sie ist durch Rechtsunsicherheit, mangelnde interprofessionelle Standardisierung, nicht immer eine effiziente Arztzentriertheit und Ausbildungsmängel gekennzeichnet. Die Empfehlungen des Rates orientierten sich an neuen Konzepten der Teamarbeit und können nur bei einem grundsätzlichen Umdenken aller Heilberufe gelingen.

Der Rat hat u. a. empfohlen:
- Eine Modelklausel zur stärkeren Einbeziehung nicht-ärztlicher Gesundheitsberufe.
- Die Übertragung von Tätigkeiten, die das Versorgungssystem bisher unzureichend abdeckt, auf nicht-ärztliche Gesundheitsberufe, z. B. im Bereich der Prävention.
- Eine größere Handlungsautonomie der nicht-ärztlichen Berufe, z. B. die Verordnung von Pflegebedarfsartikeln durch die Pflege.
- Poolkompetenzen für Tätigkeiten, die von mehreren Berufsgruppen ausgeführt werden können.
- Die Profilierung der Ausbildung aller Gesundheitsberufe als kommende Aufgabe der Medizinischen Fakultäten.

Mit dem Pflegeversicherungsgesetz (SGB XI, § 71) wurden für die Leitungs- und Koordinationsfunktionen bereits Vorbehalte für Pflegefachkräfte der Kranken- sowie Altenpflege verankert und in § 113 Pflegeweiterentwicklungsgesetz (01.07.08), im Rahmen der Qualitätssicherung, fortgeführt. Für den pflegerischen Alltag ist es daher wichtig, dass durch Festlegung der eigenen Aufgabenfelder der Pflege, u. a. durch Standards und Stellenbeschreibungen und Dienstanweisungen, auch berufsfremde Aufgaben definiert und geregelt sind.

Erweiterte Aufgabenstellung

Mit dem Pflegeweiterentwicklungsgesetz (in Kraft getreten am 01.07.2008) wurde im Artikel 6 das SGB V (Krankenversicherungsgesetz) geändert und in § 63 folgende Absätze eingefügt:

(3b) Modellvorhaben nach Abs. 1 können vorsehen, dass Angehörige der im Krankenpflegegesetz und im Altenpflegegesetz geregelten Berufe

1. die Verordnung von Verbandsmitteln und Pflegehilfsmittel sowie
2. die inhaltliche Ausgestaltung der häuslichen Krankenpflege einschließlich deren Dauer

vornehmen, soweit diese aufgrund ihrer Ausbildung qualifiziert sind und es sich bei den Tätigkeiten nicht um selbständige Ausübung von Heilkunde handelt.

(3c) Modellvorhaben nach Abs. 1 können eine Übertragung der ärztlichen Tätigkeiten, bei denen es sich um selbständige Ausübung von Heilkunde handelt und für die die Angehörigen der im Krankenpflegegesetz geregelten Berufe aufgrund einer Ausbildung nach § 4 Abs. 7 des Krankenpflegegesetzes qualifiziert sind, auf diese vorsehen. Satz 1 gilt für die Angehörigen des im Altenpflegegesetz geregelten Berufes aufgrund einer Ausbildung nach § 4 Abs. 7 des Altenpflegegesetzes entsprechend. Der gemeinsame Bundesausschuss legt in Richtlinien fest, bei welchen Tätigkeiten eine Übertragung von Heilkunde auf die Angehörigen der genannten Berufe im Rahmen von Modellvorhaben erfolgen kann.

Bisherige organisatorische Regelung

Als Orientierung für die Zusammenarbeit zwischen Ärzten und Pflegenden in der Einrichtung kann der Beschluss des Vorstandes der Bundesärztekammer vom 18.04.1980, veröffentlicht im Deutschen Ärzteblatt vom 03.07.1980, dienen.

- Die Aufgabe des Krankenpflegepersonals (Krankenschwester, Krankenpfleger, Kinderkrankenschwester, Krankenpflegehelferin, Krankenpflegehelfer) ist die Krankenpflege. Unter Berücksichtigung dieser Zuständigkeit sind für die Durchführung von Injektionen, Infusionen und Blutentnahmen folgende Hinweise zu beachten:

  - Dem Arzt obliegen in eigener Verantwortung alle diagnostischen und therapeutischen Entscheidungen für den Patienten. Dem Krankenpflegepersonal obliegt die umfassende Krankenpflege (Grund- und Behandlungspflege) des Patienten.
  - Injektionen, Infusionen, Blutentnahmen und Bluttransfusionen sind Aufgaben des Arztes. Zum Aufgabenbereich von Krankenschwestern, Krankenpflegern und Kinderkrankenschwestern gehören die Vorbereitung dieser Maßnahmen und die im Zusammenhang mit den Maßnahmen notwendige Beobachtung der Patienten.
- Wenn der Arzt die Durchführung von Maßnahmen seines Aufgabenbereiches im Rahmen der Behandlungspflege auf Krankenpflegepersonen überträgt, müssen folgende Voraussetzungen erfüllt sein:
  - Der Arzt muss sorgfältig prüfen und danach entscheiden, welche Maßnahme die Krankenpflegepersonen durchführen sollen.
  - Das Anlegen und Wechseln von Blutkonserven darf er nicht übertragen. Der Arzt muss im Übrigen auf eine Übertragung verzichten, wenn auf einem zu verabreichenden Medikament sein persönliches Tätigwerden gefordert wird.
  - Der Arzt darf nur Krankenschwestern, Krankenpfleger und Kinderkrankenschwestern und unter diesen nur solche beauftragen, die für die jeweils zu übernehmende Aufgabe qualifizierte Kenntnisse, Fertigkeiten und Fähigkeiten nachweisen. Für die Durchführung von intramuskulären und intravenösen Injektionen, Infusionen und Blutentnahmen muss die Qualifikation der Krankenpflegepersonen durch einen Arzt festgestellt und durch den leitenden Abteilungsarzt schriftlich bestätigt worden sein; die Anerkennung einer erfolgreich durchlaufenen Weiterbildung in der Intensivpflege ersetzt diese Bestätigung. Die allgemeine Überwachungs- und Beaufsichtigungspflicht des Arztes bleibt unberührt.
  - Der Arzt darf die Durchführung von intravenösen Injektionen, Infusionen und Blutentnahmen nur an die einzelne Krankenpflegeperson übertragen; die Durchführung von subkutanen und intramuskulären Injektionen kann er generell auf die nach Nr. 2.2. qualifizierten Krankenpflegepersonen übertragen.
- Der Arzt hat für den Patienten Anordnungen über die Durchführung von Injektionen, Infusionen und Blutentnahmen zu treffen. Dabei hat er den Gesamtzustand des Patienten, den Schwierigkeitsgrad der Verrich-

tung und ggf. die Wirkung und Gefährlichkeit des zu verabreichenden Medikamentes zu berücksichtigen; über mögliche Nebenwirkungen und Gefahren hat der Arzt die Krankenschwester, den Krankenpfleger oder die Kinderkrankenschwester zu informieren. Der Arzt muss selbst tätig werden, wenn Umstände erkennbar sind, die die zu verabreichende Injektion durch den Arzt selbst erforderlich machen.

- Die ärztliche Anordnung ist schriftlich festzuhalten und vom Arzt abzuzeichnen. Dabei ist der Patient namentlich zu benennen sowie das zu verabreichende Medikament, dessen Menge, Art und Zeitpunkt der Verabreichung zu bestimmen.
- Soweit Krankenschwestern, Krankenpfleger und Kinderkrankenschwestern unter den in Nr. 2 genannten Voraussetzungen Injektionen, Infusionen und Blutentnahmen durchführen, obliegt dem Arzt die Anordnungsverantwortung, den Krankenpflegepersonen die Durchführungsverantwortung.
- Intravenöse Injektionen und Infusionen dürfen nur unter unmittelbarer Aufsicht und Anleitung eines Arztes erlernt werden. Die Durchführungsverantwortung trägt der anleitende Arzt.
- (Kinder-)Krankenpflegeschüler dürfen nur zum Zwecke ihrer Ausbildung unter unmittelbarer Aufsicht und Anleitung eines Arztes oder einer Krankenpflegeperson, die unter den Voraussetzungen und im Rahmen der Nrn. 2 und 3 tätig wird, subkutane und intramuskuläre Injektionen sowie venöse Blutentnahmen durchführen. Die Durchführungsverantwortung trägt die anleitende Person.
- Krankenpflegehelferinnen und Krankenpflegehelfer im Krankenhaus dürfen nach gründlicher praktischer Berufserfahrung und entsprechender Unterweisung subkutane Injektionen durchführen; die Nrn. 2 und 3 gelten entsprechend.
- Diese Informationen müssen in dem jeweiligen Pflegebereich bekannt und konstruktiv miteinander zur Sicherheit der Patienten und des Zusammenwirkens der Berufsgruppen abgestimmt sein.

Anmerkung

Die Berufsbezeichnungen der Krankenpflege und Kinderkrankenpflege haben sich mit dem Krankenpflegegesetz vom 16.07.2003 geändert. Krankenpflegehilfe und Kinderkrankenpflegehilfe sind hierin nicht mehr enthalten. Durch das Altenpflegegesetz vom 25.08.2003 (§ 3) sind auch Altenpfleger zur Ausführung ärztlicher Verordnungen berechtigt.

Vorgehen bei pflegefremden Tätigkeiten

So genannte pflegefremde Tätigkeiten, die jeweils in der Organisationsstruktur des Trägers liegen, sind vornehmlich unter haftungsrechtlichen Aspekten klar zu definieren. Hierzu gehören Verwaltungsaufgaben, Hol- und Bringdienste, hauswirtschaftliche Tätigkeiten, ärztliche Tätigkeiten und Tätigkeiten anderer Dienstbereiche.

Beispiel

Urteil: Aufgabenstellung und Verantwortung im Operationsdienst – Feststellung von Arbeitspflichten eines OP-Pflegers

In einem Arbeitsgerichtsverfahren wurde festgestellt, dass der 46-jährige Kläger, der seit 18 Jahren bei der Beklagten (Krankenhaus) als Krankenpfleger arbeitet, nicht verpflichtet ist, bei Operationen Tätigkeiten eines Assistenzarztes auszuüben, insbesondere Wundsekret abzusaugen, Gefäße zu koagulieren, Haken zu halten, Fäden abzuschneiden und darauf zu achten, ob Nerven beschädigt werden könnten. Der Krankenpfleger befürchtete, dass ihm im Falle eines Fehlers während der Assistenz sowohl zivilrechtliche als auch strafrechtliche Konsequenzen drohten.

Entscheidungsgründe: Bei den genannten Aufgaben handelt es sich um Tätigkeiten, die einem Arzt vorbehalten sind. Die Delegation ärztlicher Tätigkeiten auf nicht-ärztliches Personal ist rechtlich nur zulässig, wenn der Patient in diese Maßnahme einwilligt, die Art des Eingriffs das persönliche Handeln des Arztes nicht erfordert, der Arzt die Maßnahme anordnet, der ausführende nicht-ärztliche Mitarbeiter zur Durchführung der Anordnung befähigt und zur Ausführung der ärztlichen Tätigkeit bereit ist. Der Kläger (Krankenpfleger) sei, von Notfällen abgesehen, nicht verpflichtet, ärztliche Tätigkeiten zu verrichten. Zwar müsse ein Krankenpfleger grundsätzlich ärztlichen Anordnungen nachkommen. Dieses Anweisungsrecht gelte jedoch nicht uneingeschränkt. Die Durchführung von Anordnungen sollte dem Untergebenen möglich und zumutbar sein. Nach Meinung der Kammer ist es dem Krankenpfleger (Kläger) bei Operationen nicht zuzumuten, ärztliche Tätigkeiten zu verrichten. Falls dabei Kunstfehler unterlaufen, bestehe die Gefahr, dass der Krankenpfleger zur Verantwortung gezogen wird (AG Koblenz, AZ 3 CA 713/93).

Dieses Urteil ist auch auf andere Leistungsbereiche übertragbar.

Zielführende Gutachten zur perspektivischen Aufgabenstellung liegen vor. Hierzu gehören:

- Gutachten zu den zukünftigen Handlungsfeldern in der Krankenhauspflege der katholischen Fachhochschule Mainz im Auftrag des Sozialministeriums Rheinland-Pfalz 2008
- Neuordnung von Aufgaben des Pflegedienstes unter Beachtung weiterer Berufsgruppen des Deutschen Krankenhausinstituts (DKI) Mai 2010

Praxistipp

Bestehen Sie auf klare Regelungen bei Aufgabenstellung und Verantwortung, die in Form von Standards und Dienstanweisungen formuliert sein sollten. Dies ist wichtig im Sinne der Organisations-, Anordnungs- und Durchführungsverantwortung bzw. -haftung.

► Altenpflegegesetz, Ärztliche Anordnung, Berufsordnung, Delegation, Krankenpflegegesetz

Notizen für den Alltag

Aufklärung von Patienten

Vor einer diagnostischen Maßnahme oder einer Operation muss der Patient über die Dringlichkeit der Maßnahme aufgeklärt werden. Daher unterliegt dem Arzt die Beweislast, dass eine vollständige und richtige Aufklärung erfolgt ist (BGH, Urteil vom 26.06.1990, VI ZR 289/89 ...VI ZR 289/89, und BGH Urteil vom 07.11.2006, VI ZR 206/05).

Ärztliche Aufklärung

Sicherungsaufklärung

Der Patient erhält therapeutische Hinweise, wie er sich vor, während und nach der ärztlichen Behandlung zu verhalten hat. Hierzu gehören die Information über Nebenwirkungen bei der Einnahme des Medikamentes oder der Hinweis, dass er anschließend absolute Bettruhe einhalten muss.

Selbstbestimmungsaufklärung

Vor Beginn der Behandlung erfolgt die Aufklärung über den zu erwartenden Verlauf und die Risiken der ärztlichen Maßnahmen. Inhalte dieser Aufklärung sollten sein:

- Ärztlicher Befund
- Art, Umfang und Durchführung der geplanten Maßnahmen
- Zu erwartende Heilungs- und Besserungsmöglichkeiten mit und ohne Maßnahmen
- Vor- und Nachteile einzelner Behandlungsarten, wenn mehrere Möglichkeiten zur Verfügung stehen
- Mögliche Misserfolge und Nebenwirkungen (Risiken der Behandlung)

Beispiel

Urteil: Zur Aufklärung über die Dringlichkeit einer Operation

Die Beweispflicht für eine vollständige und zutreffende ärztliche Aufklärung obliegt dem Arzt. Sollte es dem Arzt nicht gelingen, den Nachweis ausreichender ärztlicher Aufklärung zu erbringen, so hat er für den in Folge dieses ärztlichen Eingriffs entstandenen Schaden zu haften, sofern er nicht den Nachweis erbringen kann, dass sich der Patient auch bei ordnungsgemäßer Aufklärung zur Operation entschlossen hätte (BGH, Urteil vom 26.06.1990, AZ: VI ZR 289/89, Düsseldorf).

Zeitpunkt und Umstände der Aufklärung

Patienten auf der Allgemeinstation, in der Ambulanz, im Operationsdienst, in der Endoskopie oder in der Anästhesie beklagen sich oft, dass sie sich noch nicht ausreichend über Notwendigkeit, Art und Umfang eines Eingriffs aufgeklärt fühlen. Nach Urteil des Bundesgerichtshofes vom 25.03.2002 (AZ: VI ZR 178/93) muss dem Patienten durch rechtzeitige Aufklärung Gelegenheit gegeben werden, die Gründe für und wider den Eingriff in Ruhe abwägen zu können. Handelt es sich um schwerwiegende Eingriffe, so kann es unter Umständen dazu kommen, dass auch bei ambulanten Operationen eine Aufklärung am Tag des Eingriffs nicht mehr rechtzeitig und eine Aufklärung vor der Tür des Operationssaales zu spät erfolgt. Für die Pflegenden ist es daher notwendig, ein Gespräch zwischen Arzt und Patienten zu vermitteln. Genauso wichtig ist, dass Pflegende den Patienten in seiner Vitalität, Aufnahmekraft erkennen und unterstützen.

Praxistipp

Beachten Sie, dass reduzierende Maßnahmen, wie die Gabe sedierender Medikamente, nicht durchgeführt werden dürfen, bis ein Gespräch mit dem Arzt stattgefunden hat.

Erklärung durch das Pflegepersonal

Das Pflegepersonal wird häufig von Patienten gebeten, Auskünfte zum Krankheitsbefund zu geben oder anstehende Eingriffe zu erklären.

! Grundsätzlich umfasst eine Aufklärung die diagnostischen und therapeutischen Möglichkeiten und fällt damit klar in den alleinigen Zuständigkeitsbereich des Arztes (§ 8 der Berufsordnung für die deutschen Ärztinnen und Ärzte).

Das Pflegepersonal besitzt kein eigenes Aufklärungsrecht und damit auch keine Aufklärungspflicht gegenüber dem Patienten. Dennoch muss auch von Pflegepersonen im Rahmen der Mitwirkungspflicht beachtet werden, dass eine Aufklärung im Sinne des Patienten erfolgt.

Praxistipp

Was mache ich, wenn mich ein Patient um eine Erklärung seines Befundes bittet?

Hier müssen Sie zunächst unterscheiden:

1. Waren Sie bei der Aufklärung durch den Arzt **nicht** anwesend, so müssen Sie den Patienten an den Arzt verweisen, da Sie nicht wissen, was dieser dem Patienten gesagt hat.
2. Sind Sie über den Inhalt und Umfang der ärztlichen Aufklärung informiert, so können Sie die Angaben des Arztes verdeutlichen oder erläutern. Die ärztlichen Angaben dürfen hierbei nicht eigenständig interpretiert oder ergänzt werden, z. B. Nebenwirkungen des geplanten Eingriffes.

Sollte der Patient auf eine Aufklärung oder auf die Ausführung der Aufklärung verzichten, sollte das auf jeden Fall zur Beweissicherung in den Patientenunterlagen dokumentiert werden.

Notizen für den Alltag

Aufzeigen von Bedenken

In den vergangenen Jahren hat sich der Begriff der Überlastungsanzeige bei personellen Engpässen gefestigt. Es ist sicherlich unter rechtlichen Anforderungen unabdingbar, dass die für die jeweilige Schicht bzw. den Ablauf zuständige Pflegekraft ihre Bedenken bezüglich der Patientenverantwortung an die Stationsleitung oder Pflegedienstleitung umgehend schriftlich weitergibt, um bei Konsequenzen aus der Unterbesetzung von der Organisationshaftung befreit zu werden. Der Empfang ist schriftlich zu bestätigen.

Meldet die verantwortliche Pflegeperson vor Ort ihre Bedenken nicht an, kommt das einer Zustimmung der Situation gleich. Damit trägt sie die volle rechtliche Verantwortung, d. h. die volle Organisationsverantwortung und -haftung für eine gefährliche Pflege im Sinne des Übernahmeverschuldens. Eine Fehlleistung könnte aus einer Situation resultieren, die bei normalem Personalbestand nicht eingetreten wäre. Dies ist z. B. dann der Fall, wenn eine Nachtwache drei Abteilungen zu betreuen hat.

Praxistipp

Stufen Sie aus fachlichen Gründen eine Situation als unverantwortbar ein, müssen Sie im Rahmen Ihrer Verantwortung und im Sinne der Patienten- oder Bewohnersicherheit sowie Qualitätssicherung umgehend Ihre Bedenken gegenüber der für die Organisation verantwortlichen Person aufzeigen. Eine nicht schriftlich dokumentierte Form erhöht Ihre Beweislast!
Lassen Sie sich den Empfang des Schreibens bestätigen oder lassen Sie es durch eine Kollegin überbringen. Diese kann die Übergabe des Schreibens später bezeugen. Dieses Schreiben entbindet Sie nicht von der Pflicht zur sorgfältigen Arbeitsleistung.

Schreiben an die Pflegedienstleitung (Muster)

Betr.: Personalsituation in unserer Abteilung/Organisationsverantwortung
Sehr geehrte/r ...,
seit inzwischen 4 Wochen ist die Personalbesetzung unserer Station aus verschiedenen Gründen dezimiert. Dieses ist belegt durch unsere Dienstpläne. So sind zurzeit pro Schicht für 36 Patienten in hoher Pflegestufe

maximal eine Krankenschwester und zwei Schülerinnen einzuteilen.
Darüber hinaus ist die Einteilung einer Nachtwache für zwei räumlich voneinander getrennte Stationen mit jeweils 36 Patienten sehr bedenklich. Eine qualitätsorientierte Pflege ist unter diesen Bedingungen, unter Bezug auf unser Leitbild, der Standards sowie der Erkenntnisse der Pflegewissenschaft nicht durchzuführen. Ich zeige Ihnen hiermit meine Bedenken bezüglich der sich abzeichnenden gefährlichen Pflege auf und bitte Sie dringend um organisatorische Entlastung, da ich die Organisationsverantwortung unter diesen Aspekten nicht tragen kann.
Mit freundlichen Grüßen, Stationsleitung

Dieses Schreiben kommt keiner Arbeitsverweigerung gleich, sondern zeigt Bedenken auf, im Sinne der Remonstration bezüglich der Gefährdung einer qualitativen Versorgung der Patienten/Bewohner und im Sinne des Aufnahmevertrages im Krankenhaus, Heim- oder Pflegevertrages.

Praxistipp

Ergeben sich keine organisatorischen Veränderungen, so sollten Sie zeitnah ein weiteres Schreiben auch nachrichtlich an die Betriebsleitung bzw. den Träger richten, mit dem Hinweis auf Mängel und sich abzeichnende Gefährdungen. Hierdurch ziehen Sie sich als verantwortliche Pflegekraft zivilrechtlich aus dem Zentrum der Verantwortung. Strafrechtlich wirkt Ihr Schreiben nicht strafbefreiend, möglicherweise aber strafmildernd.

▶ Berufsordnung, Haftung, Remonstration, Risikomanagement, Verantwortung

Notizen für den Alltag

Bedarfsmedikation

Der Begriff »Bedarfsmedikation« ist unklar und darf nicht Grundlage für pflegerisches Handeln sein. Eine Medikation muss jeweils konkret auf die Situation des Patienten hin erfolgen. Da Anordnungen der Therapie grundsätzlich schriftlich durch den Arzt ausgeführt werden müssen, ist eine pauschale Bedarfsmedikation rechtlich problematisch. Diese Anordnung ist unkorrekt; da sie nicht auf die konkrete Situation des Patienten abgestimmt ist. Diagnostische und therapeutische Entscheidungen obliegen grundsätzlich dem Arzt. Die Pflegeperson würde bei Durchführung der Bedarfsmedikation ärztliche Entscheidungen treffen und wäre damit im Sinne des Übernahmeverschuldens haftbar.

Eine Bedarfsmedikation durch die Pflegeperson wäre nur zulässig, wenn ganz konkrete Indikationen wie Blutdruckwerte, Puls oder Temperatur durch den Arzt schriftlich vorgegeben werden. Die Anordnung muss Art und Dosis des Medikaments, Konzentration und Applikationsart enthalten.

Eine sog. Bedarfsmedikation müsste mindestens die Kriterien der **Sechs-W-Regel** berücksichtigen:

1. **W**elcher Patient erhält
2. **w**elches Medikament, in
3. **w**elcher Dosierung, um
4. **w**ie viel Uhr, in
5. **w**elcher Applikationsform, bei
6. **w**elchen konkreten Vitalzeichen

Praxistipp

Sie dürfen keine Bedarfsmedikation durchführen, wenn der Bedarf nicht konkret und schriftlich verordnet wurde, da die Anordnung von Medikamenten grundsätzlich dem Arzt vorbehalten ist! Eine Anordnung, die nicht schriftlich dokumentiert und nicht unterschrieben ist, existiert nicht!

▶ Ärztliche Anordnung, Delegation, Medikamente

Befähigungsnachweis

In vielen Einrichtungen gibt es vor dem Hintergrund der haftungsrechtlichen Verantwortung sog. Spritzenscheine, die im Rahmen der Delegation als Befähigungsnachweise gelten. Dieser Spritzenschein entbindet aber nicht von der Durchführungsverantwortung, d. h. der individuellen, rechtlichen Würdigung einzelner Komplikationen, die während einer Injektion auftreten können. Ein Befähigungsnachweis ist lediglich eine organisatorische Möglichkeit, die Qualifikation einzelner Pflegekräfte für bestimmte ärztlich delegierbare Tätigkeiten formal festzulegen.

Die intramuskuläre und subkutane Injektion sind in Auslegung des Altenpflege- und Krankenpflegegesetzes ebenso Bestandteil der Alten-, Kranken- und Kinderkrankenpflegeausbildung wie intravenöse Injektionen sowie das Vorbereiten von Venenpunktionen, Infusionen und Transfusionen.

Der Arzt darf die Durchführung von intravenösen Injektionen, Infusionen oder Blutentnahmen nur an die jeweils einzelne Pflegeperson übertragen. Die ärztliche Anordnung über die Durchführung muss zeitgerecht, schriftlich festgehalten und vom Arzt unterschrieben werden. Eine Pflegeperson kann die Befolgung einer Anordnung dann verweigern (Remonstration), wenn sie sich fachlich nicht oder nicht ausreichend für diese Maßnahme qualifiziert fühlt. Dieses gilt insbesondere für die Injektion von Röntgenkontrastmitteln, Zytostatika, Herzmedikamente und weitere Medikamente, im Rahmen derer häufiger Zwischenfälle bekannt wurden.

Die Befähigungsnachweise haben sich im Rahmen der Delegation von Injektionen durch Ärzte an Pflegepersonal etabliert. Dies ist eine von vielen Juristen empfohlene Legitimation zur Durchführung bestimmter ärztlicher Tätigkeiten, dass der Arzt sich jeweils individuell von der Qualifikation der per Spritzenschein bestätigten Pflegeperson überzeugt hat. Rechtlich sind diese Nachweise nur akzeptabel, wenn es sich um Einzelnachweise und nicht Pauschalbescheinigungen handelt.

Das bedeutet, dass z. B. ein vom Chirurgen eines Krankenhauses ausgestellter Spritzenschein nicht automatisch für die Durchführung von Infusionen auf der internistischen Station gilt. Ebenso verhält es sich im Altenheim. Es besteht jeweils nur ein Rechtsverhältnis zwischen dem für den Bewohner zuständigen Arzt und der einzelnen Pflegeperson.

proCompliance e-health solutions
proCompliance Verlag GmbH

DOKUMENTIERTE QUALITÄTSSICHERUNG **A 29** (D)

Befähigungsnachweis

Frau/Herrn ______________________ geb.am: __________

wird hiermit jederzeit widerruflich die Berechtigung erteilt, in der/den Abteilung(en)/Klinik(en)

____

____

____

nachfolgend gekennzeichnete Tätigkeiten selbständig auszuführen*:

- ☐ subkutane Injektionen
- ☐ intramuskuläre Injektionen
- ☐ intravenöse Injektionen
- ☐ Injektionen in periphervenös liegende Kanülen und Katheter
- ☐ Injektionen in zentralvenös liegende Katheter
- ☐ Infusionen
- ☐ venöse Blutentnahmen
- ☐ venöse Blutentnahmen aus Kanülen und Kathetern
- ☐ arterielle Blutentnahmen
- ☐ arterielle Blutentnahmen aus Kanülen und Kathetern

*) Bitte Entsprechendes ankreuzen bzw. die **nicht** übertragenen Tätigkeiten durchstreichen!

Der leitende Arzt der Abteilung/Klinik bzw. der beauftragte Arzt bestätigen nach sorgfältiger persönlicher Prüfung, dass sie/er über die nötigen Kenntnisse und Fähigkeiten verfügt, um die bezeichneten Tätigkeiten fachgerecht ausführen zu können.

Dieser Befähigungsnachweis behält sein Gültigkeit für: ☐ 1 Jahr bzw. ☐ ___ Monate

Daneben bestehende Dienstanweisungen und Anwendungsvorschriften bezüglich der bezeichneten Tätigkeit sind zu beachten.

____
Ort/Datum

____
Unterschrift des leitenden Arztes der Abteilung/Klinik bzw. des beauftragten Arztes

____
Unterschrift der Schwester/des Pflegers/der Hebamme

Abb. 1. Befähigungsnachweis

proCompliance Verlag GmbH

DOKUMENTIERTE QUALITÄTSSICHERUNG A 30 D

Klinikeindruck/Stempel

Dienstliche Anweisung

zur Durchführung von Injektionen, Infusionen und Blutabnahmen durch nichtärztliches Krankenhauspersonal

1. Warum bedarf es einer dienstlichen Anweisung?

Sehr viele Maßnahmen, die der Arzt nicht selbst trifft bzw. treffen kann, können an ärztliche und auch an nichtärztliche Mitarbeiter/-innen delegiert werden. Trotz dieser Übertragung trägt der Arzt jedoch für die ordnungsgemäße Durchführung dieser Maßnahmen weiterhin die Verantwortung und haftet zudem für Fehler bei der Ausführung. Um diese Haftung so gering wie möglich zu halten, empfiehlt es sich, dienstliche Anweisungen an das nichtärztliche Pflegepersonal zu erlassen.

Speziell im Bereich der Durchführung von Injektionen, Infusionen sowie Blutabnahmen hat sich der Erlass einer entsprechenden Dienstanweisung an das Krankenhauspflegepersonal als sehr nützlich erwiesen.

2. Ärztliche Heilmaßnahme – Körperverletzungstatbestand

Bekanntermaßen verwirklicht der Arzt bei jeder seiner Heil- oder Diagnostikmaßnahmen den Tatbestand einer Körperverletzung im juristischen Sinne. Um die Rechtswidrigkeit im Sinne des Gesetzes zu beseitigen, bedürfen daher diese Maßnahmen der Einwilligung eines jeden Patienten. Ehe dieser aber wirksam einwilligen kann, muss er vom Arzt aufgeklärt werden und zwar rechtzeitig, verständlich, allumfassend sowie unter Nennung der jeweiligen typischen Risiken.

Diese Einwilligung kann der Patient jedoch – angesichts der bei ihm vorgesehenen Maßnahmen – in Ausnahmefällen auch stillschweigend erteilen.

Lehnt der Patient hingegen die Durchführung dieser Maßnahmen ab oder widerruft er sein bereits erklärtes Einverständnis, dann muss die eingeleitete Maßnahme unverzüglich abgebrochen werden bzw. muss deren Durchführung unterbleiben.
Erfolgt die Widerrufserklärung des Patienten in Abwesenheit des Arztes dem nichtärztlichen Pflegepersonal gegenüber, dann hat dieses sofort den anordnenden Arzt bzw. dessen Stellvertreter davon in Kenntnis zu setzen.

3. Der Inhalt der Dienstanweisung

3.1 Aufgabe eines jeden Arztes ist es, für Injektionen, Infusionen und Blutabnahmen an Patienten, die er nicht selbst durchführt, vor der Übertragung dieser Aufgaben an seine nichtärztlichen Mitarbeiter/-innen entsprechende Anordnungen zu erlassen. Für diese trägt er aber weiterhin die volle juristische Verantwortung.

3.2 Bei einer Anordnung an eine bestimmte Pflegeperson ist diese für die durchzuführende Maßnahme ausschließlich zuständig und dem Arzt gegenüber verantwortlich. Die Weitergabe der Anordnung einer bestimmten Maßnahme an eine andere Pflegeperson ist dem/der angewiesenen Mitarbeiter/-innen untersagt.

3.3 Die Übertragung dieser Maßnahmen sollte in der Regel möglichst schriftlich erfolgen. Dies heisst jedoch nicht, dass sie im jeweiligen Einzelfall nicht auch aufgrund einer speziellen Anordnung erfolgen kann. Empfänger dieser Anordnung können nur die für derartige Maßnahmen allgemein oder speziell ermächtigte nichtärztliche Mitarbeiter/-innen sein.

3.4 Die Anordnung erfordert die exakte Bezeichnung des zu applizierenden Medikamentes, seine Dosierung sowie die Art und den genauen Zeitpunkt seiner Verabreichung. Zudem muss die Anordnung den Namen des jeweiligen Patienten enthalten. Ebenso verhält es sich bei der Anwendung einer Infusion oder bei der Durchführung einer notwendigen Blutabnahme.

3.5 Mit dem Erlass und dem Zugang der Anordnung an eine bestimmte Pflegeperson trägt diese die Verantwortung dafür, dass bei der Ausführung dieser Anordnung der Inhalt und der Umfang derselben exakt beachtet wird und die Ausführung sorgfältig erfolgt.

3.6 Maßnahmen, die wegen ihrer Besonderheit bzw. den damit verbundenen, nicht ungefährlichen Risiken für die/den Patientin/en – wie etwa Bluttransfusion, Kontrastmittelinjektion im Rahmen von Kernspin- oder PET-Aufnahmen – ärztliche Kenntnisse und besondere Erfahrungen erfordern, dürfen in keinem Fall an nichtärztliche Mitarbeiter/

Dokumentierte Patientenaufklärung • Herausgeber: proCompliance Verlag GmbH • Autor: Prof. Dr. jur. G. H. Schlund • Juristisch geprüft durch RAe Dr. jur. B. Joch, Dr. jur. A. Schwerdtfeger, Kanzlei Schwarz Kurtze Schniewind Kelwing Wicke, München • © **2000** by proCompliance Verlag GmbH, 91058 Erlangen • **Nachdruck – auch auszugsweise – und fotokopieren verboten.** www.proCompliance.de
Bestell-Nr. 800-023 • **Bestell-Adresse:** proCompliance Verlag GmbH, Weinstr. 70, 91058 Erlangen, Tel. 09131/93 406-40, Fax 93 406-70,

Abb. 2. Dienstanweisung

DOKUMENTIERTE QUALITÄTSSICHERUNG

Dienstliche Anweisung

A 30 D

-innen delegiert werden. Diese dürfen nur zur Mitwirkung bei solchen ärztlichen Maßnahmen herangezogen werden und nur insoweit, als es sich dabei um die technische Durchführung derartiger Maßnahmen bzw. deren Überwachung handelt.

3.7 Kann in einem Notfall der Arzt der einzelnen Pflegeperson keine schriftliche Anordnung erteilen, muss dies mündlich oder fernmündlich geschehen. Die entgegennehmende Pflegeperson ist dann verpflichtet, den Inhalt dieser Anordnung schriftlich festzuhalten, dem behandelnden/verantwortlichen Arzt vorzulesen, selbst zu unterzeichnen und dann unverzüglich dem anordnenden Arzt bzw. dessen Stellvertreter ein Exemplar derselben vorzulegen, damit dieser die mündliche bzw. fernmündliche erteilte Anordnung gegenzeichnen kann.

4. Berechtigte Personen

4.1 Nichtärztliches Personal – etwa Krankenschwestern, Krankenpfleger, Hebammen, Entbindungspfleger/innen und dergleichen – dürfen derartige ärztliche Anordnungen nur dann ausführen:

- wenn Sie die entsprechende Ausbildung zur Fachschwester oder zum Fachpfleger nachweisen können.
- die entsprechende Berufserfahrung aufweisen.
- sich ständig fortbilden und dies belegen können.
- Sie müssen dann noch von den Ärzten ständig überwacht werden.

Der Nachweis über entsprechende Kenntnisse und spezielle Erfahrungen kann unter anderem auch durch das sog. „Spritzenattest“ oder durch dienstliche Beurteilungen und Arbeitszeugnisse geführt werden.

4.2 Fehlen dem nichtärztlichen Pflegepersonal hingegen die Voraussetzungen zur allgemeinen Ermächtigung, so darf diese Person derartige Aufgaben nur dann übernehmen bzw. dürfen ihr derartige Aufgaben nur übertragen werden, wenn ihr durch den leitenden Abteilungsarzt hierfür eine spezielle Ermächtigung in schriftlicher Form erteilt worden ist.

4.3 Noch in Ausbildung stehende Pflegekräfte – wie etwa Krankenpflegehelfer/-innen – dürfen die ärztliche Anordnungsform von subkutanen Injektionen nur dann durchführen, wenn der leitende Abteilungsarzt sie hierzu schriftlich ermächtigt hat.

4.4 Andere Maßnahmen – wie etwa i.m. Injektionen, Blutabnahme aus der Vene und dergleichen – dürfen noch nicht examinierten Pflegekräften (etwa Krankenpflegeschülern/-innen, Hebammenschülern/-innen) zu Ausbildungszwecken nur unter unmittelbarer Aufsicht und Anleitung eines Arztes übertragen werden.

Lediglich im Falle einer Notsituation dürfen diese Maßnahmen von dem noch in Ausbildung stehenden Pflegepersonal in Gegenwart und unter Anleitung eines/einer erfahrenen und damit betrauten Pflegers/Pflegerin ausgeführt werden.

Im Notfall, in dem kein Arzt und auch kein geeignetes und geschultes Pflegepersonal zur Verfügung stehen, hat die mit diesen Maßnahmen betraute (noch in Ausbildung stehende) Pflegeperson Erste Hilfe nach ihren persönlichen Kenntnissen und Fähigkeiten zu leisten.

5. Mögliche Risiken, Nebenwirkungen und Komplikationen

Jeder Arzt muss wissen und bei jeder Anordnung in seine Überlegungen mit einbeziehen, dass die von ihm delegierten Maßnahmen Risiken und Nebenwirkungen sowie Komplikationen beim Patienten auslösen können.

Hat die angewiesene Pflegeperson bei der Ausführung der ärztlichen Anordnung Bedenken, kommen ihr bei der Durchführung bemerkenswerte Zweifel, oder treten Komplikationen beim Patienten ein, dann hat die Pflegeperson den Arzt oder dessen Stellvertreter hiervon sofort in Kenntnis zu setzen und im Zweifel die begonnene Maßnahme unverzüglich einzustellen bzw. zu unterbrechen, bis sie eine neue Anordnung des Arztes erhält.

6. Geltungsbereich

Diese Dienstanweisung gilt in folgenden Abteilungen des ____________________ -Krankenhauses:

____

____

____

sowie in folgenden weiteren Abteilungen:

____

____

____

Die zeitliche Begrenzung der Dienstanweisung wird auf _____ Jahre festgesetzt.

____
Unterschrift der/des leitenden Ärztin/Arztes

____
Unterschrift der leitenden Pflegedienstkraft

7. Bestätigung

Ich bestätige hiermit durch meine Unterschrift, dass ich diese dienstliche Anweisung zur Kenntnis genommen habe und mir ein Exemplar desselben zur Beachtung ausgehändigt wurde. Ich weiss, dass ein weiteres von mir gegengezeichnetes Exemplar zu meinen Personalakten gelangt.

____
Ort/Datum/Uhrzeit

____
Unterschrift des Arztes, der Krankenschwester, des Krankenpflegers, der Hebamme, des Entbindungspflegers

2

Abb. 3. Dienstanweisung (Fortsetzung)

! Der Befähigungsnachweis (■ Abb. 1) entbindet nicht von der Übernahmeverantwortung und der Durchführungsverantwortung der jeweiligen Maßnahme durch die Pflegeperson. Es wird hiermit lediglich die Anordnungshaftung des Arztes geprägt.

Im Sinne der Standardsicherung empfiehlt sich darüber hinaus eine Dienstanweisung (■ Abb. 2 und 3) der Pflegedienstleitung für die pflegerischen Mitarbeiter zur Durchführung bestimmter delegierbarer Aufgaben wie z. B. Blutentnahmen, Injektionen, Infusionen.

Praxistipp

Sie sollten bei Übernahme spezieller ärztlich delegierbarer Tätigkeiten neben der schriftlichen Anordnung auf einen Befähigungsnachweis bestehen. Als Stationsleitung müssen Sie diesen bei der Zuordnung von delegierten Aufgaben an Pflegende berücksichtigen. Voraussetzung für die Durchführung einer ärztlich delegierten Tätigkeit bleibt die Einwilligung des Patienten.

► Ärztliche Anordnung, Aufgabenstellung, Delegation, Haftung

Notizen für den Alltag

Berufsordnung

Die Berufsordnung stellt an professionell Pflegende verbindliche Anforderungen, dies gilt sowohl im Sinne des Altenpflegegesetzes als auch des Krankenpflegegesetzes.

Berufsordnung des DPR – Auszug

Am 18.05.2004 verabschiedete der Deutsche Pflegerat (DPR) mit seinen Mitgliedsverbänden (ADS, BA, BALK, BDH, BeKD, BFLK, DBfK, DBVA, DGF, DPV, VPU) nachfolgende Rahmenberufsordnung für professionell Pflegende. Die aktuelle Berufsordnung stellt ein wichtiges Modul pflegerischer Verantwortung im Sinne der Selbstverwaltung dar. In ihr sind zugleich Kriterien der Qualitätssicherung festgeschrieben, die für Leistungsempfänger und Leistungserbringer gleichermaßen gelten.

§ 1 Geltungsbereich

Diese Berufsordnung gilt für Altenpflegerinnen/Altenpfleger[1] Gesundheits- und Kinderkrankenpflegerinnen/Gesundheits- und Kinderkrankenpfleger[1], Gesundheits- und Krankenpflegerinnen/Gesundheits- und Krankenpfleger[1], die in der Bundesrepublik Deutschland ihren Beruf ausüben.

**[1] Sie werden im weiteren Text als »professionell Pflegende« bezeichnet. Die zu betreuenden Personen werden als »Pflegeempfänger« bezeichnet.*

§ 2 Aufgaben

1. Professionell Pflegende sind verpflichtet, ihren Beruf entsprechend dem allgemein anerkannten Stand pflegewissenschaftlicher, medizinischer und weiterer bezugswissenschaftlicher Erkenntnisse auszuüben. Sie müssen sich über die für die Berufsausübung geltenden Vorschriften informieren und sie beachten.
2. Professionell Pflegende üben die Pflege ohne Wertung des Alters, einer Behinderung oder Krankheit, des Geschlechts, der sexuellen Orientierung, des Glaubens, der Hautfarbe, der Kultur, der Nationalität, der politischen Einstellung, der Rasse oder des sozialen Status aus.
3. Eigenverantwortliche Aufgaben professionell Pflegender sind:
   - Feststellung des Pflegebedarfs, Planung, Organisation, Durchführung und Dokumentation der Pflege,

- Evaluation der Pflege, Sicherung und Entwicklung der Qualität der Pflege,
- Beratung, Anleitung und Unterstützung von Leistungsempfängern und ihrer Bezugspersonen,
- Einleitung lebenserhaltender Sofortmaßnahmen bis zum Eintreffen des Arztes oder der Ärztin.
- Aufgaben im Rahmen der Mitwirkung sind:
  - eigenständige Durchführung ärztlich veranlasster Maßnahmen,
  - Maßnahmen der medizinischen Diagnostik, Therapie oder Rehabilitation,
  - Maßnahmen in Krisen- und Katastrophensituationen.

Professionell Pflegende arbeiten interdisziplinär mit anderen Berufsgruppen zusammen. Sie entwickeln multidisziplinäre und berufsübergreifende Lösungen von Gesundheitsproblemen.

§ 3 Berufspflichten

1. Schweigepflicht
   Professionell Pflegende sind gemäß § 203 Strafgesetzbuch gegenüber Dritten zur Verschwiegenheit über alle ihnen in Ausübung ihres Berufes anvertrauten oder bekannt gewordenen Geheimnisse über die Leistungsempfänger und deren Bezugspersonen verpflichtet. Die Bestimmungen des Datenschutzgesetzes sind analog anzuwenden.
2. Auskunftspflicht
   Professionell Pflegende sind verpflichtet, Leistungsempfängern, deren gesetzlichen Vertretern bzw. den von ihnen im Rahmen der Befreiung von der Schweigepflicht benannten Bezugspersonen alle Auskünfte über die geplanten pflegerischen Maßnahmen zu erteilen. Allen anderen am Behandlungs- und Betreuungsprozess beteiligten Berufsgruppen müssen die notwendigen Informationen zugänglich gemacht werden.
3. Beratungspflicht
   Professionell Pflegende sind gegenüber den Leistungsempfängern sowie deren Bezugspersonen zur Beratung verpflichtet. Dies betrifft im Besonderen Information und Aufklärung zu gesundheitsfördernden und gesundheitserhaltenden Maßnahmen, Methoden und Verhaltensweisen.
4. Dokumentationspflicht
   Professionell Pflegende dokumentieren den gesamten Pflegeprozess und verwenden ein entsprechend standardisiertes Dokumentationssystem. Dieses

muss allen am therapeutischen Prozess Beteiligten zugänglich sein. Die Dokumentation unterliegt dem Datenschutz gegenüber Dritten.

5. Berufshaftpflicht- und gesetzliche Unfallversicherung
   Professionell Pflegende in abhängiger Beschäftigung versichern, dass für sie entsprechende Versicherungen abgeschlossen wurden.
6. Fortbildung
   Professionell Pflegende tragen Verantwortung dafür, ihre Qualifikation dem jeweils aktuellen Wissensstand anzupassen. Sie setzen sich kritisch mit ethischen Fragen ihres Berufes auseinander und tragen dafür Sorge, dass sie ihre sozialkommunikativen und berufsfachlichen Kompetenzen kontinuierlich weiterentwickeln. Deshalb verpflichten sich professionell Pflegende zu einer freiwilligen Registrierung (solange dies nicht vom Gesetzgeber geregelt ist).
7. Umgang mit geldwerten Leistungen
   Die Annahme geldwerter Leistungen oder sonstige Vorteilnahmen von Leistungsempfängern, Bezugspersonen oder Firmen ist mit dem berufsethischen Verständnis professionell Pflegender unvereinbar.

§ 4 Besondere Pflichten bei freiberuflicher Tätigkeit

Professionell Pflegende in selbständiger Stellung sind im Rahmen der Aufsicht und Überwachung durch den öffentlichen Gesundheitsdienst verpflichtet, der zuständigen Behörde die notwendigen Auskünfte zur eigenen Person zu erteilen und diesbezügliche Nachweise vorzulegen. Sie schließen im Interesse Ihrer Leistungsempfänger und ihrer Mitarbeiter und Mitarbeiterinnen eine Berufshaftpflicht- und gesetzliche Unfallversicherung in angemessener Schadensregulierungshöhe ab. Freiberuflich professionell Pflegende sollen ihre Räumlichkeiten durch ein Schild kennzeichnen, das Namen, Berufsbezeichnung und Sprechzeiten angibt. Ihnen ist jede berufsunwürdige Werbung untersagt.

§ 5 Verletzung von Berufspflichten

Die Aufsicht über die Einhaltung der berufsrechtlichen Vorschriften liegt bei der jeweiligen Gesundheitsbehörde des Landes. Diese kann die Erlaubnis zum Führen der Berufsbezeichnung entziehen.

§ 6 Verbindlichkeit der Berufsordnung

Diese Rahmenberufsordnung für professionell Pflegende wurde am 18. Mai 2004 von der Mitgliederversammlung des Deutschen Pflegerates e.V. verabschiedet. Sie ist damit für alle Mitgliedsverbände verbindlich.

Berufsordnungen der Bundesländer

Am 01.01.2005 trat die erste landesrechtliche Berufsordnung für die Krankenpflege und Kinderkrankenpflege in Bremen (Gesetzesblatt der Freien Hansestadt Bremen vom 14.10.2004) in Kraft. Als zweites Bundesland erließ das Saarland eine Berufsordnung für Pflegefachkräfte vom 28.11.2007 (in Kraft getreten am 13.12.2007, mit Veröffentlichung im Amtsblatt des Saarlandes). In Hamburg wurde die Pflegefachkräfte-Berufsordnung vom 29.09.2009 mit Veröffentlichung am 02.10.2009 rechtskräftig.

Berufsordnung für Pflegefachkräfte im Saarland – Auszug

§ 1 Geltungsbereich

1. Altenpflegerin oder Altenpfleger,
2. Gesundheits- und Krankenpflegerin oder Gesundheits- und Krankenpfleger,
3. Gesundheits- und Kinderkrankenpflegerin oder Gesundheits- und Kinderkrankenpfleger oder Krankenpflegefachkräfte, die Staatsangehörige eines Vertragsstaates des Europäischen Wirtschaftsraumes sind.

§ 2 Ziel

(2) Professionelle Pflege ist ohne Wertung von Alter, Geschlecht, Krankheit, Behinderung, Glauben, politischer Einstellung, Nationalität, Hautfarbe, sexueller Orientierung, Kultur oder sozialem Status auszuüben. Voraussetzung für die Sicherstellung einer professionellen Pflege ist die Förderung der Pflegefachkräfte im Bereich der Praxis, der Aus-, Fort- und Weiterbildung, des Managements sowie der Pflegewissenschaft.

(3) Die Berufsordnung basiert auf dem Ethikkodex für Pflegende des International Council of Nurses (ICN).

§ 3 Berufsbild

(1) Berufliche Pflege ist eine abgrenzbare Disziplin von Wissen und Können, die sie von anderen Fachgebieten des Gesundheitswesens unterscheidet. Der Begriff der Pflege umfasst als eigenständiger Beruf und selbständiger Teil des Gesundheitsdienstes die Feststellung des Pflegebedarfs, die Planung, Durchführung und Bewertung von Pflegemaßnahmen sowie die eigene Aus-, Fort- und Weiterbildung.

(2) Pflegefachkräfte sind verpflichtet, ihren Beruf entsprechend dem allgemein anerkannten Stand pflegewissenschaftlicher, medizinischer und weiterer bezugswissenschaftlicher Erkenntnisse auszuüben.

§ 4 Berufsaufgaben

(2) Pflegefachkräfte nehmen ihre Aufgaben eigenverantwortlich, im Rahmen der Mitwirkung und interdisziplinär mit anderen Berufsgruppen wahr.

(3) Im Rahmen der Eigenverantwortung werden durch Pflegefachkräfte insbesondere nachfolgende Aufgaben ausgeführt:

a) Erhebung und Feststellung des Pflegebedarfs, Planung, Organisation, Durchführung und Dokumentation der Pflege,
b) Evaluation der Pflege, Sicherung und Entwicklung der Qualität der Pflege,
c) Beratung, Anleitung und Unterstützung von zu pflegenden oder zu betreuenden Personen und ihrer Bezugspersonen in der individuellen Auseinandersetzung mit Gesundheit und Krankheit sowie im Rahmen der primären, sekundären und tertiären Prävention nach dem jeweiligen Stand von Wissenschaft und Technik,
d) Einleitung lebenserhaltender Sofortmaßnahmen bis zum Eintreffen der Ärztin oder des Arztes,
e) Anleitung von Schülerinnen und Schülern sowie Mitverantwortung für die Ausbildung dieser,
f) Anleitung von neuen Kolleginnen und Kollegen sowie von Hilfskräften.

(4) Im Rahmen der Mitwirkung werden von Pflegefachkräften insbesondere folgende Aufgaben ausgeführt:

a) Durchführung ärztlich veranlasster Maßnahmen,
b) Maßnahmen der Prävention, medizinischen Diagnostik, Therapie oder Rehabilitation,
c) Maßnahmen in Krisen- und Katastrophensituationen.

(5) Zu den speziellen Berufsaufgaben der Pflegefachkräfte gehören insbesondere:

2. umfassende Information der zu pflegenden oder zu betreuenden Personen über den Gesundheits- und Pflegezustand, um Mitwirkung und Mitentscheidung zu ermöglichen,
3. Entwickeln und Überprüfen ihrer Pflegetätigkeit nach anerkannten wissenschaftlichen Erkenntnissen,
4. Übernahme von Verantwortung im Team im Rahmen des Kompetenzbereiches und Beachten des Kompetenzbereiches anderer Berufsgruppen,

5. vertrauensvolle Zusammenarbeit mit Angehörigen und Laien sowie deren Beratung und Anleitung,
6. Beteiligung an *der* Qualitätsentwicklung und Qualitätssicherung,
7. Pflegeüberleitung von zu pflegenden oder zu betreuenden Personen in andere Einrichtungen oder Bereiche in Zusammenarbeit mit anderen Berufsgruppen.

§ 5 Berufspflichten gegenüber Anderen

1. Schweigepflicht
2. Auskunftspflicht
3. Beratungspflicht
4. Informations- und Beteiligungspflicht
5. Dokumentationspflicht
6. Meldepflicht

§ 6 Berufspflichten zur Kompetenzerhaltung und Qualitätssicherung

1. die Teilnahme an internen Qualifizierungsmaßnahmen,
2. die Teilnahme an externen Fortbildungsveranstaltungen bei anerkannten Fort- und Weiterbildungsträgern,
3. die Teilnahme an Qualitätssicherungsmaßnahmen sowie
4. die Teilnahme an fachlichen Hospitationen und Auditverfahren

In jedem Jahr sollen in der Regel Maßnahmen der Kompetenzerhaltung im Umfang von mindestens zehn Stunden neben dem Studium der Fachliteratur durch jede Pflegefachkraft erbracht werden.

(3) Pflegefachkräfte sind verpflichtet, sich an Maßnahmen der Qualitätssicherung zu beteiligen.

§ 7 Haftpflichtversicherung

(2) Pflegefachkräfte in abhängiger Beschäftigung haben in Abstimmung mit dem Arbeitgeber dafür Sorge zu tragen, dass sie ausreichend gegen Haftpflichtansprüche im Rahmen ihrer beruflichen Tätigkeit abgesichert sind.

§ 8 Annahme von Geschenken und anderen Vorteilen

§ 9 Gutachterliche Tätigkeit

§ 10 Weitergehende Berufspflichten selbständig tätiger Pflegefachkräfte

§ 11 Ordnungswidrigkeiten

(1) Eine Verletzung gegen die in dieser Berufsordnung ausgewiesenen Berufspflichten und eine hiernach zu ahndende Ordnungswidrigkeit liegt vor, wenn die Pflegefachkraft vorsätzlich oder fahrlässig

1. gegen die ihr/ihm nach § 3 Abs. 2 Satz 2 obliegenden Pflichten verstößt,
4. der in § 5 Nr. 5 ausgewiesenen Dokumentationspflicht nicht oder nicht vollständig oder nicht zeit- und handlungsnah nachkommt,
6. sich nicht oder nicht in dem geforderten Umfang an kompetenzerhaltenden und qualitätssichernden Maßnahmen nach § 6 beteiligt,
7. die Vorgaben nach § 7 zur Haftpflichtversicherung nicht einhält

(2) Eine Verletzung gegen die Berufspflichten kann mit einer Geldbuße bis zu fünftausend Euro geahndet werden.

Praxistipp

Die bereits existierenden Berufsordnungen definieren sowohl die Versorgungsqualität für die Leistungserbringer als auch Ihre Aufgaben für die Leistungsempfänger sowie Ihre Rechte und Pflichten. Informieren Sie sich in Ihrem jeweiligen Bundesland nach dem Stand der aktuellen Berufsordnung.

► Aufgabenstellung, Altenpflegegesetz, Krankenpflegegesetz

Notizen für den Alltag

Betäubungsmittel

Im Pflegealltag entstehen häufig Missverständnisse, wenn es um die Anwendung von Betäubungsmitteln geht. Der Umgang mit Betäubungsmitteln bedarf der Erlaubnis. Die wichtigsten Regelungen ergeben sich aus dem Gesetz über den Verkehr mit Betäubungsmitteln (Betäubungsmittelgesetz BtMG) i. d. F. vom 01. März 1994 (BGBl. I S. 358), zuletzt geändert durch Achtzehnte Betäubungsmittelrecht-Änderungsverordnung vom 22. Dezember 2003 (BGBl. 2004 I S. 28) und am 18. Dezember 2009 (BGBl. 2009 I S. 3944).

Betäubungsmittelgesetz (BtMG) – Auszug

§ 3 Erlaubnis zum Verkehr mit Betäubungsmitteln

(1) Einer Erlaubnis des Bundesinstituts für Arzneimittel und Medizinprodukte bedarf, wer

1. Betäubungsmittel anbauen, herstellen, mit ihnen Handel treiben, sie, ohne mit ihnen Handel zu treiben, einführen, ausführen, abgeben, veräußern, sonst in den Verkehr bringen, erwerben oder
2. ausgenommene Zubereitung (§ 2 Abs. 1 Nr. 3) herstellen will.

(2) Eine Erlaubnis für die in Anlage I bezeichneten Betäubungsmittel kann das Bundesinstitut für Arzneimittel und Medizinprodukte nur ausnahmsweise zu wissenschaftlichen oder anderen im öffentlichen Interesse liegenden Zwecken erteilen.

Pflichten im Betäubungsmittelverkehr

§ 13 Verschreibung und Abgabe auf Verschreibung

(1) Die in Anlage III bezeichneten Betäubungsmittel dürfen nur von Ärzten, Zahnärzten und Tierärzten und nur dann verschrieben oder im Rahmen einer ärztlichen, zahnärztlichen oder tierärztlichen Behandlung einschließlich der ärztlichen Behandlung einer Betäubungsmittelabhängigkeit verabreicht oder einem anderen zum unmittelbaren Verbrauch überlassen werden, wenn ihre Anwendung am oder im menschlichen oder tierischen Körper begründet ist. Die Anwendung ist insbesondere dann nicht begründet, wenn der beabsichtigte Zweck auf andere Weise erreicht werden kann. Die in Anlagen I und II

bezeichneten Betäubungsmittel dürfen nicht verschrieben, verabreicht oder einem anderen zum unmittelbaren Verbrauch überlassen werden.

§ 15 Sicherungsmaßnahmen

Wer am Betäubungsmittelverkehr teilnimmt, hat die Betäubungsmittel, die sich in seinem Besetz befinden, gesondert aufzubewahren und gegen unbefugte Entnahme zu sichern. Das Bundesinstitut für Arzneimittel und Medizinprodukte kann Sicherungsmaßnahmen anordnen, soweit es nach Art oder Umfang des Betäubungsmittelverkehrs, dem Gefährdungsgrad oder der Menge der Betäubungsmittel erforderlich ist.

§ 16 Vernichtung

(1) Der Eigentümer von nicht mehr verkehrsfähigen Betäubungsmitteln hat diese auf seine Kosten in Gegenwart von zwei Zeugen in einer Weise zu vernichten, die eine auch nur teilweise Wiedergewinnung der Betäubungsmittel ausschließt sowie den Schutz von Mensch und Umwelt vor schädlichen Einwirkungen sicherstellt. Über die Vernichtung ist eine Niederschrift zu fertigen und diese drei Jahre aufzubewahren.

§ 17 Aufzeichnungen

(1) Der Inhaber einer Erlaubnis nach § 3 ist verpflichtet, getrennt für jede Betriebsstätte und jedes Betäubungsmittel fortlaufend folgende Aufzeichnungen über jeden Zugang und jeden Abgang zu führen:

1. das Datum
2. den Namen oder die Firma und die Anschrift des Lieferers oder des Empfängers oder die sonstige Herkunft oder den sonstigen Verbleib,
3. die zugegangene oder abgegangene Menge und den sich daraus ergebenden Bestand.

Im Rahmen der Mitwirkung bei ärztlichen Maßnahmen ist zu beachten: Das **Betäubungsmittelrezept** (3fach) muss gemäß Betäubungsmittel-Verschreibungsverordnung (BtMVV) folgende Angaben enthalten:

- Name und Anschrift des Patienten
- Ausstellungsdatum
- Bezeichnung des Mittels mit Menge und/oder Rezeptur
- Gebrauchs- bzw. Einnahmeanweisung
- Name, Berufsbezeichnung, Anschrift, Telefonnummer und
- Unterschrift des Arztes

Richtlinien über Maßnahmen zur Sicherung von Betäubungsmittelvorräten in Alten- und Pflegeheimen

Zum 01.01.2007 sind neue Richtlinien des Bundesinstituts für Arzneimittel und Medizinprodukte – Bundesopiumstelle – über Maßnahmen zur Sicherung von Betäubungsmittelvorräten im Krankenhausbereich, in öffentlichen Apotheken, Arztpraxen sowie in Alten- und Pflegeheimen in Kraft getreten. Darin finden sich folgende für Alten- und Pflegeheime relevante Aussagen.

Nach § 15 des Betäubungsmittelgesetzes (BtMG) hat jeder Teilnehmer am Betäubungsmittelverkehr, die in seinem Besitz befindlichen Betäubungsmittel gesondert aufzubewahren und gegen unbefugte Entnahme zu sichern. Neben den derzeitigen sicherungstechnischen Erkenntnissen, ist eine ausreichende Sicherung gegen eine unbefugte Entnahme von Betäubungsmitteln grundsätzlich zu gewährleisten, wenn die dafür vorgesehenen Behältnisse oder Räumlichkeiten mindestens den unter Ziffer 1 oder 2 genannten mechanischen Ansprüchen genügen. Es sind zertifizierte Wertschutzschränke mit einem Widerstandsgrad Null oder höher nach EN 1143-1 zu verwenden. Wertschutzschränke mit einem Eigengewicht unter 200 kg sind entsprechend der EN 1143-1 zu verankern.

So genannte Einmauerschränke sind in eine geeignete Wand fachgerecht einzubauen. Ausgenommen hiervon ist die Aufbewahrung von Betäubungsmittelmengen, die höchstens den durchschnittlichen Tagesbedarf einer Teileinheit darstellen und ständig griffbereit sein müssen. Diese sind durch Einschließen so zu sichern, dass eine schnelle Entwendung wesentlich erschwert wird. Die Aufbewahrung der entsprechenden Schlüssel ist durch einen schriftlichen Verteilerplan zu regeln. Die Schlüssel sind von den Berechtigten grundsätzlich in persönlichen Gewahrsam zu nehmen. Bestehende Sicherungsmaßnahmen, die vor dem 01.01.2007 nach bisheriger Richtlinie fertig gestellt wurden, genießen Bestandsschutz.

Praxistipp

Neben Alten- und Pflegeheimen sind alle Einrichtungen, die Medikamente für Bewohner aufbewahren und an diese verteilen, gut beraten, sich an diesen Richtlinien zu orientieren. Dies gilt unabhängig davon, ob sie als Hospiz, Wohngemeinschaft oder Betreutes Wohnen firmieren.

BTM-Stationsbereich

Im Sinne § 17 BtMG oder § 9 sind Apotheken, Arztpraxen und Krankenhausstationen nachweispflichtig über den Verbleib und den Bestand an Betäubungsmitteln. Der Nachweis ist auf Karteikarten bzw. in Krankenhäusern in Stationsbüchern zu führen.

Geforderte Angaben sind:

- Datum des Zugangs oder Abgangs
- Zu- oder abgegangene Menge (in ml oder mg)
- Lieferant/Empfänger mit Anschrift, sonstige Herkunft oder Verbleib
- Name, Anschrift des verschreibenden/anfordernden Arztes
- Nummer des BTM-Rezeptes oder Anforderungsscheins

Beispiel

Fall 1: Die Angehörigen eines verstorbenen Heimbewohners fordern vom Pflegepersonal die Herausgabe der Betäubungsmittel, die vor dessen Tod verabreicht wurden.

Für einen bestimmten Patienten verschriebene und nicht mehr benötigte Betäubungsmittel dürfen (auch nach seinem Tod) nicht für andere Patienten weiterverwendet werden, da sie dann nicht mehr dem gemäß § 2 Betäubungsmittelverordnung geforderten Bestimmungszweck entsprechen! Aus dem gleichen Grund darf ein Arzt diese Medikamente auch nicht in den Sprechstundenbedarf überführen oder eine Rücknahme durch die Apotheke erfolgen; sie müssen gemäß § 16 BtMG vernichtet werden. In diesem Zusammenhang bietet sich die Vernichtung auf der Grundlage von § 4 Abs. 1 Nr. 1e BtMG durch eine Apotheke an.

Praxistipp

Fordert der Erbe eines verstorbenen Heimbewohners die verbliebenen Betäubungsmittel, sollten Sie umgehend den zuständigen Apotheker oder den verordnenden Arzt darüber informieren. Die Abgabe des Betäubungsmittels an den Erben sollten Sie durch eine gegenzuzeichnende Empfangsbestätigung dokumentieren lassen. Diese Bestätigung ist mit dem Hinweis zu versehen, dass die Verwendung der Betäubungsmittel durch die Erben oder das Inverkehrbringen dieser Medikamente strafbar ist.

Beispiel

Fall 2: Auf einer Station fehlen zwei Ampullen Morphium. Am folgenden Tag kommt ein Patient wegen einer Morphiumüberdosis in eine kritische Situation.

Praxistipp

Beachten Sie, dass Bestände und Verfallsdaten jeweils zum Monatsende zu kontrollieren und durch Datum und Namenzeichen zu bestätigen sind. Betäubungsmittel sollten immer gesondert und diebstahlsicher (am besten im Opiate-Schrank) aufbewahrt werden.

Unter rechtlichen Aspekten ist es gefährlich, Betäubungsmittel an andere Stationen auszuleihen. Neben der Bestandsänderung sind später zurückgegebene Ampullen mit anderen Chargenummern versehen. In diesem Falle wäre es besser, die Abgabe für stationsfremde Patienten mit Namen des Patienten, zutreffender Station und anforderndem Arzt im BTM-Stationsbuch zu dokumentieren.

Karteikarten und Betäubungsmittelbücher sind 3 Jahre nach der letzten Eintragung aufzubewahren.

Notizen für den Alltag

Betreuungsrecht

Seit dem 01.01.1992 gilt das neue Betreuungsrecht, geändert durch das 2. Betreuungsrechtsänderungsgesetz durch Bundestagsbeschluss vom 18.02.2005 (BT-Drs. 15/2494, 15/4874) und Bundesratsbeschluss vom 18.03.2005 (BR-Drs. 121/05) und zuletzt geändert durch das 3. Gesetz zur Änderung des Betreuungsrechts am 29.07.2009 (BGBl. I Nr. 48 vom 31.07.2009). Das Betreuungsrecht löste das bis 1991 geltende Vormundschafts- und Pflegschaftsrecht für Volljährige ab. Das neue Recht geht von Betreuung und nicht von Entmündigung und Vormundschaft aus. Das Wesen der Betreuung besteht darin, dass für eine volljährige Person ein Betreuer bestellt wird, der in einem genau festgelegten Umfang für sie handelt. Das Betreuungsrecht ist Bestandteil des Bürgerlichen Gesetzbuches (BGB).

In der Pflege herrscht zuweilen Verunsicherung, wie das Betreuungsrecht im Sinne der Patientenverfügung oder auf die sog. unterbringungsähnlichen Maßnahmen (Fixierung) angewendet werden soll.

Voraussetzungen für eine Betreuung

Eine Betreuung gemäß § 1896, Abs. 1, BGB muss angeordnet werden, wenn Erwachsene durch eine psychische oder eine körperliche, geistige oder seelische Behinderung ihre Angelegenheiten ganz oder teilweise nicht besorgen können. Zur Krankheit oder Behinderung muss ein Fürsorgebedürfnis hinzukommen. Ein Betreuer darf nur bestellt werden, »wenn der Betroffene aufgrund dieser Krankheit oder Behinderung seine Angelegenheiten ganz oder teilweise nicht zu besorgen vermag.« Es kann sich dabei etwa um Vermögens-, Renten-, Wohnungsprobleme, aber auch um Fragen der Gesundheitsfürsorge oder des Aufenthalts handeln. Der Betreuer vertritt den Betreuten gerichtlich und außergerichtlich (§ 1902 BGB).

Der Betreuer hat die ihm übertragenen Aufgaben so zu erledigen, wie es dem Wohl des Betreuten entspricht. Dazu gehört auch, dass nicht einfach über seinen Kopf hinweg entschieden werden kann. Der Betreute muss in seinen Vorstellungen ernst genommen werden.

Drittes Gesetz zur Änderung des Betreuungsrechts vom 29. Juli 2009 (BGBl. I S. 1696) – Auszüge

§ 1901a Patientenverfügung

(1) Hat ein einwilligungsfähiger Volljähriger für den Fall einer Einwilligungsunfähigkeit schriftlich festgelegt, ob er in bestimmte, zum Zeitpunkt der Festlegung noch nicht unmittelbar bevorstehende Untersuchungen seines Gesundheitszustands, Heilbehandlungen oder ärztliche Eingriffe einwilligt oder sie untersagt (Patientenverfügung), prüft der Betreuer, ob diese Festlegungen auf die aktuelle Lebens- und Behandlungssituation zutreffen. Ist dies der Fall, hat der Betreuer dem Willen des Betreuten Ausdruck und Geltung zu verschaffen. Eine Patientenverfügung kann jederzeit formlos widerrufen werden.

(2) Liegt keine Patientenverfügung vor oder treffen die Festlegungen einer Patientenverfügung nicht die aktuelle Lebens- und Behandlungssituation zu, hat der Betreuer die Behandlungswünsche oder den mutmaßlichen Willen des Betreuten festzustellen und auf dieser Grundlage zu entscheiden, ob er eine ärztliche Maßnahme nach Absatz 1 einwilligt oder sie untersagt. Der mutmaßliche Wille ist aufgrund konkreter Anhaltspunkte zu ermitteln. Zu berücksichtigen sind insbesondere frühere mündliche oder schriftliche Äußerungen, ethische oder religiöse Überzeugungen und sonstige persönliche Wertvorstellungen des Betreuten.

(3) Die Absätze 1 und 2 gelten unabhängig von Art und Stadium einer Erkrankung des Betreuten.

(4) Niemand kann zur Errichtung einer Patientenverfügung verpflichtet werden. Die Errichtung oder Vorlage einer Patientenverfügung darf nicht zur Bedingung eines Vertragsabschlusses gemacht werden.

(5) Die Absätze 1 bis 3 gelten für Bevollmächtigte entsprechend.

§ 1901b Gespräch zur Feststellung des Patientenwillens

(1) Der behandelnde Arzt prüft, welche ärztliche Maßnahme im Hinblick auf den Gesamtzustand und die Prognose des Patienten indiziert ist. Er und der Betreuer erörtern diese Maßnahme unter Berücksichtigung des Patientenwillens als Grundlage für die nach § 1901a zu treffende Entscheidung.

(2) Bei der Festlegung des Patientenwillens nach § 1901a Absatz 1 oder der Behandlungswünsche oder des mutmaßlichen Willens nach § 1901a Absatz 2 soll nahen Angehörigen und sonstigen Vertrauenspersonen des Betreuten Gelegenheit zur Äußerung gegeben werden, sofern dies ohne erhebliche Verzögerung möglich ist.

(3) Die Absätze 1 und 2 gelten für Bevollmächtigte entsprechend. 3. Der bisherige § 1901a wird 1901c. 4. § 1904 wird wie folgt gefasst:

§ 1904 Genehmigung des Betreuungsgerichts bei ärztlichen Maßnahmen

(2) Die Nichteinwilligung oder der Widerruf der Einwilligung des Betreuers in eine Untersuchung des Gesundheitszustands, eine Heilbehandlung oder einen ärztlichen Eingriff bedarf der Genehmigung des Betreuungsgerichts, wenn die Maßnahme medizinisch angezeigt ist und die begründete Gefahr besteht, dass der Betreute auf Grund des Unterbleibens oder des Abbruchs der Maßnahme stirbt oder einen schweren und länger andauernden gesundheitlichen Schaden erleidet.
(3) Die Genehmigung nach den Absätzen 1 und 2 ist zu erteilen, wenn die Einwilligung, die Nichteinwilligung oder der Widerruf der Einwilligung dem Willen des Betreuten entspricht.
(4) Eine Genehmigung nach den Absätzen 1 und 2 ist nicht erforderlich, wenn zwischen Betreuer und behandelndem Arzt Einvernehmen darüber besteht, dass die Erteilung, die Nichterteilung oder der Widerruf der Einwilligung dem nach § 1901a festgestellten Willen des Betreuten entspricht.
(5) Die Absätze 1 bis 4 gelten auch für einen Bevollmächtigten. Er kann in eine der in Absatz 1 Satz 1 oder Absatz 2 genannten Maßnahmen nur einwilligen, nicht einwilligen oder die Einwilligung widerrufen, wenn die Vollmacht diese Maßnahmen ausdrücklich umfasst und schriftlich erteilt ist.

Einwilligung in die Untersuchung des Gesundheitszustandes, der Heilbehandlung und bei ärztlichen Eingriffen

Im Sinne der Rechtsprechung ist anerkannt, dass diese ärztlichen Maßnahmen nur zulässig sind, wenn der Patient in die Vornahme wirksam eingewilligt hat, nachdem er hinreichend über die Maßnahme und die mit ihr verbundenen Risiken aufgeklärt worden ist. Werden sie ohne wirksame Einwilligung vorgenommen, so stellen sie ggf. einen rechtswidrigen und strafbaren Eingriff in die körperliche Unversehrtheit des Patienten dar.

Auch wenn der Patient einen Betreuer hat, kann er selbst die Einwilligung erteilen, sofern er einwilligungsfähig ist, d. h. sofern er Bedeutung und Tragweite der beabsichtigten Maßnahme erfassen kann. Aus diesem Grund muss sich der Betreuer, auch wenn sein Aufgabenkreis die betreffende ärztliche Maßnahme umfasst, vergewissern, ob der Betreute in der konkreten Situation einwilligungsfähig ist. Wenn der Betreute einwilligungsunfähig ist, hat der Betreuer nach hinreichender Aufklärung durch den Arzt über die Einwilligung in die ärztliche Maßnahme zu entscheiden.

Unterbringung

Nach geltendem Recht kann der Betreuer unter bestimmten Voraussetzungen den Betreuten mit gerichtlicher Genehmigung in eine geschlossene Einrichtung, z. B. in ein psychiatrisches Krankenhaus oder in eine geschlossene Abteilung, z. B. eines Krankenhauses oder eines Altenheimes, unterbringen. Die Unterbringung ist allerdings nur unter den in § 1906, Abs. 1, BGB genannten Voraussetzungen zulässig, wenn beim Betreuten die Gefahr einer erheblich gesundheitlichen Selbstschädigung oder gar Selbsttötung besteht oder wenn ohne die Unterbringung eine ärztliche Maßnahme nicht durchgeführt werden kann.

Die Unterbringung eines Erwachsenen aus lediglich »erzieherischen Gründen« ist nicht möglich. Der Betreuer kann den Betreuten auch nicht deshalb unterbringen, weil dieser Dritte gefährdet. Solche Unterbringung ist nur durch die Unterbringungsgesetze der einzelnen Bundesländer mit den zuständigen Behörden und Gerichten möglich.

Der Betreuer hat die Unterbringung zu beenden, wenn die Voraussetzungen wegfallen, z. B. keine Selbsttötungsgefahr mehr besteht. Das Ende einer Unterbringung muss nicht durch das Betreuungsgericht genehmigt, es muss ihm aber angezeigt werden.

Für Unterbringungsmaßnahmen ist das Gericht zuständig, bei dem eine Betreuung oder Pflegschaft, deren Aufgabenbereich die Unterbringung umfasst, anhängig ist.

Beispiel

Urteil: Freiheitsbeschränkung einer Betreuten in der eigenen Wohnung

- Eine »sonstige Einrichtung« gemäß § 1906 IV BGB kann auch die eigene Wohnung sein.
- Wird die Betroffene ausschließlich durch fremde, ambulante Pflegekräfte versorgt, so bedarf das zeitweise Absperren ihrer Wohnungstür als beschränkte Freiheitsentziehung der vormundschaftsgerichtlichen Genehmigung.

▼

Die 84-jährige Betroffene leidet an seniler Demenz und einem hirnorganischen Psychosyndrom. Sie lebt in der eigenen Wohnung und wird von ambulanten Pflegehilfen versorgt. Der Betreuer beantragte die vormundschaftsgerichtliche Genehmigung einer Freiheitsbeschränkung der Betroffenen in der eigenen Wohnung durch Absperrung der Wohnungstür. Die Frau sei nicht mehr fähig, in die Freiheitsbeschränkung einzuwilligen. Das AG hat den Antrag zurückgewiesen. Die sofortige Beschwerde des Betreuers hatte Erfolg: Das zeitweise Versperren der Wohnungstür der Betroffenen wurde genehmigt.

Aus der Entscheidung: Das Landgericht teilte die Rechtsauffassung des Amtsgerichtes nicht. Die beschränkte Freiheitsentziehung der Betreuten in der eigenen Wohnung durch zeitweises Absperren der Wohnungstür bedarf der vormundschaftsgerichtlichen Genehmigung nach § 1906 IV BGB.

- Das zeitweise Einschließen der Betroffenen in ihrer Wohnung stellt eine Freiheitsbeschränkung dar. Die Betroffene wird daran gehindert, ihre Wohnung zu verlassen, sich frei zu bewegen.
- Materiellrechtliche Grundlage für die Entscheidung über die Freiheitsbeschränkung durch zeitweises Absperren der Wohnungstür ist § 1906 IV BGB. Danach bedarf eine Maßnahme, mit der dem Betroffenen, der sich in einer Anstalt, einem Heim oder einer sonstigen Einrichtung aufhält, ohne untergebracht zu sein, durch mechanische Vorrichtung, Medikamente oder auf andere Weise über einen längeren Zeitraum oder regelmäßig die Freiheit entzogen werden soll, der vormundschaftsgerichtlichen Genehmigung. Entscheidend ist hierbei, ob durch die getroffene Maßnahme der Betroffene gegen seinen natürlichen Willen daran gehindert wird, seinen Aufenthaltsort zu verlassen.
- Die Wahrscheinlichkeit, dass die Betroffene in Zukunft ihre Wohnung verlässt und aufgrund der schweren Orientierungsstörungen und Gehbehinderung sich erheblichen Gefahren aussetzt, besteht nach wie vor. Der Verhältnismäßigkeitsgrundsatz ist gewahrt.
- Eine gleichwertige Alternative zum Absperren der Wohnungstür besteht nicht, vielmehr müsste die Betroffene ansonsten in einem Heim geschlossen untergebracht werden. Ein erhöhtes Risiko durch das Leben in der eigenen Wohnung besteht nicht, da die Betroffene diese über einen vertrauten Weg in einen umschlossenen Garten verlassen kann.

(LG München I, Urteil vom 07.07.1999 – 13 T 4301-99)

Praxistipp
Wenn Sie den Eindruck haben, dass eine Betreuung notwendig bzw. nicht ausreichend ist, so sollten Sie anhand der nachstehenden Empfehlung diese dem Betreuungsgericht nachvollziehbar darlegen.

Empfehlung zur Anregung einer Betreuung (Einrichtung)

Stempel/Kopf der Einrichtung
An das Amtsgericht
Musterhausen, den 01.11.2010
Anregung einer Betreuung

Sehr geehrte Damen und Herren,
hiermit regen wir die Betreuung für unseren Patienten an:
Frau/Herr ______________________________
Geb. am ______________________________
Wohnhaft ______________________________

Diese Maßnahme ist erforderlich, weil die Patientin/der Patient seit einiger Zeit und nicht nur vorübergehend ihre/seine eigenen Belange in Bezug auf

- ☐ Gesundheitsfürsorge
- ☐ Vermögenssorge
- ☐ Aufenthaltsbestimmung

nicht mehr selbst bestimmen und versehen kann.

Besondere Gründe: ______________________________
Der nächste uns bekannte Verwandte ist:
Frau/Herr ______________________________
Verw. Grad ______________________________
Wohnhaft ______________________________

Aus unserer Sicht ist die verwandte Person in der Lage/nicht in der Lage eine Betreuung zu übernehmen. Nähere Erläuterungen geben wir gerne in einem persönlichen Gespräch.

Für Fragen stehen wir Ihnen gerne zur Verfügung.

Mit freundlichen Grüßen

____
Unterschrift und Position/Stempel des Pflegedienstes

Beispiel

Fall: Ein pflegerischer Mitarbeiter und eine unausgebildete Aushilfskraft haben Nachtdienst. Häufig laufen Bewohner aus dem Heim in Richtung Stadtgebiet. Der pflegerische Mitarbeiter sucht diese dann mit dem eigenen PKW, damit nicht immer die Polizei gerufen werden muss. In dieser Zeit ist die Versorgung der übrigen Patienten gefährdet.

Praxistipp

1: Sie gefährden die übrigen Heimbewohner, wenn Sie das Heim während Ihrer Dienstzeit verlassen. Damit verursachen Sie einen Mangel in der pflegerischen Versorgung. Sorgen Sie stattdessen für eine grundsätzliche Regelung durch den Träger der Einrichtung.
2: Beachten Sie beim Abschließen der Zimmer- oder Wohnungstür, dass der Patient/Bewohner von innen jederzeit die Möglichkeit haben muss, diese zu öffnen. Sonst ist es eine freiheitsentziehende, unterbringungsähnliche Maßnahme und bedarf der Entscheidung der Betreuungsbehörde (Amtsgericht).
3: Fragen Sie bei Aufnahme den Patienten/Bewohner, ob er eine Patientenverfügung, Vorsorgevollmacht und Betreuungsverfügung hat, und fügen Sie diese der Akte hinzu.

► Altenheim, Ambulante Pflege, Einwilligung, Freiheitsentziehende Maßnahmen, Krankenhaus, Patientenverfügung

Notizen für den Alltag

Beurteilung

Im Pflegealltag sorgen Beurteilungsfragen häufig für Verunsicherung. Gleichwohl sind diese Fragen notwendig und haben eine rechtliche Bedeutung. Für den Pflegebereich gilt seit 1989 der Tarifvertrag mit Bewährungsfristen. Das bedeutet im tarifgebundenen Bereich, dass eine regelmäßige Mitarbeiterbeurteilung für eine Höhergruppierung Bedeutung hat. Beurteilungen sind auch Elemente der Qualitätssicherung. Denn aus den Standards, Stellenbeschreibungen und Dienstanweisungen der Abteilung können Leistungskriterien für jeden einzelnen Mitarbeiter abgeleitet werden.

Zwei Punkte sind bei einer Beurteilung wesentlich: das Beurteilungsgespräch und die Einsichtnahme des Mitarbeiters in sein Beurteilungsformblatt. Der Mitarbeiter hat zusätzlich die Möglichkeit, seiner Beurteilung eine Stellungnahme beizufügen.

Wichtig ist vor allem ein offenes und faires Beurteilungsgespräch, denn es bildet die Basis für die künftige Zusammenarbeit zwischen Mitarbeiter und Vorgesetztem.

Mitarbeiterbeurteilung

Es wird unterschieden zwischen **periodischer Beurteilung** und **Beurteilung aus besonderem Anlass**:

Periodische Beurteilung

Eine periodische Beurteilung erfolgt in bestimmten Intervallen, z. B. alle 3 Monate, alle 6 Monate, jährlich oder alle 2 Jahre. Durch den Tarifvertrag aus dem Jahre 1989 kommt diesen periodischen Beurteilungen verstärkt Bedeutung zu, da dieser Vertrag Bewährungsfristen vorgibt, nach denen bei Bewährung die einzelne Pflegeperson eine Gehaltsstufe höher eingruppiert wird.

Beurteilungen aus besonderem Anlass

Diese Form der Beurteilung ist u. a. in folgenden Fällen erforderlich:
- Bei Ablauf der Probezeit
- Bei der Auswahl von Mitarbeitern
- Bei hausinterner Besetzung von Planstellen

- Zur Teilnahme an Fort- und Weiterbildungsmaßnahmen (Laufbahnförderung)
- Bei der Übertragung höherer Verantwortung
- Bei der Entscheidung über eine Trennung von ungeeigneten Mitarbeitern
- Bei Disziplinierungsmaßnahmen
- Bei Schülern nach Beendigung eines Einsatzes in bestimmten Praxisfeldern
- Bei Ausscheiden von Mitarbeitern zur Erstellung des Zeugnisses
- Bei Feststellung von Leistungsveränderungen des Mitarbeiters
- Bei Anträgen auf Höhergruppierung bzw. Umgruppierung
- Bei der Zusammensetzung neuer Arbeitsteams
- Beim Wechsel von Vorgesetzten, um für den Mitarbeiter eine Dokumentationslage für ein späteres Abschlusszeugnis zu garantieren
- Bei Wunsch des Mitarbeiters auf Beurteilung

Verantwortlich für eine Mitarbeiterbeurteilung sind Stations-, Wohnbereichs-, Abteilungs- oder Pflegedienstleitung. Grundlage hierfür bilden Stellenbeschreibungen und Dienstanweisungen.

Beurteilungssystem

Jeder Träger sollte ein grundlegendes Beurteilungssystem vorhalten. Dieses System sollte gemeinsam von den Leitungsverantwortlichen des Pflegedienstes und der zuständigen Arbeitnehmervertretung (Betriebsrat, Personalrat oder Mitarbeitervertretung) einschließlich des Trägers erstellt werden.

Das Beurteilungssystem muss objektiv sein, d. h. Mitarbeiter ausnahmslos gleich behandeln. Ähnliches gilt für die Beurteilungskriterien: Sie müssen eindeutig definiert und unmissverständlich formuliert sein. Inhaltlich geht es vor allem um die Leistungen des jeweiligen Mitarbeiters sowie sein soziales Verhalten. Wer eine Beurteilung erstellt, hat immer auch die Auswirkungen seiner Angaben im Vorfeld abzuwägen.

Bevor eine Beurteilung als wichtiges und funktionales Instrument des Managements eingesetzt werden kann, bedarf es einer klaren Aufbau- und Ablauforganisation. Hierzu gehören Arbeitsplatzanalysen, Stellenbeschreibungen (funktions- und arbeitsfeldbezogen) und Ziele der jeweiligen Abteilung.

Arbeitsrechtliche Anforderungen

Leistungsfremde Merkmale sowie Fragen aus dem Persönlichkeitsbereich des Mitarbeiters, die nicht in unmittelbarer Beziehung zum Arbeitsplatz stehen, sind in dem Beurteilungsbogen unzulässig. Die Arbeitnehmervertretung ist an der Erstellung des Beurteilungsverfahrens zu beteiligen.

§ 94, Betriebsverfassungsgesetz, Abs. 2

§ 94, Betriebsverfassungsgesetz, Abs. 2 regelt, dass nicht nur Personalfragebögen für Einstellungen der Zustimmung des Betriebsrates, sondern auch Beurteilungsgrundsätze und zu ihrer Anwendung verwandte Formulare der Zustimmung bedürfen.

§ 82, Betriebsverfassungsgesetz, Abs. 2

§ 82, Betriebsverfassungsgesetz, Abs. 2 ermöglicht die Teilnahme des Betriebsrates an der Erörterung der Beurteilung mit dem Mitarbeiter, wenn der Arbeitnehmer dieses verlangt.

§ 75

Nach § 75 des Bundespersonalvertretungsgesetzes wird geregelt, dass der Personalrat, soweit keine gesetzliche oder tarifliche Vereinbarung besteht, ggf. durch Abschluss von Dienstvereinbarungen über die Beurteilungsrichtlinien für Angestellte mitzubestimmen hat.

Praxistipp
Haben Sie Zweifel an der Objektivität der Beurteilung, vereinbaren Sie ein erneutes Gespräch mit den Beurteilenden, um Ihre Selbsteinschätzung aufzuzeigen.

► Qualitätssicherung, Zeugnis

Notizen für den Alltag

Beweislast

Die Haftungsansprüche gegen Pflegende steigen sowohl im Krankenhaus als auch im Altenheim und im ambulanten Pflegebereich. Auf der Grundlage des Altenpflege- und Krankenpflegegesetzes mit der Zuordnung eigenverantwortlicher Aufgaben (§ 3) ist die Haftung für Pflegefehler bedingt.

Eine Beweislastumkehr (◘ Abb. 4) bzw. Beweiserleichterung für den klagenden Patienten oder seine Angehörigen bedeutet, dass von Seiten des Krankenhauses, Altenheimes, ambulanten Pflegedienstes und seiner »Erfüllungsgehilfen« dem Patienten bewiesen werden muss, dass alles Erforderliche getan wurde, um nicht zusätzliche Risiken bzw. Schäden für ihn aufkommen zu lassen. Auch Kostenträger klagen in den letzten Jahren konsequent gegen Krankenhäuser und Pflegeeinrichtungen, um Schadenersatz für zusätzliche Behandlungskosten wegen vermeintlicher Pflegefehler, z. B. Dekubitus oder Mangelernährung, zu erwirken.

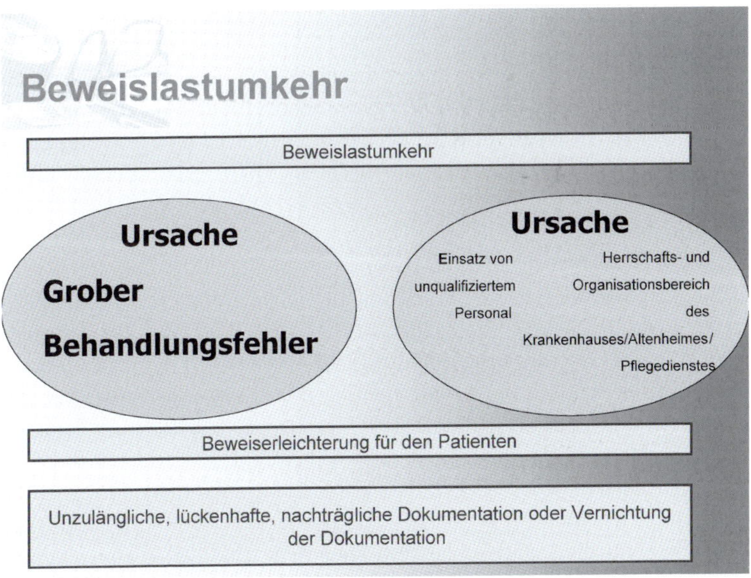

◘ **Abb. 4.** Beweislastumkehr

Fehler
im Herrschafts- und Organisationsbereich

§ unbemerkt gebliebene Entkopplung des Infusionssystems

§ Keimübertragung bei Aids, MRSA, Hepatitis, Tbc

§ unsterile Infusionsflüssigkeit

§ ungerechtfertigte Fixierung

§ unsachgemäße Lagerung

§ Sturz des Patienten während einer Bewegungs- und Transportmaßnahme

Abb. 5. Ursachen für Fehler im Herrschafts- und Organisationsbereich

Die Rechtsprechung hat dieses besonders in den letzten 30 Jahren aufgezeigt: »Wer grundlos von Standardmethoden zur Bekämpfung möglicher Risiken abweicht, muss Schadenersatzansprüche und die Folge einer Beweislastumkehr im Schadensfall fürchten« (BGB NJW 1983, S. 2080, 2081).

Grundsätzlich wirken sich die Urteile zur Beweislastverteilung im medizinischen Bereich auch auf pflegerische Sachverhalte aus. In dem Urteil geht es um die Frage der Beweiserleichterung bei einem groben Behandlungsfehler. In einem solchen Fall dreht sich die Beweislast des klagenden Patienten bezüglich des Ursachenzusammenhangs (Abb. 4 und 5) dahingehend um, dass nicht er, sondern der Beklagte darlegen und beweisen muss, dass die eingetretene Rechtsgutverletzung und der daraus resultierende Schaden auch bei gehöriger Sorgfalt (sach- und fachgerechtem Handeln) ebenfalls eingetreten wäre. Dies bedeutet, dass bei einem groben Behandlungsfehler, unabhängig davon, ob er ärztlicher- oder pflegerischerseits verursacht wird, der Beweis für die Ursächlichkeit zwischen dem fehlerhaften Handeln und dem eingetretenen Schaden nicht von dem klagenden Patienten erbracht werden muss.

Beispiel

Fall: Ein Patient leidet seit 5 Jahren unter leichten Lähmungserscheinungen im rechten Bein, nachdem er während eines Krankenhausaufenthaltes eine intramuskuläre Injektion bekommen hatte. In einem Fachartikel wird er über den aktuellen Stand der Injektionstechniken mit geringer Gefahr einer Ischiasreizung informiert und leitet daraus ab, dass diese Injektion vor 5 Jahren falsch appliziert wurde. Deshalb stellt er zivilrechtliche Ansprüche gegen das Krankenhaus bzw. gegen die Krankenschwester, die ihm damals die Spritze verabreicht hat.

In einem vom BGH entschiedenen Fall hatte eine Krankenschwester versucht, einen 73-jährigen Patienten zu heben und ins Bett zu legen. Der Patient stürzte und verletzte sich dabei schwer. Es dürfe nicht geschehen, so der BGH, dass ein Patient bei einer Pflegemaßnahme seitens der ihn betreuenden Krankenschwester aus nicht zu klärenden Gründen zu Fall kommt. Sollte es zu Zwischenfällen kommen, so ist eine umfangreiche Dokumentation des Geschehens für die spätere rechtliche Würdigung unabdingbar.

Beispiel

Urteil 1: Schmerzensgeld nach Darmverletzung durch Klysma

»Wird ein Patient bei der Behandlung durch einen Krankenpfleger verletzt, haftet das Pflegepersonal, ohne dass der Patient einen Behandlungsfehler nachweisen muss.«

Das LG Kaiserslautern sprach mit seinem Urteil einem Patienten Schmerzensgeld von mindestens € 60.000,- wegen einer Darmverletzung zu. Die Richter betonten, ein Patient sei häufig gar nicht in der Lage, den Nachweis eines Behandlungsfehlers zu führen. Daher gelte auch bei pflegerischen Maßnahmen eine so genannte Beweislastumkehr. Wenn feststehe, dass es im Zusammenhang mit einer Behandlung zu einer Verletzung des Patienten gekommen sei, müsse der behandelnde Arzt oder Pfleger nachweisen, ordnungsgemäß gearbeitet zu haben. Der Patient (Kläger) beanspruchte von der Klinik und dem Krankenpfleger (Beklagten) Schmerzensgeld wegen einer Darmverletzung bei einer Einlaufbehandlung. Der Krankenpfleger verabreichte dem Patienten 2 Tage nach einer Bypassoperation einen Darmeinlauf (Klysma). Der Patient wurde nicht über besondere Risiken der Behand-

▼

lung aufgeklärt. Wegen plötzlich auftretender Bauchschmerzen und danach festgestellten Kontrastmittelaustritts aus dem Enddarm wurde der Kläger notfallmäßig laparotomiert. Wegen einer Rektumperforation erfolgte eine Hartmann-Stumpf-Operation mit Anlage eines Sigmastomas (künstlicher Darmausgang). Nach Entlassung aus dem Krankenhaus nahm der Kläger an einer Rehabilitationsmaßnahme teil. Bald darauf wurde der künstliche Darmausgang rückverlegt. Der Patient leide nach eigenen Angaben bis heute unter Stuhlinkontinenz und sei depressiv.
Die Zivilkammer des OLG hat den Klageanspruch des LG Kaiserslautern als dem Grunde nach für gerechtfertigt erklärt.

Aus dem Urteil: Die zulässige Berufung der Beklagten (Klinik und Krankenpfleger) ist unbegründet. Das Landgericht hat eine vertragliche Haftung der beklagten Klinik nach §§ 253 Abs. 2, 280 Abs. 1 Satz 1, 278 BGB und eine deliktische Haftung des Krankenpflegers nach §§ 253 Abs. 2, 823 Abs. 1 BGB dem Grunde nach zu Recht angenommen. Das Landgericht hat zu Recht eine gesamtschuldnerische Haftung der Beklagten für einen Schmerzensgeldanspruch des Klägers bejaht. Da die Parteien weiterhin über bleibende Folgen der Darmverletzung, insbesondere eine fortbestehende Inkontinenz des Klägers streiten und für die Entscheidung dieser Frage die Einholung eines weiteren medizinischen Gutachtens erforderlich ist, konnte in diesem Rechtsstreit nicht über die Höhe des Anspruchs entschieden werden (OLG Zweibrücken, Urteil vom 16.01.2007, AZ: 5U 48/06).

Urteil 2: Der Pflegedienst in Krankenhäusern muss so organisiert sein, dass kein Patient zu Schaden kommt. Mit dieser Entscheidung wurde festgelegt, dass bei Unfällen grundsätzlich das Krankenhaus sein pflichtgemäßes Handeln nachweisen muss. Die Beweislastumkehr gelte in allen Fällen, die nicht im Kernbereich des ärztlichen Handelns angesiedelt sind. Zwar besitze der Krankenhauspatient keinen Rechtsanspruch auf Heilung, er könne aber das sorgfältige Bemühen um Hilfe und Heilung erwarten. Dieses bedeutet, dass im Krankenhausbetrieb alle beherrschbaren Risiken ausgeschaltet werden müssen. Diese Rechtslage macht die Notwendigkeit von Qualitätsstandards deutlich. Denn kommt es zu einer Patientenklage, helfen verbindliche Qualitätsstandards dem Krankenhausträger, die jeweiligen Verantwortungsbereiche

▼

zu hinterfragen und ggf. die Haftungsverantwortung bei Mangelleistung abzulehnen. Dies wirkt sich sowohl auf die Patientenaufklärung als auch auf Pflegestandards und Hygienepläne aus, die dem Qualitätsmanagement entsprechend angepasst werden sollten. So muss im konkreten Fall nachweisbar sein, dass und von wem diese vorgegebenen Maßnahmen durchgeführt wurden. Die Dokumentation ist hierbei zwingend erforderlich. Bei Lagerungsfehlern liegt die Beweislast nicht beim Patienten, sondern beim Krankenhaus bzw. beim verantwortlichen Pflegenden. Sie müssen beweisen, dass alles geschehen ist, um einen Dekubitus zu verhindern.
Die Richter sind sich darin einig, dass die gleichen Grundsätze auch für die schadlose, d. h. richtige und sorgfältige Lagerung auf einem Operationstisch Geltung haben. Nach der ständigen Rechtsprechung des BGH haben Krankenhausträger und behandelnde Ärzte die Beweislast dafür zu tragen, dass sich der jeweilige Operateur vor Behandlungsbeginn von der richtigen Lagerung des Patienten überzeugt hat (BGH, Urteil vom 18.12.1990, AZ: VI ZR 169/90).

Urteil 3: Krankenhausträger und behandelnde Ärzte tragen die Beweislast dafür, dass der Patient zur Vermeidung von Lagerungsschäden während der Operation sorgfältig und richtig auf dem Operationstisch gelagert wird und dass die Operateure sich von der Richtigkeit überzeugt haben. Da, im Gegensatz zum Patienten, die behandelnden Ärzte in der Lage sind, den Sachverhalt aufzuklären, obliegt es ihnen, den Beweis für eine schadlose Lagerung zu erbringen. Die Aufgabenverteilung im Operationsbereich ist zwischen Chirurgen und Anästhesisten dahingehend abzuklären, dass eine ordnungsgemäße Lagerung des Patienten garantiert wird (OLG Köln, Urteil vom 02.04.1990, 27U 140/88).

Urteil 4: Der BGH hat mit seiner Entscheidung den Patienten die Durchsetzung von Schadenersatzansprüchen bei ärztlichen Kunstfehlern erleichtert. Er stellte klar, dass die Beweislastumkehr in Arzthaftungsprozessen grundsätzlich patientenfreundlich gehandhabt werden muss. Unter bestimmten Voraussetzungen soll nicht der klagende Patient, sondern der Mediziner die Ursachenzusammenhänge des Behandlungsfehlers zu beweisen haben (BGH, Urteil vom 27.04.2004, AZ: VI ZR 34/03).

▼

Urteil 5: Allein der Umstand, dass ein Heimbewohner im Pflegeheim gestürzt ist und sich dabei verletzt hat, indiziert nicht den Schluss auf eine schuldhafte Pflichtverletzung des Pflegepersonals. Kommt es aber – wie vorliegend – mit einer konkret geschuldeten Hilfeleistung zu einem Sturz eines Heimbewohners, so hat der Betreiber des Pflegeheims darzulegen und zu beweisen, dass dieser Sturz nicht auf ein Fehlverhalten des mit der Pflege und Betreuung des Heimbewohners betrauten Personals beruht. Diese Beweislastumkehr umfasst auch den Nachweis eines objektiven Pflichtverstoßes, da der Heimbewohner im Herrschafts- und Organisationsbereich des Pflegeheims zu Schaden gekommen ist und die das Pflegeheim treffenden Vertragspflichten (auch) dahin gingen, den Heimbewohner in der konkreten Situation gerade vor dem eingetretenen Schaden zu bewahren. Zu Recht hat deshalb das LG die schuldhafte Pflichtverletzung der Pflegekraft allein aus der Tatsache abgeleitet, dass die Versicherte gestürzt ist, während sie von einer Pflegekraft in das Bad geführt wurde (KG Berlin, 11.01.2007, AZ:12 U 63/06).

Die Beweislastumkehr setzt vornehmlich bei Risiken ein, die insbesondere aus dem Krankenhaus- oder Altenheimbetrieb entstehen und die vom Träger des Hauses und von den Beschäftigten sicher beherrscht werden können. Hierzu rechnet der BGH die Organisation und Koordination des Behandlungsgeschehens sowie den Zustand der dazu benötigten Geräte und Materialien.

Die vom BGH entschiedenen Fälle betreffen vorwiegend auch den Arbeitsbereich der Pflegeberufe. Nach dessen Auffassung ist die Beweislastverteilung besonders im Bereich der Risikosphäre des Pflegedienstes gegeben, wenn das Pflegepersonal in seinem eigenen Aufgabenbereich tätig wird, und nicht etwa Hilfsdienste im Kernbereich des ärztlichen Handelns leistet.

Praxistipp

Schriftliche Standards für pflegerische Aufgaben und die Dokumentation der Maßnahmen sind wesentlicher Bestandteil für eine spätere juristische Auseinandersetzung im Rahmen der Beweislastumkehr. Nur so können Sie auch nach beispielsweise 15 Jahren bei zivilrechtlichen Ansprüchen des Patienten den Beleg über die zum Zeitpunkt der durchgeführten Pflege gültigen Standards und über Person und Zeit der Pflegeleistung führen.

Eine mangelhafte Dokumentation führt zur Beweiserleichterung des Klägers bis zur Beweislastumkehr in einem Haftungsprozess.

► Dekubitus, Dokumentation, Haftung, Sorgfaltspflicht, Sturz

Datenschutz

Medizinische und pflegerische Daten gehören zu den sensibelsten Informationen. Daher gilt für den Umgang mit Patientendaten eine Vielzahl gesetzlicher Grundlagen.

Nach der Rechtsprechung des Bundesverfassungsgerichts sind die landes- und bundesrechtlichen Datenschutzbedingungen durch Grundsätze geprägt.

Grundsätze der Datenschutzbedingungen

- Informationelles Selbstbestimmungsrecht des Einzelnen
- Strenge Zweckbindung der Daten
- Beachtung des Übermaßverbotes bei der notwendigen Datenerfassung und Datenübermittlung
- Normenklarheit bei den entsprechenden Regelungen

Der Patient erklärt sich bei Abschluss des Behandlungs-, Heim- oder Pflegevertrages sowohl mit der Erhebung, Speicherung, Übermittlung als auch mit der Offenbarung personenbezogener Daten bereit. Hierzu gehören alle Vorgänge, die mit seiner Behandlung und Pflege verbunden sind. Im Sinne des § 203 StGB (Schweigepflicht) geht er davon aus, dass die Informationen nur zum Zwecke der fachlichen Kommunikation in der Einrichtung verwendet werden.

Zur Erfüllung gesetzlicher Mitteilungspflichten ist eine Offenbarung der Informationen zulässig u. a.

- Zur Abwendung geplanter Straftaten nach § 138 StGB
- Zum Schutz der öffentlichen Gesundheit nach Infektionsschutzgesetz
- Zur Bekämpfung von Geschlechtskrankheiten

Die Sozialgesetzbücher sehen einen weiteren Schutz von Daten im Gesundheitswesen vor. So können Verstöße nach § 83 SGB X als Ordnungswidrigkeit mit einer Geldbuße bis zu € 25.000,- je Verstoß geahndet werden.

Datenschutz in der Praxis

Folgende Maßnahmen dienen der Umsetzung des Datenschutzes in der Praxis:

1. Zugangskontrolle
   - Schaffung von Sicherheitsbereichen
   - Benennung befugter Personen
   - Berechtigungsausweise, Codekarten
   - Anwesenheitsaufzeichnungen
   - Regelungen für betriebsfremde Personen
2. Datenträgerkontrolle
   - Absicherung der Bereiche, in denen Datenträger aufbewahrt werden
   - Maßnahmen gegen unbefugtes Entfernen
   - Ausgabe von Datenträgern nur an autorisierte Personen
3. Bestandskontrollen
   - Datenträgerlagerung in einem Sicherheitsbereich
   - Kontrollierte Vernichtung von Datenträgern mit Erstellung eines Protokolls
   - Regelung der Anfertigung von Kopien
4. Speicherkontrolle
   - Einsatz von Passwörtern für Dateien und Programme
   - Regelung zur Vergabe, Verwendung und Änderung von Passwörtern
   - Protokollierung der Dateibenutzung
   - Automatisches Abschalten der Datenstationen nach längerer Nichtbenutzung
5. Benutzerkontrolle
   - Identifizierung des Nutzers gegenüber dem DV-System
   - Abschalten der Datenstationen bei drei fehlerhaften Passworteingaben
   - Regelung der Benutzerberechtigung
   - Auswertung von Protokollen
6. Zugriffskontrolle
   - Datenstationen mit Funktionsberechtigungsschlüsseln
   - Teilzugriffsmöglichkeiten auf Datenbestände und Funktionen

7. Übermittlungskontrolle
   - Dokumentation der Ablauf- und Übermittlungsprogramme
   - Protokollierung der Datenübermittlung
8. Eingabekontrolle
   - Datenerfassungsanweisung
   - Protokollierung der Eingaben
   - Speicherung des Erfassers bei den Eingaben
   - Vorgangsprotokollierung für jeden Einzelfall
9. Organisationskontrolle
   - Regelung zur System- und Programmprüfung
   - Datensicherungskonzept

Aus datenschutzrechtlichen Gründen ist es problematisch, wenn Pflegedokumentation bzw. spezielle Pflegepläne (Bewegung, Ernährung, Trinkprotokolle) im Zimmer des Patienten gelagert werden.

Beispiel

Fall: Ein Träger hält sich an die Vorgaben des Datenschutzes und lässt Bewegungspläne und Trinkprotokolle aus den Krankenzimmern entfernen. Daraufhin kommt es bei einem Patienten zu einem Dekubitus, der dem Pflegedienst angelastet wird.

Urteil: Krankenkassen haben keinen direkten Einsichtsanspruch in Behandlungsunterlagen bzw. in die Pflegedokumentation. Nur wenn die Krankenkassen eine Stellungnahme durch den MDK veranlasst haben, sind die Leistungserbringer verpflichtet, die Anforderungen des MDK umzusetzen (BSG, Urteil vom 28.02.2007, AZ: B3 Kr. 12/06 R).

Praxistipp

Beachten Sie die Kriterien des Datenschutzes und lassen Sie Ausnahmeregelungen durch den Träger im Rahmen des Vertrages mit dem Patienten/Bewohner klären. Der Patient kann seine Einwilligung zur Lagerung der Dokumentation in seinem Zimmer in Form einer Schweigepflicht-Entbindungserklärung geben. Nur der Medizinische Dienst (MDK) ist befugt, Patientenakten einzusehen.

▶ Einsichtsrecht Dokumentation, Remonstration, Schweigepflicht

Dekubitus

Die Entstehung, mangelnde Prophylaxe und Versorgung eines Dekubitus (Druckgeschwürs) wird unter strafrechtlichen, zivilrechtlichen und sozialrechtlichen Aspekten als Pflegefehler eingestuft.

Rechtsmedizinische Untersuchungen im Jahr 1998 an 10.222 Verstorbenen im Rahmen einer gesetzlich vorgeschriebenen zweiten Leichenschau in Hamburg zeigten, dass 11,2% der Leichname unbehandelte Druckgeschwüre aufwiesen.

Auch wenn unter konsequentem Einsatz aller pflegerischen Möglichkeiten ein Dekubitus entstehen kann, so gilt aus rechtlicher Sicht die Prüfung des Einzelfalls. Die Haftung gegenüber dem Patienten bzw. seiner Krankenkasse liegt zunächst beim Träger der Einrichtung aufgrund des Patientenaufnahmevertrages (Krankenhaus), Heimvertrages (Pflegeheim) oder Pflegevertrages (Ambulante Pflege). In diesen Verträgen wird dem Patienten/Bewohner die Pflege nach dem aktuellen Stand der Wissenschaft zugesichert. Der Träger leitet diese Leistungsverantwortung auf die jeweilige Leitungs- und Fachkraftebene weiter. Die Eigenverantwortlichkeit der Pflege ist im Altenpflegegesetz und im Krankenpflegegesetz, jeweils § 3, definiert.

Ein Urteil des Oberlandesgerichts Düsseldorf vom 16.06.2004 bestätigte die volle Eigenverantwortlichkeit der Pflege für die Dekubitusprophylaxe. Hauptbelastungsmoment gegen Pflegende ist in vielen rechtlichen Auseinandersetzungen die mangelnde Dokumentation.

Mit dem im Jahre 2000 erstmals veröffentlichten Expertenstandard »Dekubitusprophylaxe in der Pflege« des Deutschen Netzwerkes für Qualitätsentwicklung in der Pflege (DNQP) ist unter rechtlichen Aspekten davon auszugehen, dass dieser bei allen Pflegefachkräften bekannt ist und alle prophylaktischen Maßnahmen zu den Ergebnissen führen:

E1: Eine aktuelle, systematische Einschätzung der Dekubitusgefährdung liegt vor.

E2: Ein individueller Bewegungsplan liegt vor.

E3: Der Patient/Betroffene befindet sich unverzüglich auf einer für ihn geeigneten druckreduzierenden Unterlage, druckreduzierende Hilfsmittel werden unverzüglich angewendet.

E4: Die durchgeführten Interventionen zu den Risikofaktoren sind dokumentiert.

E5: Der Patient/Betroffene und seine Angehörigen kennen die Ursachen der Dekubitusgefährdung sowie die geplanten Maßnahmen und wirken auf der Basis ihrer Möglichkeiten an deren Umsetzung mit.
E6: Die Dekubitusgefährdung und die notwendigen Maßnahmen sind allen an der Versorgung des Patienten/Betroffenen Beteiligten bekannt.
E7: Der Patient/Betroffene hat keinen Dekubitus.

Für die Organisationsstruktur und die rechtliche Würdigung von Maßnahmen im Zusammenhang mit dem Dekubitus sind Standards für den pflegerischen Alltag notwendig. Dieses ergibt sich auch aus den gesetzlich geforderten Maßnahmen der Qualitätssicherung im Sinne von SGB V und SGB XI. Kommt es zu rechtlichen Auseinandersetzungen im straf- bzw. zivilrechtlichen Bereich, und es liegen keine Standards zu dem zutreffenden Pflegebereich und den Tätigkeiten vor, so wird von Seiten der Anklage jeweils auf den aktuellen Stand der Technik und Wissenschaft zurückgegriffen, der sich aus umfangreichen Veröffentlichungen ableiten lässt.

Beispiel

Urteil 1: Im Krankenblatt eines Krankenhauspatienten, bei dem die ernste Gefahr eines Durchliegegeschwürs besteht, sind sowohl die Gefahrenlage als auch die ärztlich angeordneten Vorbeugemaßnahmen zu dokumentieren (BGH, Urteil vom 18.03.1986 AZ VI ZR 215/84).

Urteil 2: € 12.500,- Schmerzensgeld: Das Auftreten eines erheblichen Druckgeschwürs lässt regelmäßig auch bei einem Schwerstkranken auf grobe Pflege- und/oder Lagerungsmängel schließen (OLG Köln, Urteil vom 04.08.1999 – 5U19/99).

Urteil 3: € 17.500,- Schmerzensgeld sprach das OLG Oldenburg einem Heimbewohner zu wegen nachlässiger Behandlung und Pflege bei Eintritt und Verschlimmerung eines Dekubitus (OLG Oldenburg – 1 U121/98).

Urteil 4: € 900,- Geldstrafe wegen fahrlässiger Körperverletzung erhielt der Leiter eines Alten- und Pflegeheims mit der Feststellung, dass der Dekubitus einer Bewohnerin auf einem Pflegemangel beruht und vom Angeklagten als Verantwortlichen mit Wissen und Wollen nicht ordnungsgemäß versorgt und gepflegt wurde (OLG Karlsruhe, Urteil vom 06.09.2004, 1 Ss 84/04).

▼

Urteil 5: Schadenersatz wegen fehlender Dekubitusprophylaxe, Dokumentationsmangel

Die Krankenkasse einer Heimbewohnerin (Klägerin) forderte Schadenersatzansprüche für Kosten, die ihr im Rahmen der Behandlung eines Dekubitus entstanden sind. Die Bewohnerin litt unter seniler Altersdemenz mit Unruhe- und Verwirrtheitszuständen sowie Harninkontinenz. Ihre Hausärztin diagnostizierte ein Dekubitusgeschwür im Gesäßbereich und verordnete Betaisodona-Salbe. Bei einem weiteren Arztbesuch zeigte sich das Dekubitalgeschwür vergrößert. Die Bewohnerin wurde nachfolgend zur stationären Behandlung in ein Krankenhaus eingewiesen und kehrte anschließend in die Pflegeeinrichtung zurück. Das Dekubitalgeschwür war noch vorhanden und wurde auf telefonische Anordnung der Hausärztin durch Spülungen mit Wasserstoff und mit Rivanol sowie Furosemid 40 behandelt. Erst ein chirurgischer Eingriff führte zur Abheilung des Geschwürs. Die Krankenkasse verlangte daraufhin die Erstattung der durch den zweiten Krankenhausaufenthalt entstandenen Kosten in Höhe von 16.318,– €. In der ersten Instanz hat das LG Duisburg die Klage dem Grunde nach für gerechtfertigt erklärt. Vor dem OLG Düsseldorf beantragte der Heimträger, das erstinstanzliche Urteil abzuändern und die Klage abzuweisen.

Entscheidungsgründe: In der Berufungsinstanz wurde erkannt, dass der Schadenersatzanspruch sowohl dem Grunde als auch der Höhe nach wegen schuldhafter Schlechterfüllung des stationären Pflegevertrages gemäß §§ 611, 276, 278 BGB begründet ist. Die Entstehung des Geschwürs beruht auf einem schuldhaften Pflegefehler. Von Bedeutung war auch die unzulängliche und lückenhafte Dokumentation, die auf schuldhafte, fehlerhafte Maßnahmen in der Dekubitusprophylaxe schließen ließ.
Ein mögliches ärztliches Mitverschulden bei der Behandlung des bereits aufgetretenen Geschwürs wurde ausdrücklich ausgeschossen (OLG Düsseldorf, Urteil vom 16.06.2004, 1–15 U 160/03).

Urteil 6: € 15.000,- Schmerzensgeld für Pflegemängel. Die 70-jährige Klägerin war nach einem Schlaganfall für 1 Monat im Krankenhaus. Kurz nach ihrer Entlassung wurden zwei Druckgeschwüre an Steißbein sowie unterhalb des linken Knies festgestellt. In der Folge traten weitere Druckgeschwüre

▼

auf. Die Klägerin wurde daraufhin fünf Mal operiert, bis ihr schließlich der linke Oberschenkel amputiert werden musste. Durch die Amputation war die Klägerin vollständig immobil und bettlägerig. Sie schloss daraus, dass sämtliche Druckgeschwüre und damit auch die Amputation Folge der mangelhaften Pflege des Klinikums war und bezifferte ihre Schadensersatzansprüche mit über € 400.000,-. Demgegenüber behauptete das Klinikum, die Klägerin nach den geltenden Standards gepflegt zu haben. Der vom Gericht bestellte Sachverständige stellte fest, dass die Klägerin nicht nur im Krankenhaus der Beklagten, sondern auch anschließend im Pflegeheim nicht nach dem pflegerisch-medizinischen Standard versorgt wurde. Für die Druckgeschwüre an Steiß und Kniekehle sei zwar die Beklagte verantwortlich; mit der Beinamputation hätten diese aber nichts zu tun. Ursächlich für die Amputation seien allein die später aufgetretenen Druckgeschwüre an Unterschenkel bzw. Ferse und die sich daraus entwickelnde Knocheninfektion gewesen. Deshalb bleibt das Gericht weit hinter der Schadensersatzforderung der Klägerin zurück (LG München I, Urteil vom 14.01.2009, AZ: 9 O 10239/04).

Praxistipp

Beachten Sie die Schwerpunkte zur Vermeidung eines Dekubitus, die Ihnen in der Beweisführung im Rechtsstreit helfen, das Risiko und die von Ihnen getroffenen Maßnahmen richtig eingeschätzt zu haben:

- Verbindliche Vorgabe von prophylaktischen und therapeutischen Maßnahmen (Standards) auf der Grundlage der nationalen Expertenstandards
- Anwendung von Dekubitusgefährdungsskalen und Bewertungsschemen, z. B. Braden- oder Norton-Skala
- Regelmäßige Evaluation der pflegerischen Maßnahmen im Sinne der Qualitätssicherung
- Qualifizierung der Mitarbeiter durch Fort- und Weiterbildung
- Klare Aufgabendefinition der eingesetzten Berufsgruppen im Wundmanagement
- Remonstration bei gefahrengeneigter Versorgung gegenüber dem Arzt, Träger oder Kostenträger
- Bewegungsplan/Förderung der Mikrobewegungen
- Dokumentation mit Foto

- Fingertest zur Deutung von Hautrötungen
- Risikodokumentation
- Keine Verwendung von echten oder künstlichen Fellen
- Einsatz von Dekubitusbeauftragten
- Prävalenz- und Inzidenzmessungen (Gesamtzahl und Neuerkrankungen)
- Aktualisierung einer Negativliste über nicht zu verwendende Substanzen
- Keine Wasserkissen, Gummiringe, Watteverbände zum Weichpolstern
- Kein Melkfett
- Pflegeproblem in Pflegevisiten bewerten und stets dokumentieren

▶ Altenheim, Beweislast, Dokumentation, Haftung, Remonstration, Risikodokumentation, Standards, Wundmanagement

Notizen für den Alltag

Delegation

Im Pflegealltag kommt es oftmals zu Kompetenzproblemen zwischen ärztlicher und pflegerischer Profession bzw. zwischen Pflegefach- und Hilfskräften, insbesondere wenn es um die Übertragung und Übernahme ärztlicher Aufgaben geht. In der Altenpflege sind Aufgabenstellung und Verantwortung für Pflegende diesbezüglich klar geregelt. Hier gilt § 3 des Altenpflegegesetzes, Abs. 2.: »Die Mitwirkung bei der Behandlung kranker alter Menschen einschl. der Ausführung ärztlicher Verordnungen«.

Und im Krankenpflegegesetz steht unter § 3 (2) 2.: »Die folgenden Aufgaben im Rahmen der Mitwirkung [sind] auszuführen:

a) Eigenständige Durchführung ärztlich veranlasster Maßnahmen
b) Maßnahmen der medizinischen Diagnostik, Therapie oder Rehabilitation«

Im Sinne des BGB können der Pflegeperson nur solche Tätigkeiten übertragen werden, die ihr billigerweise zugemutet werden können (§§ 315 ff.). Hierzu gehören Injektionen, Infusionen, Sondierungen, Auswechseln von Transfusionen, Katheterisierung, operative Eingriffe und die Durchführung diagnostischer Maßnahmen.

Eine Delegation der ärztlichen Aufgaben muss schriftlich erfolgen (Ärztliche Anordnung). Die Anordnung muss klar und verständlich formuliert sein. Bei Zweifeln muss Rücksprache gehalten werden. Im Sinne der Rechtsprechung muss der Patient in die Maßnahme einwilligen, wenn es sich um eine nicht delegationsfähige ärztliche Tätigkeit handelt, z. B. intravenöse Infusion. Dieses begründet sich im klinischen Bereich auch aus dem Krankenhausvertrag. Hat der Pflegende bei der Übernahme einer Aufgabe Bedenken, so sind diese schriftlich festzuhalten (Remonstration). Der Arzt wiederum muss sich von der Qualifikation der Pflegeperson überzeugt haben, bevor er ihr eine Maßnahme überträgt. Ein Verweigerungsrecht für die Pflegeperson besteht, wenn sie unüberschaubare Komplikationen in diesem Einsatz befürchtet und wenn sie aufgrund mangelnder Fachlichkeit die sichere Durchführung dieser Maßnahme nicht gewährleisten kann oder wenn die Durchführung dieser ärztlichen Anordnung einen strafrechtlichen Tatbestand darstellen würde.

Der Arzt trägt in jedem Fall die Anordnungsverantwortung und die Pflegeperson die Durchführungsverantwortung (Übernahmeverschulden). Für mehr Klarheit im Pflegealltag sorgen Standards und Dienstanweisungen, die durch den Träger der Einrichtung bzw. von ihm Beauftragten (Pflegedienstleitung mit allen Beteiligten) abzustimmen und zu verantworten sind.

Die Delegationsverantwortung betrifft auch das interne Pflegemanagement. Problematisch hierbei ist indessen die Weiterdelegation einer übernommenen ärztlichen Aufgabe an eine weitere Pflegeperson.

Beispiel

Fall 1: Ein Arzt hat während einer Visite eine Infusion verordnet und die Stationsschwester die Delegation auf sich genommen. Sie überträgt die Ausführung auf eine Schülerin des ersten Ausbildungsjahres. In diesem Fall treffen bei einer Schädigung des Patienten für die Stationsschwester neben dem Übernahmeverschulden auch die Anordnungsverantwortung und die Durchführungsverantwortung zu.

Fall 2: Die Stationsschwester beauftragt eine Mitarbeiterin, einen rektalen Antikaliumeinlauf vorzunehmen und sagt, sie wolle aufgrund der Unerfahrenheit dieser Kollegin dabei mitwirken. Die Stationsschwester verspätet sich jedoch aufgrund anderer Notwendigkeiten. Beim Betreten des Zimmers stellt sie dann fest, dass die Kollegin gerade dabei ist, den Einlauf bei der falschen Patientin durchzuführen. Sie kann diese tödliche Verwechslung gerade noch verhindern.

Beispiel

Urteil: Behandlungsverschulden

Ein Kind (Kläger) kam aus einer Steiß- und Fußlage zur Welt. Es erlitt in der manuell unterstützten Geburt auf vaginalem Wege eine geburtstraumatische krankhafte Veränderung des Rückenmarks und einen Schlüsselbeinbruch rechts. Als Folgen sind u. a. beide Beine von der Hüfte abwärts schlaff und gelähmt. Der Kläger nahm den Träger der Klinik und die beiden verantwortlichen Nachtschwestern gesamtschuldnerisch auf Ersatz seiner immateriellen und materiellen Schäden in Anspruch.

Die Entscheidung:

1. Krankenschwestern sind nicht befugt, ohne ärztliche Anweisung Therapieversuche vorzunehmen, obwohl ein Arzt erreichbar ist (hier: Höherstellen des Wehentropfes, um die Wehentätigkeit zu verringern bzw. zu

▼

unterdrücken). Geschieht dieses doch, so ist das Verhalten auch dann als grob fehlerhaft zu bewerten, wenn das eigenmächtige Verstellen des Tropfes in anderen Fällen von den Ärzten geduldet oder gar angeregt wurde.

2. Der Träger eines Krankenhauses mit Belegabteilung ist verpflichtet, auch in diesem Bereich in ausreichendem Maß nicht-ärztliches Personal zu stellen und organisatorisch sicherzustellen, dass das Personal ausreichende Anweisungen erhält.
3. Soweit der Träger die Aufnahme zur Geburtshilfe bei Risikogeburten zulässt, trifft ihn die Pflicht, dafür zu sorgen, dass ein in jeder Hinsicht ausreichender ärztlicher Bereitschaftsdienst vorhanden ist.

(OLG Stuttgart, Urteil vom 20.08.1992 – 14 U 3/92)

Praxistipp

1: Vor Übernahme einer ärztlichen Tätigkeit überprüfen Sie die schriftliche Anordnung und entscheiden Sie, ob Sie fachlich in der Lage sind, diese durchzuführen. Beachten Sie auch, dass der Patient einwilligen muss, und bestehen Sie vor allem auf eine klare Regelung (Dienstanweisung) durch den Träger der Einrichtung.

2: Empfehlenswert ist eine Dienstvereinbarung zur Übernahme ausgewählter ärztlicher Tätigkeiten durch das Pflegepersonal.

▶ Ärztliche Anordnung, Aufgabenstellung der Pflege, Befähigungsnachweis, Berufsordnung, Dokumentation, Remonstration

Notizen für den Alltag

Dokumentation

Die Pflegedokumentation gehört zu den wesentlichen und selbstverständlichen Instrumenten der Pflege. Pflegende haben ihre Aufgaben eigenverantwortlich im Sinne des Altenpflege- und Krankenpflegegesetzes sowie der Qualitätssicherung zu erfüllen. Darum auch gewährleistet die Dokumentation eine fachliche und sichere Kommunikation aller an der Pflege und Behandlung beteiligten Leistungserbringer. Eine ausführliche, sorgfältige und vollständige Dokumentation der ärztlichen und pflegerischen Maßnahmen gehört darüber hinaus zu den selbstverständlichen Pflichtleistungen gegenüber dem Patienten und ist im Interesse des geschlossenen Krankenhausaufnahme-, Heim- oder Pflegevertrages. Für die Umsetzung einer einwandfreien Pflegedokumentation hat der Träger der Einrichtung Sorge zu tragen.

Auch in straf- und zivilrechtlichen Prozessen spielt die Dokumentation eine wesentliche Rolle als Qualitäts-, Therapie- und Pflegebeweissicherung.

! Eine mangelhafte oder lückenhafte Dokumentation hat im Schadensfall weitreichende Folgen für Einrichtungsträger, Arzt oder Pflegeperson. Viele Gerichtsprozesse gegen Pflegeeinrichtungen und Pflegende gehen für klagende Patienten erfolgreich aus, weil die Dokumentation mangelhaft war.

Der MDK-Bericht 2004 zur Pflegequalität etwa verweist auf die Hauptmängel im Bereich des Pflegeprozesses und der Pflegedokumentation. Es sind sowohl Anordnungen pflegerischerseits als auch ärztlicherseits schriftlich in der Dokumentation zu fixieren und mit Unterschrift abzuzeichnen. Eine nicht schriftlich erteilte Anordnung gilt als nicht erteilt.

Die Dokumentation darf nur mit dokumentenechtem Kugelschreiber oder in der EDV mit Sicherheitskriterien erfolgen. Fehler werden mit einem waagerechten Strich markiert, so dass der ursprüngliche Text lesbar bleibt. Radierungen, Überklebungen und Überschreibungen sind verboten.

Anordnung und Durchführung von pflegerischen Tätigkeiten sind von der betreffenden Pflegeperson oder dem Arzt mit Datum, Zeit und dem entsprechend zuzuordnenden Handzeichen zu dokumentieren. Für die verschiedenen Schichten (Früh-, Spät- und Nachtdienst) sollten unterschiedliche Farben dienen wie z. B. schwarz, blau oder rot. Eine Identitätsliste der Handzeichen mit Namen der Mitarbeiter muss stets parallel zur Dokumentation geführt und später archiviert werden. Die Archivierung sollte zentral über die PDL erfolgen.

Bereits mit dem Gesundheitsstrukturgesetz 1993 trat ab 01.01.1993 die Regelung über Maßstäbe und Grundsätze für den Personalbedarf in der stationären Krankenpflege (Pflegepersonalregelung/PPR) in Kraft. Mit dieser PPR erhielt die Dokumentation erstmals gesetzlich verbindlichen Charakter, insbesondere durch § 4, der besagt, dass die Zuordnung der Pflegestufen und Patientengruppen in der Pflegedokumentation ausgewiesen werden muss.

Anforderungen an die Dokumentation

Grundlagen

- Warum?: Qualitätssicherung, Therapiesicherung, Abrechnungssicherung, Beweissicherung, Dokumentation ist Urkunde
- Wer?: Jeder, der medizinische oder pflegerische Maßnahmen am Patienten vornimmt
- Wann?: Zeitnah
- Wie?: Lesbar und verständlich
- Was?: Diagnose, Therapie, Pflege (Anamnese, Planung, Maßnahmen, Bericht), Verweis auf Standards, Prophylaxe, atypische Verläufe, Anordnungen, durchgeführte Maßnahmen, Ergebnisse der Maßnahmen und Komplikationen

Ziele und Wirkung

- Nachweis über sichere Pflege
- Nachweis über Art und Umfang der Pflegebedürftigkeit und der Pflegeleistungen
- Nachweis der Pflegequalität/Qualitätssicherung
- Nachweis der Pflegebedürftigkeit und Pflegeleistung gegenüber dem MDK oder Heimaufsicht
- Sichere Überleitung des Patienten an die weiteren Pflegeeinheiten (Überleitungsdokumentation)
- Umsetzung der Verpflichtung aus den §§ 3 des Krankenpflegegesetzes und Altenpflegegesetzes
- Ermittlung des qualitativen und quantitativen Pflegebedarfs
- Sicherung der fachlichen Kommunikation und Information zwischen den verschiedenen Leistungserbringern, Arbeitsgruppen und Bereichen

- Risikoerhebung
- Koordinationsinstrument der Pflegeplanung/des Pflegeprozesses
- Urkunde Pflegedokumentation
- Beweissicherung

Rechtliche Grundlagen

- Krankenversicherungsgesetz §§ 112, 137, 294
- Pflegeversicherungsgesetz §§ 114a, 104, 105
- Krankenpflegegesetz § 3, Abs. 2,1
- Altenpflegegesetz § 3
- Heimgesetze
- Vertragsrecht in Gestalt des Krankenhausaufnahmevertrages, Heimvertrages, Pflegevertrages
- BGH Urteil vom 27.06.1976
- BGH Urteil vom 18.03.1986 AZ VI ZR 215/84
- BGH Urteil vom 18.12.1990 AZ VI ZR 169/90
- OLG Düsseldorf Urteil vom 16.06.2004 AZ I–15 U 160/03
- § 267 StGB (Urkundenfälschung)

Verantwortung

Die Stationsleitung bzw. Pflegedienstleitung (Organisations- bzw. Anordnungsverantwortung) hat dafür Sorge zu tragen, dass Pflegedokumentationen sorgfältig, vollständig und richtig erstellt werden.

Jede Pflegeperson, die eine Pflegemaßnahme beim Patienten anordnet oder durchführt, verpflichtet sich, diese Maßnahme zu dokumentieren (Anordnungs- und Durchführungsverantwortung). Die schriftliche Fixierung von durchgeführten Maßnahmen oder auch von Beobachtungen am Patienten sollten unverzüglich erfolgen, damit später nicht die Korrektheit der Aufzeichnung in Frage gestellt werden kann/muss, falls es zu einer Zeitverzögerung kommt.

Umfang

Grundsätzlich ist zu beachten: Was nicht dokumentiert ist, ist auch nicht geschehen. Daher sind alle pflegerisch und medizinisch relevanten Wahrnehmungen, atypische Verläufe und Vorkommnisse zu dokumentieren. Bei Pflegeanamnese, Pflegediagnose und Pflegemaßnahmen sind folgende Module zu beachten:

- Name des Patienten/Bewohners
- Durchzuführende Maßnahme
  - Art
  - Form
  - Zeitpunkt
- Durchführender
- Anordnender
- Handzeichen des Durchführenden

Bestandteile

- Stammblatt
  Pflegeanamnese mit Darstellung der pflegerischen Leistungen bezogen auf den Pflegebedarf des Patienten
- Pflegeplanung
  Mit Ressourcen, Problemen, Pflegezielen und geplanten Maßnahmen
  Bewertung der Maßnahmen
- Pflegebericht
  mit Darstellung des aktuellen Zustandes des Patienten
  mit Empfehlung weiterer Maßnahmen
- Ärztliches Verordnungsblatt
- Durchführungsnachweis
  mit Dokumentationen der allgemeinen, speziellen Pflege und Ausführung ärztlicher Verordnungen
- Überwachungsbogen
  mit Protokoll der Vitalzeichen
- Risikodokumentation
  z. B. bei Dekubitus, Mangelernährung, Sturz, Thrombose

Einzelfalldokumentation und Pflegestandard

Liegen für die verschiedenen Pflegemaßnahmen umfangreiche Standards vor, so wird in der Dokumentation bei der Formulierung von Anforderungen nur auf den jeweils angewandten Standard verwiesen. Ausführlich beschrieben werden müssen lediglich begründete Abweichungen vom Standard im konkreten Fall. Liegen jedoch keine Standards für die Durchführung bestimmter Maßnahmen in der allgemeinen und speziellen Pflege vor, so müssen die jeweiligen Tätigkeiten, die am Patienten ausgeführt werden, ausführlich beschrieben und dokumentiert werden. In der Dokumentation sollten die Beweggründe für eine

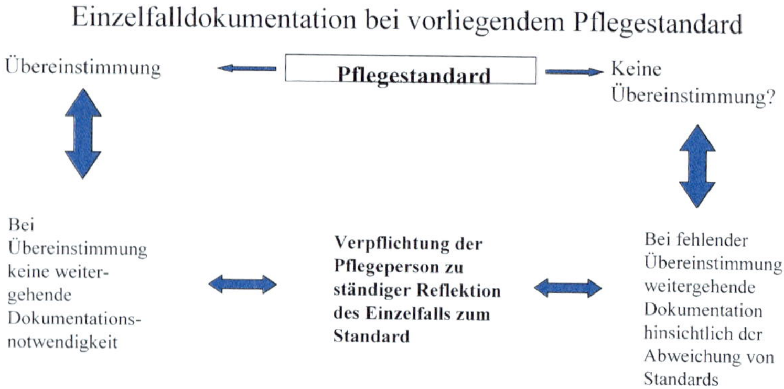

Abb. 6. Einzelfalldokumentation bei vorliegendem Pflegestandard

bestimmte Maßnahme erläutert werden, außerdem unbedingt Uhrzeit, Name der/des Durchführenden und ein Handzeichen aufgeführt sein (Abb. 6).

Fotodokumentation

Im Straf- und Zivilprozess werden Schadens- und Unfallfotos der Ermittlungsbehörden, u. a. der Polizei, als Urkundenbeweis verwertet, die aktuell digital erfasst und aufgezeichnet sind. Beweissicherheit für das digital übermittelte medizinische Dokument lässt sich nur durch den Sicherheitsstandard eines digitalen Signaturverfahrens (Verschlüsselungsverfahren) verwirklichen. Beim Transport von Dokumenten in digitale Netze, z. B. beim Datenaustausch, schützt eine verschlüsselte Übertragung vor dem Zugriff Unbefugter. Das am 01.08.1997 in Kraft getretene Signaturgesetz regelt als Teil des Informations- und Kommunikationsdienstgesetzes (BGBl. 1997 I, S. 1870 ff.) die Mindestvoraussetzungen für das digitale Signieren mit elektronischen Schlüsseln.

Es ist zu empfehlen, die Einwilligung zur Fotodokumentation zum Bestandteil des mit dem Patienten/Bewohner geschlossenen Vertrages zu machen.

Nachträgliche Änderungen

Die Pflegedokumentation als Bestandteil der Krankenakte ist mit den patientenbezogenen Daten als Urkunde anzusehen. Sie enthält konkret auf den Patienten definierte Erkenntnisse aus dem zeitlichen Bezug. Eine nachträgliche Änderung durch Streichung und/oder Ergänzung wäre im Sinne des § 267 Abs. 1 StGB eine Urkundenfälschung. Wenn Ärzte und Pflegepersonal als

Aussteller der ärztlichen und pflegerischen Dokumentation gelten, so haben sie kein Recht, diesen Inhalt jederzeit zu verändern.

§ 267 Strafgesetzbuch

(1) Wer zur Täuschung im Rechtsverkehr eine unechte Urkunde verfälscht oder eine unechte oder verfälschte Urkunde gebraucht, wird mit einer Freiheitsstrafe bis zu 5 Jahren oder mit einer Geldstrafe bestraft.

(2) Der Versuch ist strafbar.

(3) In besonders schweren Fällen ist die Freiheitsstrafe nicht unter einem Jahr.

Aufbewahrung

Die Pflegedokumentation ist Bestandteil der Krankendokumentation. Sie dient dem klagenden Patienten vor Gericht als Beweiserleichterung, wenn es zu beweisrechtlichen Konsequenzen im Rahmen von Behandlungs- und Pflegefehlern kommen sollte. Dies kann u. U. sogar bis hin zur Umkehr der Beweislast führen. Dieses wurde u. a. in dem BGH-Urteil vom 18.03.1986 (AZ: VI ZR 215/84) bestätigt. Die Krankenunterlagen einschließlich der Pflegedokumentation müssen für die Dauer von 30 Jahren aufbewahrt werden, damit in einem Schadenersatzprozess die Beweislage aus den gegebenen Umständen auf der Grundlage der Dokumente erfolgen kann (BGB § 199). Eine Aufbewahrung muss mindestens so lange bestehen, bis feststeht, dass aufgrund der Behandlung und Pflege durch den Patienten keine Schadenersatzansprüche mehr erhoben werden können. Nach dem Heimgesetz besteht eine Aufbewahrungsfrist für Pflegeplanung, Pflegeverläufe, sowie Angaben über die Heimbewohner von fünf Jahren. Die Berufsordnung der Ärzte sieht eine Aufbewahrungsfrist für Patientenakten von 10 Jahren vor.

Beispiel

Urteil 1: Zur Pflegedokumentation

1. Im Krankenblatt eines Krankenhauspatienten, bei dem die ernste Gefahr eines Durchliegegeschwürs (Dekubitus) besteht, sind sowohl die Gefahrenlage als auch die ärztlich angeordneten Vorbeugungsmaßnahmen zu dokumentieren.
2. Die Beweiserleichterungen zugunsten des Patienten bei lückenhafter bzw. unzulänglicher ärztlicher Dokumentation gelten auch für den Fall, dass erforderliche Aufzeichnungen über Maßnahmen der Kranken-

▼

pflege fehlen, die nicht die normale Grundpflege betreffen, sondern wegen eines aus dem Krankheitszustand des Patienten folgenden spezifischen Pflegebedürfnisses Gegenstand ärztlicher Beurteilung und Anordnung sind. Ebenso wie die vom Arzt angeordnete Medikation in das Krankenblatt aufzunehmen ist, ist auch ein derartiges besonderes Pflegebedürfnis und die aus diesem Anlass erforderlichen Maßnahmen zu dokumentieren.

Begründung: Nach der Rechtsprechung des erkennenden Senats kommen zugunsten eines Patienten Beweiserleichterungen dann in Betracht, wenn die gebotene ärztliche Dokumentation lückenhaft bzw. unzulänglich ist und deswegen für ihn im Falle einer Schädigung die Aufklärung des Sachverhalts unzumutbar erschwert wird (BGHZ 72, 132, 136; Senatsurteile vom 21.09.1982 – VI ZR 302/80 – VersR 1982, 1193, 1195; vom 10.01.1984 – CI ZR 122/82 – VersR 1984, 354, 355 und vom 24.01.1984 – VI ZR 203/82 – VersR 1984 – 386, 387). Dasselbe hat zu gelten, wenn erforderliche Aufzeichnungen über Maßnahmen der Krankenpflege fehlen, die nicht die normale Grundpflege betreffen, sondern wegen eines aus dem Krankheitszustand des Patienten folgenden spezifischen Pflegebedürfnisses Gegenstand ärztlicher Beurteilung und Anordnung sind. Ebenso wie die vom Arzt angeordnete Medikation in das Krankenblatt aufzunehmen ist, sind auch ein derartiges besonderes Pflegebedürfnis und die aus diesem Anlass erforderlichen Maßnahmen zu dokumentieren. Diese Verpflichtung bestand auch während der Behandlung der Klägerin im Krankenhaus der Beklagten. Das Berufungsgericht entnimmt dem Gutachten der Sachverständigen, dass bei der Klägerin die hochgradige Gefahr des Entstehens eines Durchliegegeschwürs gegeben war, da sie halbseitig gelähmt gewesen sei und die Lähmung über Wochen und Monate angehalten habe. Aus dem Gutachten ergibt sich aber außerdem, dass bei einem solchen Risikopatienten intensive vorbeugende Maßnahmen getroffen werden müssen, um ein solches Geschwür zu verhindern, und dass deren Unterlassung als schweres Versäumnis zu werten ist (BGH, Urteil vom 18.03.1986, AZ: VI ZR 215/84).

Bereits in seinem Urteil vom 27.06.1976 hatte der BGH festgestellt, dass der Arzt aufgrund des Behandlungsvertrages dem Patienten gegenüber zur ordnungsgemäßen Dokumentation verpflichtet ist. Wenn der Krankenhausträger Vertragspartner des Patienten im Rahmen des Krankenhausaufnahmevertrages ist, so trägt er die Verpflichtung zur Dokumentation. Daraus ergibt sich, dass Ärzte und Angehörige der Fachberufe im Gesundheitswesen als Erfüllungsgehilfen des Trägers tätig werden und in dessen Auftrag für eine umfangreiche Patientendokumentation Sorge tragen müssen. Durch diese Dokumentationsverpflichtung hat sich die Rechtsprechung zugunsten des Patienten bis zur Beweislastumkehr entwickelt, demzufolge durch das Krankenhaus zu belegen ist, dass alle Erkenntnisse in der Behandlung und Pflege des Patienten in Maßnahmen zur Verhütung einer eventuellen Komplikation umgesetzt wurden. Eine fachlich umfangreiche Dokumentation stützt sich auf vorhandene Standards und wird dadurch konzentriert.

Beispiel

Urteil 2: Schadenersatz wegen fehlender Dekubitusprophylaxe

Ein Altenheim wurde verurteilt, € 16.318,- an die Krankenkasse einer Bewohnerin zu zahlen. Aus den Entscheidungsgründen geht hervor, dass die unzulängliche Dokumentation auf schuldhaft fehlerhafte Maßnahmen schließen lässt (OLG Düsseldorf, Urteil vom 16.06.04, AZ I – 15 U 160/03).

Praxistipp

Beachten Sie, dass die Dokumentation ein wesentliches Instrument zur fachlichen Kommunikation, Koordination und ein Beweismittel bei Rechtsstreitigkeiten ist: Was nicht dokumentiert ist, ist auch nicht geschehen!

Eine unvollständige bzw. fehlerhafte Dokumentation kann zur Beweislastumkehr führen. Änderungen dürfen nur zeitnah dokumentenfest durchgeführt werden und müssen durch den Korrigierenden mit Initialisierung versehen sein.

▶ Beweislast, Datenschutz, Dekubitus, Haftung, Schweigepflicht, Verjährung

Notizen für den Alltag

Einsichtsrecht

Nach der höchstrichterlichen Rechtsprechung besteht kein Zweifel daran, dass Patienten gegenüber dem behandelnden Arzt, dem Krankenhaus und dem Pflegeheim einen Informationsanspruch bezüglich der über sie festgehaltenen Daten haben. Als Formen der Informationen kommen die Herausgabe, die Einsichtsgewährung und Auskunft an den Patienten selbst, einen anderen Arzt oder einen Bevollmächtigten des Patienten (Rechtsanwalt) in Betracht. Der Informationsanspruch des Patienten erstreckt sich immer nur auf die Unterlagen, die der Arzt oder das Krankenhauspersonal selbst hergestellt hat.

Der vertragliche Anspruch des Patienten auf Einsicht in die ihn betreffenden Unterlagen besteht gegenüber dem Arzt, Krankenhaus, Altenheim oder Pflegedienst nicht erst im Haftungsprozess, sondern grundsätzlich auch schon außerhalb eines Rechtsstreites, beispielsweise zur Behandlungs- und Pflegefehlerkontrolle und zur eventuellen Vorbereitung einer Haftpflichtklage. Die Dokumentationspflicht ist eine dienstvertragliche, dem Patienten geschuldete Nebenpflicht, im Sinne seines Persönlichkeitsrechts. Der Anspruch des Patienten gilt allerdings nicht für die Herausgabe der Originalunterlagen zum endgültigen Verbleib beim Patienten. Laut Bundesgerichtshof hat der Patient ein grundsätzliches Einsichtsrecht in die ihn betreffenden naturwissenschaftlich objektivierbaren Befunde und Behandlungsfakten. Hierzu gehören beispielsweise Pflegedokumentation, Fieberkurven, EKG-, EEG- und Computeraufzeichnungen, Röntgenaufnahmen, Aufzeichnungen über Medikationen sowie die Operationsberichte.

Beispiel

Urteil 1: Das Recht des Patienten auf Einsicht in die ihn betreffenden Befunde und die Behandlungsberichte wurde mit der BGH-Entscheidung festgelegt. Im Interesse des Selbstbestimmungsrechts des Patienten muss hierbei in Kauf genommen werden, dass die Einsicht in objektive Befunde dem Patienten eine ungünstige Prognose erschließen kann. Aufzeichnungen mit subjektivem Charakter, z. B. persönliche Eindrücke und Wertungen des Arztes dürfen, müssen aber nicht dem Patienten vorenthalten werden (BGH, Urteil vom 23.11.1982, AZ: ZR 222/79 und VI ZR 177/81).

Urteil 2: In einem weiteren BGH-Urteil wurde ergänzt, dass eine besondere Ausnahmesituation vorhanden sein kann (z. B. Psychiatrie), in der der Arzt

▼

dem Patienten aus therapeutischen Gründen gewisse Kenntnisse vorenthalten darf. Die Einsicht darf dem Patienten bei psychiatrischer Behandlung nicht vorenthalten werden, wenn der Einsicht keine schützenswerten Interessen des Patienten selbst, des Arztes oder Dritter entgegenstehen (BGH, Urteil vom 02.10.1994, AZ: VI ZR 311/82).

Urteil 3: Angehörigen bzw. Erben eines verstorbenen Patienten kann Einsichtsrecht zustehen, soweit dies nicht dem geäußerten oder mutmaßlichen Willen des Patienten widerspricht. Bei einer Verweigerung der Einsichtnahme gegenüber Angehörigen durch den Arzt, muss dieser darstellen, ob und unter welchen Gesichtspunkten er sich durch die Schweigepflicht (§ 203, StGB) an der Offenbarung der Dokumente gehindert sieht (BGH, Urteil vom 31.05.1993, AZ: VI ZR 259/81).

Urteil 4: Die Klägerin machte als ehemalige Pflegeheimbewohnerin gegen das Pflegeheim einen Anspruch auf Einsichtnahme in die vollständigen Pflegeunterlagen geltend. Das AG Pforzheim hatte mit Verweis auf ein BGH-Urteil stattgegeben. Der Heimträger ging in Berufung mit der Begründung, dass BGH-Urteil mit Recht auf Einsicht des Patienten in seine Krankenunterlagen sei nicht auf die Pflegedokumentation anzuwenden. Diese diene im Wesentlichen nur der Qualitätssicherung und der Abrechnung gegenüber den Sozialversicherungsträgern. Die Berufung des Heimträgers hatte keinen Erfolg. Die Klägerin hat gegenüber dem Beklagten (Pflegeheim) ein Recht auf Einsichtnahme in ihre Pflegedokumentation aus dem Heimvertrag in Verbindung mit § 242 BGB (LG Karlsruhe, Urteil vom 22.01.2010, AZ: 9 S311/09 3 c46/09 AG Pforzheim).

Urteil 5: Einsichtsrecht Kranken- und Pflegekassen

a. Liegt eine Einwilligung des Heimbewohners oder seines gesetzlichen Betreuers vor, kann dem Krankenversicherer aus übergegangenem Recht gemäß § 116 Abs. 1 SGB X ein Anspruch auf Herausgabe von Kopien der Pflegedokumentation (vgl. Senatsurteil BGH VI Z 249/08) zustehen.
b. § 249a SGB V ist nicht entsprechend auf die Einsicht in Pflegedokumentationen anwendbar. (BGH, Urteil vom 23.03.2010, AZ: VIZR 327/08)

Der Patient hat demnach keinen Anspruch auf Herausgabe der Originalunterlagen zum endgültigen Verbleib. Die höchstrichterliche Rechtsprechung billigt dem Patienten jedoch einen Anspruch auf Überlassung der Aufzeichnungen zum selbständigen Studium zu, wobei an die Stelle der Originale Ablichtungen treten können, deren Kosten der Patient dem Arzt bzw. dem Krankenhaus/Altenheim zu erstatten hat.

Macht der Patient das Einsichtsrecht nicht selbst geltend, sondern wird der Anspruch durch andere Personen, z. B. Rechtsanwalt, geltend gemacht, ist darauf zu achten, dass eine vom Patienten eigenhändig unterschriebene Schweigepflicht-Entbindungserklärung vorgelegt wird.

Ergänzend ist festzustellen, dass Krankenunterlagen einen besonderen Grundrechtschutz genießen. Daraus ergeben sich notwendige Beschränkungen für die Beschlagnahme bei Strafverfahren. So enthält beispielsweise § 97, Abs. 1, STPO ein Beschlagnahmeverbot für Krankenunterlagen, die ein Arzt über einen in einem späteren Strafverfahren beschuldigten Patienten errichtet hat.

Praxistipp

Dem Patienten, der seine Unterlagen einsehen will, sollte angeboten werden, dass dieses in Ihrer Anwesenheit als verantwortliche Pflegeperson und des Stationsarztes geschieht. Die Gefahr von Missverständnissen kann dadurch verringert werden. Der Patient hätte somit auch die Möglichkeit, sofort Rückfragen zu stellen.

▶ Ärztliche Anordnung, Beweislast

Einwilligung

Ärztliche und pflegerische Maßnahmen stellen gemäß §§ 223 ff. des Strafgesetzbuchs zunächst immer eine Körperverletzung dar, die ohne Beweis eines Rechtfertigungsgrunds strafrechtliche Folgen nach sich ziehen müssten. Dies betrifft Maßnahmen wie z. B. Injektion oder Katheterismus.

Die Einwilligung des Patienten (§ 228 StGB) ist ein Rechtfertigungsgrund. Für Ärzte und Pflegende ist daher grundsätzlich festzustellen, dass eine Einwilligung für alle Maßnahmen erforderlich ist, die ein Unwohlsein provozieren. Der Patient kann jederzeit seine Einwilligung zurücknehmen, mit der Konsequenz, dass sowohl die ärztliche Behandlung als auch die pflegerischen Maßnahmen einzustellen sind.

Selbstbestimmung

- § 2, SGB XI
- § 1906, BGB
- § 1901a, BGB
- § 1904, BGB
- Freiheitsentziehende Maßnahmen durch unterbringungsähnliche Maßnahmen
- Art. 2, Abs. 1 GG in Verbindung mit Artikel 1, Abs. 1
- Geschütztes allgemeines Persönlichkeitsrecht
- Patientenverfügung
- Bestellung einer Vertrauensperson

Mutmaßliche rechtfertigende Einwilligung

Situation:

- Ausdrückliche oder stillschweigende Äußerung des Betroffenen nicht möglich

Folge:

- Prüfung aller Voraussetzungen einer rechtfertigenden Einwilligung
- Durchführung der notwendigen Maßnahmen aufgrund des mutmaßlichen Willens
- Rechtfertigende Einwilligung
  - Ausdrücklich
    - Schriftlich
    - Mündlich

- Stillschweigend
- Mutmaßlich

Weigert sich ein Patient gegenüber einer Krankenschwester, eine ärztlich verordnete Injektion zu erhalten, handelt die Krankenschwester rechtswidrig, wenn sie gegen den Willen des Patienten die Injektion verabreicht.

Beispiel

Urteil: »Kein Widerruf der Einwilligung liegt vor, wenn ein Patient in der Frageform Bedenken gegen die Verabreichung einer Injektion äußert, es der Krankenschwester jedoch gelingt, die Bedenken des Patienten zu zerstreuen.«
Diesem BGH-Urteil lag folgender Sachverhalt zugrunde: Die Patientin (Klägerin), von Beruf Krankenschwester, lag wegen einer Schienbein-Kopf-Fraktur des linken Beines längere Zeit im Krankenhaus. Etwa 2 Wochen vor der geplanten Entlassung der Patientin erkrankte sie im Bereich des rechten Auges an einem Herpes zoster. Auf Anordnung des behandelnden Augenfacharztes erhielt die Patientin u. a. das Vitaminpräparat Neurogrisevit. Als dieses Präparat zum letzten Mal gespritzt werden sollte, gab die Krankenschwester der Patientin eine Injektion in den Oberschenkel des linken Beines, das zuvor noch nie als Einstichstelle gewählt worden war. Diese Injektion führte alsbald zu einem entzündlichen Prozess mit Abszessbildung sowie Nekrosen und hatte trotz mehrerer notwendiger Operationen letztlich doch die Amputation des linken Beines oberhalb des Knies zur Folge.
Der Bundesgerichtshof lehnte den Schadenersatzgeldanspruch der Patientin ab und führte in den Urteilsgründen aus: Die Klägerin willigte allgemein in die auf Verantwortung des zugezogenen Augenarztes wegen der Herpeserkrankung vorgenommenen Injektion ein. Die Einwilligung bezog sich auf alle geeigneten Körperstellen, wobei es allerdings der Patientin freistand, im Einzelfall ihre Einwilligung in die Durchführung einer Injektion jederzeit zu widerrufen. Ein endgültiger Widerspruch der Patientin, sich keine Injektion in das linke Bein verabreichen zu lassen, konnte aus dem festgestellten Hergang nicht entnommen werden (BGH, Urteil vom 18.03.1980, NJW 1980, S. 1903 ff.).

Praxistipp

Beachten Sie, dass der Patient jederzeit das Recht hat, eine ursprünglich erteilte Einwilligung in eine ärztliche oder pflegerische Maßnahme zu widerrufen. Wichtig für Sie ist, alle Beteiligten zu informieren. Dies gilt insbesondere bei Ausführung ärztlich delegierter Tätigkeiten.

▶ Aufklärung, Patientenrechte, Patientenverfügung, Selbstbestimmung

Entlassungsmanagement

Wird ein Patient bzw. Bewohner entlassen oder einer anderen Pflegeeinheit überantwortet, spielen rechtliche Aspekte für Träger und Pflegende eine zentrale Rolle, denn sie dienen letztlich der Beweiserleichterung. Vorrangiges Ziel hierbei ist, den Patienten vor Schaden zu bewahren. Darum muss in der politisch und gesetzlich verankerten integrierten Versorgung die reibungslose und sichere Kommunikation aller Beteiligten gewährleistet sein.

Unter Entlassungsmanagement versteht man das dem Expertenstandard zu Grunde liegende vierstufige Verfahren der Entlassung vom Beginn des Aufenthaltes an.

1. Feststellung des Pflegebedarfs anhand eines Assessment-Instruments
2. Planung der Entlassung
3. Durchführung der Entlassung
4. Evaluation der durchgeführten Tätigkeiten

Es handelt sich nicht nur um die Organisation der »Entlassung«, sondern auch um das managen von Prozessen, wie Schulung, Anleitung und Beratung von Patienten und Angehörigen.

Beim Überleitungsmanagement soll dem Patienten mit poststationärem Unterstützungsbedarf eine kontinuierliche und bedarfsgerechte Versorgung gesichert werden.

Hierbei wird das Entlassungsmanagement um die Aspekte der Zusammenarbeit zwischen Einrichtungen, seien es nun Pflegedienste oder stationäre Einrichtungen, erweitert. Es soll sichergestellt werden, dass der Patient nach Verlassen des Krankenhauses nicht in eine Versorgungslücke fällt, sondern in seiner neuen Umgebung weiterhin optimal und bedürfnisgerecht versorgt wird.

Wie beim Entlassungsmanagement wird auch bei der Planung der Überleitung bereits bei der Aufnahme in die Einrichtung eingeschätzt, wie sich der Pflegebedarf des Patienten nach seinem Aufenthalt gestaltet. Bei der Planung der Entlassung wird jetzt aber die übernehmende Einrichtung mit eingebunden.

Expertenstandard

Mit der Entwicklung der Krankenhausversorgung bei deutlich kürzerer Verweildauer spielt die Qualität des Entlassungsmanagement künftig eine zentrale Rolle.

Der im November 2002 verabschiedete »Nationale Expertenstandard Entlassungsmanagement in der Pflege« des Deutschen Netzwerks für Qualitätsentwicklung in der Pflege (DNQP) richtet sich an Pflegefachkräfte der Altenpflege, Krankenpflege und Kinderkrankenpflege. Dieser Expertenstandard ist seither verbindlich für alle Pflegenden in Deutschland. Mit seiner Hilfe sollen Versorgungsbrüche bei der Entlassung, gesundheitliche Risiken des Patienten, negative Auswirkungen für die Angehörigen und Folgekosten vermieden werden.

Neben der Struktur- und Prozessqualität fordert der Standard in der Ergebnisqualität Folgendes:

E1: Eine aktuelle, systematische Einschätzung des erwartbaren poststationären Unterstützungs- und Versorgungsbedarfs liegt vor.

E2: Eine individuelle Entlassungsplanung liegt vor, aus der die Handlungserfordernisse zur Sicherstellung einer bedarfsgerechten poststationären Versorgung hervorgehen.

E3: Patient und Angehörigen sind bedarfsgerechte Beratung und Schulung angeboten worden, um veränderte Versorgungs- und Pflegeerfordernisse bewältigen zu können.

E4: Mit dem Patienten und seinen Angehörigen sowie den weiterversorgenden Berufsgruppen und Einrichtungen sind der Entlassungstermin sowie der Unterstützungs- und Versorgungsbedarf abgestimmt.

E5: Die Entlassung des Patienten ist bedarfsgerecht vorbereitet.

E6: Der Patient und seine Angehörigen haben die geplanten Versorgungsleistungen und bedarfsgerechte Unterstützung zur Bewältigung der Entlassungssituation erhalten.

Verlegungs- und Überleitungsbogen

Steht die Verlegung eines Patienten oder Bewohners bevor, ist im Praxisalltag ein Überleitungsbogen erforderlich.

Beispiel

Fall: Eine Patientin mit schwerer Behinderung wird regelmäßig durch einen Pflegedienst betreut. Wegen einer akuten Erkrankung kommt sie ins Krankenhaus. Nach 5 Tagen wird sie entlassen und mit dem Krankentransport nach Hause gefahren, ohne dass Angehörige oder der Pflegedienst darüber informiert wurden. Die Tochter fand die pflegebedürftige Mutter später tot in der Wohnung.

Praxistipp

Sichern Sie die Pflege des Patienten und Ihre Beweisführung bei evtl. aufgetretenen Schäden durch einen Verlegungs- oder Pflegeüberleitungsbericht. Bestehen Sie auf einen solchen Bericht, wenn Sie die Pflege eines Patienten oder Bewohners übernehmen!

Der Verlegungs- bzw. Überleitungsbogen sollte neben der Einschätzung der individuellen Situation, den Grad der Selbständigkeit des Patienten/Bewohners, bisherige und empfohlene Pflegemaßnahmen berücksichtigen. Die in der Übersicht aufgeführten Inhalte sind grundlegend.

Inhalte des Verlegungs- bzw. Überleitungsbogens

- Adressaten des Berichtes
- Name des Patienten/Bewohners
- Pflegestufe
- Nächste Angehörige/Betreuer
- Hausarzt
- Körperpflege
- Kleidung
- Orientierung
- Freiheitsentziehende Maßnahmen
- Allgemeinzustand wie Vitalfunktion, körperlich, geistig, Bewusstsein, psychisch, Probleme und Risiken
- Ausscheidung
- Schaf- und Ruhegewohnheiten
- Bewegung
- Essen und Trinken
- Hautzustand/Wunden
- Hilfsmittel
- Bisherige Medikation
- Eigentum/Wertsachen
- Risiko-Hinweise

► Standards, Risikodokumentation

Ernährung

In diesem Zusammenhang sind rechtlich Pflege- und Behandlungsfehler bei Mangelernährung zu sehen. Die Pflegedefizite im Bereich der Ernährung und Flüssigkeitsversorgung von Pflegebedürftigen werden ambulanten und stationären Pflegeeinrichtungen zugeordnet. Verstärkt wirkt diese Thematik in der Pflege von Demenzkranken. Die Vorwürfe gelten mangelnder Einschätzung des Kalorien-, Nährstoff- und/oder Flüssigkeitsbedarfs, den Folgen einer Mangelernährung oder Dehydration. Bei betroffenen Patienten/Bewohnern können Verwirrtheits- und Unruhezustände mit zusätzlicher Gefährdung, z. B. Sturz, auftreten.

Mögliche Pflegefehler

- Bei der Informationssammlung/Anamnese wurden Risikofaktoren für eine Mangelernährung oder Dehydration nicht erkannt, analysiert und dokumentiert.
- Erst- und Verlaufsmessungen zum Gewicht fehlen.
- Auf bereits bei Einzug in die Pflegeeinrichtung bestehende Mangelernährung/Dehydration wurde nicht mit erforderlichen Maßnahmen reagiert.
- Bei drohender oder bestehender Mangelernährung wurde der individuelle Energiebedarf nicht ermittelt, z. B. durch Beobachtung des Gewichtsverlaufs unter der gegebenen Ernährung. Auf dokumentierte Gewichtsverluste erfolgten keine Maßnahmen.
- Bei drohender oder bestehender Dehydration wurde der individuelle Mindestflüssigkeitsbedarf nicht ermittelt und geplant (z. B. Trinkplan). Erforderliche Trinkprotokolle zur Überprüfung der Flüssigkeitszufuhr sind nicht geführt worden bzw. bei Minderversorgung erfolgten keine Interventionen.
- Pflegemaßnahmen sind nicht sachgerecht und zielführend.
- Durchgeführte Maßnahmen wurden nicht dokumentiert.
- Informationen zur Sicherstellung bedarfsdeckender Ernährung wurden nicht zeitnah an den behandelnden Arzt weitergegeben.
- Die Dokumentation und Durchführung der Versorgung mit Sondenkost erfolgt ausschließlich anhand von Mengenangaben (ml) statt in Energieangaben (kcal).
- Die Energiezufuhr wird insgesamt nicht dokumentiert.

- Die Nahrungsverabreichung über eine Sonde erfolgt in unsachgerechter Lagerung des Pflegebedürftigen.
- Bei transnasalen Sonden erfolgt ein fehlerhaftes Anlegen und Platzieren.

Mögliche Behandlungsfehler

- Das Risiko der Mangelernährung wurde nicht erkannt.
- Eine zielführende Diagnostik wurde nicht eingeleitet.
- Medizinisch indizierte Heilmittel (z. B. Logopädie, Ergotherapie) wurden nicht verordnet.
- Der behandelnde Arzt hat andere an der Versorgung beteiligte Professionen nicht über das Risiko oder die bestehende Mangelernährung informiert. Relevante Diagnosen und Auswirkungen eingeleiteter medikamentöser Behandlung auf die Nahrungs- und Flüssigkeitszufuhr wurden nicht weitergegeben.
- Bei vorliegender medizinischer Indikation für Sondenkost wurde keine ausreichende Sondenkost verordnet.
- Es wird bei der Verordnung der Sondenkost nur die Menge in ml und nicht die Energie in kcal angegeben.
- Im Krankenhaus wurde die medizinische Indikation für die PEG-Anlage nicht überprüft. Zum Entlassungszeitpunkt wurde die weitere Notwendigkeit der PEG-Anlage nicht erneut kritisch geprüft.

Expertenstandard Ernährungsmanagement zur Sicherstellung und Förderung oraler Ernährung in der Pflege (Entwurf, Stand 03/2009)

Zielsetzung: Bei jedem Patienten/Bewohner mit pflegerischem Unterstützungsbedarf oder einem Risiko für oder Anzeichen von Mangelernährung ist die orale Nahrungsaufnahme entsprechend seinen Bedürfnissen und seinem Bedarf sichergestellt.

Begründung: Essen und Trinken beeinflussen die Lebensqualität, sind wichtige Bestandteile sozialer und kultureller Identität und dienen der Gesunderhaltung durch die Nährstoffaufnahme. Die Sicherstellung einer bedürfnisorientierten und bedarfsgerechten Ernährung kann durch die frühzeitige Erfassung und Bewertung ernährungsrelevanter Gesundheitsprobleme, angemessene Unterstützung und Umgebungsgestaltung, spezifische Maßnahmen sowie ein geeignetes Nahrungsangebot eine Mangelernährung verhindern und bestehenden Defiziten entgegenwirken.

Folgende **Ergebnisse** sind vorgesehen:

- **E1** Für alle Patienten/Bewohner liegt ein aktuelles Screening-Ergebnis zur Ernährungssituation vor. Bei Patienten/Bewohnern mit einem Risiko für oder Anzeichen von Mangelernährung ist ein Assessment mit handlungsleitenden Informationen erfolgt.
- **E2** Die multiprofessionellen Maßnahmen sind koordiniert, gegebenenfalls ethisch begründet und ihre Umsetzung ist überprüft.
- **E3** Ein individueller Maßnahmenplan zur Sicherstellung einer bedürfnisorientierten und bedarfsgerechten Ernährung liegt vor.
- **E4** Der Patient/Bewohner hat eine umfassende und fachgerechte Unterstützung zur Sicherung der bedürfnisorientierten und bedarfsgerechten Ernährung während und auch außerhalb der üblichen Essenszeiten erhalten. Die Umgebung bei den Mahlzeiten entspricht den Bedürfnissen und dem Bedarf des Patienten/Bewohners.
- **E5** Der Patient/Bewohner und seine Angehörigen sind über Risiken und Folgen einer Mangelernährung und über mögliche Interventionen informiert, beraten und ggf. angeleitet.
- **E6** Die orale Nahrungsaufnahme des Patienten/Bewohners ist entsprechend seinen Bedürfnissen und seinem Bedarf sichergestellt.

Beispiel

Fall: Die Bewohnerin einer Pflegeeinrichtung bekommt täglich 2 Flaschen mit je 1000 kcal und neigt zur Kachexie. Der Arzt verordnet nur noch 1000 kcal pro Tag mit Verweis auf die Kosten.

Was muss das Pflegepersonal in diesem Fall unternehmen?

- Dokumentation der ärztlichen Anordnung und Unterschrift fordern
- Wegen des drohenden Mangels weiterhin 2-mal 1000 kcal geben
- Remonstration an Träger der Einrichtung

Beispiel

Urteil 1: Entschädigung in Millionenhöhe nach künstlicher Ernährung

Ein Behandlungsfehler kam einem Klinikum teuer zu stehen. Der Betrag, den das Klinikum an eine Patientin zahlen muss, wird sich mit den Jahren auf über € 1 Million belaufen.

▼

Die Klägerin wurde auf verschiedenen Stationen der Klinik wegen einer akuten Pankreatitis behandelt. Etwa 10 Wochen lang wurde sie vollständig parenteral ernährt, wobei kurze Versuche des Kostaufbaus wegen starken Erbrechens wieder aufgegeben wurden. Innerhalb der künstlichen Ernährungsphase erhielt sie kurzzeitig 3 Ampullen Multibionta, in denen u. a. 10 mg Vitamin B_1 (Thiamin) enthalten war. Weitere Vitamin-B_1-Zugaben sind nicht dokumentiert. Eine dritte neurologische Konsiliaruntersuchung ergab eine Wernicke-Enzephalopathie als Verdachtsdiagnose. Empfohlen wurde eine parenterale Hochdosis-Vitamin-B_1-Applikation. Die Patientin erhielt daraufhin über 3 Wochen 3-mal täglich 100 mg Thiamin intravenös und danach 3-mal täglich 100–200 mg oral. Die Klägerin leidet bis heute an schweren cerebellären Störungen im Sinne einer Stand- und Gangataxie, einer Rumpfataxie, dysmetrischen Zeigeversuchen und cerebellären Störungen der Okkulomotorik (sakkadierte Blickfolgebewegungen). Sie wurde von der Klinik als arbeitsunfähig und pflegeabhängig nach Hause entlassen.
Entscheidungsgründe: Die Klägerin hat gegen die Klinik einen Anspruch auf Zahlung von Schmerzensgeld und Schadenersatz aus §§ 823 Abs. 1, 831 BGB i.V.m. § 847 BGB a.F., denn die Klägerin leidet an einer Wernicke-Enzephalopathie, die kausal auf die mangelnde Vitamin-B_1-Substitution während der Behandlung auf den Stationen der Beklagten zurückzuführen ist.
Die Klinik ist für die mangelnde Thiamin-Versorgung der Klägerin auch im Sinne des § 831 BGB verantwortlich. Sowohl die Ärzte als auch das Pflegepersonal sind Verrichtungsgehilfen der Klinik, für deren Verschulden diese einzustehen hat.
Der für die Wernicke-Enzephalopathie ursächliche Vitaminmangel hätte bei entsprechender parenteraler Substitution ohne weiteres vermieden werden können (LG Göttingen, Urteil vom 16.03.06 und 20.07.06, 6 O 5/01).

Abbruch der Zwangsernährung

In Deutschland bestand bis 2010 eine Rechtsunsicherheit in Bezug auf Abbruch und Verweigerung von künstlicher Ernährung. Im sog. »Kemptner Fall« von 1994 (BGH, AZ: 1StR 357/94) und in einer Entscheidung des Frankfurter Oberlandesgerichts (OLG, AZ: 20W 224/98) gewährten die Gerichte den Abbruch von Sondennahrung, um eine Einleitung des Sterbeprozesses zuzulassen.

Mit dem Patientenverfügungsgesetz §§ 1901a, 1901b, 1904 vom 06.07.2009 (BGBl. S. 1696) wurde das Recht des Patienten in der Entscheidung über Behandlung oder Nichtbehandlung gestärkt.

Beispiel

Urteil 2: Abbruch lebenserhaltender Behandlung auf Grundlage des Patientenwillens ist nicht strafbar. Mit einem Grundsatzurteil hat der BGH das Selbstbestimmungsrecht von Patienten gestärkt und Rechtsgrundlagen für Ärzte, Pflegende und Angehörige geschaffen.
Das LG Fulda hatte den Angeklagten P. wegen versuchten Totschlags zu einer Freiheitsstrafe von 9 Monaten auf Bewährung ausgesetzt verurteilt. Die ursprünglich mitangeklagte Frau G. wurde rechtskräftig freigesprochen. Der Angeklagte ist ein für das Fachgebiet des Medizinrechts spezialisierter Rechtsanwalt. Er beriet die Kinder einer seit 5 Jahren im Wachkoma liegenden Patientin. Die Patientin, Frau K., wurde in einem Pflegeheim über eine sog. PEG-Sonde künstlich ernährt. Frau K. äußerte mündlich den Wunsch um Einstellung der künstlichen Ernährung. Die Geschwister, die inzwischen zu Betreuern ihrer Mutter bestellt worden waren, wollten ihrer Mutter ein Sterben in Würde ermöglichen. Mit der Heimleitung erzielten sie einen Kompromiss, wonach das Heimpersonal sich nur noch um die Pflegetätigkeiten im engeren Sinne kümmern sollte, während die Kinder der Patientin selbst die Ernährung über die Sonde einstellen, die erforderliche Palliativversorgung durchführen und ihrer Mutter im Sterben beistehen sollten. Nachdem die Tochter, Frau G., die Nahrungszufuhr über die Sonde beendet hatte, wies die Geschäftsleistung des Gesamtunternehmens jedoch die Heimleitung an, die künstliche Ernährung umgehend wieder aufzunehmen. Den Kindern wurde ein Hausverbot angedroht, falls sie sich hiermit nicht einverstanden erklären sollten. Darauf erteilte der angeklagte Rechtsanwalt Frau G. am gleichen Tag den Rat, den Schlauch der PEG-Sonde zu durchtrennen. Das tat Frau G. mit Unterstützung ihres inzwischen verstorbenen Bruders. Die Heimleitung verständigte Minuten später die Polizei. Frau K. wurde auf Anordnung eines Staatsanwalts gegen den Willen ihrer Kinder in ein Krankenhaus gebracht, wo ihr eine neue PEG-Sonde gelegt und die künstliche Ernährung wieder aufgenommen wurde. Sie starb dort 2 Wochen darauf eines natürlichen Todes.

▼

Das LG wertete es als einen gemeinschaftlich mit Frau G. begangenen versuchten Totschlag durch aktives Tun – im Gegensatz zum bloßen Abbruch einer lebenserhaltenden Behandlung durch Unterlassen –, der weder durch eine mutmaßliche Einwilligung von Frau K. noch nach den Grundsätzen der Nothilfe oder des rechtfertigenden Notstandes gerechtfertigt sei. Auch auf einen entschuldigenden Notstand könne sich der Angeklagte nicht berufen. Soweit er sich in einem sog. Erlaubnisirrtum befunden habe, sei dieser für ihn als einschlägig spezialisierten Rechtsanwalt vermeidbar gewesen. Die Mitangeklagte G. hatte das LG freigesprochen, weil sie sich angesichts des Rechtsrats des Angeklagten in einem unvermeidbaren Erlaubnisirrtum befunden und deshalb ohne Schuld gehandelt habe. Der 2. Strafsenat des BGH hat das Urteil auf die Revision des Angeklagten aufgehoben und ihn freigesprochen (BGH, Urteil vom 25.06.2010, AZ: 2 StR 454/09).

Praxistipp

Sorgen Sie neben der individuellen Pflegeplanung für Ernährung- und Trinkprotokolle. Bei Mangelernährung setzen Sie den zuständigen Arzt umgehend in Kenntnis.

► Beweislast, Dokumentation, Patientenverfügung, Remonstration, Standards, Sterbehilfe

Fahrlässigkeit

Fahrlässig handelt, wer die Sorgfalt verletzt, zu der er unter den zutreffenden Umständen und seinen persönlichen (beruflichen) Kenntnissen verpflichtet und im Stande ist.

Die Sorgfaltspflicht berücksichtigt alle Erkenntnisse bezüglich der Situation des Patienten/Bewohners und seiner Umgebung. Der Tatbestand der Verletzung der Sorgfaltspflicht gilt als erfüllt, wenn das Pflegepersonal nicht die gesicherten pflegerischen Erkenntnisse berücksichtigt, die dem jeweiligen Stand der medizinischen Wissenschaft, Technik und der aktuellen Pflegewissenschaft entsprechen.

Grundlage für die zivilrechtliche Haftung sind die §§ 241 ff. BGB (vertragliche Haftung), §§ 276 ff. BGB (Verantwortlichkeit) und §§ 823 ff. (Schadensersatzpflicht). Im Strafrecht trifft der § 222 (fahrlässige Tötung) zu.

Beispiel

Fälle:

- Ein Krankenpfleger verwechselt beim Einlauf Glycerin und Zephirol. Die Desinfektionslösung Zephirol stand in einer unetikettierten Flasche im Pflegearbeitsraum.
- Eine Krankenschwester spritzt das Narkosemittel Estil statt intravenös in die Arterie. Es kommt zu einer Nekrose, die zu einer Unterarmamputation führt.
- Eine Krankenschwester lässt eine Krankenpflegehelferin ein Antibiotikum intramuskulär injizieren. Es kommt zu einer Spritzenlähmung.
- Eine Endoskopieschwester »führt blind« die Papillotomieschlinge. Es kommt zu einer Perforation mit massiven Blutungen.
- Bei einer Bandscheibenprolapsoperation verbleibt eine vermeintliche Nadelspitze im Rücken des Patienten.
- Eine Patientin verstirbt durch mangelhafte Reanimation während eines Endoskopiezwischenfalls.
- Eine Endoskopieschwester schiebt auf Aussagen des Arztes »blind« ein Koloskop. Es kommt zur Perforation.
- Eine Patientin erleidet einen schweren allergischen Schock nach Medikamentenverwechslung.
- Eine Patientin verblutet nach Nierenbiopsie.

▼

- Das Bauchtuch wurde nach einer Operation vergessen.
- Es kam zu einer Verwechslung der Schläuche am Narkosegerät.
- Probleme entstanden, weil ein Instrument mangelhaft sterilisiert wurde.
- Für zwei Pflegestationen war nur eine Nachtwache zuständig.

Beispiel

Urteil 1: Sturz am Waschbecken, € 8.000,- Schadenersatz wegen Fahrlässigkeit der Pflegerin

Zu seinem Recht und zu Schadensersatz kam der Ehemann einer in einem privaten Altenpflegeheim untergebrachten Frau, die an den Folgen eines Sturzes verstorben war. Die an schwerer Altersdemenz leidende Patientin war auf ihrem Zimmer gestürzt und hatte sich eine Armfraktur und Kopfverletzungen zugezogen, als ihre Pflegerin sie am Waschbecken stehen ließ, um den Toilettenstuhl bereit zu stellen. Das OLG Zweibrücken sah darin eine fahrlässige Unachtsamkeit der Pflegerin und somit eine Vertragsverletzung, für die auch das Pflegeheim einzustehen hat. Auf Grund der besonderen Umstände durfte nicht darauf vertraut werden, dass die Patientin auch nur kurze Zeit ohne Hilfe sicher stehen bleiben würde: Das »fast maximale Sturzrisiko« sei durch die Erkrankung und einen vorangegangenen Sturz im selben Jahr, der zu einer Oberschenkelfraktur geführt hatte, begründet gewesen.

Aus dem Urteil: Entscheidend ist, ob die Pflegerin bei Beachtung der im Verkehr erforderlichen Sorgfalt (§ 276 Abs. 3 BGB) in der Lage gewesen wäre, sich im Rahmen des ihr Zumutbaren so zu verhalten, dass ein Sturz der Ehefrau des Klägers ausgeschlossen war. Nach den Angaben der Pflegerin in der mündlichen Verhandlung war davon auszugehen, dass ihr hierzu mehrere ohne weiteres zumutbare Möglichkeiten zur Verfügung gestanden hätten (OLG Zweibrücken, Urteil vom 01.06.2006, AZ: 4U 68/05).

Urteil 2: Krankenschwester wegen fahrlässiger Tötung verurteilt

Die Krankenschwester eines ambulanten Pflegedienstes betreute eine bewegungsunfähige und künstlich beatmete 74-jährige Patientin mit amyotropher Lateralsklerose. Als sich der Beatmungsschlauch aus der Halterung

▼

löste, war die Angeklagte gerade im Waschkeller und hörte den Alarmton nicht. Der Ehemann, ein Arzt, fand seine Frau eine Stunde später tot auf. Er hatte die Angeklagte und ihre Kolleginnen zuvor schriftlich darauf hingewiesen, dass der Schlauch sich lockern könnte. Der beauftragte Pflegedienst sei auf die Betreuung künstlich beatmeter Menschen spezialisiert. Die Angeklagte habe nach Ansicht des Witwers seine Frau nur einmal pro Woche betreut, es fehle ihr an Routine. Das Gericht verurteilte die Angeklagte wegen fahrlässiger Tötung gemäß § 222 StGB zu € 1500,- Geldstrafe und 3 Jahren Berufsverbot, gemäß §§ 61 Nr. 6, 70 StGB (AG München, Urteil vom 13.07.2009, AZ: 814 DS 11305/08).

Urteil 3: Die Altenpflegerin eines ambulanten Pflegedienstes hatte eine 45-jährige MS-kranke Patientin an den Füßen aus dem Rollstuhl gezogen, um sie ins Bett zu bringen. Die Patientin schlug mit dem Kopf auf den Fußboden und erlitt ein Hirntrauma mit Todesfolge. Die Altenpflegerin wurde wegen fahrlässiger Tötung zu 9 Monaten Haftstrafe auf Bewährung verurteilt (AG Lünen, Urteil vom 13.07.2009).

▶ Beweislast, Haftung, Sorgfaltspflicht

Fort- und Weiterbildung

Anforderung

Die Erwartungen der Gesellschaft an professionelle hochwertige Pflege verändern sich ständig und werden zunehmend komplexer. Im zentralen Interesse der Pflege steht der Mensch in seiner Gesamtheit. Ziel ist die Förderung und die Erhaltung seiner Gesundheit im Lebensprozess. Hierzu leistet Pflege ihren spezifischen Beitrag.

»Der Patientenanspruch auf eine sichere Versorgung nach den aktuellen Erkenntnissen der Wissenschaft ist stets zu gewährleisten. Dabei entspricht es der rechtlichen Verpflichtung, sich über neue Erkenntnisse bis zur Grenze des Zumutbaren fortzubilden.« (NJW 1979 S. 582, Bezug auf BGH, Vers. R 1975)

Um diesen Anforderungen auch in Zukunft gerecht zu werden, eine »bedarfsgerechte« pflegerische Gesundheitsversorgung im ambulanten und stationärem Bereich zu sichern, ist die Weiterentwicklung einer hochqualifizierten, professionellen Pflege nötig, die sich aus systematischem Wissen, Theorie, Forschung und Erfahrung begründet. Eine wesentliche Voraussetzung hierfür ist die Weiterentwicklung der Aus-, Weiter- und Fortbildung sowie die weitere selbstverständliche Integration der Pflege in den tertiären Bereich.

Aus-, Weiter- und Fortbildung sind wichtige Segmente des Qualitätsmanagements. Die Qualität der Pflegeleistung ist im Wesentlichen abhängig von der Qualifikation seiner Mitarbeiter.

Im Rahmen des Vertrages haftet der Träger für eine ordnungsgemäße Versorgung des Patienten. Hierzu gehört, dass der Pflegedienst den Standard der ärztlichen und pflegerischen Behandlungsmöglichkeiten nachweist, der für die Behandlung der Patienten erforderlich ist. Hieraus entsteht die Organisationsverantwortung des Trägers, genügend fachkundiges Pflegepersonal zur Verfügung zu stellen.

Rechtliche Verpflichtung

Aufgrund der qualitätssichernden Anforderungen des SGB V (Krankenversicherungsgesetz) und SGB XI (Pflegeversicherungsgesetz) sind die Leistungserbringer in der Pflege auch in Korrespondenz zum Altenpflegegesetz § 3, Krankenpflegegesetz § 3 in Wahrnehmung der eigenverantwortlichen Aufgaben verpflichtet, sich an aktuellen pflegewissenschaftlichen Erkenntnissen fort- und weiterzubilden.

Für den ambulanten Bereich gelten § 132 a (SGB V) sowie die gemeinsamen Grundsätze und Maßstäbe zur Qualität und Qualitätssicherung einschließlich der Durchführung des Verfahrens zur Durchführung von Qualitätsprüfungen nach § 80 SGB XI. Weitere Verpflichtungen für Pflegende ergeben sich aus der Rahmenberufsordnung des Deutschen Pflegerates vom 18.05.2004, in den §§ 2 I und 3, 6, sowie in den Berufsordnungen für Krankenschwestern/-pfleger, Kinderkrankenschwestern/-pfleger der Länder. Neben den aufgezeigten rechtlichen Modulen der Qualitätsanforderung ist der Nachweis von Fort- und Weiterbildungen bei straf- und zivilrechtlichen Prozessen für die Beweislast wichtig. Denn hier wird jeweils im Interesse des Klägers geprüft, ob die aktuellen Standards bzw. Leitlinien der pflegerischen Versorgung zugrunde gelegt wurden: *»Fahrlässig handelt, wer die im Verkehr erforderliche Sorgfalt außer Acht lässt«* (BGB § 276, Abs. 2).

Weiterbildung

Zur Erweiterung bzw. Aktualisierung der Qualifikation ist die Weiterbildung unverzichtbar. Berufliche Weiterbildungsmaßnahmen dienen dem Erwerb zusätzlichen Wissens und führen zu einem qualifizierten Abschluss. Ziel ist die deutliche, fachbezogene Qualitätszunahme, Förderung und Vertiefung durch Kenntnisse und Fertigkeiten auf der Grundlage der Pflegebasisqualifikation. Wichtig ist hierbei ein enger Theorie- und Praxistransfer.

Qualifizierung und Finanzierung

Für Pflegende besteht ein individueller Rechtsanspruch auf Förderung nach dem Aufstiegsfortbildungsförderungsgesetz (»Meister-BAFöG«).

Für Arbeitnehmer im Pflegedienst, die nach TVÖD eine Qualifizierung durchführen, gelten die nachfolgenden Bestimmungen: Es dürften keine Bedenken bestehen, sich bei der inhaltlichen Ausgestaltung von Qualifizierungsvereinbarungen an der **früheren Regelung** der Nr. 7 SR 2a BAT zu orientieren. Ergänzend zu den nachstehenden Erläuterungen wird auf das Rundschreiben des BMI vom 22.12.2005 verwiesen.

Kostenrückerstattung durch Arbeitnehmer

(62. Änd.-TV zum BAT in der Fassung ab 01.01.1998, zu Abschnitt VII – Vergütung):

(1) Wird ein Angestellter im Pflegedienst, der unter Abschnitt A der Anlage 1b fällt, auf Veranlassung und im Rahmen des Personalbedarfs des Arbeitgebers fort- oder weitergebildet, werden, sofern keine Ansprüche gegen andere Kostenträger bestehen, vom Arbeitgeber

a) dem Angestellten, soweit er freigestellt werden muss, für die notwendige Fort- oder Weiterbildungszeit die bisherige Vergütung (§ 26) fortgezahlt und
b) die Kosten der Fort- oder Weiterbildung getragen.

(2) Der Angestellte ist verpflichtet, dem Arbeitgeber die Aufwendungen für eine Fort- oder Weiterbildung im Sinne des Absatzes 1 nach Maßgabe des Unterabsatzes 2 zu ersetzen, wenn das Arbeitsverhältnis auf Wunsch des Angestellten oder aus einem von ihm zu vertretenden Grunde endet. Satz 1 gilt nicht, wenn die Angestellte

a) wegen Schwangerschaft oder
b) wegen Niederkunft in den letzten drei Monaten gekündigt oder einen Auflösungsvertrag geschlossen hat.

Zurückzuzahlen sind, wenn das Arbeitsverhältnis endet

a) im ersten Jahr nach Abschluss der Fort- oder Weiterbildung, die vollen Aufwendungen,
b) im zweiten Jahr nach Abschluss der Fort- oder Weiterbildung, zwei Drittel der Aufwendungen,
c) im dritten Jahr nach Abschluss der Fort- oder Weiterbildung, ein Drittel der Aufwendungen.

Diese Regelungen des BAT wurden auch in den Arbeitsvertragsrichtlinien des Deutschen Caritas Verbandes, in § 10a, Abs. 2 und in den Arbeitsvertragsrichtlinien des Diakonischen Werkes in § 3a, AVR geregelt.

Nach Ablösung des Bundesangestelltentarifs (BAT) durch den Tarifvertrag für den öffentlichen Dienst (TVÖD) 2005 ist diese Qualifizierungsvereinbarung in § 5 weiterhin vorgesehen.

Doch oft ist die sich ergebende Rückzahlungsklausel in dieser Höhe den Mitarbeitern nicht bewusst, wenn sie eine Rückzahlungsvereinbarung unterschreiben. Aus diesem Grund kommt es häufig zu Streitigkeiten, da die Mitarbeiter der Meinung sind, dass sie mit einer derart hohen Rückzahlungsverpflichtung nicht gerechnet hätten.

Beispiel

Fall: Rückzahlungsvereinbarung zwischen Pflegedienst und Krankenschwester

Hiernach ist die Krankenschwester verpflichtet, die von ihrem Arbeitgeber aufgewendeten Kosten für eine berufsbegleitende Weiterbildung zum Erwerb der Qualifikation für eine Pflegedienstleitung zurückzuzahlen, sofern das Arbeitsverhältnis innerhalb der ersten 24 Monate nach seinem Beginn endet oder der Arbeitnehmer die Weiterbildungsmaßnahme aus Gründen, die in seiner Sphäre liegen, abbricht. Die Arbeitnehmerin, die auf Kosten ihres Arbeitgebers fortgebildet worden war, bewarb sich während der Bindungsdauer auf eine Stellenanzeige mit Chiffre-Nr., ohne zu wissen, dass diese von ihrem Arbeitgeber geschaltet war. Darin sah der Pflegedienst einen Abkehrwillen, kündigte das Arbeitsverhältnis und verlangte von der Krankenschwester die Erstattung der aufgewendeten Weiterbildungskosten.

Beispiel

Urteil 1: Die ständige Rechtsprechung des Bundesarbeitsgerichtes (BAG), zuletzt vom 24.06.2004 (AZ: 6 AZR 383/03), hält die Vereinbarung von Rückzahlungsverpflichtungen grundsätzlich für zulässig.

Urteil 2: Der Arbeitgeber kann nur den Betrag zurückverlangen, den er grundsätzlich aufgewandt hat bzw. maximal den vereinbarten Betrag (BAG, Urteil vom 16.03.1994 – 5 AZR 339/92).

Urteil 3: Zur Vermeidung von rechtlichen Auseinandersetzungen sollte dem Arbeitnehmer vor Beginn der Bildungsmaßnahme Inhalt und Ausmaß der Rückzahlungsvereinbarung klar gemacht werden (BAG, Urteil vom 19.03.1990).

Urteil 4: Die Bindung von bis zu 3 Jahren für qualifizierende Fort- und Weiterbildungsmaßnahmen sind die Regel. Es können in Ausnahmefällen, bei kosten- und zeitintensiveren Bildungsmaßnahmen für eine besonders hohe

▼

Qualifikation, auch längere Bindungen vereinbart werden. Im Falle einer gerichtlichen Auseinandersetzung hat der Arbeitgeber die Darlegungs- und Beweispflicht, dass der Arbeitnehmer durch die Weiterbildung einen beruflichen Vorteil erlangt hat bzw. durch die Weiterbildung eine anerkannte Qualifikation mit innerbetrieblichen Vorteilen erworben hat (BAG, Urteil vom 16.03.1994 – 5 AZR 339/92).

Urteil 5: Rückzahlungsklausel – Ausbildungskosten

Haben die Parteien in einem vom Arbeitgeber vorformulierten Arbeitsvertrag vereinbart, dass ein Arbeitnehmer bei Beendigung des Arbeitsverhältnisses vor Ablauf einer bestimmten Frist vom Arbeitgeber übernommene Ausbildungskosten zurückzahlen muss, ohne dass es auf den Grund der Beendigung des Arbeitsverhältnisses ankommt, ist diese Rückzahlungsklausel unwirksam. Sie benachteiligt den Arbeitnehmer entgegen den Geboten von Treu und Glauben unangemessen und ist damit nach § 307 Abs. 1 Satz 1 BGB unwirksam. Eine Auslegung der Klausel dahingehend, dass sie nur für den Fall gilt, dass das Arbeitsverhältnis durch den Arbeitnehmer selbst oder wegen eines von ihm zu vertretenden Grundes durch den Arbeitgeber beendet wird (geltungserhaltende Reduktion), scheidet aus. Der Beklagte war bei der Klägerin, einem technischen Überwachungsverein, beschäftigt. In seinem Arbeitsvertrag war vereinbart, dass er nach Abschluss einer entsprechenden Ausbildung als amtlich anerkannter Sachverständiger mit Teilbefugnissen für den Kraftfahrzeugverkehr eingesetzt werden sollte. Der Arbeitsvertrag enthielt unter anderem folgende Klausel: ,Die voraussichtlichen Ausbildungskosten werden ca. DM 15.000,- betragen. Sie gelten für die Dauer von 2 Jahren ab dem Ausbildungsende als Vorschuss. Wird das Arbeitsverhältnis vor Ablauf dieser Zeit beendet, verpflichtet sich der Mitarbeiter, den Betrag, der nach abgeschlossener Ausbildung genau ermittelt und dem Mitarbeiter gesondert mitgeteilt wird, anteilig zurückzuzahlen. Dabei wird für jeden Monat 1/24 verrechnet'. Der Beklagte schloss seine Ausbildung erfolgreich ab und kündigte sein Arbeitsverhältnis 8 Monate später. Daraufhin forderte die Klägerin von ihm die Ausbildungskosten zurück. Das Arbeitsgericht hat der Klage teilweise stattgegeben. Das Landesarbeitsgericht
hat auf die Berufung des Beklagten die Klage abgewiesen. Die Revision der Kläger/in blieb erfolglos, weil die vorformulierte Rückzahlungsklausel zu weitgehend war (BAG, Urteil vom 11.04.2006 – 9 AZR 610/05).

Beispiel

Urteil 6: Erstreckt sich die Ausbildung als examinierte Altenpflegerin über 3 Jahre, in denen ca. 24,9% der gesamten Arbeitszeit für Schulungsmaßnahmen ausfällt und der Arbeitgeber die Vergütung weiter zahlt, kann die lange Ausbildungsdauer unter diesen Umständen eine Bindungsdauer von 2 Jahren rechtfertigen. Die Arbeitnehmerin hat durch die Ausbildung zur Altenpflegerin einen geldwerten Vorteil erlangt. Die Berufsfreiheit der Arbeitnehmerin wird aufgrund einer vereinbarten, zweijährigen Bindungsfrist nicht unverhältnismäßig beschränkt.
Die Klägerin war in dem von der Beklagten betriebenen Wohnpark als Altenpflegerin zu einem durchschnittlichen Bruttomonatsverdienst in Höhe von € 1.800,- beschäftigt. Sie nahm neben ihrer Tätigkeit an dem Lehrgang »Qualifizierung zur Altenpflegerin« teil. Während der gesamten dreijährigen Ausbildungszeit entfielen hierauf 1.495,5 Stunden Arbeitszeit. Der Klage des Arbeitgebers wurde in Höhe von € 13.469,45, d. h. 18/24, stattgegeben.

Entscheidung: Nach Ansicht des Gerichts war die Rückzahlungsklausel auch nicht mit einem Inhalt aufrechtzuerhalten, dass die Arbeitnehmerin nur bei ihrem Verantwortungsbereich zuzurechnenden Beendigungsgrund zur Rückzahlung der Ausbildungskosten verpflichtet ist. Eine geltungserhaltene Reduktion der zu weit gefassten Klausel scheidet aus (BAG, Urteil vom 21.07.2005, AZ: 6 AZR 452/04).

Praxistipp

1: Bevor Sie sich für eine vom Arbeitgeber finanzierte Bildungsmaßnahme entscheiden, prüfen Sie unbedingt die Bedingungen und Verpflichtungen, um spätere rechtliche Auseinandersetzungen zu vermeiden!
2: Seit 2003 besteht in Deutschland die Möglichkeit, sich im Sinne der Professionalisierung und Qualitätssicherung registrieren zu lassen. Nach der Erstregistrierung erfolgt unter Nachweis von Fort- und Weiterbildungspunkten nach 2 Jahren die Zertifizierung. Informieren Sie sich bei Ihrem Berufs- oder Pflegeverband über diese Möglichkeit. Die Registrierung und Zertifizierung gilt für Sie als Beleg, dass Sie Ihrer rechtlichen Verpflichtung nachgekommen sind, sich an den aktuellen Erkenntnissen der Wissenschaft zu orientieren.

▶ Berufsordnung, Qualitätssicherung

Freiheitsentziehende Maßnahmen (Fixierung)

Im Pflegealltag häufen sich die Vorwürfe gegen Pflegende wegen ungerechtfertigter Fixierung bzw. mangelhafter Pflege bei Fixierten.

Hier geht es um den Vorwurf der fahrlässigen Tötung aufgrund nicht ärztlich verordneter, rechtlich beantragter und korrekter Durchführung. Ein wesentlicher Vorwurf ist herbei die mangelnde Beaufsichtigung eines Fixierten und die mangelnde Dokumentation. Die fixierende Pflegeperson kann gemäß § 823 Abs. 1 BGB in Verbindung mit § 253 Abs. 2 BGB zu Schadenersatzleistungen herangezogen werden. Strafrechtlich kann sich die Fixierung als Freiheitsberaubung gemäß § 239 StGB darstellen. Dieses kann nur angenommen werden, wenn die Fixierung widerrechtlich erfolgte.

Freiheitsberaubung StGB § 239

(1) Wer einen Menschen einsperrt oder auf andere Weise der Freiheit beraubt, wird mit Freiheitsstrafe bis zu fünf Jahren oder mit Geldstrafe bestraft.

(2) Der Versuch ist strafbar.

(3) Auf Freiheitsstrafe von einem Jahr bis zu zehn Jahren ist zu erkennen, wenn der Täter

1. das Opfer länger als eine Woche der Freiheit beraubt oder
2. durch die Tat oder eine während der Tat begangene Handlung eine schwere Gesundheitsschädigung des Opfers verursacht.

(4) Verursacht der Täter durch die Tat oder eine während der Tat begangene Handlung den Tod des Opfers, so ist die Strafe Freiheitsstrafe nicht unter drei Jahren.

(5) In minder schweren Fällen des Absatzes 3 ist auf Freiheitsstrafe von sechs Monaten bis zu fünf Jahren, in minder schweren Fällen des Absatzes 4 auf Freiheitsstrafe von einem Jahr bis zu zehn Jahren zu erkennen.

Das Betreuungsrecht § 1906, Abs. 1–3 BGB hat bei einer hohen Anzahl pflegebedürftiger Dementer im Krankenhaus, Altenheim und in der ambulanten Pflege große Bedeutung.

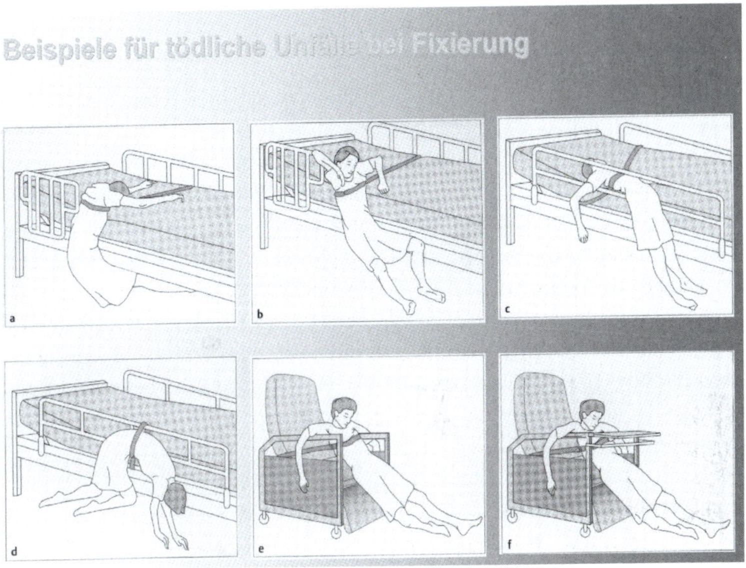

Abb. 7. Tödliche Unfälle (Beispiele)

Die Widerrechtlichkeit trifft nicht zu bei:

- Einwilligung des einsichtsfähigen Betroffenen
- Notwehr/Nothilfe § 32 StGB, § 227 BGB
- Notstandslage § 34 StGB
- Betreuten Bewohnern nach zusätzlicher richterlicher Genehmigung § 1906 BGB

Viele Unfälle mit Todesfolge geschehen, während die Patienten fixiert sind, bei gleichzeitiger Nutzung von Seitengittern. Es kommt zum Erstickungstod, weil sie sich fixiert über das Seitengitter aufhängen, zwischen den Stangen der Seitengitter oder zwischen Matratze und Seitengitter einklemmen (Abb. 7).

Fixierung

Wenn Betreute außerhalb geschlossener Abteilungen in Anstalten, Heimen oder in sonstigen Einrichtungen leben, so ist dies an sich nicht genehmigungspflichtig. Der Genehmigung des Betreuungsgerichts bedarf es jedoch auch in diesen Fällen, wenn einer betreuten Person durch mechanische Vorrichtungen, Medikamente oder auf andere Weise über einen längeren Zeitraum oder regelmäßig die Freiheit entzogen werden soll (sog. unterbringungsähnliche Maßnahmen, § 1906, Abs. 4, BGB).

Eine rechtswidrige Freiheitsentziehung liegt nicht vor, wenn der Betreute mit der Maßnahme einverstanden ist und er die entsprechende Einwilligungsfähigkeit besitzt. Nur bei einwilligungsunfähigen Betreuten entscheidet deren Betreuer, wenn er den Aufgabenkreis »Aufenthaltsbestimmung« hat.

Freiheitsentziehende Maßnahmen sind alle Maßnahmen, die die körperliche Bewegungsfreiheit einschränken und die nicht vom Betroffenen selbständig entfernt werden können.
Hierzu gehören:

- Bettgitter
- Leibgurt im Bett oder am Stuhl
- Einsperren
- Festbinden der Arme und Beine
- Abschließen des Zimmers oder der Station, wenn eine Öffnung auf Wunsch des Bewohners nicht jederzeit gewährleistet ist
- Medikamente, die in erster Linie die Ruhigstellung des Betreuten bezwecken
- Trickschlösser

Beispiel

Fall 1: Eine Krankenschwester hatte Dienst auf einer 36-Betten-Station mit überwiegend pflegeintensiven Patienten. Sie hatte einen 80-jährigen Patienten ohne ärztliche Anordnung mit einem Bauchgurt fixiert. Die sie ablösende Nachtschwester fand den Patienten stranguliert vor. Gegen beide Pflegekräfte wurde im Falle der Tötung ermittelt. Sie konnten nicht beweisen, dass eine ärztliche Anordnung

▼

zur Fixierung erfolgt und eine besondere Beobachtung des Patienten gesichert war.

Fall 2: Eine Altenheimleiterin, die Senioren gefesselt und mit Morphium ruhiggestellt hat, wurde vom Landgericht Nürnberg-Fürth wegen Freiheitsberaubung und Betrugs zu zweieinhalb Jahren Haft verurteilt.

Fall 3: Ein Altenheimleiter und eine Altenpflegerin waren angeklagt wegen fährlässiger Tötung und Freiheitsberaubung. Eine 83-jährige schwerpflegebedürftige Frau war mit einer elastischen Kompressionsbinde an ihrem Rollstuhl fixiert worden. Sie rutschte nach unten, strangulierte sich und verstarb. Der Heimleiter wurde zu 6 Monaten Haft auf Bewährung und € 3.000,- Geldstrafe, die Altenpflegerin zu 9 Monaten Haft auf Bewährung verurteilt (AG Mannheim, 2009).

Fall 4: Die Heimbewohnerin wurde mittags von einer Altenpflegepraktikantin mit einem Standardfixierungsmodell mittels Bauchgurt am Bett fixiert. Das Bettgitter wurde nicht hochgestellt. Weder die Schichtdienstleitung der Spätschicht noch der Wohngruppenleiter bemerkten den Fehler. Die Pflegebedürftige rutschte aus dem Bett und blieb am Bauchgurt hängen. Dies führte zum Tod. Wegen fahrlässiger Tötung wurde die Altenpflegepraktikantin zu € 730,-, die Schichtdienstleiterin zu € 1.400,- und der Wohnbereichsleiter zu € 2.800,- Geldstrafe verurteilt (AG Augsburg, April 2009).

Dokumentation

Die Pflegedokumentation bei freiheitsentziehenden Maßnahmen ist wesentlich. Neben der Dokumentation sollte ein Antragsvordruck für das Vormundschaftsgericht von Seiten der Pflege vorbereitet werden, der die Indikationen zu freiheitsentziehenden Maßnahmen, wie Bettgitter, Pflegestuhl, Bauchgurt oder Medikation, begründet, die Notwendigkeit der Zustimmung belegt. Die Anordnung zur Fixierung muss schriftlich durch den Arzt erfolgen. Dieser muss auch den Antrag umgehend beim Betreuungsgericht stellen. Wenn ein einwilligungsfähiger Patient/Bewohner zu seiner eigenen Sicherheit, z. B. ein Bettgitter wünscht, muss er dieses mit Unterschrift in der Pflegedokumentation bestätigen (Beweislast).

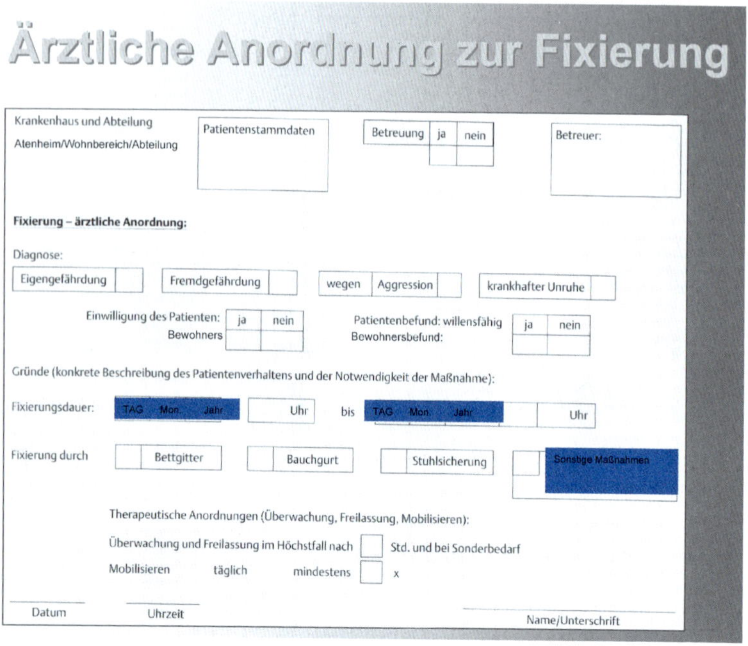

Ärztliche Anordnung zur Fixierung

Krankenhaus und Abteilung
Atenheim/Wohnbereich/Abteilung

Patientenstammdaten

Betreuung	ja	nein

Betreuer:

Fixierung – ärztliche Anordnung:

Diagnose:

Eigengefährdung ☐ Fremdgefährdung ☐ wegen Aggression ☐ krankhafter Unruhe ☐

Einwilligung des Patienten: / Bewohners ja nein

Patientenbefund: willensfähig / Bewohnersbefund: ja nein

Gründe (konkrete Beschreibung des Patientenverhaltens und der Notwendigkeit der Maßnahme):

Fixierungsdauer: TAG Mon. Jahr Uhr bis TAG Mon. Jahr Uhr

Fixierung durch ☐ Bettgitter ☐ Bauchgurt ☐ Stuhlsicherung ☐ Sonstige Maßnahmen

Therapeutische Anordnungen (Überwachung, Freilassung, Mobilisieren):

Überwachung und Freilassung im Höchstfall nach ☐ Std. und bei Sonderbedarf

Mobilisieren täglich mindestens ☐ x

Datum Uhrzeit Name/Unterschrift

Abb. 8. Muster für ärztliche Anordnung/Fixierung

Beispiel

Urteil 1: Die Anbringung eines Therapietisches am Rollstuhl des Betroffenen bedarf als Freiheitsentziehung durch eine mechanische Vorrichtung der vormundsgerichtlichen Genehmigung, wenn die Maßnahme auch darauf abzielt, an der (Fort-)Bewegung zu hindern (LG Frankfurt/Main, Urteil vom 17.12.1992 – 2/9 T 994/92).

Urteil 2: Auch die Tatsache, dass ein Patient verwirrt ist, verpflichtet eine Einrichtung nicht, Dauerwachen zu organisieren. Bei Patienten mit hirnorganischem Psychosyndrom kann das Anbringen von Bettgittern kontraindiziert sein, wenn sie in guter körperlicher Verfassung sind. Wenn vorhersehbar ist, dass eine ausreichend rüstige Patientin versuchen wird, dass Bettgitter zu überklettern, darf ein Bettgitter keinesfalls angebracht

▼

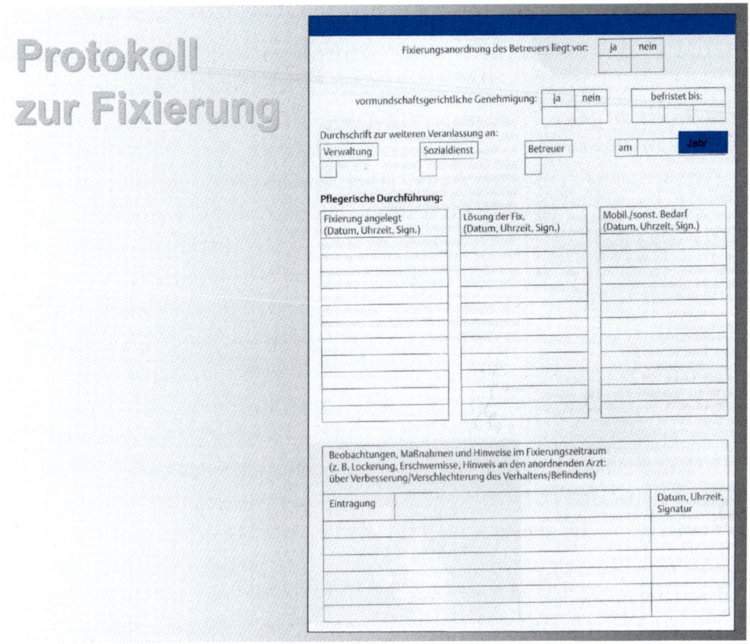

Protokoll zur Fixierung

Fixierungsanordnung des Betreuers liegt vor: ja nein

vormundschaftsgerichtliche Genehmigung: ja nein

befristet bis:

Durchschrift zur weiteren Veranlassung an:

Verwaltung Sozialdienst Betreuer am Jahr

Pflegerische Durchführung:

Fixierung angelegt (Datum, Uhrzeit, Sign.)	Lösung der Fix. (Datum, Uhrzeit, Sign.)	Mobil./sonst. Bedarf (Datum, Uhrzeit, Sign.)

Beobachtungen, Maßnahmen und Hinweise im Fixierungszeitraum
(z. B. Lockerung, Erschwernisse, Hinweis an den anordnenden Arzt:
über Verbesserung/Verschlechterung des Verhaltens/Befindens)

Eintragung	Datum, Uhrzeit, Signatur

Abb. 9. Muster für pflegerische Dokumentation/Fixierung

werden. Wird dennoch ein Bettgitter angebracht, kann dies sogar haftungsbegründend sein, zumindest in dem Ausmaß, als die Schädigung durch das vorhandene Bettgitter schwerer ausfällt als dies ohne Bettgitter der Fall gewesen wäre (LG Heidelberg, Urteil vom 15.11.1996, AZ: 4O 129/93).

Urteil 3: Bei einer Person mit fortgeschrittener Cerebralsklerose, die zeitweise zu völliger Verwirrtheit führt, besteht keine Pflicht des Heimbetreibers, in der Nacht ein Bettgitter anzubringen. Dass Verletzungen bei Menschen in höherem Lebensalter regelmäßig schwerwiegendere Folgen nach sich ziehen, rechtfertigt solche Sicherungsmaßnahmen für sich alleine nicht (LG Dresden, Urteil vom 29.10.1997, 10-O-3520/97).

▼

Urteil 4: Das LG Essen befasste sich mit der Klage eines Sozialversicherungsträgers, der die Kosten einer stationären Behandlung gegen ein Altenpflegeheim geltend machte. Er begründete seinen Anspruch damit, dass ein Bettgitter verhindert hätte, dass die Bewohnerin, die an mittelschwerer seniler Demenz litt, eigenmächtig das Bett verließ und sich bei einem Sturz verletzte. Das Landgericht hat die Klage zurückgewiesen. Ein Anspruch aus übergegangenem Recht (§ 116 SGB X) aus positiver Vertragsverletzung und deliktischer Haftung sei nicht gegeben. Eine Verletzung von Sorgfalts- und Verkehrssicherungspflichten konnte ebensowenig festgestellt werden, wie eine Aufsichtspflichtverletzung. Das Anbringung eines Bettgitters, so das Gericht, sei eine Freiheitsberaubung, die der besonderen Rechtfertigung bedarf. Eine Fixierung sei nur dann zulässig, wenn sie notwendig ist, um den Betroffenen davor zu bewahren, dass er sich selbst oder andere gefährdet oder erheblich belästigt. Eine durch Personenmangel eingeschränkte Möglichkeit der Überwachung rechtfertigt eine Fixierung jedenfalls nicht. Soweit eine Fixierungsmaßnahme für geboten oder sinnvoll erachtet wird, sei regelmäßig zu berücksichtigen, dass dem Patienten und Bewohner als Träger von Grundrechten und Freiheitsrecht so viel Freiheit wie möglich, aber auch so viel Schutz wie möglich, gewährt werden muss. In Zweifelsfragen – die selbstverständlich einer besonderen Dokumentation bedürfen – ist den Freiheitsrechten des Patienten der Vorrang zu geben (LG Essen, Urteil vom 21.08.1998).

Urteil 5: Eigenmächtige Fixierung durch das Pflegepersonal
Die Ehefrau eines Patienten verlangte Schadenersatz, weil jene haftungsrechtlich für den Tod ihres Ehemannes verantwortlich seien. Wegen eines akuten psychotischen Schubs kam der 63-jährige Patient in das Klinikum und wurde von den zwei diensthabenden Pflegekräften wegen starker Unruhe mittels eines Bauchgurtes und Fußfesseln im Bett fixiert. Eineinhalb Stunden später wurde eine Pflegeperson wegen eines Hilferufes darauf aufmerksam, dass in dem Zimmer des Patienten ein mit starker Rauchentwicklung verbundenes Feuer ausgebrochen war. Das Bettzeug des Patienten war in Brand gesetzt worden. Der Patient erlitt schwere Verbrennungen zweiten und dritten Grades an Füßen und Beinen bis hinauf zu den Genitalien. Er wurde zur stationären Behandlung in das Krankenhaus eingeliefert, wo

▼

er nach 3 Monaten verstarb. Die Ehefrau, als Klägerin, nahm das diensthabende Pflegepersonal, den diensthabenden Arzt und den Klinikträger auf Ersatz von Haushaltshilfekosten sowie von Aufwendungen in Zusammenhang mit der ärztlichen Behandlung, dem Krankenhausaufenthalt und der Beerdigung ihres Mannes in Anspruch.

Feststellungen des Gerichtes:

1. Pflegende handeln pflichtwidrig, wenn sie einen Patienten ohne vorherige schriftliche Anordnung des Arztes (teil)fixieren und es darüber hinaus unterlassen, sofort einen Arzt von dieser Maßnahme zu unterrichten und dessen weitere Entscheidungen abzuwarten.
2. Eine eigenmächtige (Teil-)Fixierung durch das Pflegepersonal kann nur zur Abwendung akuter Gefahren für den Patienten oder Andere, die keinen Aufschub dulden, zugelassen werden.
3. Es ist ein Behandlungsfehler, einen psychiatrischen Risikopatienten, der medikamentös nicht ausreichend beruhigt worden war, im Bett zu fixieren, ohne ihn ständig optisch und akustisch zu überwachen.

Aus den Gründen: Die beklagten Pflegepersonen und der Klinikträger haften wegen des Todes des Ehemannes gem. §§ 823, 844 Abs. 2, 831, 840 BGB gesamtschuldnerisch auf Schadenersatz. Die Pflegenden haben pflichtwidrig gehandelt, in dem sie entgegen der ihnen bekannten Weisung der (ärztlichen) Klinikleitung den Patienten ohne vorherige schriftliche Anordnung des diensthabenden Arztes teilfixiert und es darüber hinaus unterlassen haben, den Arzt sofort von dieser Maßnahme zu unterrichten und dessen weitere Entschließung abzuwarten. Hierdurch haben sie, ohne über die erforderliche Sachkompetenz zu verfügen, Behandlungsmaßnahmen im weitesten Sinn ergriffen, die im Interesse des Heilerfolgs und der Sicherheit des Patienten dem Arzt vorbehalten sind (OLG Köln, Urteil vom 02.12.1992 – 27 U 103/91).

Urteil 6: Fixierung von Demenzkranken

Die Pflichten eines Pflegeheims zur Sicherung sturzgefährdeter Heimbewohner sind begrenzt auf die in solchen Heimen üblichen Maßnahmen, die mit einem vernünftigen finanziellen und personellen Aufwand realisierbar sind. Maßstab sind die Erforderlichkeit und die Zumutbarkeit für die Heimbewohner und das Pflegepersonal. Solange keine konkrete Zustimmung

▼

des Betreuers zu einer weitergehenden Fixierung vorliegt, muss angesichts der Würde des Patienten (Artikel 1 GG) und dessen allgemeinen Freiheitsrechts (Artikel 2 GG) die Abwägung mit den Sicherheitserfordernissen dazu führen, die zur Gefahrenabwehr geeignete, den Patienten aber am wenigsten beeinträchtigende Fixierungsmaßnahme anzuwenden (Grundsatz der Verhältnismäßigkeit).
Die demenzkranke Verfügungsklägerin lebte im Pflegeheim des Verfügungsbeklagten. Die Parteien stritten um die Zulässigkeit einer Fixierungsmaßnahme, insbesondere die Verwendung eines Bettgurtes mit zusätzlicher seitlicher Fixierung. Zuvor war die Verfügungsklägerin mit einem einfachen Bauchgurt fixiert und mit einem Bettgitter gesichert worden. Diese Maßnahme hatte die Betreuerin genehmigt.
Die Betreuerin hat aber die Genehmigung der neuen Gurteinrichtung verweigert. Nachdem der Verfügungsbeklagte den neuen Gurt nicht entfernte, erwirkte die Verfügungsklägerin eine einstweilige Verfügung des Amtsgerichts, durch welche dem Verfügungsbeklagten aufgegeben wurde, die Fixierung mittels zusätzlicher seitlicher Gurte zu unterlassen. Hiergegen richtete sich die Berufung des Verfügungsbeklagten, der im Wesentlichen Sicherheitsaspekte für die sturzgefährdete Verfügungsklägerin geltend macht. So sei es bei der Verwendung des alten Bauchgurts schon zu Todesfällen gekommen, weil die Patienten aus dem Bett gerutscht und sich im Gurt stranguliert hätten. Nachdem die Verfügungsklägerin inzwischen in ein anderes Pflegeheim umgezogen ist, haben beide Parteien den Rechtsstreit in der Hauptsache für erledigt erklärt.
Die zusätzliche Fixierung der Klägerin mit seitlich fixierten Stabilisatorengurten des Beckengurtes bzw. seitliche Stabilisatoren des Bauchgurtes widersprachen der von der Betreuerin als wirklichen oder mutmaßlichen Willen der Klägerin geäußerten Entscheidung (LG Zweibrücken, Urteil vom 07.06.2006, AZ: 3S 43/06).

Urteil 7: Ein früherer Amtsrichter, der Pflegeheimbewohner serienweise ohne zwingend gesetzlich vorgeschriebene Anhörung ans Bett fesseln ließ, wurde wegen Rechtsbeugung zu 3,5 Jahren Gefängnisstrafe verurteilt. Das hat der BGH bestätigt und die Revision als unbegründet verworfen.
Das LG Stuttgart hatte den 46-Jährigen der Rechtsbeugung in 47 Fällen für

▼

schuldig befunden. Der Richter hatte Pflegeheimbewohnern Bauchgurte und Bettgitter verordnet, ohne sie vorher persönlich anzuhören. Um das zu vertuschen, fertigte er falsche Anhörungsprotokolle an. Der Richter selbst hatte zu seiner Verteidigung vorgebracht, er habe sich überlastet gefühlt und manchmal nur mit dem Pflegepersonal gesprochen. Die Richter am LG Stuttgart gingen vielmehr davon aus, dass der Mann aus Bequemlichkeit und zur Vermeidung weiter Fahrtwege die Anträge einfach unterschrieben hatte. In einigen Pflegeheimen soll er niemals aufgetaucht sein. Die Manipulationen fielen auf, weil der Richter einige Anhörungsprotokolle auf einen Zeitpunkt datiert hatte, an dem die Betroffenen bereits gestorben waren. Dass die angeordneten Maßnahmen in vielen Fällen tatsächlich nötig waren, ändert laut Gesetz nichts an der Strafbarkeit (BGH Urteil, AZ: 1StR 201/09).

Praxistipp

1: Bei Zweifeln über die Genehmigungsbedürftigkeit sollte das Betreuungsgericht befragt werden. In Eilfällen, in denen zum Schutze des Betreuten ohne vorherige Genehmigung gehandelt werden muss, ist diese unverzüglich, spätestens nach 24 Stunden, nachzuholen. Dieser gerichtlichen Genehmigung bedürfen alle unterbringungsähnlichen Maßnahmen, Fixierung, Bettgitter etc., wenn sie regelmäßig oder über einen längeren Zeitraum durchgeführt werden. Der Betreuer des Patienten/Bewohners ist einzubeziehen.

2: Vor einer aus Ihrer Sicht zum Schutze des Patienten/Bewohners und von Mitpatienten dringend notwendigen freiheitsentziehenden Maßnahme rufen Sie den Arzt und lassen Sie sich von ihm die Art der Fixierung schriftlich anordnen. Führen Sie zeitnah die Durchführungsdokumentation unter Berücksichtigung der besonderen Beobachtungsverantwortung beim Risiko Fixierung.

3: Nutzen Sie die Erkenntnisse und Empfehlungen aus den ReduFix-Projekten.

▶ Ärztliche Anordnung, Betreuungsrecht, Beweislast, Fahrlässigkeit

Gewalt in der Pflege

Seit Jahren wird von Aggression und Gewalt des Pflegepersonals gegenüber Patienten in Pflegeeinrichtungen berichtet. Hochrechnungen gehen von 350.000 Fällen pro Jahr aus, indem ältere Menschen einmal jährlich körperliche Gewalt erfahren. Gewalt und Misshandlungen finden auch unter Pflegenden und von Patienten/Bewohner gegenüber Pflegenden statt. Die Vorfälle werden oft tabuisiert bzw. wegen unerklärlicher Ängste der Beobachter nicht gemeldet. Eine große Dunkelziffer besteht in der häuslichen Versorgung Pflegebedürftiger.

Unter **Gewalt gegen Pflegebedürftige** ist die Unterlassung notwendiger Pflegemaßnahmen bzw. Vernachlässigung zu verstehen. Unmittelbare Gewalt ist körperliche Gewaltanwendung wie Schlagen, Stoßen und sexuelle Übergriffe. Gewaltanwendung ist auch die missbräuchliche Gabe von Medikamenten (Beruhigungsmittel/Psychopharmaka, Entzug von Hilfsmitteln (Gehstöcke), Essen unter Zwang, die ungenehmigte Durchführung freiheitsentziehender Maßnahmen (Bauchgurt/Bettgitter) oder das Legen von pflegerisch und medizinisch nicht indizierten Dauerkathetern oder Sonden. Hinzu kommen die Unterlassung notwendiger Hilfen oder medizinisch und pflegerischer Versorgungsleistungen. Als Ursache werden häufig Unzufriedenheit im Beruf, Burnout-Syndrom, Gereiztheit, Überlastung im Beruf, Mobbing und Unzufriedenheit im Privatleben angeführt.

Gewalt gegen Pflegekräfte von Pflegebedürftigen ist nicht zu unterschätzen. Oft kommt es zum Schlagen, Treten, Bewerfen, Beißen oder Kratzen bis hin zu sexuellen Übergriffen, insbesondere bei Maßnahmen der Körperpflege und Lagerung. Symptome von Gewalt sind z. B. Verletzungen (Hämatome) an nicht sturz- und stoßtypischen Körperstellen, Verbrennungen, Ausreißen der Haare, rektale oder vaginale Blutungen, Rötungen, Schwellungen oder Schürfungen an Hand- und Fußgelenken sowie psychische Veränderungen in Form von Regression, Lethargie, Aggression oder Ängstlichkeit der Betroffenen. Eine Studie des Kriminologischen Forschungsinstitutes Niedersachsen ergab 2008, dass Pflegekräfte in der ambulanten Pflege häufig von verbalen, körperlichen und sexuellen Übergriffen Pflegebedürftiger betroffen sind. 67,5% der Betroffenen berichteten von entsprechenden Vorkommnissen innerhalb von 12 Monaten.

Strafrechtlich treffen zur Misshandlung und Gewaltausübung folgende Bereiche zu:

- (§ 185) Beleidigung
- (§ 174a) Sexueller Missbrauch von Insassen einer Anstalt für Hilfsbedürftige
- (§ 179) Sexueller Missbrauch Widerstandsunfähiger
- (§ 211) Mord
- (§ 212) Totschlag
- (§ 221) Aussetzung einer hilflosen Person
- (§ 222) Fahrlässige Tötung
- (§ 223) Körperverletzung
- (§ 223b) Misshandlung von Schutzbefohlenen
- (§ 226) Körperverletzung mit Todesfolge
- (§ 230) Fahrlässige Körperverletzung
- (§ 239) Freiheitsberaubung
- (§ 223c) Unterlassene Hilfeleistung

Beispiel

Fall 1: Eine 45-jährige Krankenschwester im Krankenhaus spritzte einem 77-jährigen Patienten das atemlähmende Medikament Succinyl. Der Patient überlebte. Die Krankenschwester wurde zu 2 Jahren Haft auf Bewährung und zur Schmerzensgeldzahlung verurteilt (LG Rottweil, Dezember 2008).

Fall 2: Der Bewohner eines Seniorenheims würgte die Pflegerin, als sie ihm das Essen auf den Tisch stellen wollte. Er fuhr von hinten mit dem Rollstuhl auf sie zu und legte ihr einen Strick um den Hals, zog zu und brüllte »Jetzt bist du dran«. Die Pflegerin konnte sich befreien. Der Bewohner wurde wegen gefährlicher Körperverletzung zu 5 Jahren Haft verurteilt. Als Grund nannte der Angeklagte, die Pflegerin habe ihn ständig genervt, das Essen hingeknallt und die Türen zugeschlagen (LG Koblenz, Juli 2010).

Fall 3: Eine 45-jährige Altenpflegerin misshandelte eine stark sehbehinderte 88-jährige Patientin, indem sie ihr nachts nach zweimaligem Einnässen die Windel an den Kopf warf. Im Berufungsprozess wurde die Angeklagte wegen Körperverletzung zu 6 Monaten Haft auf Bewährung verurteilt (LG Duisburg, März 2010).

Fall 4: Eine 37-jährige Altenpflegerin misshandelte eine 83-jährige Heimbewohnerin wochenlang, indem sie die Frau mehrmals täglich in ihrem

▼

Rollstuhl nach hinten umkippte und ihr massive Prellungen zufügte. Die Angeklagte wurde zu 22 Monaten Haftstrafe auf Bewährung und zu lebenslangem Berufsverbot verurteilt (AG München, Januar 2008).

Fall 5: Wegen sexuellen Missbrauchs einer schwerstbehinderten Patientin wurde ein Krankenpfleger zu 3 Jahren und 4 Monaten Haft verurteilt. Der 49-Jährige hatte zugegeben, die widerstandsunfähige 35-jährige Patientin eines Pflegeheims schwer sexuell missbraucht und dabei geschwängert zu haben. Die weitgehend bewegungs- und artikulationsunfähige Frau hatte 5 Monate nach der Tat eine Fehlgeburt erlitten. Nach der Fehlgeburt kündigte der Pfleger seinen Arbeitsplatz. Die Ermittler hatten ihn anhand eines Gentests überführt (LG Lüneburg, 2009).

Beispiel

Urteil 1: Misshandlung von Heimbewohnern

Das AG Düsseldorf verurteilte einen 49-jährigen Altenpfleger zu 2 Jahren Haft auf Bewährung sowie € 3.600,- Geldstrafe und verhängte ein zweijähriges Berufsverbot. Der Pfleger habe sich im Zeitraum von 2 Jahren als stellvertretender Wohnbereichsleiter eines Seniorenzentrums massiv an krebskranken und dementen Bewohnern vergriffen. Das AG hielt von den insgesamt 13 Anklagepunkten nur drei Fälle der Misshandlung von Schutzbefohlenen für erwiesen. So habe der Angeklagte eine 96-jährige Bewohnerin, die an Gesichtskrebs litt, vor laufender Handykamera roh misshandelt, einen 81-jährigen Bewohner mit eiskaltem Wasser und scharfem Strahl abgeduscht und eine 95-jährige Bewohnerin in ihrem Bett samt Matratze gewaltsam hochgekippt, so dass die Frau gegen die Wand rutschte. Eine Pflegerin, die mindestens eine Misshandlung mit dem Handy gefilmt hatte, wurde zu € 500,- Geldstrafe verurteilt. Die Staatsanwaltschaft hat Berufung angekündigt (AG Düsseldorf, Urteil vom 26.10.2009, AZ: 101 LS-90 JS 5539/07-72/08).

Urteil 2: Gefährliche Körperverletzung – Kollegin betäubt

Das AG Frankfurt verurteilte eine 43-jährige Krankenschwester wegen gefährlicher Körperverletzung in 7 Fällen, davon einmal versucht, zu einer Gesamtfreiheitsstrafe von 3 Jahren und 6 Monaten und 2 Jahren Verbot der

▼

Ausübung ihres Berufes sowie € 5.000,- Schmerzensgeldzahlung an die geschädigte Kollegin.
Die Angeklagte verabreichte einer Kollegin (Geschädigte) im Zeitraum von 2 Monaten 7-mal ein narkotisierendes benzodiapezinhaltiges Medikament (Dormicum), in dem sie dieses heimlich den Getränken und Speisen der Geschädigten zuführte. Das Medikament war in der Augenabteilung frei zugänglich bei morgendlicher und abendlicher Bestandsaufnahme. Nach Festnahme der Krankenschwester waren vier Opiatezettel verschwunden. Die Geschädigte fühlte sich jeweils sehr schlecht und benommen, so dass sie die Arbeit nicht fortführen konnte. Im zweiten Fall war die Dosis so stark, dass sie für 45 Minuten bewusstlos war und notfallmäßig behandelt werden musste. Deswegen sei sie so verunsichert gewesen, dass sie sich 6 Wochen lang in psychologische Betreuung begeben musste. Nach ihrer Rückkehr stellte sie wiederum den bitteren Geschmack von Tee und Wasser fest. Es wurde eine Probe ins Labor gebracht und festgestellt, dass beide Getränke mit Benzodiapezinen verseucht waren. Die Polizei installierte daraufhin zwei Kameras in den Einleitungs- und Vorbereitungsräumen der Augenklinik und präparierte die Medikamentenampullen mit einem »Fangmittel«. So wurde per Live-Übertragung festgehalten, wie die Geschädigte ihr gefülltes Wasserglas und die Wasserflasche auf die Arbeitsfläche im Einleitungsraum stellte. Es war auch zu sehen, wie die Angeklagte mit einer Spritze etwas in das Wasserglas spritzte. Sie wurde daraufhin sofort festgenommen.
Teilweise geständig, berichtete sie vor Gericht, damals unter erheblichem Druck in der Augenklinik gestanden zu haben. Sie habe es nie jemandem recht machen können und alle, insbesondere die Geschädigte, die mit dem Oberarzt sehr gut zusammengearbeitet habe, hätte ständig etwas an ihr auszusetzen gehabt. Hierdurch habe sie sich gemobbt gefühlt und wollte sich an ihrer Kollegin rächen, ohne an die Konsequenzen ihres Handelns zu denken. Das Gericht kam zu der Überzeugung, dass die Angeklagte nicht gemobbt wurde.

Entscheidungsgründe: Bei der Sachlage hat sich die Angeklagte der gefährlichen Körperverletzung in sieben Fällen, davon einmal versucht, nach §§ 223 und 224, 22, 23, 53 StGB strafbar gemacht, weil sie heimlich und

▼

verdeckt die Medikamente in das Wasser der Kollegin gemischt hat. Strafmildernd war zu werten, dass sie sich in der Hauptverhandlung geständig zeigte. Zu ihren Lasten wurden die massiven Folgen für die Geschädigte strafverschärfend herangezogen. Insbesondere wirkte sich negativ für die Angeklagte aus, dass sie nach der Urlaubsrückkehr der geschädigten Kollegin erneut wieder begonnen hat, ihr die Narkotika beizubringen. Unter Berücksichtigung der erörterten Gesichtspunkte sind für die ersten zwei Fälle Einzelstrafen von jeweils 1 Jahr und 8 Monaten und für die Fälle von 3 bis 6 von jeweils 1 Jahr und 3 Monaten tat- und schuldangemessen. Im Falle 7 ist eine Freiheitsstrafe von 1 Jahr ausreichend, weil es hier bei einem Versuch blieb und durch die Tatsache, dass eine Videoüberwachung stattfand, ausgeschlossen war, dass es zu einer Vollendung der Tat kommen konnte. Unter nochmaliger Berücksichtigung aller für und gegen die Angeklagte sprechenden Umstände ist eine auf eine Gesamtfreiheitsstrafe von 3 Jahren und 6 Monaten als tat- und schuldangemessen zu erkennen. Eine Strafaussetzung zur Bewährung ist bei dieser Strafe gesetzlich ausgeschlossen.

Die Ausübung des Berufes einer Krankenschwester war ihr gemäß § 70 StGB zu verbieten, da die Angeklagte die Straftaten unter Missachtung der ihr durch ihren Beruf gebotenen Möglichkeiten und gröbster Pflichtverletzung begangen hat. Außerdem war die Angeklagte auf Antrag der Geschädigten gemäß § 323 Abs. 2 BGB i. V. m. §§ 223, 224 StGB zu einem Schmerzensgeld in Höhe von € 5.000,- zuzüglich Zinsen zu verurteilen (AG Frankfurt, Urteil vom 11.01.2010, AZ: 920 Ls 3530 Js 202270/09-3014).

Praxistipp

Wenn Sie Anzeichen von Gewalt oder Misshandlung gegenüber Patienten wahrnehmen oder Verdacht schöpfen oder selbst von Gewalt betroffen sind, sollten Sie dieses im Kollegenkreis bzw. mit der Pflegedienstleitung kommunizieren. Wichtig sind Dokumentation und Intervention. Gegebenenfalls müssen Heimaufsicht, Betreuungsbehörde und Polizei/Staatsanwaltschaft informiert werden. Entwickeln Sie mit Ihrem Team im Sinne der Gewaltprävention ein Frühwarnsystem, um Aggressionspotenziale und Schädigungen frühzeitig zu erkennen. Hilfreich sind Deeskalationsstrategien.

▶ Patienten- und Bewohnerrechte

Haftung/Pflegefehler

Strafrechtliche und zivilrechtliche Aspekte

In den Jahren hat sich die Zahl der Prozesse gegen Pflegende verstärkt, weil die Rechtsempfindlichkeit der Bevölkerung gegenüber der Behandlung und Pflege in den verschiedenen Leistungsbereichen zugenommen hat. Darüber hinaus setzt die Gesetzeslage eine höhere Kompetenz und die Qualitätssicherung voraus. Die Schmerzensgeldansprüche bei Körperverletzungen mit dauerhaften und schwerwiegenden Gesundheitsbeschädigungen sind in den letzten Jahren stark gestiegen.

Anders ist die Haftung, wenn der Mitarbeiter weiß, dass er für eine Tätigkeit sowohl fachlich als auch körperlich und geistig nicht in der Lage ist, und diese trotzdem durchführt. Hier hat der Mitarbeiter die Verpflichtung anzuzeigen (Remonstrationspflicht), dass er die angeordnete Maßnahme nicht durchführen kann. Falls der Mitarbeiter die Pflegedienstleitung, welche für die fachliche Aufsicht die Verantwortung trägt, nicht darauf hinweist, trifft

Abb. 10. Schlagzeilen

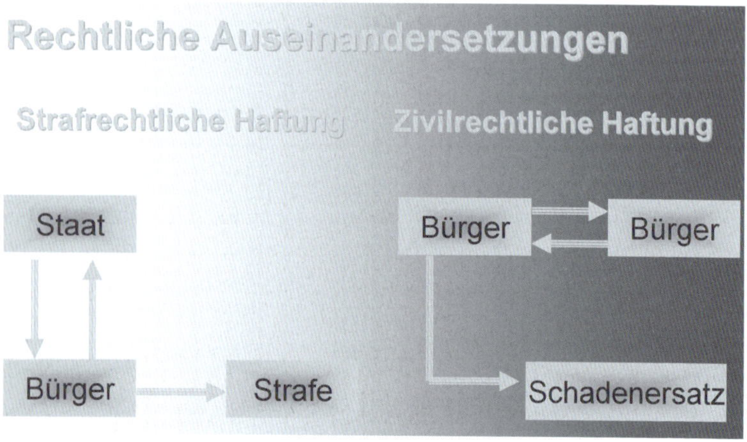

Abb. 11. Rechtliche Auseinandersetzungen

ihn eine Mitschuld und damit auch eine Mithaftung. Die Pflegeeinrichtung muss ausreichend Möglichkeiten zur Verfügung stellen, um die Fort-, Aus- und Weiterbildung ihrer Mitarbeiter zu gewährleisten. Der Gesetzgeber hat diese Fortbildungsverpflichtung mit der Einführung der Gesundheitsreform zum 01.01.2004 eindrucksvoll unterstrichen. Im Haftungsfall kommt es entweder zum strafrechtlichen Prozess (Strafe) oder/und zum zivilrechtlichen Prozess (Schadensersatz/Schmerzensgeld).

Die Pflegenden handeln im Rahmen der Aufgabenstellung des Altenpflegegesetzes und des Krankenpflegegesetzes eigenverantwortlich und haften hier für Organisation, Anordnung von Pflege und die Durchführung. Der Arzt wiederum ist für den gesamten Bereich der Diagnostik und Therapie verantwortlich. Die Berufe der Alten-, Gesundheits- und Krankenpflege sowie Gesundheits- und Kinderkrankenpflege handeln auf Anordnung und haften ggf. für die falsche Durchführung. Vorausgesetzt wird jederzeit die Einwilligung des Patienten. Dieses resultiert aus den Grundrechten. So steht im Grundgesetz (GG) unter:

Artikel 1: Menschenwürde, Grundrechtsbindung der staatlichen Gewalt

(1) Die Würde des Menschen ist unantastbar. Sie zu achten und zu schützen ist Verpflichtung aller staatlichen Gewalt

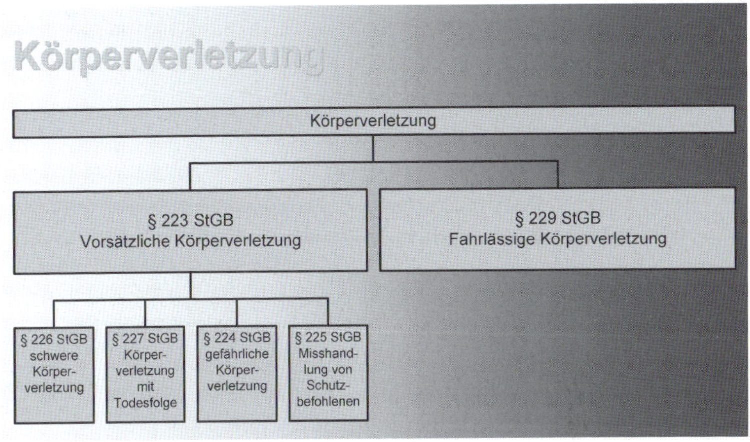

Abb. 12. Körperverletzung

Artikel 2: Handlungsfreiheit, Freiheit der Person

(2) Jeder hat das Recht auf Leben und körperliche Unversehrtheit. Die Freiheit der Person ist unverletzlich. In diese Rechte darf nur aufgrund eines Gesetzes eingegriffen werden.

§ 228 des Strafgesetzbuches (StGB)

Wer eine Körperverletzung mit Einwilligung der verletzten Person vornimmt, handelt nur dann rechtswidrig, wenn die Tat trotz der Einwilligung gegen die guten Sitten verstößt.

Zu unterscheiden sind die strafrechtlichen und zivilrechtlichen Klagen. Bei Körperverletzungen im Sinne des Strafgesetzbuches wird der Täter ermittelt und bestraft. Im Zivilrecht (BGB) klagt der Geschädigte gegen den Vertragspartner (Krankenhaus, Altenheim, Pflegedienst) oder gegen die für die Schädigung verantwortliche Person. Darüber hinaus geht es hier auch um den Rückgriff des Arbeitgebers auf den Arbeitnehmer (Arbeitnehmerhaftung).

Das Strafrecht ist ausgerichtet, einen Täter zu bestrafen. Beim Zivilrecht klagt der Geschädigte gegen den Vertragspartner oder gegen den für den Schaden Verantwortlichen. Durch die Einwilligung des Patienten ist das Handeln aber grundsätzlich gerechtfertigt. Zwei Grundrechte schreiben diese

Einwilligung vor: das Grundrecht zur freien Entfaltung der menschlichen Persönlichkeit (Artikel 2, Abs. 1, GG) und das Grundrecht zum Schutz der körperlichen Unversehrtheit (Artikel 2, Abs. 2, GG).

Beispiel

Fall 1: Ein Patient verweigert eine Injektion von einer bestimmten Pflegeperson. Diese injiziert trotzdem und handelt gegen den Willen des Patienten.

Die Verantwortungsbereiche von Arzt und Pflegepersonal sind ineinander übergreifend. Im medizinischen Bereich hat der Arzt ein Weisungsrecht gegenüber den »nicht-ärztlichen« Mitarbeitern. Hieraus ergeben sich die Anordnungsverantwortung des Arztes und die Durchführungsverantwortung (Übernahmeverschulden) des Pflegepersonals. Die häufigsten Klagen gegen Einrichtungen und Pflegepersonal beziehen sich auf Dekubitus, Bewegungs- und Transportfehler (Sturz), mangelnde Krankenbeobachtung und Mangelernährung.

Strafrecht

Nach der ständigen Rechtsprechung des Bundesgerichtshofes bringen ärztliche und pflegerische Handlungen auch dann den Tatbestand einer Körperverletzung (§ 223 StGB), wenn das Handeln in heilender Absicht erfolgt und objektiv als Heilungsmaßnahme allgemein geeignet ist. Beispielhaft für den Arzt ist der chirurgische Eingriff, für die Pflegeperson das Verabreichen einer Injektion bzw. der Verbandswechsel.

Die wesentlichen Vorwurfs- und Klagemomente bzw. Faktoren sind: Notwehr, Mord, Totschlag, Tötung auf Verlangen, fahrlässige Tötung, Körperverletzung, gefährliche Körperverletzung, Misshandlungen von Schutzbefohlenen, schwere Körperverletzung, Körperverletzung mit Todesfolge, Einwilligung fahrlässige Körperverletzung, Freiheitsberaubung und unterlassene Hilfeleistung.

Beispiel

Fall 2: Fahrlässige Tötung

Zwei Pflegerinnen in einem Altenheim hatten eine 87-jährige Bewohnerin in eine Badewanne mit zu heißem Wasser (über 50 °C) gesetzt. Die Frau erlitt Verbrühungen und verstarb 12 Tage später im Krankenhaus. Eine Al-

▼

tenpflegerin wurde zu DM 7.000,- Geldstrafe und die zweite zu 8 Monaten Freiheitsstrafe für 2 Jahre auf Bewährung und zur Zahlung von DM 1.500,- an eine soziale Einrichtung verurteilt. Nach eigenen Aussagen hatten sie die Wassertemperatur vorher nicht überprüft.

Strafgesetzbuch (StGB) – Auszug

Für den Pflegealltag zutreffende Paragrafen:

§ 32 Notwehr

(1) Wer eine Tat begeht, die durch Notwehr geboten ist, handelt nicht rechtswidrig.

(2) Notwehr ist die Verteidigung, die erforderlich ist, um einen gegenwärtigen rechtswidrigen Angriff von sich oder einem anderen abzuwenden.

§ 211 Mord

(1) Der Mörder wird mit lebenslanger Freiheitsstrafe bestraft.

(2) Mörder ist, wer aus Mordlust, zur Befriedigung des Geschlechtstriebs, aus Habgier oder sonst aus niedrigen Beweggründen, heimtückisch oder grausam oder mit gemeingefährlichen Mitteln oder um eine andere Straftat zu ermöglichen oder zu verdecken, einen Menschen tötet.

§ 212 Totschlag

(1) Wer einen Menschen tötet, ohne Mörder zu sein, wird als Totschläger mit Freiheitsstrafe nicht unter fünf Jahren bestraft.

(2) In besonders schweren Fällen ist auf lebenslange Freiheitsstrafe zu erkennen.

§ 216 Tötung auf Verlangen

(1) Ist jemand durch das ausdrückliche und ernstliche Verlangen des Getöteten zur Tötung bestimmt worden, so ist auf Freiheitsstrafe von sechs Monaten bis zu fünf Jahren zu erkennen.

(2) Der Versuch ist strafbar.

§ 222 Fahrlässige Tötung

Wer durch Fahrlässigkeit den Tod eines Menschen verursacht, wird mit Freiheitsstrafe bis zu fünf Jahren oder mit Geldstrafe bestraft (Siebzehnter Abschnitt Straftaten gegen die körperliche Unversehrtheit).

§ 223 Körperverletzung

(1) Wer eine andere Person körperlich misshandelt oder an der Gesundheit schädigt, wird mit Freiheitsstrafe bis zu fünf Jahren oder mit Geldstrafe bestraft.

(2) Der Versuch ist strafbar.

§ 224 Gefährliche Körperverletzung

(1) Wer die Körperverletzung

1. durch Beibringung von Gift oder anderen gesundheitsschädlichen Stoffen,
2. mittels einer das Leben gefährdenden Behandlung

begeht, wird mit Freiheitsstrafe von sechs Monaten bis zu zehn Jahren, in minder schweren Fällen mit Freiheitsstrafe von drei Monaten bis zu fünf Jahren bestraft.

(2) Der Versuch ist strafbar.

§ 225 Misshandlung von Schutzbefohlenen

(1) Wer eine Person unter achtzehn Jahren oder eine wegen Gebrechlichkeit oder Krankheit wehrlose Person, die

1. seiner Fürsorge oder Obhut untersteht,
2. seinem Hausstand angehört,
3. von dem Fürsorgepflichtigen seiner Gewalt überlassen worden oder
4. ihm im Rahmen eines Dienst- oder Arbeitsverhältnisses untergeordnet ist,

quält oder roh misshandelt, oder wer durch böswillige Vernachlässigung seiner Pflicht, für sie zu sorgen, sie an der Gesundheit schädigt, wird mit Freiheitsstrafe von sechs Monaten bis zu zehn Jahren bestraft.

§ 226 Schwere Körperverletzung

(1) Hat die Körperverletzung zur Folge, dass die verletzte Person

1. das Sehvermögen auf einem Auge oder beiden Augen, das Gehör, das Sprechvermögen oder die Fortpflanzungsfähigkeit verliert,
2. ein wichtiges Glied des Körpers verliert oder dauernd nicht mehr gebrauchen kann oder
3. in erheblicher Weise dauernd entstellt wird oder in Siechtum, Lähmung oder geistige Krankheit oder Behinderung verfällt,

so ist die Strafe Freiheitsstrafe von einem Jahr bis zu zehn Jahren.

§ 227 Körperverletzung mit Todesfolge

(1) Verursacht der Täter durch die Körperverletzung (§§ 223 bis 226) den Tod der verletzten Person, so ist die Strafe Freiheitsstrafe nicht unter drei Jahren.

(2) In minder schweren Fällen ist auf Freiheitsstrafe von einem Jahr bis zu zehn Jahren zu erkennen.

§ 229 Fahrlässige Körperverletzung

Wer durch Fahrlässigkeit die Körperverletzung einer anderen Person verursacht, wird mit Freiheitsstrafe bis zu drei Jahren oder mit Geldstrafe bestraft.

§ 239 Freiheitsberaubung

(1) Wer einen Menschen einsperrt oder auf andere Weise der Freiheit beraubt, wird mit Freiheitsstrafe bis zu fünf Jahren oder mit Geldstrafe bestraft.

(2) Der Versuch ist strafbar.

(3) Auf Freiheitsstrafe von einem Jahr bis zu zehn Jahren ist zu erkennen, wenn der Täter

1. das Opfer länger als eine Woche der Freiheit beraubt oder
2. durch die Tat oder eine während der Tat begangene Handlung eine schwere Gesundheitsschädigung des Opfers verursacht.

§ 323c Unterlassene Hilfeleistung

Wer bei Unglücksfällen oder gemeiner Gefahr oder Not nicht Hilfe leistet, obwohl dies erforderlich und ihm den Umständen nach zuzumuten, insbesondere ohne erhebliche eigene Gefahr und ohne Verletzung anderer wichtiger Pflichten möglich ist, wird mit Freiheitsstrafe bis zu einem Jahr oder mit Geldstrafe bestraft.

Beispiel

Urteil 1: Verletzung der Harnröhre bei Katheterentfernung

Dem Patienten wurde nach der Operation ein sog. Nellaton-Blasenkatheter gelegt, der am folgenden Tag von dem beklagten Krankenpfleger mit Hilfe der beklagten Stationsschwester entfernt wurde. Dabei ergaben sich Schwierigkeiten, weil sich der Katheter in Folge eines technischen Fehlers nur teilweise entblocken ließ und erst nach wiederholtem Versuch unter Schmerzen aus der Harnröhre herausgezogen werden konnte. Der Patient erlitt dabei im Bereich einer Engstelle eine blutende Verletzung der Harnröhrenschleimhaut.

▼

Beim Eintreten von Komplikationen hat das Pflegepersonal den zuständigen Arzt zu verständigen und bis zu seinem Eintreffen eigene weitere Bemühungen einzustellen, wenn der Patient nicht akut gefährdet ist. Verstoßen Angehörige des Pflegeberufs gegen diese Regel der Zusammenarbeit zwischen Arzt und Pflegepersonal, so ist ihr Verhalten als grober Behandlungsfehler mit allen beweisrechtlichen Konsequenzen anzusehen.
Das Berufungsgericht hat einen Behandlungsfehler deshalb angenommen, weil die Beklagten, obwohl sie den diensthabenden Arzt bereits verständigt hatten, sein Eintreffen nicht abgewartet, sondern weiter versucht haben, den nur teilweise entblockten Katheter herauszuziehen und ihn schließlich auch mit Anwendung sanfter Gewalt herausgezogen haben. Treten jedoch Schwierigkeiten auf, etwa weil der Katheter vor dem Herausziehen nicht vollständig entblockt werden kann, ist es die Pflicht, auch des in solchen Dingen geübten Pflegepersonals, seine Bemühungen einzustellen und die weitere Behandlung dem Arzt zu überlassen (LG Dortmund, Urteil vom 25.02.1985 – 17 S 368–384).

Urteil 2: Darmrohr falsch eingeführt
Die Krankenpflegeschülerin einer Allgemeinstation im 3. Ausbildungsjahr hatte in einem abgedunkelten Röntgenraum eines Krankenhauses einen Kontrasteinlauf zu machen. Das Darmrohr wurde von der Angeklagten nicht in das Rektum, sondern versehentlich in die Scheide der Patientin eingeführt. Dann hat sie weisungsgemäß durch Drücken eines Gummiballs Kontrastmittel einlaufen lassen. Über den richtigen Sitz des Darmrohres hat sich weder die Schülerin noch der die Untersuchung vornehmende Arzt vergewissert. Eine ausgebildete medizinische Assistentin oder eine Krankenpflegeperson war nicht zugegen. Kurze Zeit danach klagte die Patientin über Schmerzen, Übelkeit und verstarb innerhalb weniger Stunden. Zu Gunsten der Angeklagten berücksichtigte das Gericht, dass die Lernschwester nach eigenen Angaben während der Ausbildung auf die Gefahren eines fälschlichen Einführens des Darmrohres in die Scheide nicht hingewiesen wurde. Die bei der Vorbereitung der Dickdarmdurchleuchtung außer Acht gelassene Sorgfalt sei auch darauf zurückzuführen,

▼

dass die Angeklagte mit einem derartigen Versehen überhaupt nicht rechnete. Aufgabe der Ausbildung wäre es gewesen, so das Gericht, die Schwesternschülerin im Interesse der Patienten auf alle denkbaren Gefahrenquellen aufmerksam zu machen. Gegen die Lernschwester spreche, dass sie das Darmrohr in einem fast dunklen Raum einführte, ohne eine nachträgliche Kontrolle durchzuführen. Das Verfahren gegen den beteiligten Arzt und verantwortlichen Oberarzt wurde eingestellt. Die Krankenpflegeschülerin wurde zu einer viermonatigen Freiheitsstrafe auf Bewährung verurteilt (LG Hildesheim, AZ: 5 Ls 34179).

Urteil 3: Tod beim Duschen

Die Bewohnerin eines Seniorenheims rutscht beim Duschen vom Stuhl, fällt zu Boden und verletzt sich dabei so schwer, dass sie 2 Tage später an den Folgen des Unfalls stirbt. Eine Altenpflegehelferin wurde wegen fahrlässiger Tötung zu einer Geldstrafe von 60 Tagessätzen zu je € 25,- verurteilt, weil sie die 89-Jährige, die einseitig beinamputiert war, vor dem Duschen offenbar unsachgemäß in einen Tragegurt geschnallt hatte.
Die Stationsleiterin und der Heimleiter wurden freigesprochen.

Urteil 4: Tod nach verschluckter Zahnprothese

Der 75-jährige Patient war nach stationärer Behandlung in einem Krankenhaus mit zwei Hüftoperationen infolge der Verschlechterung des Allgemeinzustandes in ein Pflegeheim verlegt worden. Hier verstarb er nach 5 Tagen an einer Lungenentzündung. Bei der Obduktion fand man eine in den Rachenraum gelangte Unterkieferzahnprothese als ursächlich für die Lungenentzündung.
Hauptvorwurf gegen die zwei verurteilten Altenpflegerinnen war, dass der tödliche Ausgang hätte verhindert oder verzögert werden können, wenn eine sachgerechte Kontrolle und Pflege der Mundhöhle, ein rechtzeitiges Entfernen der rachenwärts verlagerten Zahnprothese und das Hinzuziehen eines Arztes zur Behandlung erfolgt wären. Verurteilt wurde die Altenpflegerin wegen fahrlässiger Körperverletzung zu einer Geldstrafe von € 2.700,- und die andere Altenpflegerin wegen fahrlässiger Tötung zu einer Geldstrafe von € 3.000,- (AG Bühl, AZ: Cs 200/Js 698/03).

▼

Urteil 5: Eine Schwesternschülerin im 2. Ausbildungsjahr hatte ein 1-jähriges Kind zu heiß gebadet. Sie wurde wegen fahrlässiger Körperverletzung in 2. Instanz verurteilt. Die Angeklagte gab an, sich auf ein defektes Thermostat verlassen zu haben. Statt der eingestellten 37 °C kam jedoch 60 °C heißes Wasser aus dem Hahn. Ein Badethermometer sei in dem Raum nicht vorhanden gewesen und beim Prüfen des Wassers habe sie übersehen, dass sie Latexhandschuhe trug. Das AG Oberhausen hatte die Angeklagte zu einer Geldstrafe von € 250,- (25 Tagessätze) verurteilt. Die Berufungskammer fällte ein deutlich härteres Urteil: € 1.200,- (120 Tagessätze) an die Staatskasse. Die Angeklagte habe grob fahrlässig gehandelt und einfachste Zusammenhänge nicht beachtet (AG Oberhausen, September 2009).

Zivilrecht

Haftung, zivilrechtliche Verantwortung (BGB § 276 (2) Verantwortlichkeit des Schuldners

Die zivilrechtliche Haftung hat den Schadenersatz zum Ziel. Die Haftung des Trägers begründet sich aus dem mit dem Patienten/Bewohner geschlossenen Vertrag, der im rechtlichen Sinne ein Dienstvertrag ist. Die Einrichtung schuldet dem Patienten die ordnungsgemäße, Behandlung, Pflege und sonstige Betreuung als Dienstleistung, sie schuldet ihm jedoch nicht einen Erfolg (Wiederherstellung der Gesundheit).

Diese vertragliche Haftung wird ergänzt durch das Risiko der deliktischen Haftung aus unerlaubter Handlung gemäß § 823, BGB. Es haftet insbesondere, wer vorsätzlich oder fahrlässig das Leben, den Körper oder die Gesundheit eines anderen verletzt. Für das Verschulden der Mitarbeiter haftet der Träger nur nach den Grundsätzen über die Haftung für Verrichtungsgehilfen gemäß § 831, BGB. Hiernach kann sich der Träger durch den Nachweis entlasten, bei der Auswahl und Anleitung des Verrichtungsgehilfen die im Verkehr erforderliche Sorgfalt beobachtet zu haben, oder dass der Schaden auch bei Anwendung dieser Sorgfalt entstanden wäre.

Die Ansprüche auf Schadenersatz aus Vertragsleistung und unerlaubter Handlung stehen nebeneinander. Wenn der Fall identisch ist, kann der Schadenersatz jedoch nur einmal gefordert werden. Der Schadenersatzanspruch

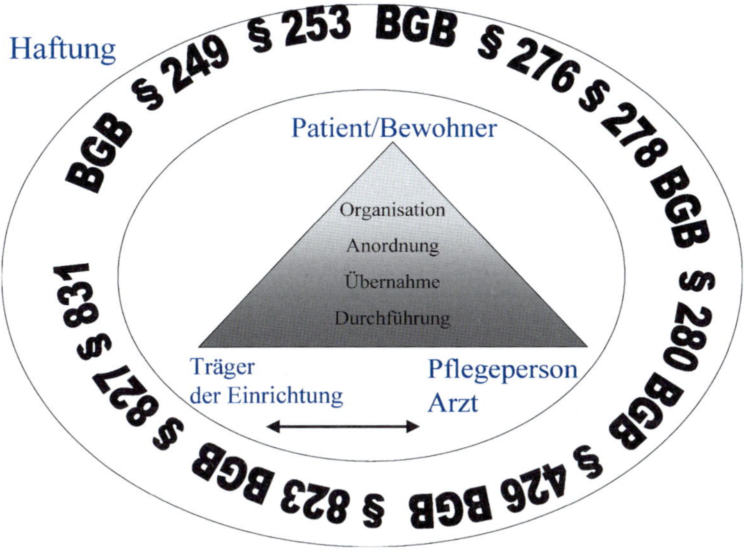

Abb. 13. Haftungsdreieck

aus der Vertragshaftung § 280 (1) 1, BGB beschränkt sich auf den materiellen Schaden. Bei der unerlaubten Handlung gemäß § 823, BGB besteht ein Anspruch auf Schmerzensgeld nach § 253, BGB, das bedeutet eine Entschädigung für einen Schaden, der kein Vermögensschaden ist. Die vertragliche Haftung unterliegt der allgemeinen Verjährungsfrist von 3 Jahren gemäß § 195, BGB. Schadenersatzansprüche wegen unerlaubter Handlung verjähren gemäß § 199, BGB nach 30 Jahren.

Bürgerliches Gesetzbuch (BGB) – Auszug

Für den Pflegealltag zutreffende Paragrafen:

§ 249 Art und Umfang des Schadensersatzes

(1) Wer zum Schadensersatze verpflichtet ist, hat den Zustand herzustellen, der bestehen würde, wenn der zum Ersatze verpflichtende Umstand nicht eingetreten wäre.

(2)

1. Ist wegen Verletzung einer Person oder wegen Beschädigung einer Sache Schadensersatz zu leisten, so kann der Gläubiger statt der Herstellung den dazu erforderlichen Geldbetrag verlangen.
2. Bei der Beschädigung einer Sache schließt der nach Satz 1 erforderliche Geldbetrag die Umsatzsteuer nur mit ein, wenn und soweit sie tatsächlich angefallen ist.

§ 253 Immaterieller Schaden

(2) Ist wegen einer Verletzung des Körpers, der Gesundheit, der Freiheit oder der sexuellen Selbstbestimmung Schadensersatz zu leisten, kann auch wegen des Schadens, der nicht Vermögensschaden ist, eine billige Entschädigung in Geld gefordert werden.

§ 276 Verantwortlichkeit des Schuldners

(1) Der Schuldner hat Vorsatz und Fahrlässigkeit zu vertreten, wenn eine strengere oder mildere Haftung weder bestimmt noch aus dem sonstigen Inhalt des Schuldverhältnisses, insbesondere aus der Übernahme einer Garantie oder eines Beschaffungsrisikos zu entnehmen ist.

(2) Fahrlässig handelt, wer die im Verkehr erforderliche Sorgfalt außer Acht lässt.

§ 278 Verantwortlichkeit des Schuldners für Dritte

1. Der Schuldner hat ein Verschulden seines gesetzlichen Vertreters und der Personen, deren er sich zur Erfüllung seiner Verbindlichkeit bedient, in gleichem Umfange zu vertreten wie eigenes Verschulden.

§ 280 Schadensersatz wegen Pflichtverletzung

(1)

1. Verletzt der Schuldner eine Pflicht aus dem Schuldverhältnis, so kann der Gläubiger Ersatz des hierdurch entstehenden Schadens verlangen.
2. Dies gilt nicht, wenn der Schuldner die Pflichtverletzung nicht zu vertreten hat.

§ 421 Gesamtschuldner

1. Schulden mehrere eine Leistung in der Weise, dass jeder die ganze Leistung zu bewirken verpflichtet, der Gläubiger aber die Leistung nur einmal zu fordern berechtigt ist (Gesamtschuldner), so kann der Gläubiger die Leistung nach seinem Belieben von jedem der Schuldner ganz oder zu einem Teile fordern.

2. Bis zur Bewirkung der ganzen Leistung bleiben sämtliche Schuldner verpflichtet.

§ 426 Ausgleichungspflicht, Forderungsübergang

(1)

1. Die Gesamtschuldner sind im Verhältnisse zueinander zu gleichen Anteilen verpflichtet, soweit nicht ein anderes bestimmt ist.
2. Kann von einem Gesamtschuldner der auf ihn entfallende Beitrag nicht erlangt werden, so ist der Ausfall von den übrigen zur Ausgleichung verpflichteten Schuldnern zu tragen.

(2)

1. Soweit ein Gesamtschuldner den Gläubiger befriedigt und von den übrigen Schuldnern Ausgleichung verlangen kann, geht die Forderung des Gläubigers gegen die übrigen Schuldner auf ihn über.
2. Der Übergang kann nicht zum Nachteile des Gläubigers geltend gemacht werden.

§ 823 Schadensersatzpflicht

(1) Wer vorsätzlich oder fahrlässig das Leben, den Körper, die Gesundheit, die Freiheit, das Eigentum oder ein sonstiges Recht eines anderen widerrechtlich verletzt, ist dem anderen zum Ersatz des daraus entstehenden Schadens verpflichtet.

§ 827 Ausschluss und Minderung der Verantwortlichkeit

Wer im Zustand der Bewusstlosigkeit oder in einem die freie Willensbestimmung ausschließenden Zustand krankhafter Störung der Geistestätigkeit einem anderen Schaden zufügt, ist für den Schaden nicht verantwortlich. Hat er sich durch geistige Getränke oder ähnliche Mittel in einen vorübergehenden Zustand dieser Art versetzt, so ist er für einen Schaden, den er in diesem Zustand widerrechtlich verursacht, in gleicher Weise verantwortlich, wie wenn ihm Fahrlässigkeit zur Last fiele; die Verantwortlichkeit tritt nicht ein, wenn er ohne Verschulden in den Zustand geraten ist.

§ 831 Haftung für den Verrichtungsgehilfen

(1) Wer einen anderen zu einer Verrichtung bestellt, ist zum Ersatz des Schadens verpflichtet, den der andere in Ausführung der Verrichtung einem Dritten widerrechtlich zufügt. Die Ersatzpflicht tritt nicht ein, wenn der Geschäftsherr bei der Auswahl der bestellten Person und, sofern er Vorrichtungen oder Ge-

rätschaften zu beschaffen oder die Ausführung der Verrichtung zu leiten hat, bei der Beschaffung oder der Leitung die im Verkehr erforderliche Sorgfalt beobachtet oder wenn der Schaden auch bei Anwendung dieser Sorgfalt entstanden sein würde.

Beispiel

Fall 3: Eine Patientin stürzt nachmittags während der Pflegemaßnahme. Der Vorfall wird durch die zuständige Pflegeperson nicht dokumentiert und der Einsatzleitung nicht mitgeteilt. Die Patientin wird vom Frühdienst bewusstlos vorgefunden, ins Krankenhaus eingeliefert und verstirbt dort an einer Schädelhirnverletzung.

Fall 4: Die Einsatzleiterin eines ambulanten Pflegedienstes beauftragt eine Helferin in Urlaubsvertretung mit einer intramuskulären Injektion. Die Helferin appliziert in einen entzündeten Bereich und es kommt zu einem Spritzenabszess. Die Schmerzensgeldforderung richtet sich gegen die Leiterin des Pflegedienstes.

Fall 5: Pflasterallergie

Ein Patient bekommt eine Infusion. Die Pflegekraft fixiert die Kanüle mit Pflasterstreifen. Der Patient erleidet eine schwere allergische Reaktion mit kosmetischen Dauerfolgen und fordert Schmerzensgeld. Sein Vorwurf:
Die Pflegedokumentation wurde nicht entsprechend gewürdigt. Bei Übernahme der Pflege wurde die Allergie dokumentiert. Die Pflegekraft nahm zur Untersuchung aber nur einen Untersuchungsschein mit. Der Patient verweist auf die Verantwortung der Pflegenden im Rahmen der Dokumentations- und Informationspflicht.

Fall 6: Der Mitarbeiter einer ambulanten Pflegeeinrichtung verwechselt im Frühdienst Morgeninsulin mit Abendinsulin. Er informiert die Pflegedienstleitung nicht darüber, sondern fährt stattdessen zum nächsten Patienten. Der Patient kommt in einen hypoglykämischen Schock und muss in der Rettungsstelle behandelt werden.

Fall 7: Eine Pflegefachkraft hatte beim Aufschneiden eines Handverbandes, der zur Sicherung der Infusionsnadel angebracht war, einem Säugling ein Fingerglied abgetrennt. Das Kind wurde in diesem Zustand aus dem Krankenhaus entlassen. Bei Wiederaufnahme ins Krankenhaus wegen einer Infektion musste das Fingerglied amputiert werden.

Beispiel

Urteil 6: Sturz am Waschbecken, € 8.000,- Schadenersatz wegen Fahrlässigkeit der Pflegerin

Zu seinem Recht und zu Schadenersatz kam der Ehemann einer in einem privaten Altenpflegeheim untergebrachten Frau, die an den Folgen eines Sturzes verstorben war. Die an schwerer Altersdemenz leidende Patientin war auf ihrem Zimmer gestürzt und hatte sich eine Armfraktur und Kopfverletzungen zugezogen, als ihre Pflegerin sie am Waschbecken stehen ließ, um den Toilettenstuhl bereitzustellen. Das Gericht sah darin eine fahrlässige Unachtsamkeit der Pflegerin und somit eine Vertragsverletzung, für die auch das Pflegeheim einzustehen hat. Es durfte nicht darauf vertraut werden, dass die Patientin auch nur kurze Zeit ohne Hilfe sicher stehen bleiben würde. Die Pflegende durfte deshalb nicht dadurch eine von ihr nicht mehr beherrschbare Situation herbeiführen, dass sie sich von der Pflegeperson abwandte, und sie so bei einem Sturz nicht mehr rechtzeitig eingreifen konnte. Dem klagenden Ehemann steht somit aus übergegangenem Recht ein Schmerzensgeldanspruch (§§ 823 Abs. 1, 253 Abs. 2 BGB) in Höhe von € 8000,- € zu (OLG Zweibrücken, Urteil vom 01.06.2006, AZ: 4U 68/05).

Urteil 7: § 823 I BGB – Suizidgefahr

Bei einem stark suizidgefährdeten Patienten ist das Krankenhauspersonal nicht nur zur Behandlung der Krankheit verpflichtet, sondern auch dazu, alle Gefahren abzuwenden, die dem Patienten durch sich selbst drohen. Die Pflicht zu ausreichender Überwachung und Sicherung besteht im Rahmen des Erforderlichen und Zumutbaren (OLG Köln, Urteil vom 19.01.1995, AZ: 5 204/94 r+s 95, 414).

Urteil 8: Schmerzensgeld nach Darmverletzung durch Einlauf (Klysma)

»Wird ein Patient bei der Behandlung durch einen Krankenpfleger verletzt, haftet das Pflegepersonal, ohne dass der Patient einen Behandlungsfehler nachweisen muss.«

Das Gericht sprach mit seinem Urteil einem Patienten Schmerzensgeld wegen einer Darmverletzung bei einer Einlaufbehandlung zu. Die Richter betonten, ein Patient sei häufig gar nicht in der Lage, den Nachweis eines

▼

Behandlungsfehlers zu führen. Daher gelte auch bei pflegerischen Maßnahmen eine so genannte **Beweislastumkehr**. Wenn feststehe, dass es im Zusammenhang mit einer Behandlung zu einer Verletzung des Patienten gekommen sei, müsse der behandelnde Arzt oder Pfleger nachweisen, ordnungsgemäß gearbeitet zu haben.
Der beklagte Krankenpfleger verabreichte dem Patienten 2 Tage nach einer Bypassoperation einen Darmeinlauf (Klysma). Eine Aufklärung über besondere Risiken der Behandlung fand nicht statt. Wegen plötzlich auftretender Bauchschmerzen und Kontrastmittelaustritts aus dem Enddarm wurde der Kläger notfallmäßig laparotomiert. Wegen einer Rektumperforation erfolgte eine Hartmann-Stumpf-Operation mit Anlage eines Sigmastomas (künstlicher Darmausgang).Der Patient leide bis heute unter Stuhlinkontinenz und sei depressiv. Er fordert daher ein Schmerzensgeld in Höhe von mindestens € 60.000,-.
Leitsatz: Die Verabreichung eines Klysmas (Klistiers, Darmeinlaufs) unterliegt grundsätzlich dem Bereich des voll beherrschbaren Behandlungsgeschehens. Bei einer dabei erfolgten Verletzung der Darmwand ist deshalb nicht der Patient gehalten, einen Behandlungsfehler nachzuweisen. Wegen Umkehr der Beweislast obliegt es vielmehr der Behandlungsseite, sich zu entlasten. Anderes gilt dann, wenn der Patient infolge einer Prädisposition einen Risikofaktor in das Behandlungsgeschehen einbringt, der den Gefahrenbereich für den Arzt oder das Pflegepersonal nicht mehr uneingeschränkt beherrschbar macht (OLG Zweibrücken, Urteil vom 16.01.2007, AZ: 5U 48/06).

Urteile zur unerlaubten Handlung, BGB, § 823:
Urteil 9: Für die mit einem Spritzenabszess verbundenen Komplikationen hat ein Krankenhausträger einzustehen, wenn er intramuskuläre Injektionen an nicht hinreichend qualifiziertes Personal überträgt (OLG Köln, Urteil vom 22.01.1987 – 7 U 193/86).

Urteil 10: Eine wirksame Desinfektion vor einer Injektion setzt die Einhaltung einer Mindesteinwirkzeit des Desinfektionsmittels voraus. Ein Verstoß gegen diese elementaren und eindeutigen Regeln der Injektionstechnik ist ein grober Behandlungsfehler, mit der Folge einer Beweislastumkehr (OLG Stuttgart, Urteil vom 20.07.1989 – 14 U 21/88).

▼

Urteil 11: Jeder Fall einer Lähmung des Nervus ischiadicus als Folge einer intramuskulären Injektion stellt einen schuldhaft verursachten Behandlungsfehler dar, wobei der Vorwurf eines Sorgfaltsmangels in der fehlerhaft gewählten Injektionsart und/oder der fehlerhaft vorgenommenen Einstichrichtung zu sehen ist (OLG Bremen, Urteil vom 20.09.1989 – 1 U 26/88).

Urteil 12: Kommt es bei der intramuskulären Injektion eines Medikamentes, das bei ohnehin liegender Dauerkanüle auch intravenös hätte verabreicht werden können, zu einem Hämatom mit nachfolgender Gewebenekrose, so ist grundsätzlich eine Haftung des behandelnden Arztes bzw. des Krankenhausträgers zu bejahen (OLG Düsseldorf, Urteil vom 06.12.1984 – 8 U 217/82).

Urteil 13: Treten nach einer glutealen Injektion eines Antirheumatikums in den Gesäßmuskeln sofort erhebliche Schmerzen und Lähmungen auf, so spricht der Anscheinsbeweis für eine falsche Injektionstechnik (LG Ravensburg, Urteil vom 28.12.1987 – 2 O 259/87).

Urteil 14: BGB § 276 Vertragsverletzung Arztvertrag: Ist die Schädigung des Patienten Folge eines Fehlers im pflegerischen Bereich des Krankenhauses, hat der Arzt dafür grundsätzlich nicht einzustehen (OLG Düsseldorf, Urteil vom 05.02.1987, 8 U 112/85).

Urteil 15: Bei einer diabeteskranken PatientIn entstand ein Gangrän, was eine Notfallbehandlung erforderte. Dem Pflegedienst wurde vorgehalten, die Veränderung am Fuß nicht rechtzeitig erkannt und falsch behandelt zu haben. Von Patientenseite wurde behauptet, dass der Pflegedienst nicht auf die Notwendigkeit einer frühzeitigen ärztlichen Behandlung hingewiesen habe. Die Klage wurde jedoch nur aufgrund lückenloser Dokumentation vom Gericht abgewiesen (AG Neuss, Urteil vom 08.11.2000, AZ: 37C 7054/99).

Praxistipp

1: Dokumentieren Sie im Schadensfall korrekt die Umstände und die eingeleiteten Maßnahmen, um bei einer Klage gegen die Einrichtung oder gegen Sie Ihr korrektes Handeln beweisen zu können.

2: Wie verhalte ich mich, wenn die Situation für mich nicht verantwortbar ist, da eine Gefährdung der Patienten vorliegt? Richten Sie Ihre Bedenken bezüglich der mangelnden Versorgungsqualität und der für Sie nicht tragbaren Organisationsverantwortung schriftlich an die Pflegedienstleitung.

3: Pflegefehler, sollten sie durch die handelnden Personen bemerkt werden, müssen sofort an die zuständige Leitung bzw. den behandelnden Arzt weitergegeben werden, um somit ein schnelles Eingreifen und die Korrektur des Fehlers zu ermöglichen. Die gesamten Abläufe vom Fehler bis zur Korrektur müssen lückenlos dokumentiert sein. Es ist anzuraten, auch den zuständigen Kostenträger lückenlos und transparent über den Sachverhalt aufzuklären. Ein Nichtbekanntgeben und Anzeigen von Pflegefehlern hat weitreichende strafrechtliche, haftungsrechtliche sowie zum Teil arbeitsrechtliche Folgen.
4: Beachten Sie bei strafrechtlichen Ermittlungen gegen Sie durch Polizei, Staatsanwaltschaft oder Richter, dass Sie sofort einen Rechtsanwalt konsultieren. Dieser gibt Ihnen Sicherheit in Fragen des Zeugnisverweigerungsrechts (§ 52 StPO) oder des Auskunftsverweigerungsrechts (§ 55 StPO). Bei Verweigerung der Aussage kann gegen Sie ein Zwangsgeld festgesetzt werden (OLG Hamm, Beschluss vom 20.01.2009 AZ: 5 Ws 24/09).

► Arbeitnehmerhaftung, Beweislast, Dekubitus, Einwilligung, Fahrlässigkeit, Gewalt, Remonstration, Risikodokumentation, Verjährung, Versicherung

Notizen für den Alltag

Hygiene

Die noch immer zu hohe Zahl von 500.000 nosokomialen Infektionen jährlich in Deutschland muss alle Beteiligten zu einem weiteren Engagement in der Infektionsprophylaxe und -therapie veranlassen. Jährlich wiederkehrende Pressemeldungen zu krankenhausbedingten Infektionen mit tausenden Toten verunsichern die Bevölkerung und geben dringenden Handlungsbedarf. Die Forderungen einer sachgemäßen Hygiene betreffen Krankenhaus, Altenheim und die ambulante Pflege mit den Maßnahmen der Infektionsverhütung. Seit 01.07.2009 besteht eine Meldepflicht für Methicillin-resistente Stämme von Staphylococcus aureus (MRSA).

Beispiel

Fall: Eine Altenheimbewohnerin hat MRSA. Die Altenpflegerin weist den Träger mehrfach darauf hin, dass diesbezüglich Meldepflicht besteht. Dieser unternimmt nichts. Nachdem die Altenpflegerin Meldung beim Gesundheitsamt erstattete, erhält sie eine Abmahnung wegen Störung des Betriebsfriedens.

Weitere Fälle von Hygienefehlern im rechtlichen Sinne sind u. a.:

- Vorbereitung von Desinfektionslösungen für mehr als 24 Stunden im Voraus
- Verwendung nicht-geschlossener Harnableitungssysteme
- Zu lange andauerndes Liegenlassen intravenöser Katheter und deren falsche Handhabung
- Einsatz von kontaminierten Inhalatoren
- Verbandwechsel mit Kontamination des Umfeldes
- Aseptische Operationen in einem nicht ausreichend desinfizierten Operationssaal

Beispiel

Urteil 1: Eine Einrichtung hat für die Folgen einer Infektion aus einem beherrschbaren Bereich einzustehen, sofern sie sich nicht dahingehend zu entlasten vermag, dass sie alle organisatorischen und technischen Vorkehrungen gegen vermeidbare Keimübertragungen getroffen hat (BGH Urteil VersR 1991, S. 467 ff.).

Die hygienerechtlichen Grundlagen und Anforderungen ergeben sich aus folgenden Gesetzen und Verordnungen:

- Infektionsschutzgesetz
- Lebensmittel- und Bedarfsgegenständegesetz
- Jugend- und Arbeitsschutzgesetz
- Mutterschutzgesetz
- Strahlenschutzverordnung
- Medizinproduktegesetz
- Vorschriften der Hygieneverordnungen der Länder
- Landeskrankenhausgesetze
- Unfallverhütungsvorschriften
- Auflagen der Berufsgenossenschaften

Das Infektionsschutzgesetz stellt auch für die Pflegenden hinsichtlich Vorbeugung, Erkennung und Weiterverbreitung von Infektionen hohe Anforderungen.

Infektionsschutzgesetz – Auszüge

Gesetz zur Verhütung und Bekämpfung von Infektionskrankheiten beim Menschen (Infektionsschutzgesetz – IfSG) vom 20.07.2000 (BGBl. 1 S. 1045), (BGBl. III 2126–13), zuletzt geändert durch Artikel 2a des Gesetzes vom 17.07.2009 (BGBl. 1 S. 2091).

§ 1 Zweck des Gesetzes

(1) Zweck des Gesetzes ist es, übertragbaren Krankheiten beim Menschen vorzubeugen, Infektionen frühzeitig zu erkennen und ihre Weiterverbreitung zu verhindern.

§ 2 Begriffsbestimmungen

Im Sinne des Gesetzes ist

1. Krankheitserreger: ein vermehrungsfähiges Agens (Virus, Bakterium, Pilz, Parasit) oder ein sonstiges biologisches transmissibles Agens, das bei Menschen eine Infektion oder übertragbare Krankheit verursachen kann
2. Infektion: die Aufnahme eines Krankheitserregers und seine nachfolgende Entwicklung oder Vermehrung im menschlichen Organismus
3. Übertragbare Krankheit: eine durch Krankheitserreger oder deren toxische Produkte, die unmittelbar oder mittelbar auf den Menschen übertragen werden, verursachte Krankheit

4. Kranker: eine Person, die an einer übertragbaren Krankheit erkrankt ist
5. Krankheitsverdächtiger: eine Person, bei der Symptome bestehen, welche das Vorliegen einer bestimmten übertragbaren Krankheit vermuten lassen
6. Ausscheider: eine Person, die Krankheitserreger ausscheidet und dadurch eine Ansteckungsquelle für die Allgemeinheit sein kann, ohne krank oder krankheitsverdächtig zu sein
7. [...]
8. Nosokomiale Infektion: eine Infektion mit lokalen oder systemischen Infektionszeichen als Reaktion auf das Vorhandensein von Erregern oder ihrer Toxine, die im zeitlichen Zusammenhang mit einer stationären oder einer ambulanten medizinischen Maßnahme steht, soweit die Infektion nicht bereits vorher bestand.

§ 4 Aufgaben des Robert Koch-Institutes

(1) Das Robert Koch-Institut hat im Rahmen dieses Gesetzes die Aufgaben, Konzeptionen zur Vorbeugung übertragbarer Krankheiten sowie zur frühzeitigen Erkennung und Verhinderung der Weiterverbreitung von Infektion zu entwickeln. Dies schließt die Entwicklung und Durchführung epidemiologischer und laborgestützter Analysen sowie Forschung zu Ursache, Diagnostik und Prävention übertragbarer Krankheiten ein.

§ 6 Meldepflichtige Krankheiten

(1) Namentlich ist zu melden:

1. der Krankheitsverdacht, die Erkrankung sowie der Tod an
   a) Botulismus
   b) Cholera
   c) Diphtherie
   d) Humaner spongiformer Enzephalopathie, außer familiär-hereditärer Formen
   e) Akuter Virushepatitis
   f) Enteropathischem hämolytisch-urämischem Syndrom (HUS)
   g) Virusbedingtem hämorrhagischem Fieber
   h) Masern
   i) Meningokokken-Meningitis oder -Sepsis
   j) Milzbrand
   k) Poliomyelitis (als Verdacht gilt jede akute schlaffe Lähmung, außer wenn traumatisch bedingt)

l) Pest
m) Tollwut
n) Typhus abdominalis/Paratyhus

sowie die Erkrankung und der Tod an einer behandlungsbedürftigen Tuberkulose, auch wenn ein bakteriologischer Nachweis nicht vorliegt,

2. der Verdacht auf und die Erkrankung an einer mikrobiell bedingten Lebensmittelvergiftung oder an einer akuten infektiösen Gastroenteritis, wenn
   a) eine Person betroffen ist, die eine Tätigkeit im Sinne des § 42 Abs. 1 ausübt,
   b) zwei oder mehr gleichartige Erkrankungen auftreten, bei denen ein epidemischer Zusammenhang wahrscheinlich ist oder vermutet wird,

(3) Dem Gesundheitsamt ist unverzüglich das gehäufte Auftreten nosokomialer Infektionen, bei denen ein epidemischer Zusammenhang wahrscheinlich ist oder vermutet wird, als Ausbruch nicht namentlich zu melden. Die Meldung nach Satz 1 hat gemäß § 8 Abs. 1 Nr. 1, 3 oder 5, § 10 Abs. 1 Satz 3, Abs. 3 und 4 Satz 3 zu erfolgen.

§ 8 Zur Meldung verpflichtete Personen

(1) Zur Meldung oder Mitteilung sind verpflichtet:

1. im Falle des § 6 der feststellende Arzt; in Krankenhäusern oder anderen Einrichtungen der stationären Pflege ist für die Einhaltung der Meldepflicht neben dem feststellenden Arzt auch der leitende Arzt, in Krankenhäusern mit mehreren selbständigen Abteilungen der leitende Abteilungsarzt, in Einrichtungen ohne leitenden Arzt der behandelnde Arzt verantwortlich.

5. im Falle des § 6 Abs. 1 Nr. 1, 2 und 5 und Abs. 3 Angehörige eines anderen Heil- oder Pflegeberufs, der für die Berufsausübung oder die Führung der Berufsbezeichnung eine staatlich geregelte Ausbildung oder Anerkennung erfordert.

§ 23 Nosokomiale Infektionen, Resistenzen

(1) Leiter von Krankenhäusern und von Einrichtungen für ambulantes Operieren sind verpflichtet, die vom Robert Koch-Institut nach § 4 Abs. 2 Nr. 2 Buchstabe b festgelegten nosokomialen Infektionen und das Auftreten von Krankheitserregern mit speziellen Resistenzen und Multiresistenzen fortlaufend in einer gesonderten Niederschrift aufzuzeichnen und zu bewerten. Die Aufzeichnungen nach Satz 1 sind zehn Jahre aufzubewahren. Dem zuständigen Gesundheitsamt ist auf Verlangen Einsicht in die Aufzeichnungen zu gewähren.

§ 31 Berufliches Tätigkeitsverbot

Die zuständige Behörde kann Kranken, Krankheitsverdächtigen, Ansteckungsverdächtigen und Ausscheidern die Ausübung bestimmter beruflicher Tätigkeiten ganz oder teilweise untersagen. Satz 1 gilt auch für sonstige Personen, die Krankheitserreger so in oder an sich tragen, dass im Einzelfall die Gefahr einer Weiterverbreitung besteht.

§ 36 Einhaltung der Infektionshygiene

(1) Die in § 33 genannten Gemeinschaftseinrichtungen sowie Krankenhäuser, Vorsorge- oder Rehabilitationseinrichtungen, Einrichtungen für ambulantes Operieren, Dialyseeinrichtungen, Tageskliniken, Entbindungseinrichtungen, Einrichtungen nach § 1 Abs. 1 bis 5 des Heimgesetzes, vergleichbar Behandlungs-, Betreuungs- oder Versorgungseinrichtungen sowie Obdachlosenunterkünfte, Gemeinschaftsunterkünfte für Asylbewerber, Spätaussiedler und Flüchtlinge sowie sonstige Massenunterkünfte und Justizvollzugsanstalten legen in Hygieneplänen innerbetriebliche Verfahrensweisen zur Infektionshygiene fest. Die genannten Einrichtungen unterliegen der infektionshygienischen Überwachung durch das Gesundheitsamt.

(4) Personen, die in ein Altenheim, Altenwohnheim, Pflegeheim oder eine gleichartige Einrichtung im Sinne des § 1 Abs. 1 bis 5 des Heimgesetzes oder in eine Gemeinschaftsunterkunft für Obdachlose, Flüchtlinge, Asylbewerber oder in eine Erstaufnahmeeinrichtung des Bundes für Spätaussiedler aufgenommen werden sollen, haben vor oder unverzüglich nach ihrer Aufnahme der Leitung der Einrichtung ein ärztliches Zeugnis darüber vorzulegen, dass bei ihnen keine Anhaltspunkte für das Vorliegen einer ansteckungsfähigen Lungentuberkulose vorhanden sind.

§ 73 Bußgeldvorschriften

(1) Ordnungswidrig handelt, wer vorsätzlich oder fahrlässig

1. entgegen § 6 Abs. 1 oder § 7, eine Meldung nicht, nicht richtig, nicht vollständig oder nicht rechtzeitig macht.

Wird eine aufgrund dieses Gesetzes von einer Pflegeperson festgestellte Unterbrechung in der Hygienekette bei den Verantwortlichen angemahnt, so wird dies oft als »meckern oder besserwissen« verstanden.

Stellt eine Pflegeperson bei anderen Mitarbeitern eine Unterbrechung in der Hygienekette fest und mahnt diese an, darf dieses nicht als Besserwisserei, sondern als Qualitätsgarantie aufgefasst werden.

Beispiel

Urteil 2: Wahl des falschen Operationssaales

Eine Mamma-Operation wurde in einem Operationssaal durchgeführt, in dem zuvor eine Blinddarmoperation stattgefunden hatte. Bei der brustoperierten Patientin trat anschließend eine Infektion auf. Das Kammergericht sah einen groben Behandlungsfehler darin, dass die Operation in einem Saal stattfand, in dem zuvor eine Blinddarmoperation stattgefunden hatte. Außerdem fehlte die Sterilitätskontrolle der Instrumente (KG Berlin, Urteil vom 17.04.1980).

Urteil 3: Unzureichende Händedesinfektion

»Die unzureichende Desinfektion der Hände verstößt gegen elementare Behandlungsregeln und stellt einen groben Behandlungsfehler dar. Wird ein solcher festgestellt, muss der Arzt den Beweis erbringen, dass der eingetretene Schaden nicht auf diesem groben Fehler beruht.« (OLG Düsseldorf)

Ein Patient forderte von einem niedergelassenen Chirurgen wegen Teilversteifung des Ellbogens mit 20%iger Erwerbsminderung die Zahlung von Schmerzensgeld. Das OLG gab der Klage statt, nachdem die Beweisaufnahme ergeben hatte, dass der Beklagte nach der Untersuchung zweier anderer Patienten bei dem Kläger eine Injektion im Bereich des rechten Ellbogens vorgenommen hatte, ohne zuvor seine Hände desinfiziert zu haben. Dieses insbesondere, da sich die Nadel nach der Einführung von der Spritze gelöst hatte und vom Arzt wieder aufgesetzt wurde. Der Patient bekam eine schwere Entzündung des Ellbogens und musste zweimal stationär im Krankenhaus behandelt werden (OLG Düsseldorf, Urteil vom 04.06.1987, AZ 8 U 113/85).

Urteil 4: Infektion nach Blasenspiegelung

Nach einer Zystoskopie wurden Pyocyaneusbakterien im Urin festgestellt. Bei der Spiegelung selbst war der Patient völlig ohne Befund. Da das restliche zur Füllung verwendete Wasser jeweils erst am nächsten Tag mit neuem Wasser aufgefüllt und nur einmal wöchentlich der Glasbehälter sterilisiert wurde, sah das OLG Münster eine Verletzung der notwendigen sterilen Vorkehrungen. Die Infektion samt Nebenhodenentzündung wurde als ersatzpflichtiger Schaden anerkannt (OLG Münster, Urteil vom 25.02.1982).

▼

Urteil 5: Tod nach Kaiserschnitt

Verurteilt wurde eine städtische Klinik zu Schadenersatz, weil sie den Tod einer Patientin verschuldet habe. Hiermit wurde der Klage der Hinterbliebenen stattgegeben und ein anders lautendes Urteil des LG Oldenburg geändert. Eine 29-jährige Frau starb nach einer Kaiserschnittentbindung an einer Streptokokkeninfektion. Wie sich nachträglich herausstellte, war ein OP-Helfer eingesetzt, der mit Streptokokken infiziert war. Es waren in der Klinik zuvor bereits mehrere derartige Infektionsfälle aufgetreten. Auch hatte man den OP-Helfer bereits als Träger erkannt und aus dem OP-Team genommen. Nach einer Penicillintherapie und drei negativen Kontrolluntersuchungen hatte der OP-Helfer dann 3 Wochen vor der fraglichen Operation seinen Dienst wieder aufgenommen.

Das Gericht sah einen groben Behandlungsfehler der Klinikleitung darin, dass diese nicht bereits bei Auftreten der ersten Infektion alle Chefärzte der Klinik über die Infektion informiert hatte. Die Einstufung als grober Behandlungsfehler führe im Übrigen zu einer Umkehr der Beweislast, so das Gericht: Nicht die Kläger müssten beweisen, dass sich die Verstorbene beim OP-Helfer angesteckt habe, sondern die Klinik müsse den Entlastungsbeweis führen. Dieses sei ihr nicht gelungen. Daher schulde sie grundsätzlich Schadenersatz. Die Kläger (Kind und Ehemann) haben neben einem Schmerzensgeld von insgesamt DM 100.000,- die Erstattung der Beerdigungskosten sowie die Leistung von Schadenersatz (Renten) gefordert. Darüber hinaus: Für das Kind eine Rente bis zur Vollendung des 7. Lebensjahres von DM 932,29, bis zur Vollendung des 12. Lebensjahres von DM 860,94 und anschließend bis zur Vollendung des 18. Lebensjahres von DM 787,89 monatlich zu zahlen, an den Ehemann eine Rente zu zahlen, und zwar monatlich bis zur Vollendung des 7. Lebensjahres des Kindes DM 1.864,54, bis zur Vollendung des 12. Lebensjahres DM 1.721,90 und anschließend bis zur Vollendung des 18. Lebensjahres DM 1.575,78 sowie festzustellen, das die Beklagten als Gesamtschuldner verpflichtet sind, an den Ehemann ab Vollendung des 18. Lebensjahres des Kindes, fortlaufend bis zum Jahre 2047 eine angemessene monatliche Rente zu zahlen und dem Kind nach Vollendung des 18. Lebensjahres eine angemessene monatliche Rente zu zahlen, sofern ihm dann noch Unterhaltsansprüche gegen seine noch lebende Mutter zustehen würden (OLG Oldenburg, Urteil vom 03.12.2002, 5U100/00).

▼

Urteil 6: Eine Notärztin hatte vor einer Injektion keine Desinfektion durchgeführt. Die Patientin bekam eine Sepsis und musste wochenlang stationär behandelt werden. Nekrotisierendes Bindegewebe an beiden Armen führte zu Verwachsungen und Narbenbildungen. Das Urteil verweist darauf, dass auch in Notfällen die Standards (Einweghandschuhe und Desinfektion der betroffenen Hautstelle) einzuhalten sind. € 10.000,- Schmerzensgeld (OLG Naumburg, AZ: 1 U 86/08).

Eine Haftung wegen fehlender oder mangelnder Aufklärung über Infektionsrisiken durch Hygienemängel ist in den Fällen gegeben, in denen sich die Ursache zwischen Hygienemangel und eingetretenem Schaden nicht exakt abgrenzen lässt.

Praxistipp

1: Einwegmaterial ist für die einmalige Verwendung gedacht. Resterilisierte Einwegprodukte gefährden die Sicherheit des Patienten.

2: Teilen Sie in entsprechenden Fällen Ihre Bedenken dem behandelnden Arzt bzw. der Abteilungsleitung mit.

3: Beachten Sie, dass Hygienepläne nicht gleichzeitig Desinfektionspläne sind und eine zeitnahe Dokumentation der Maßnahmen erforderlich ist.

4: Orientieren Sie sich am MRSA-Maßnahmenplan in Gesundheitseinrichtungen der Deutschen Gesellschaft für Krankenhaushygiene (DGK) sowie an der Empfehlung der Kommission für Krankenhaushygiene und Infektionsprävention (KRINKO) zu personellen und organisatorischen Voraussetzungen zur Prävention nosokomialer Infektionen.

► Haftung, Medizinproduktegesetz, Remonstration, Verantwortung

Notizen für den Alltag

Infusion

Im Pflegealltag kommt es häufig zu Auseinandersetzungen beim Anlegen von Infusionen, Perfusoren und Infusomaten. Die Gründe liegen zumeist in der Delegationsfähigkeit und Umsetzungskompetenz. Die Anordnung und Dosierung obliegen dem Arzt im Sinne seiner Verantwortung für diagnostische und therapeutische Entscheidungen. Die Delegation einzelner ärztlicher Tätigkeiten auf das Pflegepersonal ist nach der Rechtsprechung des Bundesgerichtshofes grundsätzlich erlaubt. Mit dem Altenpflegegesetz und dem Krankenpflegegesetz wird die Ausführung ärztlich verordneter Maßnahmen jeweils im § 3 als Kenntnis, Fähigkeit und Fertigkeit vorausgesetzt.

Bei der Übernahme von ärztlichen Anordnungen und bei ihrer anschließenden Durchführung spielt die fachliche Qualifikation der Pflegeperson eine wesentliche Rolle. In der Anästhesie, Intensivpflege und Dialyse sind diese Aufgaben für die Pflegeperson selbstverständlich, zumal sie sich für den jeweiligen Bereich zusätzlich qualifizieren musste. Doch geht es im Wesentlichen nicht nur um die zu erlernende Technik, sondern um die Fähigkeit, im Vorfeld mögliche Komplikationen abschätzen zu können. Darüber hinaus sind die Rahmenbedingungen des Arbeitsvertrages, der Dienstanweisungen, Standards, Einwilligung des Patienten, personelle und zeitliche Ressourcen zu berücksichtigen.

Bei der Delegation sollte jedoch immer berücksichtigt werden: Die Umsetzung ärztlicher Tätigkeiten darf die Kapazitäten der eigenverantwortlichen Aufgaben und Verantwortungsbereiche der Pflege nicht zusätzlich belasten. Der Träger der Einrichtung bzw. die Pflegedienstleitung muss daher im Sinne der Organisationsverantwortung, Vertragshaftung sowie der Qualitätssicherung dafür Sorge tragen, dass die quantitative und qualitative Sicherheit gewährleistet ist, entsprechende Maßnahmen sind zu organisieren. Hierbei kann eine Kategorisierung in »delegationsfähig« oder »nicht delegationsfähig« hilfreich sein. Rechtlich verbindlich sind Standards, Dienstanweisungen und Befähigungsnachweise. Diese Sicherheitselemente dienen der multiprofessionellen Zusammenarbeit, sie helfen zugleich bei der Beweisführung im aufkommenden Haftungsprozess für den Träger gegenüber dem Patienten im Sinne des Krankenhausaufnahme-, Heim- oder Pflegevertrages sowie der Pflegeperson im Falle der persönlichen deliktischen Haftung.

Beispiel

Fall 1: Eine Krankenschwester soll auf ärztliche Anordnung eine Antibiotikuminfusion durchführen und äußert Bedenken.

Fall 2: Bei einem Säugling liegt nach einer Operation eine Infusion. Die Kanüle ist durch einen Verband verdeckt. Nachdem die Infusion in das Gewebe (paravenös) eingelaufen ist und dem Kind schwere Schäden entstanden sind, mussten mehrere Folgeoperationen am Arm durchgeführt werden. Die Eltern klagten auf Schmerzensgeld gegen die Klinik und gegen die Nachtwache als »Verrichtungshilfe«.

Beispiel

Urteil: Unsterile Infusion

»Wird ein Krankenhauspatient an seiner Gesundheit geschädigt, weil die ihm verabreichte Infusionsflüssigkeit bei oder nach der Zubereitung im Krankenhaus unsteril wurde, dann muss der Krankenhausträger beweisen, dass dieser Fehler nicht auf einem ihm zuzurechnenden Organisations- oder Personalverschulden beruht.« (BGH)

Bei einer Patientin (Klägerin) sollte in einer Diagnostik-Klinik (Beklagte) wegen des Verdachts auf Hyperkalzämie ein Kyle-Test durchgeführt werden, bei dem per Infusion Calcium gluconicum in Lävuloselösung verabreicht wird. Der diensthabende Assistenzarzt legte die Infusion an. Etwa 1 Stunde später traten bei ihr Schüttelfrost und hohes Fieber sowie Beklemmungs- und Schmerzbeschwerden im Magen-, Brust- und Rückenbereich auf. Der Kyle-Test wurde daraufhin abgebrochen und die Klägerin, die einen septischen Schock erlitten hatte, intensivärztlich versorgt. Der Vorwurf lautete, die Infusionslösung sei bei der Zubereitung durch die diensthabende Schwester verunreinigt worden. Zu der Unsterilität sei es gekommen, weil die Schwester die Lösung nicht, wie es den Anforderungen an die Hygiene entspräche, erst kurz vor der Applikation, sondern länger als 1 Stunde vorher zubereitet habe. Ursache sei eine Verunreinigung der Infusionslösung mit Enterobacter aerogenes.

Die Klägerin, die nach ihrer Behauptung Dauerschäden, u. a. eine rechtsseitige Teilparese, davongetragen hat, forderte von der Klinik die Zahlung eines Schmerzensgeldes und Feststellung der Ersatzpflicht für die eingetre-

▼

tenen und zukünftigen Schäden. In der ersten Instanz wurde der Klage auf Schmerzensgeld in Höhe von DM 5.000,- stattgegeben und die Verpflichtung zum Ersatz des Zukunftsschadens festgestellt. Das OLG hat sich diesem Urteil im Wesentlichen angeschlossen und die Berufung der Beklagten zurückgewiesen. Die Klinik (Beklagte) begehrte mit der Revision vor dem BGH die volle Abweisung der Klage (BGH, Urteil vom 03.11.1981 – VI ZR 119/80).

Praxistipp

Das Anlegen von Infusionen ist nach der Rechtsprechung ärztlich vorbehaltene Aufgabe. Sie ist delegierbar auf pharmakologisch und fachlich qualifizierte Pflegende. Dieses betrifft insbesondere den Wechsel von Infusionen bei liegendem Infusionssystem.

Bestehen Sie auf eine grundsätzliche Regelung, wenn es um die Ausführung von Infusionen geht. Beachten Sie die Notwendigkeit der schriftlichen Anordnung und verständigen Sie den Arzt sofort bei einer sich abzeichnenden Komplikation. Prüfen Sie die Einwilligung des Patienten, bevor Sie als Pflegeperson eine ärztliche Maßnahme durchführen. Wenn Sie persönlich für eine bestimmte Maßnahme nicht die fachliche Qualifikation besitzen und eine Patientengefährdung vermuten, richten Sie Ihre Bedenken in schriftlicher Form an den zuständigen Arzt.

▶ Ärztliche Anordnung, Aufgabenstellung, Aufzeigen von Bedenken, Befähigungsnachweis, Delegation, Haftung

Notizen für den Alltag

Injektion

Die Verabreichung von Injektionen und Blutentnahmen aller Art ist grundsätzlich ärztlicher Verantwortungsbereich. Diese Maßnahmen kann der Arzt delegieren, er muss jedoch sowohl die Gefährlichkeit für den Patienten als auch die Fähigkeit der Pflegekraft, der er die Tätigkeit überantworten möchte, richtig einschätzen. Dieses Vorgehen ist im Altenpflegegesetz und Krankenpflegegesetz, jeweils § 3, geregelt.

Bei Übernahme und Durchführung trägt die Pflegeperson die Durchführungsverantwortung im Sinne der deliktischen Haftung für die falsche Technik, Missachtung der hygienischen Erfordernisse oder Verwechslung des Patienten. Zu den möglichen Komplikationen zählen: Nervenlähmung, Spritzenhämatom, Spritzenabszess, Injektion, Nekrosen und in Folge Amputation von betroffenen Gliedmaßen.

Die Pflege von Patienten/Bewohnern hat dem aktuellen Stand der Wissenschaft in Medizin und Pflege zu folgen. Um dies zu gewährleisten, sind die jeweilige Einrichtung und der Pflegedienst angehalten, zeitnah evaluierte Standards umzusetzen. Die Standards sind Bestandteil der Dienstanweisungen und müssen definieren, wie und wer Injektionen und Blutentnahmen durchführen darf. So hat sich etwa für die intramuskuläre Injektion in den letzten 30 Jahren durch die Fachliteratur, die ventrogluteale Applikation nach von Hochstetter (Abb. 14) bzw. Lanz-Wachsmuth als Standard etabliert.

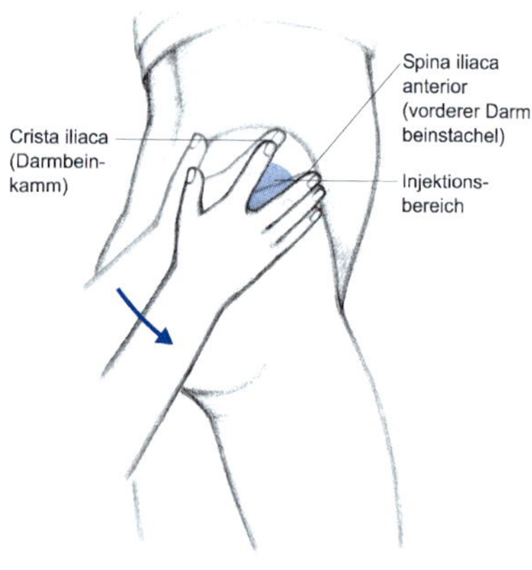

Abb. 14. Intramuskuläre Injektionstechnik nach von Hochstetter

Die Anwendung einer anderen Applikation, bedingt durch die Situation des Patienten, z. B. Verbände in diesem Bereich, bedarf des speziellen Eintrages in die Dokumentation (Beweisführung).

In der Anästhesie, Intensivpflege und Dialyse gehören die Injektionen und Blutentnahmen aufgrund der zusätzlichen Qualifikation bereits zum pflegerischen Aufgabenbereich. Zu beachten ist aber auch hier die klare Festlegung anhand von Standards und Dienstanweisungen, um die rechtliche Sicherheit zu gewährleisten.

In diesem Zusammenhang ist festzustellen, dass eine dreijährig ausgebildete Pflegeperson intramuskuläre Injektionen nicht an Altenpflege- oder Krankenpflegehelfer und subkutane Injektionen nicht an unausgebildete Hilfskräfte übertragen darf. Der Arzt hat seine Anordnung in gutem Glauben der korrekten Umsetzung an den hierfür qualifizierten Mitarbeiter delegiert, somit übernimmt die weiter delegierende Pflegefachkraft die Anordnungs- und Durchführungsverantwortung für einen entstehenden Schaden. Eine Injektion bedeutet den Tatbestand der Körperverletzung, wenn der Patient nicht eingewilligt hat.

Beispiel

Urteil 1: Injektionen durch Krankenpflegehelfer

In einem Zivilprozess forderte der Patient (Kläger) von der Stadt (Beklagte), die Trägerin des Krankenhauses ist, einen Schadenersatzanspruch: Der Patient unterzog sich in der chirurgischen Station des Krankenhauses einer Bruchoperation. Im Anschluss an diese Operation erhielt der Patient täglich Injektionen von Megacillin in die Gesäßmuskulatur. Durch eine fehlerhaft gesetzte Spritze zog sich der Patient eine sog. Spritzenlähmung im linken Bein zu. Diese Spritze wurde nicht durch eine voll ausgebildete Krankenschwester, sondern durch eine nach einjähriger Ausbildung examinierte Krankenpflegehelferin (§ 14a Krankenpflegegesetz vom 20.09.1965) gesetzt.

Urteilsbegründung: Dafür, dass eine Krankenpflegehelferin generell zur Ausführung von Injektionen befugt und befähigt wäre, ergibt sich ein Hinweis weder aus der Ausbildungs- und Prüfungsordnung von Krankenpflegehelfer vom 02.08.1966 noch aus Richtlinien der Deutschen Krankenhausgesellschaft. Demnach spricht vieles dafür, dass auch heute noch

▼

die Verabreichung von intramuskulären Injektionen durch Krankenpflegehelfer grundsätzlich nicht geduldet werden darf, weil deren fehlerhafte Ausführung bekanntermaßen zu schwerwiegenden Schädigungen führen kann. Der Bundesgerichtshof hielt den Anspruch des Patienten gegen die beklagte Stadt für begründet und verurteilte die Stadt, seinen vermögensrechtlichen Schaden zu ersetzen und ein Schmerzensgeld zu zahlen (BGH, Urteil vom 08.05.1979).

Urteil 2: Spritzenabszess

Für die mit einem Spritzenabszess verbundenen Komplikationen hat ein Krankenhausträger einzustehen, wenn er intramuskuläre Injektionen an nicht hinreichend qualifiziertes Personal überträgt (OLG Köln, Urteil vom 22.01.1987, AZ 7 U 193/86).

Urteil 3: Injektionen durch Nicht-Fachkräfte

Das Verabreichen einer Spritze stellt einen Eingriff in die körperliche Unversehrtheit des Patienten dar und erfüllt den Tatbestand der Körperverletzung im Sinne § 223 des Strafgesetzbuches. Die Einwilligung eines Patienten erstreckt sich auch auf die Delegation von Injektionen auf medizinisches Hilfspersonal, soweit sie nach objektiven Maßstäben als zulässig anzusehen ist. Vor der Delegation ärztlicher Tätigkeiten auf Hilfskräfte ohne pflegerische Ausbildung ist zwingend die materielle Qualifikation durch einen Arzt festzustellen.

Zum Urteil: Verurteilt wurde eine Heimleiterin wegen Anstiftung zur Körperverletzung, weil sie einen Mitarbeiter beauftragt hatte, subkutan Insulin zu spritzen. Der Mitarbeiter war als Pflegehelfer eingestellt. Er hatte keine pflegerische Qualifikation und war gelernter Kraftfahrzeugmechaniker. Eine ärztliche Anleitung oder Überwachung während der Verabreichung fand nicht statt. Die Angeklagte hat den Mitarbeiter in die Technik der subkutanen Injektion eingewiesen. Das Landgericht Waldshut sah in den Injektionen durch den nicht (pflegerisch) qualifizierten Mitarbeiter eine vorsätzliche Körperverletzung. Da die Patientin nicht im Voraus über die fehlende Qualifikation des Mitarbeiters unterrichtet wurde, konnte sie nicht wirksam in die Injektionen einwilligen. Der Heimträger und die Pflegedienstleitung müssten seine »materielle Qualifikation«, d. h. sein Wissen und Können im Zusam-

▼

menhang mit den ihm übertragenen Aufgaben, prüfen und die Delegation mit dem behandelnden Arzt oder einem Beratungsarzt des Heimes abklären (LG Waldshut-Tiengen, Urteil vom 23.03.2004, AZ: 2 Ns 13 Js 1059/99).

Urteil 4: Schadenersatz nach tödlicher Injektion

Ein Patient musste wegen seiner Beschwerden im Sprunggelenk regelmäßig zum Arzt. Dort bekam er einmal pro Woche eine Spritze, die seine Schmerzen lindern sollte. Der Patient erkrankte eines Tages nach der Injektion so stark, dass das behandelte Bein amputiert werden musste. Wochen später verstarb er an Multiorganversagen. Wie sich später herausstelle, war die Arzthelferin unerkannt mit Streptokokken infiziert und bereitete die Injektion unsachgemäß vor.

Zur Entscheidung: Die Vorbereitung von Spritzen am Morgen und die anschließende ungekühlte Lagerung stellen einen Verstoß gegen die Hygienevorschriften dar. Die einschlägigen Richtlinien sehen eine Ampullenöffnung erst kurz vor der Injektion vor. Die tödliche Infektion muss als unmittelbare Folge der mangelnden Hygiene gesehen werden. Den Hinterbliebenen des Patienten steht deshalb angemessener Schadenersatz zu (LG München I, AZ: 9O 18834/00).

Praxistipp

Vor Durchführung einer Injektion berücksichtigen Sie die Schriftliche Anordnung, die für Applikation, Dosis und Patienten gilt. Beachten Sie Ihre Delegationshaftung, wenn Sie die Ihnen gestellte Aufgabe auf eine andere Pflegeperson übertragen.

► Aufgabenstellung, Aufklärung des Patienten, Ärztliche Anordnung, Befähigungsnachweis, Delegation, Einwilligung, Infusion, Standards

Kodex für professionelles Verhalten

Ethikkodex für Pflegende (ICN)

Der ICN ist ein Zusammenschluss von nationalen Berufsverbänden der Pflege und vertritt weltweit Millionen von Pflegenden. Seit 1899 ist der von Pflegenden für Pflegende geführte Verband die internationale Stimme der Pflege und macht sich zum Ziel, Pflege von hoher Qualität für alle sicherzustellen und sich für eine vernünftige Gesundheitspolitik weltweit einzusetzen.

Elemente des Ethikkodex

1. **Pflegende und ihre Mitmenschen**
   Die grundlegende berufliche Verantwortung der Pflegenden gilt dem pflegebedürftigen Menschen. Bei ihrer beruflichen Tätigkeit fördert die Pflegende ein Umfeld, in dem die Menschenrechte, die Wertvorstellungen, die Sitten und Gewohnheiten sowie der Glaube des Einzelnen, der Familie und der sozialen Gemeinschaft respektiert werden.
   Dic Pflegende gewährleistet, dass der Pflegebedürftige ausreichende Informationen erhält, auf die er seine Zustimmung zu seiner pflegerischen Versorgung und Behandlung gründen kann.
   Die Pflegende behandelt jede persönliche Information vertraulich und geht verantwortungsvoll mit der Informationsweitergabe um.
   Die Pflegende teilt mit der Gesellschaft die Verantwortung, Maßnahmen zugunsten der gesundheitlichen und sozialen Bedürfnisse der Bevölkerung, besonders der von benachteiligten Gruppen, zu veranlassen und zu unterstützen.
2. **Pflegende und die Berufsausübung**
   Die Pflegende ist persönlich verantwortlich und rechenschaftspflichtig für die Ausübung der Pflege, sowie für die Wahrung ihrer fachlichen Kompetenz durch kontinuierliche Fortbildung.
   Die Pflegende achtet auf ihre eigene Gesundheit, um ihre Fähigkeit zur Berufsausübung zu erhalten und sie nicht zu beeinträchtigen.
   Die Pflegende beurteilt die individuellen Fachkompetenzen, wenn sie Verantwortung übernimmt oder delegiert.

Die Pflegende soll in ihrem beruflichen Handeln jederzeit auf ein persönliches Verhalten achten, das dem Ansehen der Profession dient und das Vertrauen der Bevölkerung in sie stärkt.
Die Pflegende gewährleistet bei der Ausübung ihrer beruflichen Tätigkeit, dass der Einsatz von Technologie und die Anwendung neuer wissenschaftlicher Erkenntnisse vereinbar sind mit der Sicherheit, der Würde und den Rechten der Menschen.

3. **Pflegende und die Profession**
   Die Pflegende übernimmt die Hauptrolle bei der Festlegung und Umsetzung von Standards für die Pflegepraxis, das Pflegemanagement, die Pflegeforschung und Pflegebildung.
   Die Pflegende wirkt aktiv bei der Weiterentwicklung des wissenschaftlich fundierten professionellen Wissens mit.
   Durch ihren Berufsverband setzt sich die Pflegende dafür ein, dass gerechte soziale und wirtschaftliche Arbeitsbedingungen in der Pflege geschaffen und erhalten werden.
4. **Pflegende und ihre Kollegen**
   Die Pflegende sorgt für eine gute Zusammenarbeit mit den Kollegen aus der Pflege und anderen Professionen. Die Pflegende greift zum Schutz des Patienten ein, wenn sein Wohl durch einen Kollegen oder eine andere Person gefährdet ist. Pflegende sind Personen, die die Profession Pflege ausüben: Krankenschwester/-pfleger, Kinderkrankenschwester/-pfleger, Altenpfleger/in

► Berufsordnung

Notizen für den Alltag

Kooperation

Die aktuellen Herausforderungen im Gesundheits- und Pflegebereich sind auf eine integrierte Versorgung gerichtet. Im Mittelpunkt steht der Pflegebedürftige. Er geht davon aus, dass alle beteiligten Professionen in seinem Sinne kommunizieren und kooperieren.

Im Juli 2007 hat der Sachverständigenrat zur Begutachtung und zur Entwicklung im Gesundheitswesen ein Gutachten vorgelegt, in dem umfassende und aufeinander abgestimmte Konzepte für eine zielorientierte Gesundheitsversorgung im Sinne der Kooperation und Verantwortung aller im Gesundheitswesen aufgezeigt werden.

Abb. 15. Netzwerk

Kooperationspapier zwischen ärztlichem Dienst und Pflegedienst

Im Medizin- und Pflegebereich ist eine Kooperation zwischen Arzt und Pflege für den Patienten existentiell. Das 1993 zwischen Bundesärztekammer und den Pflegeverbänden (ADS, BeKD, BA, BALK, DBfK) vereinbarte Kooperationspapier mit der gegenseitigen Anerkennung von Aufgabenstellungen im ärztlichen Dienst und im Pflegedienst kann als Grundlage dienen, um Stellenbeschreibungen, Zuständigkeiten und Dienstanweisungen der einzelnen Abteilung zu strukturieren.

In diesem Kooperationspapier wurde u. a. vereinbart:

I. **Kooperation ist kein Selbstzweck**, sondern Folgewirkung in einem arbeitsteilig organisierten und durch berufliche Spezialisierung gekennzeichneten Gesundheitswesen. Aus der Arbeitsteilung und Spezialisierung resultierende Vorteile können durch Kooperation besser genutzt, Nachteile leichter gemindert werden. Wenn bei den absehbaren Entwicklungen unseres Gesundheitswesens – insbesondere der ökonomischen und personellen Ressourcenbegrenzung – die ärztlichen und pflegerischen Versorgungsstandards bei gleichzeitiger Zielsetzung der stärkeren Patientenorientierung beibehalten werden sollen, zeichnet sich die Notwendigkeit interprofessioneller Kooperation deutlicher ab.
   Viele Versorgungsprobleme der Zukunft können und müssen durch effizientere organisatorische Strukturen und die dazugehörende Kommunikation bewältigt werden. Dies gilt für die stationäre und die ambulante Versorgung sowie für die Schnittstellenbereiche gleichermaßen. Ärzte und Pflegekräfte als die zahlenmäßig größten Berufsgruppen arbeiten eng zusammen, sei es als Angestellte oder Freiberufler. Ihr Zusammenwirken zum Wohle des Patienten ist gemeinsames Anliegen dieser Vereinbarung.
II. **Grundlage der Kooperation zwischen Ärzten und Pflegekräften** ist gegenseitige Akzeptanz und Wertschätzung der beruflichen Qualifikation, der fachlichen Kompetenz, der spezifischen Zuständigkeiten und Verantwortlichkeiten und der jeweiligen Aufgabenbereiche und Tätigkeiten. Gemeinsames Ziel ist es, Leben zu erhalten, die Gesundheit zu schützen und wiederherzustellen sowie Leiden zu lindern.
   Dem Arzt obliegen alle Entscheidungen über diagnostische und therapeutische Maßnahmen am Patienten. Die Pflegenden sind für die umfassende sach- und fachkundige Pflege des Menschen verantwortlich

(KrPflG, § 4). Sie leisten Hilfe zur Erhaltung, Anpassung und Wiederherstellung der physischen, psychischen und sozialen Funktionen und Aktivitäten von gesunden und kranken Menschen. Sie sind verpflichtet, diese im Rahmen einer ganzheitlich fördernden Prozesspflege zu erfassen, zu planen, auszuführen, zu dokumentieren und zu überprüfen. Sie unterstützen den Arzt in der Durchführung diagnostischer und therapeutischer Maßnahmen.

III. Im stationären Bereich bedeutet Kooperation eine zwischen ärztlichem und pflegerischem Dienst abgestimmte Planung und Durchführung aller um den Patienten herum notwendigen Versorgungsmaßnahmen. Handlungs- und Arbeitsabläufe einschließlich der Arbeitszeitregelung von ärztlichem und pflegerischem Bereich sollten so aufeinander abgestimmt sein, dass ohne größere Informations- und Reibungsverluste und unter Einbeziehung der Patientenbedürfnisse eine höchstmögliche Qualität der Versorgung sichergestellt ist. Hierfür ist eine berufsübergreifende Organisationsentwicklung mit Verbesserung insbesondere der Kommunikations-, Führungs- und Organisationsstrukturen im Krankenhaus notwendig. Institutionalisierte Formen des Gespräches müssen auf allen Ebenen verstärkt eingeführt werden, insbesondere durch Stations- und Abteilungskonferenzen mit gemeinsamen Fallbesprechungen und gemeinsamer Supervision. Interprofessionelle Aufgaben sind darüber hinaus gemeinsame Fortbildung und Qualitätszirkel.

IV. Im ambulanten Bereich müssen Leistungen des niedergelassenen Arztes, des medizinischen Dienstes der Krankenkassen, der sozial- und gesundheitspflegerischen Dienste und der ambulant tätigen Pflegekräfte aufeinander abgestimmt werden. Die wachsende Zahl chronisch kranker, behinderter und pflegebedürftiger sowie alter Menschen macht in dem zunehmend an Bedeutung gewinnenden gemeinsamen Arbeitsfeld der Gesundheits- und Sozialpflege die Beschreibung von Zuständigkeiten und Verantwortlichkeiten notwendig.

Aufgabenbereiche der hausärztlichen Versorgung sind gesetzlich geregelt (SGB V, § 73). Danach obliegt dem Vertragsarzt insbesondere

- die Koordination diagnostischer, therapeutischer und pflegerischer Maßnahmen
- die Einleitung oder Durchführung präventiver und rehabilitativer Maßnahmen sowie die Integration nicht-ärztlicher Hilfen und flankierender Dienste in die Behandlungsmaßnahmen.

Qualifizierte Pflegekräfte erfüllen ihre pflegerischen Tätigkeiten aufgrund ihrer Ausbildung und Kompetenz auch in der ambulanten Pflege eigenverantwortlich und autonom. Sie wirken u. a. auch mit bei diagnostischen und therapeutischen Maßnahmen, laut Anordnung des Hausarztes. Pflegekräfte können bei der Begutachtung von Pflegebedürftigkeit durch den medizinischen Dienst der Krankenkassen (SGB V, § 275) aufgrund ihrer umfassenden Kenntnisse des Umfeldes des Patienten bzw. Klienten und bei der Verschreibung von Pflegehilfsmitteln durch den Arzt qualifiziert und umfassend beraten.

Eine stärkere Verzahnung zwischen pflegerischer und hausärztlicher Betreuung durch institutionalisierte Formen der Kommunikation, z. B. gemeinsame Fallbesprechungen, Supervision und Qualitätszirkel können zu einer reibungsloseren und effizienteren Patientenversorgung beitragen.

V. **Gemeinsames Ziel von Ärzteschaft und Pflegeverbänden** muss es sein, zur Sicherung und Verbesserung der Versorgungsstrukturen beizutragen. Die Intensivierung der partnerschaftlichen Zusammenarbeit von Ärzten und Pflegenden »vor Ort« kann wesentlich zur Erhöhung der Motivierung und Arbeitszufriedenheit beitragen. Neben der konkreten alltäglichen Arbeit in Einrichtungen des Gesundheitswesens kommt der gemeinsamen Fortbildung eine besondere Bedeutung zu. Wichtig ist darüber hinaus die gute Zusammenarbeit der Verbände.

Anmerkung: Durch das Krankenpflegegesetz vom 16.07.2003 ist die Aufgabenstellung der Pflege in § 3 geregelt.

Praxistipp

Die Kooperationsvereinbarung ist eine gute Argumentationsgrundlage für die Zusammenarbeit zwischen Ärzten und Pflegenden in der jeweiligen Abteilung und gleichfalls ein Element zur Qualitätssicherung. Sorgen Sie in Ihrer Einrichtung für klare Konzepte, Dienstanweisungen und Standards im Sinne der Verantwortungsebenen (Organisation, Anordnung, Durchführung)!

Krankenhaus

Der Pflegealltag im Krankenhaus ist geprägt von kurzer Verweildauer des Patienten bei hoher Pflegeintensität, umfangreichen diagnostischen und therapeutischen Maßnahmen, knappen Personalressourcen und der Fallpauschalenfinanzierung.

Nach § 39 SGBV (Krankenversicherung) umfasst die Krankenhausbehandlung alle Leistungen, die im Einzelfall nach Art und Schwere der Krankheit für die medizinische Versorgung des Versicherten im Krankenhaus notwendig sind, insbesondere ärztliche Behandlung, Krankenpflege, Versorgung mit Arznei-, Heil- und Hilfsmitteln, Unterkunft und Verpflegung.

Dem Patienten wird im Rahmen des Krankenhausaufnahmevertrages u. a. eine Versorgung nach aktuellem Stand der Wissenschaft in Medizin und Pflege zugesichert. Dieses begründet sich auch mit den Qualitätssicherungsforderungen der Sozialgesetzgebung. Die Pflegenden gelten im Rahmen dieses Vertrages als Erfüllungsgehilfen. Bei Pflichtverletzung des Vertrages kann der Patient Schadenersatz im Sinne § 280 BGB verlangen.

Verantwortlich für die Qualität und Organisation der Pflege ist die Pflegedienstleitung. Diese überträgt die Verantwortung an die zuständige Stations- oder Abteilungsleitung im Sinne des Weisungsrechts.

Für Pflegende trifft im Rahmen der Haftung der § 823 BGB (Schadenersatzpflicht) zu:

»*Wer vorsätzlich oder fahrlässig das Leben, den Körper, die Gesundheit, die Freiheit, das Eigentum oder ein sonstiges Recht eines anderen widerrechtlich verletzt, ist dem anderen zum Ersatz des daraus entstehenden Schadens verpflichtet.*«

Allgemeinstation

Beispiel

Urteil 1: Verletzung der Harnröhre bei Katheterentfernung

Dem Patienten wurde nach der Operation ein sog. Nellaton-Blasenkatheter gelegt, der am folgenden Tag von dem beklagten Krankenpfleger mit Hilfe der beklagten Stationsschwester entfernt wurde. Dabei ergaben sich

▼

Schwierigkeiten, weil sich der Katheter in Folge eines technischen Fehlers nur teilweise entblocken ließ und erst nach wiederholtem Versuch unter Schmerzen aus der Harnröhre herausgezogen werden konnte. Der Patient erlitt dabei im Bereich einer Engstelle eine blutende Verletzung der Harnröhrenschleimhaut.
Beim Eintreten von Komplikationen hat das Pflegepersonal den zuständigen Arzt zu verständigen und bis zu seinem Eintreffen eigene weitere Bemühungen einzustellen, wenn der Patient nicht akut gefährdet ist. Verstoßen Angehörige des Pflegeberufs gegen diese Regel der Zusammenarbeit zwischen Arzt und Pflegepersonal, so ist ihr Verhalten als grober Behandlungsfehler mit allen beweisrechtlichen Konsequenzen anzusehen.
Das Berufungsgericht hat einen Behandlungsfehler deshalb angenommen, weil die Beklagten, obwohl sie den diensthabenden Arzt bereits verständigt hatten, sein Eintreffen nicht abgewartet, sondern weiter versucht haben, den nur teilweise entblockten Katheter herauszuziehen und ihn schließlich auch mit Anwendung sanfter Gewalt herausgezogen haben. Zwar ist nach Auffassung des Gerichts nicht zu beanstanden, dass erfahrenes Pflegepersonal auf ärztliche Anordnung auch ohne ärztliche Assistenz Katheter legt und entfernt, sofern und solange das komplikationslos vonstatten geht. Treten jedoch dabei Schwierigkeiten auf, etwa weil der Katheter vor dem Herausziehen nicht vollständig entblockt werden kann, ist es die Pflicht, auch des in solchen Dingen geübten Pflegepersonals, seine Bemühungen einzustellen und die weitere Behandlung dem Arzt zu überlassen (LG Dortmund, Urteil vom 25.02.1985 – 17 S. 368–384).

Urteil 2: Darmrohr falsch eingeführt

Eine Krankenpflegeschülerin im 3. Ausbildungsjahr führte aus Versehen ein Darmrohr nicht in das Rektum, sondern in die Scheide einer Patientin ein. Dann hat sie weisungsgemäß durch Drücken eines Gummiballs Kontrastmittel einlaufen lassen. Kurze Zeit danach klagte die Patientin über Schmerzen, Übelkeit und verstarb innerhalb weniger Stunden. Über den richtigen Sitz des Darmrohres hat sich weder die Schülerin noch der die Untersuchung vornehmende Arzt vergewissert. Eine ausgebildete medizinische Assistentin oder eine Krankenpflegeperson war nicht zugegen.

▼

Das Verfahren gegen den beteiligten Arzt und verantwortlichen Oberarzt wurde eingestellt. Die Krankenpflegeschülerin wurde zu einer viermonatigen Freiheitsstrafe auf Bewährung verurteilt (LG Hildesheim, AZ: 5 Ls 34179).

Urteil 3: Sturz beim Transport vom Nachtstuhl auf das Bett
Verliert ein Patient im Krankenhaus bei einer Bewegungs- und Transportmaßnahme der ihn betreuenden Krankenschwester aus ungeklärten Gründen das Gleichgewicht und stürzt, so ist es Sache des Krankenhausträgers, aufzuzeigen und nachzuweisen, dass der Vorfall nicht auf einem pflichtwidrigen Verhalten der Pflegekraft beruht. Die klagende Krankenkasse verlangte aus übergegangenem Recht des bei ihr krankenversicherten Rentners von der beklagten Stiftung als Trägerin Schadensersatz wegen fehlerhafter stationärer Pflege.
Der 73-jährige Patient, seit längerem halbseitig gelähmt, kam zu Fall, als die Krankenschwester ihn vom Nachtstuhl heben und auf die Bettkante setzen wollte. Durch den Sturz zog der Patient sich einen Oberschenkelhalsbruch am linken Bein zu, der zu einer Behandlung in der chirurgischen Abteilung des Krankenhauses führte. Der Krankenkasse entstanden dadurch Kosten von DM 8.022,-.
Die Klägerin (Krankenkasse) hat die Beklagte auf Ersatz dieser Aufwendungen sowie auf Zahlung einer sog. Fallpauschale von DM 173,- in Anspruch genommen. Sie hat geltend gemacht, die Krankenschwester habe schuldhaft gehandelt, als sie den 60 kg schweren Patienten ohne weitere Hilfskraft habe anheben und transportieren wollen. Die Beklagte (Trägerin) hat dem entgegengehalten, die von der Krankenschwester ausgeführte Tätigkeit könne ohne weiteres von einer einzelnen Pflegekraft erledigt werden. Sie habe den Patienten auch fachgerecht gefasst; die Ursache für den Sturz lasse sich nicht mehr klären.
Aus den Entscheidungsgründen: Das Berufungsgericht hält die Beklagte für verpflichtet, der Klägerin die Kosten für die Heilbehandlung zu ersetzen. Der Sturz sei die Folge eines auf leichter Fahrlässigkeit der Krankenschwester beruhenden Fehlverhaltens, das nach der Beweisregel des § 282, BGB festzustellen sei und für das die Beklagte aufgrund des Krankenhausaufnahmevertrages einzustehen habe. Ebenso, wie es in einem Krankenhaus nicht vorkommen darf, dass ein Desinfektionsmittel durch einen »unglücklichen Zufall«

▼

verunreinigt wird (BGH-Urteil vom 09.05.1978, a. a. O.), so darf es auch nicht geschehen, dass ein Patient bei einer Pflegemaßnahme seitens der ihn betreuenden Krankenschwester aus nicht zu klärenden Gründen zu Fall kommt. Da die Einzelheiten des Unfallablaufes nicht mehr aufzuklären seien, wirke sich zu Lasten der Beklagten aus, dass die Schadensursache aus ihrem Gefahrenbereich hervorgegangen ist (BGH, Urteil vom 18.12.1990 – VI ZR 169/90 – OLG Düsseldorf/LG Kleve).

Urteil 4: Versäumnis bei der Patientenüberwachung
Das OLG Braunschweig entschied, eine Patientin sei vom Pflegepersonal in besonderer Weise zu überwachen, wenn ihm bekannt ist, dass eine nach ärztlicher Diagnose unter Verfolgungswahn stehende Patientin beabsichtigt, aus dem Krankenhaus zu fliehen. Eine hinreichende Überwachung sei nur gewährleistet, wenn sich eine Krankenschwester an einem Ort aufhält, von dem sie die Patientin jederzeit im Auge behalten kann. Es sei Aufgabe der mit der Krankenhausleitung befassten Organe, durch geeignete Maßnahmen sicherzustellen, dass die mit der Überwachung einer solchen Patientin beauftragte Krankenschwester nicht überfordert wird.

Urteil 5: Pflicht zur Unterrichtung des Arztes bei Komplikationen
Ein Patient, der nach einer stationären Mandeloperation nach Hause entlassen worden war, kam noch am selben Tag wegen Nachblutungen ins Krankenhaus. Die diensthabende Krankenschwester konnte aber bei einer Nachuntersuchung keine frischen Blutungen feststellen. Daraufhin kehrte der Patient, ohne von einem Arzt untersucht worden zu sein, nach Hause zurück. In der folgenden Nacht traten erneut Blutungen auf, die in einem anderen Krankenhaus eine Notoperation erforderlich machten. Der Patient verlangte Schadensersatz wegen der pflichtwidrigen Nachbehandlung im ersten Krankenhaus. Das OLG Oldenburg sprach dem Kläger einen Schadensersatzanspruch zu.
Entscheidungsgründe: Es ist von einer eindeutigen Kompetenzüberschreitung der Krankenschwester auszugehen. Denn beim Eintreten von ernsthaften Komplikationen hat das Pflegepersonal grundsätzlich den zuständigen Arzt zu verständigen. Dies gilt auch bei Nachblutungen im Anschluss von Mandeloperationen; diese können bei ungünstigem Verlauf zu lebensbedroh-

▼

lichen Zuständen führen. Nur ein Arzt, der den Patienten selbst untersucht und hierbei auch die Vorgeschichte berücksichtigt hat, kann eine solche Situation beurteilen und die notwendigen Maßnahmen ergreifen. Im Verhalten der Krankenschwester ist daher ein elementarer Pflichtverstoß zu sehen, so dass eine Umkehr der Beweislast gerechtfertigt erscheint. Es ist unbeachtlich, dass einige Geschehensabläufe nicht vollständig aufgeklärt werden konnten. Auch ein Entlastungsbeweis nach 831 BGB konnte dem Krankenhausträger nicht gelingen (OLG Oldenburg, Urteil vom 09.04.1996 – 8 U 158/95).

Urteil 6: § 823 I BGB – Suizidgefahr

Bei einem stark suizidgefährdeten Patienten ist das Krankenhauspersonal nicht nur zur Behandlung der Krankheit verpflichtet, sondern auch dazu, alle Gefahren abzuwenden, die dem Patienten durch sich selbst drohen. Die Pflicht zu ausreichender Überwachung und Sicherung besteht im Rahmen des Erforderlichen und Zumutbaren (OLG Köln, Urteil vom 19.01.1995, AZ: 5 204/94 r+s 95, 414).

Beobachtung von strafgefangenen Patienten

Normalerweise ist ständig ein Beamter bei einem Strafgefangenen. Aber was passiert, wenn dieser kurz zur Toilette geht? Der Pflege obliegt in diesem Fall nur das Maß üblicher Krankenbeobachtung. Die Vertretungsregelung für den Justizbeamten bzw. die Fixierung des Patienten für den Zeitraum ist durch die Justiz zu regeln. Die Stationsleitung bzw. Pflegedienstleitung sollte für solche Vorfälle im Vorfeld Regelungen im Sinne der Organisationsverantwortung treffen.

Endoskopie

Beispiel

Fall 1: Patientenbeobachtung nach Untersuchung

1995 wurde in der Presse ein Fall bekannt, in dem die Staatsanwaltschaft gegen Klinikpersonal wegen des Verdachts der unterlassenen Hilfeleistung ermittelte. Dem Verfahren zugrunde lag die Aussage der Witwe. Sie gab an,

▼

dass ihr 79-jähriger Ehemann sich in der Klinik einer Darmspiegelung unterzogen hatte. Anschließend wurde er mit seinem Bett auf den Gang geschoben, wo er dann plötzlich erbrechen musste.
Die Frau wusste nicht, wie sie ihrem Mann helfen konnte und bat vorbeikommende Ärzte und Schwestern um Hilfe. Man habe sie nicht ernst genommen und weil niemand reagierte, schrie sie. Es habe aber niemand etwas unternommen. Eine Schwester habe gesagt, sie hätte keine Zeit. Es gäbe halt zu wenig Personal und die Frau solle sich bei der Verwaltung beschweren. In ihrer Not schob die Frau ihren Mann auf die Station zurück in sein Zimmer. Ein Pfleger öffnete ihr sogar noch den Aufzug. Im Zimmer drückte sie die Notglocke und holte so mehrere Ärzte herbei. Es war aber zu spät. Der Ehemann war schon tot.

Fall 2: Notfall-Endoskopie
Die Untersuchung wird durch einen Arzt der Hintergrundbereitschaft, einem onkologischen Oberarzt, abgedeckt. Eine Krankenschwester mit Weiterbildung assistiert. Der Leiter der Endoskopieabteilung ist Gastroenterologe. Bei dieser Notfallendoskopie ist der Oberarzt überfordert. Durch den Eingriff der Krankenschwester im Rahmen der Assistenz werden größere Komplikationen dieser Untersuchung verhütet. Im Zusammenhang des Berichtswesens und der Remonstration hat die Krankenschwester bei der Teambesprechung den Vorfall erörtert. Eine Krankenpflegeschülerin hat dann diese Information an den untersuchenden Onkologen weitergegeben. Dieser droht mit einer Anzeige gegen die Krankenschwester wegen Verleumdung.

Fall 3: Pflasterallergie
Ein Patient wird gastroskopiert. Wegen der Erweiterung der Untersuchung muss eine Infusion angelegt werden. Die Endoskopieschwester fixiert die Kanüle mit Pflasterstreifen. Der Patient erleidet eine schwere allergische Reaktion mit kosmetischen Dauerfolgen und fordert Schmerzensgeld. Sein Vorwurf: Die Pflegedokumentation wurde nicht entsprechend gewürdigt. Bei Krankenhausaufnahme hatte er auf die Allergie hingewiesen und diese wurde in die Dokumentation aufgenommen. Zur Untersuchung war nur ein Untersuchungsschein mitgenommen worden. Der Krankenhausträ-

▼

ger verweist auf die Verantwortung der Pflegenden im Rahmen der Dokumentations- und Informationspflicht.

Fall 4: Perforation bei Koloskopie
Eine Krankenschwester schiebt unter Sicht auf den Monitor und auf Anweisung des Arztes das Koloskop. Sie spürt einen Widerstand und teilt dieses dem Arzt mit. Auf seine Anordnung zieht sie das Gerät zurück und schiebt dann weiter. Es kommt zu einer Perforation des Darms. Der Patient musste abdominal operiert werden und verlangt Schmerzensgeld. Die Krankenschwester wird wegen des Übernahmeverschuldens in den Rechtstreit einbezogen.

Intensivmedizin und -pflege

Beispiel

Fall 1: Die *Salzburger Nachrichten* berichteten, dass eine 34-jährige Dipl.-Krankenschwester offensichtlich zwei Herzpatienten verwechselt hatte und einem 69-jährigen Mann, an dem eine Herzklappenoperation vorgenommen worden war, eine Blutkonserve der Gruppe AB positiv verabreicht. Es handelte sich dabei um die damals einzige im Kühlschrank vorbereitete Konserve. Der Mann, der die Blutgruppe 0 aufwies, erlitt eine Nierenschädigung, musste sich einer Dialyse unterziehen und starb 11 Tage später. Die Dipl.-Krankenschwester wurde wegen fahrlässiger Tötung von einem Einzelrichter zu einer bedingten Geldstrafe von 100 Tagessätzen à ÖS 300,- (insgesamt ÖS 30.000,-) verurteilt. Die Angeklagte bekannte sich zwar nicht schuldig, räumte jedoch die Verwechslung ein und meldete Berufung an.
Als Zeuge erklärte der ärztliche Leiter der Intensivstation vor Gericht, nach der Operation hätten 2,5% der Herzpatienten eine Nierenschwäche, und es sei auf keinen Fall auszuschließen, dass der Patient auch ohne Verabreichung der falschen Blutkonserve gestorben wäre. Außerdem sei die Intensivstation des Krankenhauses überlastet, statt einem kämen zwei Patienten auf eine Pflegeperson. Die Planstellen seien zwar vorgesehen, könnten

▼

aber wegen Personalmangels nicht besetzt werden. Der Primarius berichtete, dass die Betten nicht mit Namenstafeln versehen gewesen wären und die Tagblätter der Patienten jeweils auf einem Tisch vor dem Bett gelegen hätten.
Zur Urteilbegründung: Die Überlastung der Intensivstation sei zwar kein Entschuldigungsgrund, müsse aber ebenso wie das Eingeständnis der Angeklagten als strafmindernd gewertet werden, so das Gericht.

Fall 2: Die Ehefrau eines Intensivpflegepatienten handelt selbständig in pflegerischen Maßnahmen. Der Patient, mehrfach behindert, liegt wegen einer Aspirationspneumonie seit 11 Tagen auf der Intensivstation und wird beatmet. Die Ehefrau greift stets in die pflegerische Versorgung durch Körperpflege unter unhygienischen Aspekten ein. Die zuständige Pflegeperson hat Bedenken beim zu Pflegenden bezüglich der Verantwortung (Garantenstellung). So hantiert die Ehefrau, die gleichzeitig Betreuerin des Patienten ist, bei der Körperpflege in der Analgegend, anschließend an dem im Halsbereich liegenden Venenkatheter und der Trachealkanüle.

Praxistipp

Beachten Sie Ihre Durchführungsverantwortung für die pflegerische Versorgung. Die Generalhaftung liegt durch den Patientenaufnahmevertrag beim Krankenhausträger. Im Vergleich hierzu steht die Verantwortung beim Rooming-in-System. Auch hier hat die Mutter lediglich die Verantwortung für das Kind, soweit wie sie diese auch zu Hause unter nicht-pathologischen Bedingungen hätte.
Die generelle Pflegeverantwortung und Remonstration liegt bei Ihnen. Dokumentieren Sie Ihre Bedenken und äußern Sie diese im Sinne der Remonstration. Beziehen Sie dabei immer die Verwaltung bzw. den Träger mitein, bevor Sie die Ehefrau (Fall 2) ermahnen und lehnen Sie die Verantwortung bei weiteren von ihr selbständig ausgeführten Eingriffen in diagnostische, therapeutische sowie pflegerische Maßnahmen ab.

Pädiatrie

Beispiel

Fall 1: Eine Kinderkrankenschwester ist wegen eines gebrochenen Unterarms krankgeschrieben. Auf der Säuglingsstation herrscht chronische Personalnot. Die Stationsleitung ruft die arbeitsunfähige Kinderkrankenschwester an, mit der Bitte, doch in den Dienst zu kommen. Sie erklärt sich bereit. Während des Dienstes fällt ihr, wegen eigener Bewegungseinschränkung durch den Gipsarm, ein neugeborenes Kind beim Wickeln auf den Boden. Das Kind erleidet einen Schädelbasisbruch.

Fall 2: Beim Aufschneiden eines Handverbandes bei einem Säugling amputiert eine erfahrene Kinderkrankenschwester ein Daumenendglied mit der Schere. Die Staatsanwaltschaft ermittelt wegen fahrlässiger Körperverletzung (§ 229 StGB). Das Verfahren wurde nach Zahlung einer Geldbuße eingestellt.

Fall 3: Eine Mutter betreut ihr 5-jähriges Kind nach einer Tonsillektomie und soll ihr bei Schmerzen nach Bedarf, so ca. alle 2–3 Stunden, ein vom Arzt verordnetes paracetamolhaltiges Zäpfchen verabreichen. Die Schwestern gaben der Mutter jeweils die Zäpfchen gleich im Fünfer-Pack ohne Beipackzettel. Eine Dokumentation und schriftliche Anweisung für die Mutter erfolgte nicht. Das Kind erlitt eine Vergiftung durch Paracetamol und verstarb (Stern 09/97).

Beispiel

Urteil 1: Krankenbeobachtung

Eine grobe Sorgfaltspflichtverletzung durch das Pflegepersonal liegt dann vor, wenn eine Zyanose an Gesicht und Händen eines Neugeborenen nicht sofort einem Arzt mitgeteilt wird. Sorgfaltspflichtverletzungen im Rahmen der Krankenbeobachtungen (allgemeine Krankenpflege) sind bei gespaltenem Behandlungsvertrag dem Verantwortungsbereich des Krankenhauses zuzurechnen. Ist die ärztliche Versorgung in Notfällen im (Beleg-)Krankenhaus sichergestellt, ist der behandelnde Belegarzt nicht verpflichtet, persönlich anwesend zu sein, insbesondere dann nicht, wenn zum Zeitpunkt der Geburt keine Besonderheiten erkennbar sind.

Das geschädigte Kind (Klägerin) forderte Schadenersatz, weil es am Tag seiner Geburt wegen einer Pflichtverletzung im Rahmen der Krankenbe-

▼

obachtung sowie einer unzureichenden Betreuung in der Folge eines anschließenden Verlegungstransportes in eine andere Klinik einen schweren Hirnschaden durch Sauerstoffmangel erlitten habe. Die Schadenersatzforderung des Klägers richtete sich gegen das Krankenhaus und gegen den behandelnden Belegarzt.

Aus der Entscheidung: Die Berufung des Krankenhauses wurde u. a. aus folgenden Gründen zurückgewiesen: Das Gericht sah ein Fehlverhalten des Pflegepersonals im Rahmen der Krankenbeobachtung. Auffälligkeiten im Zusammenhang mit der Atmung bzw. Sauerstoffversorgung des Kindes hätten bemerkt bzw. auf den Hinweis einer Blaufärbung der Haut hätten Notmaßnahmen unverzüglich eingeleitet werden müssen. Eine weitere Möglichkeit für die wesentliche Schädigung während des Transportes resultierte aus der Tatsache, dass das Kind nicht durch einen Arzt begleitet wurde und keine Beatmung durch Intubation erfolgte. Das Gericht wertete diese beiden Versäumnisse als grobe Fehler des Pflegepersonals. Bemängelt wurde in diesem Zusammenhang auch, dass insbesondere zur Verlegung keinerlei Aufzeichnungen in den Krankenunterlagen zu finden sind. Das Vorliegen grober Pflegefehler führt zur Beweislastumkehr (OLG München, Urteil vom 20.06.1996 – AZ: 1U 4529/95).

Psychiatrie

Grundlage für die pflegerische Aufgabenstellung in der Psychiatrie ist die Psychiatrie-Personalverordnung (PsychPV) vom 18.12.1990 (BGBL. I, S. 2930). Dies wurde im Rahmen der GKV-Gesundheitsreform 2000 aufrechterhalten:

Psychiatrie-Personalverordnung (PsychPV) – Auszug

2. Spezielle Pflege
   2.1 Somatische Pflege
   - Mitwirkung bei Blutentnahmen, Injektionen und Infusionen, Durchführung von Einläufen, Katheterismus und anderen medizinischen Versorgungen

- Vor- und Nachbereitung von Untersuchungen
- Wundversorgung
- Richten und Ausgeben von Medikamenten
- Begleitung zu diagnostischen und therapeutischen Maßnahmen (z. B. Labor, Konsiliarärzte, Arbeits- und Beschäftigungstherapie)
- Mitwirkung bei der Notfallversorgung und von Maßnahmen der Ersten Hilfe

2.1 Psychiatrische Pflege
- Einzelfallbezogene Behandlung und Betreuung
- Fortwährende Betreuung und ständige Beobachtung von Kranken mit der jeweils im Pflegeplan vorgesehenen Intensität; tageweise Einzelbetreuung in Krisensituationen; Krisenintervention in Gefährdungssituationen
- Entlastende und orientierungsgebende Gesprächskontakte; Gespräche mit Angehörigen; Anlaufstelle für Patienten, Angehörige und andere außenstehende Personen, einschließlich telefonischer Kontakte
- Trainingsmaßnahmen im Rahmen des Pflegeprozesses und Mithilfe bei der Bewältigung des Tagesablaufes
- Mitwirkung bei Einzel- und Familientherapien
- Begleitung bei Hausbesuchen, Vorstellungsterminen in sonstigen Einrichtungen und Institutionen
- Maßnahmen im Zusammenhang mit Aufnahme, Verlegung und Entlassung
- Mitwirkung im speziellen psychotherapeutischen Maßnahmen
- Hilfe beim Umgang mit persönlichem Eigentum

3. Mittelbar patientenbezogene Tätigkeiten

3.1 Therapie- und Arbeitsbesprechungen
- Dienstübergaben, Teilnahme an Therapiekonferenzen, Konzeptbesprechungen im Team
- Teilnahme an stationsübergreifenden Dienstbesprechungen
- Teilnahme an stationsbezogener Supervision, Balintgruppen
- Hausinterne Fort- und Weiterbildung (je Mitarbeiter zusammen eine Wochenstunde)

3.2 Stationsorganisation
- Koordination der Arbeitsabläufe, Einsatz der pflegerischen Mitarbeiter, Dienstplanung, Anlaufstelle für Mitarbeiter

- Externe und interne Terminplanung und Koordination diagnostischer und therapeutischer Leistungen
- Interne Disposition, Bevorratung von Medikamenten, Pflegehilfsmitteln und sonstigen Materialien und andere Verwaltungsaufgaben, Statistiken etc.
- Anleitung- und Unterweisungsaufgaben, z. B. von neuen Mitarbeitern, externen Krankenpflegeschülern, Praktikanten und Zivildienstleistenden

Beispiel

Urteil 1: Klinik muss Vorsorge gegen Selbstmordversuch treffen

»Ein psychiatrisches Krankenhaus muss auch auf einer offenen Stadion Vorsorge gegen krankheitsbedingte Selbstmordversuche seiner Patienten treffen. Mit der Aufnahme eines Patienten verpflichtet sich das Krankenhaus, von ihm alle auch unvorhersehbaren Gefahren abzuhalten, die ihm wegen der Krankheit durch sich selbst drohen.«

Das Gericht gab damit der Klage einer Frau statt, die wegen einer Psychose freiwillig in einer Klinik war. In einer Nacht stürzte sie sich aus einem Fenster 12 Meter in die Tiefe und verletzte sich dabei schwer (OLG Zweibrücken 2000, AZ: 5U 8/99).

Urteil 2: Verpflichtung zu Sicherungsmaßnahmen bei Suizidgefahr

Eine 56-jährige Patientin hatte bis zu ihrer stationären Aufnahme in einer psychiatrischen Fachklinik bereits zahlreiche Suizidversuche unternommen. Während ihres Klinikaufenthaltes versuchte sie, sich zunächst mit Tabletten und später mit einem Bademantelgürtel das Leben zu nehmen. Bei einem weiteren Selbstmordversuch zündete sie mit einem Feuerzeug ihre Kleidung an. Hierbei erlitt sie schwerste Verbrennung. Für die dadurch entstandenen Behandlungskosten haftet nach einem Urteil des LG Koblenz die Klinik, da deren Mitarbeiter den Unfall durch konkrete Sicherungsmaßnahmen hätten vermeiden müssen. Die Berufung der Klinik hat der 5. Zivilsenat des OLG Koblenz zurückgewiesen. Danach war das Krankenhauspersonal aufgrund der Vorgeschichte dazu verpflichtet, alle Gefahren abzuwenden und für die Überwachung und Sicherung der Patientin Sorge zu tragen. Es wäre sicherzustellen gewesen, dass die

▼

unüberwachte Patientin keinen Zugriff auf Feuerzeuge oder sonstige für eine Selbstgefährdung geeignete Gegenstände hat (OLG Koblenz, AZ: 5 U 1343/07).

Urteil 3: § 823 BGB

Fixierung unruhiger Patienten in psychiatrischen Kliniken ist nur bei medizinischer Indikation oder zum Schutz des Patienten gegen Selbst- oder Fremdgefährdung zulässig, wenn es keine weniger einschneidenden Maßnahmen gibt (LG Freiburg, Urteil vom 29.10.1992, 2 O 64/89, MedR 95, 411).

Urteil 4: Haftung für Sprung aus Fenster

Es klagten Krankenkasse und Pflegekasse einer Versicherten auf Schadensersatz gegen ein Krankenhaus, in dem die Versicherte mit bekannten psychotischen Episoden behandelt worden war. Die Patientin sprach, unmittelbar nachdem sie von einer Krankenschwester in ein Krankenzimmer im 1. Stock gebracht worden war, aus einem Fenster und verletzte sich schwer.

Entscheidungsgründe: »Auf Grundlage der durchgeführten Beweisaufnahme durch Sachverständige steht zur vollen Überzeugung der Kammer fest, dass die PatientIn bei ihrer Wiederaufnahme entgegen den anerkannten Regeln der fachpsychiatrischen und fachpsychotherapeutischen Kunst ohne jedwede Überwachung oder sonstige Sicherung in einem Patientenzimmer im 1. Stock untergebracht wurde. Aufgrund der unklaren Krankheitssituation wäre indessen eine Überwachung der Patientin, mindestens aber eine Unterbringung in einem Zimmer mit Fenstersicherung veranlasst gewesen. Dass dies unterblieben ist, stellt einen Behandlungsfehler und damit einen Sorgfaltspflichtverstoß, der Voraussetzung sowohl der vertraglichen wie der deliktischen Haftung der Beklagten ist, dar.« Ansprüche standen Kranken- bzw. Pflegekasse daher aus übergegangenem Recht zu, weil sie für die erfolgte Nachbehandlung gezahlt hatten. Bis zum Zeitpunkt der Entscheidung waren Kosten von knapp € 100.000,- angefallen; ungeachtet der Tatsache, dass aus diesem Ereignis auch noch weitere Schadensersatzpositionen in Zukunft resultieren können (LG München I, Urteil vom 02.09.2009, AZ: 9 O 23635/06).

Operationsdienst

Beispiel

Fall 1: Vergessene OP-Nadel

Eine OP-Schwester wurde zu einer Schmerzensgeldzahlung in Höhe von DM 35.000,- an einen Patienten verurteilt mit der Feststellung, sie sei für das Verbleiben einer abgebrochenen OP-Nadel bei einer Bandscheiben-Prolaps-Operation verantwortlich. Der Operateur hatte sich in dem Verfahren auf die Qualifikation der instrumentierenden Schwester und seine Erwartung, dass man ihm besondere Vorkommnisse melden würde, berufen. In dem Prozess wurde festgestellt, dass es durchaus üblich ist, auf die Suche nach einer vermeintlich sich im Gewebe befindlichen abgebrochenen Nadelspitze zu verzichten, wenn die Vitalfunktionen des Patienten bedroht sind. Wichtig ist in solchen Fällen, und das konnte im vorliegenden Fall nicht belegt werden, dass eine Dokumentation vorliegt, die diese Besonderheit und auch die Entscheidung der Beteiligten festhält.

Fall 2: Darmperforation

Eine Operationsschwester bedient bei der Abtragung von Darmpolypen ein Hochfrequenz-Chirurgie-Gerät. Es kommt zur Verletzung des Darms.

Fall 3: Bauchtuch bei Darmoperation vergessen

Ein Patient erleidet nach einer Darmoperation eine schwere Peritonitis. Bei einer weiteren Operation wird das Bauchtuch als Ursache gefunden. Er begehrt Schmerzensgeld von dem Krankenhausträger. Ermittelt wird gegen die bei der Operation instrumentierende Pflegeperson mit dem Vorwurf, die verwendeten Bauchtücher nicht auf Vollständigkeit gezählt zu haben.

Fall 4: Bauchtuch vergessen

Ein Krankenhaus musste einer 36-jährigen Patientin, in deren Unterleib Ärzte bei einer Kaiserschnittgeburt ein Leinentuch vergessen hatten, DM 35.000,- (€ 17.500,-), Schmerzensgeld bezahlen. Die Frau hatte mit dem Krankenhaus und der Zivilkammer des LG Köln einen Vergleich geschlossen.

Beispiel

Urteil 1: Lagerung eines Patienten auf dem Operationstisch

Die Beweislast dafür, dass ein Patient sorgfältig und richtig auf dem Operationstisch gelagert ist und dass dies von den Operateuren kontrolliert worden ist, obliegt dem Krankenhausträger und den verantwortlichen Ärzten. Zur Dokumentation genügt es, die Lagerung des Patienten auf dem Operationstisch technisch, schlagwortartig zu beschreiben oder durch ein zeichnerisches Symbol zu kennzeichnen, so dass für den Fachmann erkennbar wird, nach welcher Methode gelagert und operiert worden ist. Steht die Art der Lagerung des Patienten während der Operation allgemein fest, ergibt sich die technische Durchführung der Lagerung aus den allgemein anerkannten, dabei einzuhaltenden medizinischen Regeln. Diese brauchen nicht jedes Mal schriftlich fixiert zu werden. Anders wäre es nur, wenn im Einzelfall von der Norm abgewichen werden soll, oder wenn es während der Operation zu bedeutenden Korrekturen kommt. Ebenso brauchen solche Routinemaßnahmen, wie die Kontrolle der ordnungsgemäßen Lagerung des Patienten, nicht jedes Mal besonders dokumentiert werden. Die Aufzeichnung über den Verlauf einer Operation und die dabei angewandte Anästhesie haben die wesentlichen medizinischen Fakten wiederzugeben. Ins Detail müssen sie nur dann gehen, wenn der Operationsverlauf und die dabei angewandten Techniken nicht verständlich sind. Die technisch richtige Lagerung des Patienten auf dem Operationstisch und die Beachtung der dabei zum Schutze des Patienten vor etwaigen Lagerungsschäden einzuhaltenden ärztlichen Regeln sind Maßnahmen, die dem Risikobereich des Krankenhauses und dem ärztlichen Bereich zuzuordnen sind. Sie sind vom Pflegepersonal und den verantwortlichen Ärzten voll zu beherrschen.

Eine Patientin (Klägerin) wurde wegen eines Bandscheibenvorfalls operiert. Sie wurde nach der Narkoseeinleitung auf dem Operationstisch in die Knie-Ellbogen-Lage (sog. Häschen-Stellung) gebracht. Unmittelbar nach der Operation stellten die Ärzte bei ihr eine Plexus-Parese fest, die zur Lähmung beider Arme geführt hat. Der Krankenhausträger wurde vom Oberlandesgericht zur Zahlung eines Schmerzensgeldes von DM 50.000,- verurteilt (BGH, Urteil vom 24.01.1984 – VI ZR 203/82).

Urteil 2: Sturz vom OP-Tisch

Während der anästhesistischen Vorbereitung (Spinalanästhesie) für eine urologische Operation wurde ein Patient plötzlich ohnmächtig, rutschte

▼

vom OP-Tisch und fiel mit dem Gesicht auf den Fußboden. Infolge des Sturzes brach er sich das Nasenbein, schlug sich die linke Augenbraue auf und ein Stück des Knochens am rechten Zeigefinger splitterte. Der geschädigte Patient nahm den beklagten Anästhesisten auf Zahlung von Schmerzensgeld (€ 1.278,23) und Schadensersatz für seine Selbstbeteiligung an der privaten Krankenversicherung (€ 178,–) in Anspruch. Er ist der Ansicht, der Beklagte hätte ihm bei der Anästhesie eine weitere Hilfsperson zur Seite stellen müssen. Außerdem hätte bedacht werden müssen, dass er infolge der Prämedikation (Tranxilium) in seiner Reaktionszeit eingeschränkt gewesen ist. Des Weiteren beantragte der Arbeitgeber des Patienten Schadensersatz für die erlittenen Einbußen wegen Arbeitsunfähigkeit (€ 10.860,92).
Zur Entscheidung: Das LG Koblenz urteilte, die Klage sei überwiegend begründet. Der Beklagte ist verpflichtet, dem Patienten das Schmerzensgeld und die Selbstbeteiligung an der Krankenversicherung in der beantragten Höhe zu zahlen (§§ 823 Abs. 1, 847, 249 BGB). Im Übrigen muss dem Arbeitgeber der entstandene Schaden aus der Lohnfortzahlung ersetzt werden (§ 6 Entgeltfortzahlungsgesetz für die ersten 6 Wochen, wie §§ 611 Abs. 1 398 BGB für die im Anstellungsvertrag festgesetzte dreimonatige Folgezeit). Die Kammer stellte fest, dass die Vorbereitung vor Anlage der Spinalanästhesie nicht dem fachärztlichen Standard entsprechend durchgeführt worden sind. Nach dem Sachverständigengutachten hätte für den zuvor im Krankenbett liegenden Patienten vor dem Aufrichten in die sitzende Position ein Hocker bereitgestellt werden müssen, auf dem er die Füße hätte abstellen können, solange er auf dem OP-Tisch saß. Ferner besteht die Verpflichtung, einen Pfleger anzuweisen, den Patienten während der Durchführung der Anästhesie bis zur Rückverlagerung in eine stabile Lage ohne Unterbrechung zu stützen. Diese Maßnahme ist wegen der Prämedikation, stressbedingter Kreislaufprobleme und der Liegezeit vor der Operation erforderlich. Wegen der Missachtung dieser Grundsätze verursachte der Anästhesist schuldhaft den Sturz vom OP-Tisch.
Nach der Berechnung des Lohnfortzahlungsanspruchs setzten die Koblenzer Richter den entstandenen Schaden auf € 6.846,99 fest, so dass die Klage bezüglich des überschießenden Betrages abgewiesen wurde. Da die Schadensbehebung noch nicht abgeschlossen ist, sind auch die Feststellungsbegehren bezüglich kommender Schäden (z. B. Kosten der Physiotherapie) begründet (LG Koblenz, Urteil vom 09.07.2004, AZ: 10O 169/03).

Bei grundsätzlicher Zuständigkeit des Chirurgen oder Anästhesisten erfolgt die Lagerung in der Praxis in der Regel durch die pflegerischen Mitarbeiter aus dem Operations- oder Anästhesiedienst. Wichtig hierbei ist, dass jeweils der verantwortliche Operateur oder Anästhesist abschließend die Lagerung als korrekt bestätigt und sowohl die Art der Lagerung als auch die korrekte Durchführung im Protokoll dokumentiert.

Handlungsempfehlungen zur Vermeidung von Eingriffsverwechslungen in der Chirurgie

Eingriffsverwechslungen sind vermeidbar und damit ein beherrschbares Risiko. Für Betroffene können sie einen großen individuellen Schaden bedeuten. Deshalb müssen, auch wenn Eingriffsverwechslungen im medizinischen Alltag selten sind, Strategien entwickelt werden, die wenigen Fälle erfolgreich zu verhindern. Das **Aktionsbündnis Patientensicherheit e.V.** hat die unten stehenden Empfehlungen als Standard für deutsche Krankenhäuser und Ambulanzen erarbeitet. Sie sollen es Ärzten, Pflegepersonal und Patienten erleichtern, gemeinsam kritische Situationen zu vermeiden, die zu einer Eingriffsverwechslung führen können. Es geht hierbei im Wesentlichen um eine kontinuierliche Rückversicherung.

Vier Kontrollstufen zur Vermeidung von Eingriffsverwechslungen

1. Aufklärung und Identifikation des Patienten
   - Wer: Operateur, wenn möglich, oder Facharzt
   - Wann: Während des Aufklärungsgesprächs vor oder nach der Aufnahme
   - Wo: Ambulanz oder Station
   - Was:
     - Überprüfung der Patientenidentität und des vorgesehenen Eingriffs anhand der Patientenakte bzw. geeigneter Patientenidentifikationssysteme
     - Festlegung von Eingriffsort und Prozedur
     - Juristisch wirksame Aufklärung über den Eingriff
     - Aktive Befragung des Patienten zum Eingriffsort (antworten und zeigen lassen)

▼

   - Abschließender Abgleich mit vorangegangenen Untersuchungen (z. B. Patientenakte, Aufnahmen bildgebender Verfahren, Einweisungspapier)
2. Markierung des Eingriffsortes
   - Wer:
     - In der Regel der Operateur
     - An zweiter Stelle der in den Eingriff aufklärende Arzt
     - An dritter Stelle ein erfahrener Arzt des Behandlungsteams
   - Wann: Am Vorabend im Rahmen der Aufklärung oder am Morgen des Eingriffs, außerhalb des OP
   - Wo: Ambulanz oder Station
   - Was:
     - Überprüfung der Patientenidentität und des vorgesehenen Eingriffs anhand der Patientenakte bzw. geeigneter Patientenidentifikationssysteme
     - Aktive Befragung des Patienten zu Prozedur und Eingriffsort vor der Prämedikation
     - Markierung mit einem nicht abwischbaren Stift
     - Markierung nur am Eingriffsort und nicht z. B. auf der kontralateralen Seite
     - Verwendung von eindeutigen Zeichen (Kreuz oder Pfeil) statt Worten (z. B. nicht Ja oder Nein)
     - Bei mehr als einem Eingriffsort muss jeder Eingriffsort einzeln markiert werden
3. Identifikation des richtigen Patienten für den richtigen Saal
   - Wer: Arzt oder Pflegepersonal
   - Wann: Zwischen Prämedikation und Narkoseeinleitung, unmittelbar vor Eintritt in den OP
   - Wo: Einleitungsraum
   - Was:
     - Überprüfung der Patientenidentität und des vorgesehenen Eingriffs anhand der Patientenakte bzw. geeigneter Patientenidentifikationssysteme: Name, Vorname, Geburtsdatum, PID, Prozedur, Eingriffsort
     - Wenn möglich (ansprechbar): aktive Befragung des Patienten zu Name, Vorname, Geburtsdatum, Prozedur, Eingriffsort
     - Überprüfung der Markierung

4. »Team-time-out«
   - Wer: Behandlungsteam, initiiert durch den Operateur
   - Wann: Unmittelbar vor dem Schnitt
   - Wo: OP
   - Was:
     - Kontrolle aller Patientendaten anhand einer »Mini-Checkliste«
     - Identifikation des Patienten
     - Identifikation von Prozedur und Eingriffsort
     - Abgleich mit Aufnahmen bildgebender Verfahren
     - Bei Implantaten: Überprüfung, ob das richtige verfügbar ist
     - Wenn möglich, sollten alle Punkte durch ein o.k. bestätigt werden
     - Nach dem Eingriff sind alle Punkte der Mini-Checkliste im OP-Protokoll festzuhalten

Belassene Fremdkörper im OP-Gebiet

Immer wieder kommt es hier zu Klagen gegen Krankenhäuser und OP-Teams. Zu den unbeabsichtigt belassenen Fremdkörpern im OP-Gebiet zählen Tupfer, Tamponaden, Bauchtücher, Nadeln, Nadelteile, Klemmen oder Bohrerspitzen. Die Folgen sind Infektionen, Sepsis, Perforationen bis hin zu Schädigungen von Gefäßen und Nerven.

Beispiel

Fall: Ein 49-jähriger Patient klagt gegen ein Krankenhaus auf Schmerzensgeld in Höhe von € 8.000,- wegen eines groben Behandlungsfehlers. Er litt noch 5 Jahre nach einer Nabelbruchoperation unter Schmerzen. Bei einer Operation wurde ein 2 cm langes Nadelstück als Ursache geborgen.

Praxistipp

Um diese Komplikationen zu vermeiden und zur Beweisführung bei rechtlichen Auseinandersetzungen sind standardisierte Zählkontrollen durch die instrumentierende Person und den Springerdienst in Korrespondenz mit dem verantwortlichen Operateur und die Protokollierung zu empfehlen. Ein besonderes Risiko besteht bei Teamwechsel während der Operation.

► Arbeitnehmerhaftung, Aufgabenstellung, Ärztliche Anordnung, Delegation, Dokumentation, Haftung, Nachtwache, Qualitätssicherung, Standards, Sturz

Krankenpflegegesetz

Das Gesetz über die Berufe in der Krankenpflege (Krankenpflegegesetz – KrPflG) vom 16.07.2003 (BGBl. I S. 1442, BGBl. III S. 2124–2123, BGBl. I S. 1776, 1789) trat am 01.01.2004 in Kraft. Neben den veränderten Berufsbezeichnungen ist die Erweiterung des Ausbildungsziels (§ 3) wesentlich für den Pflegealltag. In § 3 wurde die Eigenverantwortlichkeit der Pflege festgelegt. Hieraus leitet sich auch ein Haftungsanspruch im Sinne der Organisations-, Anordnungs- und Durchführungsverantwortung für die Träger der Einrichtung und für den Patienten ab.

Im Folgenden sind Auszüge des Gesetzes aufgeführt:

§ 1 Führen der Berufsbezeichnungen

(1) Wer eine der Berufsbezeichnungen

1. »Gesundheits- und Krankenpflegerin« oder »Gesundheits- und Krankenpfleger« oder
2. »Gesundheits- und Kinderkrankenpflegerin« oder »Gesundheits- und Kinderkrankenpfleger« führen will, bedarf der Erlaubnis.

(2) Krankenschwestern und Krankenpfleger, die für die allgemeine Pflege verantwortlich und Staatsangehörige eines Vertragsstaates des Europäischen Wirtschaftsraumes sind, dürfen die Berufsbezeichnungen nach Abs. 1 im Geltungsbereich dieses Gesetzes ohne Erlaubnis führen, sofern sie ihre Berufstätigkeit als vorübergehende Dienstleistung im Sinne des Artikels 50 des EG-Vertrages im Geltungsbereich dieses Gesetzes ausüben. Sie unterliegen jedoch der Anzeigepflicht nach diesem Gesetz. Gleiches gilt für Drittstaaten und Drittstaatsangehörige, soweit sich hinsichtlich der Diplomanerkennung nach dem Recht der Europäischen Gemeinschaften eine Gleichstellung ergibt.

§ 2 Voraussetzungen für die Erteilung der Erlaubnis

(1) Eine Erlaubnis nach § 1 Abs. 1 ist auf Antrag zu erteilen, wenn die Antragstellerin oder der Antragsteller

1. die durch dieses Gesetz vorgeschriebene Ausbildungszeit abgeleistet und die staatliche Prüfung bestanden hat,
2. sich nicht eines Verhaltens schuldig gemacht hat, aus dem sich die Unzuverlässigkeit zur Ausübung des Berufs ergibt, und

3. nicht in gesundheitlicher Hinsicht zur Ausübung des Berufs ungeeignet ist.

(2) Die Erlaubnis ist zurückzunehmen, wenn bei Erteilung der Erlaubnis eine der Voraussetzungen nach Abs. 1 Nr. 1 bis 3 nicht vorgelegen hat oder die Ausbildung nach den Abs. 3 bis 6 oder die nach § 25 nachzuweisende Ausbildung nicht abgeschlossen war. Die Erlaubnis ist zu widerrufen, wenn nachträglich die Voraussetzung nach Abs. 1 Nr. 2 weggefallen ist. Die Erlaubnis kann widerrufen werden, wenn nachträglich die Voraussetzung nach Abs. 1 Nr. 3 weggefallen ist.

§ 3 Ausbildungsziel

(1) Die Ausbildung für Personen nach § 1 Abs. 1 Nr. 1 und 2 soll entsprechend dem allgemein anerkannten Stand pflegewissenschaftlicher, medizinischer und weiterer bezugswissenschaftlicher Erkenntnisse fachliche, personale, soziale und methodische Kompetenzen zur verantwortlichen Mitwirkung insbesondere bei der Heilung, Erkennung und Verhütung von Krankheiten vermitteln. Die Pflege im Sinne von Satz 1 ist dabei unter Einbeziehung präventiver, rehabilitativer und palliativer Maßnahmen auf die Wiedererlangung, Verbesserung, Erhaltung und Förderung der physischen und psychischen Gesundheit der zu pflegenden Menschen auszurichten. Dabei sind die unterschiedlichen Pflege- und Lebenssituationen sowie Lebensphasen und die Selbständigkeit und Selbstbestimmung der Menschen zu berücksichtigen (Ausbildungsziel).

(2) Die Ausbildung für die Pflege nach Abs. 1 soll insbesondere dazu befähigen,

1. die folgenden Aufgaben eigenverantwortlich auszuführen:
   a) Erhebung und Feststellung des Pflegebedarfs, Planung, Organisation, Durchführung und Dokumentation der Pflege,
   b) Evaluation der Pflege, Sicherung und Entwicklung der Qualität der Pflege,
   c) Beratung, Anleitung und Unterstützung von zu pflegenden Menschen und ihrer Bezugspersonen in der individuellen Auseinandersetzung mit Gesundheit und Krankheit,
   d) Einleitung lebenserhaltender Sofortmaßnahmen bis zum Eintreffen der Ärztin oder des Arztes,
2. die folgenden Aufgaben im Rahmen der Mitwirkung auszuführen:
   a) eigenständige Durchführung ärztlich veranlasster Maßnahmen,
   b) Maßnahmen der medizinischen Diagnostik, Therapie oder Rehabilitation,
   c) Maßnahmen in Krisen- und Katastrophensituationen,

3. interdisziplinär mit anderen Berufsgruppen zusammenzuarbeiten und dabei multidisziplinäre und berufsübergreifende Lösungen von Gesundheitsproblemen zu entwickeln.

§ 21 Ordnungswidrigkeiten

(1) Ordnungswidrig handelt, wer

1. ohne Erlaubnis nach § 1 Abs. 1 eine der Berufsbezeichnungen führt.

(2) Die Ordnungswidrigkeit kann mit einer Geldbuße bis zu dreitausend Euro geahndet werden.

§ 23 Weitergeltung der Erlaubnis zur Führung der Berufsbezeichnungen

(1) Eine vor Inkrafttreten dieses Gesetzes erteilte Erlaubnis als »Krankenschwester« oder »Krankenpfleger« oder als »Kinderkrankenschwester« oder »Kinderkrankenpfleger« oder eine einer solchen Erlaubnis durch das Krankenpflegegesetz vom 4. Juni 1985 (BGBl. I S. 893), zuletzt geändert durch Artikel 20 des Gesetzes vom 27. April 2002 (BGBl. I S. 1467), gleichgestellte staatliche Anerkennung als »Krankenschwester« oder »Krankenpfleger« oder »Kinderkrankenschwester« oder »Kinderkrankenpfleger« nach den Vorschriften der Deutschen Demokratischen Republik gilt als Erlaubnis nach § 1 Abs. 1 Nr. 1 oder 2.

(2) »Krankenschwestern«, »Krankenpfleger«, »Kinderkrankenschwestern«, »Kinderkrankenpfleger«, die eine Erlaubnis oder eine einer solchen Erlaubnis gleichgestellte staatliche Anerkennung nach dem in Abs. 1 genannten Gesetz besitzen, dürfen die Berufsbezeichnung weiterführen. Die Berufsbezeichnung »Krankenschwester«, »Krankenpfleger«, »Kinderkrankenschwester«, »Kinderkrankenpfleger« darf nur unter den Voraussetzungen des Satzes 1 geführt werden.

Das **Gesundheits- und Krankenpflegegesetz (GuKG) für die Republik Österreich (BGBl 1997/108) vom 19.08.1997** zeichnet sich gegenüber dem deutschen Krankenpflegegesetz durch differenzierte Festlegung der Berufsrechte, Berufspflichten und der detaillierten Zuordnung der Tätigkeitsbereiche von Gesundheits- und Krankenpflege aus. Es unterscheidet zwischen eigenverantwortlichen, mitverantwortlichen, interdisziplinären und erweiterten/speziellen Tätigkeitsbereichen.

Kündigung

Im Pflegealltag ist oft die Würdigung einer ordentlichen oder außerordentlichen (fristlosen) Kündigung strittig. Zur Kündigung bedarf es der schriftlichen Erklärung, das Arbeitsverhältnis beenden zu wollen. Nur bei der außerordentlichen Kündigung sind Gründe anzugeben. Wirksam wird die Kündigung mit Zugang beim Empfänger. Es empfiehlt sich die Kündigung per Einschreiben im Sinne der Dokumentation zu versenden.

Ordentliche Kündigung

Die ordentliche Kündigung muss sich an den gesetzlichen bzw. vertraglichen Fristen (§ 622 BGB, § 53 BAT) orientieren. Eine ordentliche Kündigung ist ausgeschlossen während der Schwangerschaft (§ 9 Abs. 1 Mutterschutzgesetz), des Erziehungsurlaubs (§ 18 Bundeserziehungsgeldgesetz), gegenüber Mitgliedern des Betriebsrates oder Personalvertretung (§ 15 Kündigungsschutzgesetz) und bei Schwerbehinderten nur mit Zustimmung des Integrationsamtes (SGB IX) möglich.

Die soziale Rechtfertigung für eine Kündigung durch den Arbeitgeber ist möglich bei folgenden Ursachen:

- In der Person des Arbeitnehmers (personenbedingt) z. B. lange Dauererkrankung, negative Prognose, erhebliche Betriebsstörung durch bzw. bei Arbeitsunfähigkeit
- Im Verhalten des Arbeitnehmers (verhaltensbedingt) z. B. bei Vertragsversetzung im Leistungsbereich oder im Vertrauensverhältnis
- Bei dringenden betrieblichen Erfordernissen (betriebsbedingt) z. B. bei dringenden betrieblichen Veränderungen wie Schließung der Einrichtung, Abteilung oder Station

Beispiel

Urteil 1: Personenbedingte Kündigung

Die Klägerin ist als Krankenschwester in einem Alten- und Pflegeheim beschäftigt. Darüber hinaus hat sie einen Abschluss als »Lehrerin für Pflegeberufe«. Nach einem Unfall behauptet sie, dass ihre körperliche Einschrän-

▼

kung Folge dieses Unfalls ist und nicht auf ihrer allgemeinen körperlichen Disposition beruht. Durch ihr Bandscheibenleiden ist die Klägerin jedenfalls nur noch sehr eingeschränkt einsetzbar. Aus der eingeholten arbeitsmedizinischen Stellungnahme geht hervor, dass der Klägerin schwere körperliche Belastung in der bisher ausgeübten Tätigkeit nicht mehr zuzumuten ist. So soll sie in der Altenpflege nicht mehr für schwere Hebe- und Tragearbeiten eingesetzt werden, andernfalls ist eine Verschlechterung ihres Leidens zu erwarten. Ihr wird fristgerecht gekündigt.

Die Entscheidung: Das Landesarbeitsgericht wies die Berufung der Klägerin ab. Es ging davon aus, dass das Arbeitsgericht die fristgerechte Kündigung des Arbeitsverhältnisses der Klägerin zu Recht für wirksam erachtet hat.

Leitsatz: Ist eine in einem Alten- und Pflegeheim beschäftigte Krankenschwester aus gesundheitlichen Gründen (hier: Bandscheibenleiden) auf Dauer nicht mehr in der Lage, ihre vertraglich geschuldeten Tätigkeiten zu verrichten und ist dem Arbeitgeber deshalb unter Würdigung aller Umstände des Einzelfalles eine weitere Fortsetzung des Arbeitsverhältnisses weder auf ihrem bisherigen noch auf einem anderen – freien – Arbeitsplatz möglich und zumutbar, so ist eine personenbedingte Kündigung wegen Krankheit rechtlich nicht zu beanstanden (LAG Schleswig-Holstein, Urteil vom 08.12.1995 – 6 SA 184/95, Vorinstanz: ArbG Kiel, Urteil vom 08.12.1994 – H 5a Ca 1610/94).

Aus § 1 des Kündigungsschutzgesetzes (KSchG) leitet die Rechtsprechung im Wesentlichen vier Voraussetzungen für eine sozial gerechtfertigte krankheitsbedingte Kündigung her.

Voraussetzungen für eine krankheitsbedingte Kündigung

- Erhebliche Krankheitszeiten durch langanhaltende Krankheitszeiten oder durch häufige Kurzerkrankungen
- Objektive Anhaltspunkte für ein weiteres langfristiges Andauern der erheblichen Krankheitszeiten, deren Ende nicht genau abzusehen ist (sog. negative Zukunftsprognose)
- Erhebliche betriebliche Störungen durch die Arbeitsunfähigkeit, z. B. im Arbeitsablauf, beim Arbeitnehmereinsatz, Nichtgewährleistung ordnungsgemäßer Krankenpflege (s. vorliegenden Fall), zu den betrieb-

lichen Gründen zählen auch außergewöhnlich hohe Kostenbelastungen durch Vergütungsfortzahlung
- Im Rahmen einer auf den Einzelfall zugeschnittenen Interessenabwägung muss feststehen, dass dem Arbeitgeber die Weiterbeschäftigung des Arbeitnehmers nicht zuzumuten ist; dabei ist das Bestandsinteresse gerade langjährig beschäftigter Arbeitnehmer ausreichend zu berücksichtigen

Außerordentliche Kündigung

Eine außerordentliche Kündigung kann fristlos erfolgen und bedarf eines wichtigen Grundes (§ 626 BGB und § 54 BAT). Die Kündigung muss innerhalb von 2 Wochen nach Bekanntwerden der Tatsachen für den wichtigen Kündigungsgrund dem Arbeitnehmer zugehen.

Gründe für eine außerordentliche Kündigung

- Alkohol, Drogenmissbrauch, Medikamentenmissbrauch
- Arbeitsverweigerung
- Nichteinhaltung der Dienstanweisungen
- Nichtbeachtung vorliegender Standards
- Kompetenzüberschreitung
- Dokumentationsmängel
- Ungerechtfertigte freiheitsentziehende Maßnahmen
- Körperverletzung
- Unpünktlichkeit
- Eigenmächtiger Urlaubsantritt
- Diebstahl von Medikamenten

Beispiel

Urteil 2: Misshandlung von Heimbewohnern

Ein Arbeitgeber hat das Recht, die fristlose Kündigung einer bei ihm tätigen Pflegeperson in Betracht zu ziehen, wenn er von detaillierten Vorwürfe hört, wonach die Pflegekraft Heimbewohner beschimpft und misshandelt haben

▼

soll und er nach Recherchen und Anhörung der Pflegekraft von der Wahrheit der Anschuldigungen ausgeht. In diesem Fall kann die Pflegeperson einen abgeschlossenen Aufhebungsvertrag nicht wegen einer vorausgegangenen Androhung der außerordentlichen Kündigung anfechten.
Die Klägerin soll in einem Alten- und Pflegeheim Heimbewohner gewaltsam gefüttert und ihnen gewaltsam die Zähne geputzt haben. Auch soll sie Pflegebedürftigen so grob angefasst haben, dass diese Hämatome erlitten hätten. Zudem soll sie Insassen u. a. mit Aussagen wie »Stirb doch endlich« beleidigt haben. Die Pflegedienstleiterin befragte mehrere Pflegekräfte zu den Vorwürfen und hörte im Anschluss die Klägerin in einem Personalgespräch an. Der Personalleiter hielt der Klägerin vor, dass der Verdacht bestehe, sie verletze die Schutzbefohlenen, die ihr im Nachtdienst anvertraut worden seien, durch physische und psychische Gewalt. Als Alternative zur fristlosen Kündigung bot er ihr den Abschluss eines Auflösungsvertrages an. Die Klägerin stimmte zu und unterzeichnete, wiederrief aber 2 Tage später mit dem Argument, der Personalleiter habe ihr widerrechtlich mit einer außerordentlichen Kündigung gedroht. Die Klage hatte weder in 1. noch in 2. Instanz Erfolg. Die Klägerin habe nicht dargelegt, dass die Beklagte sie zum Abschluss des Auflösungsvertrages unter widerrechtlicher Androhung einer fristlosen Kündigung genötigt habe, so das LAG. Vielmehr habe die Beklagte aufgrund ihres Kenntnisstandes bei dem von ihr durch Befragungen ermittelten Sachverhalt eine außerordentliche Kündigung ernsthaft in Erwägung ziehen dürfen. Dass die Vorwürfe tatsächlich zutreffen, müsse der Arbeitgeber im Anfechtungsprozess nicht beweisen (LAG Schleswig-Holstein, Urteil vom 08.12.2009, AZ: 2 Sa 223/09).

Urteil 3: Kündigung wegen Diebstahl
Eine 58-jährige Altenpflegerin, die von einem Altenheimträger wegen des Diebstahls von 6 Maultaschen nach 17-jähriger Betriebszugehörigkeit fristlos entlassen wurde, erzielte vor dem LAG Baden-Württemberg einen Vergleich, der im Mai 2010 rechtskräftig wurde. Der Vergleich stellte fest, dass das Arbeitsverhältnis einvernehmlich mit der Frist für eine ordentliche Kündigung endet und die Altenpflegerin (Klägerin) zudem eine Abfindung von € 25.000,- und Nachzahlung des Gehaltes von maximal € 17.500,- erhält. Für das Gericht war für diesen Vergleichsvorschlag maßgeblich, dass

▼

die Frage der Berechtigung einer außerordentlichen fristlosen Kündigung wegen des Diebstahls von Maultaschen nicht eindeutig war. Zwar ist der Diebstahl auch von geringwertigen Sachen nach der ständigen Rechtsprechung des BAG grundsätzlich ein Grund, der für eine fristlose Kündigung herangezogen werden kann. Der Wert der Sache spielt zunächst keine Rolle. Das Gesetz (§ 626 BGB) verlangt aber darüber hinaus, dass das Gericht die Umstände des konkreten Einzelfalls umfassend würdigt. Die Entscheidung über die Berechtigung einer fristlosen Kündigung ist grundsätzlich eine Frage des Einzelfalls.

Im »Maultaschenfall« gab es besondere Umstände, die trotz des unbestrittenen Diebstahls der Maultaschen durch die Klägerin eine fristlose Kündigung nicht ohne weiteres gerechtfertigt erscheinen lassen. Neben der langen Betriebszugehörigkeit und dem Lebensalter der Klägerin war das die Tatsache, dass bei der beklagten Arbeitgeberin das übrig gebliebene Essen – auch die gestohlenen Maultaschen – als Abfall entsorgt wird, zu beachten. Der beklagten Arbeitgeberin ist durch den Diebstahl kein messbarer Schaden entstanden. Das ist auch nach der Rechtsprechung des BAG (Beschluss vom 16.12.2004 – 2 ABR 7/04) ein Umstand, der in der Interessenabwägung zu Gunsten des Arbeitnehmers zu berücksichtigen ist. Das bedeutet nicht, dass ein solches Verhalten erlaubt ist. Es ist aber nicht »automatisch« ein Grund für eine fristlose Kündigung (LAG Baden-Württemberg, AZ: 9 Sa 75/09).

Urteil 4: Schadensersatz wegen Mobbing

Ein Arbeitgeber muss Schadensersatz und Schmerzensgeld zahlen, wenn er Mobbing in seinem Betrieb nicht unterbindet, beispielsweise wenn ein Arbeitnehmer durch einen Vorgesetzten gezielt zur Aufgabe seines Arbeitsplatzes gedrängt wird.

Das Verhältnis einer als Pflegedienstleiterin beschäftigten Angestellten zu ihrem Vorgesetzten war über lange Zeit von Konflikten geprägt. Der Mann schikanierte und demütigte die Mitarbeiterin systematisch, indem er ihre Entscheidungen ungefragt rückgängig machte, sie nicht anhörte, unbegründete Hausverbote aussprach und allgemein herabwürdigend über Frauen sprach. Er versuchte so über Jahre, die Frau zur Aufgabe ihres Arbeitsplatzes zu bewegen. Der Pflegedienstleiterin wurde außerordentlich fristlos gekündigt. Diese machte Schadensersatz und Schmerzensgeld

▼

geltend. Sie sei durch das Verhalten ihres Vorgesetzten in ihrem Persönlichkeitsrecht verletzt worden. Das AG Cottbus sprach ihr Schmerzensgeld in Höhe von € 30.000,- zu. Außerdem sind alle weiteren, auf diesen Vorfällen beruhenden, eventuell später auftretenden Gesundheits-, Vermögens- und sonstigen Schäden zu ersetzen. Das Gericht sah es als erwiesen an, dass der Vorgesetzte die Frau mobbte. Zwar führt nicht jeder Konflikt am Arbeitsplatz zwischen Arbeitgeber und Arbeitnehmer zu einer Persönlichkeitsrechtsverletzung, die ein Schmerzensgeld rechtfertigt. Anders aber, wenn ein anhaltend schikanöses und diskriminierendes Verhalten vorliegt. Der Arbeitgeber muss sich das Verhalten seines leitenden Angestellten zurechnen lassen. Er hat dessen Schikanen nicht verhindert und damit seine Fürsorgepflicht verletzt. Deshalb haften sie gemeinsam (AG Cottbus, Urteil vom 08.12.2009, AZ: 7 Ca 1960/08).

Beispiel

Fall: Einer im Altenheim beschäftigten Krankenschwester wird fristlos gekündigt, weil sie wegen Leistungsdefizite Gesundheit und Leben der Bewohner gefährdete. Gründe u. a. waren Unregelmäßigkeiten in der Medikamentenverteilung, insbesondere Missachtung der ärztlichen Verordnung und eine mangelhafte Dokumentation.

Praxistipp

Wenn Sie eine aus Ihrer Sicht unberechtigte Kündigung erhalten, haben Sie die Möglichkeit, eine Kündigungsschutzklage beim zuständigen Arbeitsgericht zu erheben.
Bitte beachten Sie hierbei folgende Fristen für die Klageerhebung:
2 Wochen nach Zugang, ohne Einschaltung eines Rechtsanwalts
3 Wochen nach Zugang, bei Beauftragung eines Rechtsanwalts

► Abmahnung

Laienpflege

Unter Laienpflege ist die Betreuung ohne berufliche Qualifikation zu verstehen. Die demographische Entwicklung und die schwindenden Ressourcen der Sozialversicherungsleistungen führen letztlich dazu, dass Angehörige verstärkt in die pflegerische Betreuung und Versorgung eingebunden werden müssen.

Im Rahmen der Pflegeversicherung wird gerade im ambulanten Bereich (häusliche Pflege) der überwiegende Anteil der pflegerischen Versorgung von Familienangehörigen oder Bekannten wahrgenommen. Darüber hinaus gibt es hier viele ehrenamtliche Helfer.

Diese Entwicklung stellt besonders Pflegefachkräfte vor eine neue Herausforderung. Ihnen kommt eine wesentliche Rolle im Rahmen der Planung, Durchführung spezifischer Pflegemaßnahmen, Kommunikation und Kooperation mit den Pflegebedürftigen, Angehörigen und dem zuständigen Arzt zu. Pflegerische Aufgabe ist es, den Pflegebedürftigen vor Schäden wie Dekubitus, chronischen Wunden, Stürze und Fehlmedikation zu bewahren. Hinzu kommt, dass Pflegende ihr Augenmerk auf die Angehörigen richten müssen. Überforderungssymptomen sollte entsprechend begegnet werden, außerdem obliegen der Fachkraft die Beratung und Schulung der Laienpfleger.

Beratungs- und Schulungsthemen sind u. a.:

- Dekubitusprophylaxe
- Sturzprophylaxe
- Schmerzbeobachtung
- Kontinenzförderung

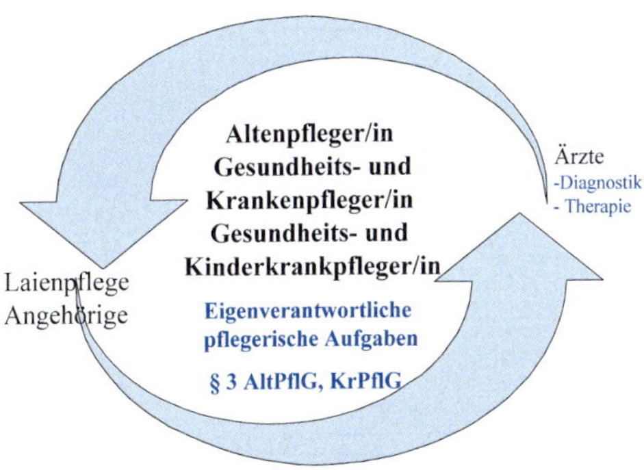

Abb. 16. Angehörige, Pflegefachkraft, Arzt

- Körperpflege bei Bettlägerigen
- Hautpflege
- Rückenschonende Arbeitsweise
- Krankenbeobachtung
- Besonderheiten bei Diabetes mellitus
- Unterstützung bei der Medikamenteneinnahme

Im Rahmen des Entlassungsmanagements kommt den Angehörigen eine große Bedeutung zu. Rechtliche Grundlage für die Verantwortung der Pflegefachkraft sind das Altenpflegegesetz, Krankenpflegegesetz und die Leistungsgesetze SGB V und SGB XI.

Praxistipp

- Wenn Sie gemeinsam mit Angehörigen Pflegemaßnahmen durchführen, berücksichtigen Sie in der Planung deren Ressourcen und Fähigkeiten. Für Ihren Pflegeauftrag haften Sie. Beachten Sie, dass ärztlich verordnete Maßnahmen nur von Ihnen oder einer anderen Fachkraft ausgeführt werden.
- Erkennen Sie in der Versorgung von Pflegebedürftigen Gefahren, so erörtern Sie diese mit den Angehörigen, dem Hausarzt und ggf. mit dem MDK. Wichtig ist die Dokumentation Ihrer Bedenken.

► Aufgabenstellung, Delegation, Entlassungsmanagement, Standards, Verantwortung

Notizen für den Alltag

Medikamente

Im Pflegealltag gibt es immer wieder rechtliche Fragen bzw. Auseinandersetzungen im Umgang mit und in der Verabreichung von Medikamenten. Grundsätzlich gilt die Anordnungs- und Verordnungspflicht des Arztes, weil dieser für Diagnostik und Therapie verantwortlich zeichnet. Pflegepersonen dürfen nicht eigenmächtig in die Medikation für den Patienten eingreifen.

Ausnahme ist lediglich die sog. Notfallkompetenz, d. h. es liegt eine akute Gefährdung von Leib, Leben und Gesundheit des Patienten vor, ein Arzt ist jedoch unerreichbar oder unabkömmlich. In diesem Fall gilt für die Pflegekraft eine sog. Stellvertreterposition, die eine erforderliche Sorgfalt und Vermeidung zusätzlicher Gefährdung für den Patienten bedeutet.

Vom Grundsatz her kann und muss die Pflegeperson der ärztlichen Anordnung vertrauen (Anordnungsverantwortung und Haftung). Sollte sie aufgrund ihrer Erfahrungen und ihren pharmakologischen Kenntnissen Kontraindikationen und sich abzeichnende Komplikationen erkennen, so ist sie verpflichtet, ihre Bedenken dem Arzt mitzuteilen. Wird eine ärztliche Anordnung schriftlich delegiert, so ist die jeweilige Pflegefachkraft verpflichtet, alle zum Einsatz kommenden Medikamente in der Dokumentation lückenlos aufzuführen. Darüber hinaus ist sie verpflichtet, dass nur solche pflegerischen Mitarbeiter für die Applikation ausgewählt werden, die in der Medikamentengabe und mit den unterschiedlichen Wirkungen vertraut sind. Hierzu gehört, dass die Pflegeperson mit der Situation des Patienten/Bewohners und einer möglichen Komplikationswahrscheinlichkeit kundig ist z. B. bei Allergien oder bei kumulativ bedingtem Schock.

Die Vorbereitung bzw. das Stellen der Medikamente darf nur von qualifizierten Pflegekräften (Krankenpflegegesetz und Altenpflegegesetz) durchgeführt werden. Strittig ist oft die Frage, ob die Medikamente bereits für den gesamten Tag oder für eine Woche für die Patienten der Station gerichtet werden dürfen. Zu beachten ist hierbei, dass es zwischen der Vorbereitung und der Applikation der Medikamente eine Zeitspanne gibt, in der möglicherweise Veränderungen im Zustand des Patienten oder Veränderungen des Medikamentes u. a. auch unter hygienischer Sicht stattfinden können.

Besonders problematisch ist die schichtübergreifende Vorbereitung von Medikamenten. Wenn dieses erfolgt, ist eine jeweilige Kontrolle durch die zuständige Schicht vor der Applikation notwendig. So ist es auch haftungsrechtlich bedenklich, wenn vom Nachtdienst die Medikamente für den folgenden Tag gestellt werden.

Verabreichen und Aufbewahren von Medikamenten

Beim Verabreichen eines Medikaments sind sowohl die Situation des Patienten als auch die Wirkung des Medikaments genauestens zu beobachten. Ist ein Patient in der Lage, den vorgegebenen Medikamentenrahmen morgens, mittags und abends eigenständig umzusetzen, sollte sich das Pflegepersonal lediglich rückversichern, ob die Selbstmedikation erfolgreich verlaufen ist. Bei desorientierten Patienten hingegen muss die Einnahme mit Hilfestellungen durchgeführt und die Wirkung überwacht werden. So ist die Pflegeperson bei fehlender Eigenverantwortlichkeit des Patienten für die Kontrolle des erfolgten bzw. nicht erfolgten Medikamentenverbrauchs verantwortlich.

Für die ordnungsgemäße Lagerung und Kontrolle der Medikamente haften der Arzt und die Stationsleitung. Arzneimittelschränke sind abzuschließen. Wichtig ist die Übersichtlichkeit in der Lagerung, sinnvoll ist eine alphabetische Anordnung mit einer Sortierung nach Applikationsformen wie z. B. Ampullen, Tabletten, Zäpfchen. Zu beachten sind jeweils die Produkthinweise des Herstellers. Hierzu gehört auch die Überprüfung der Verfallsdaten.

! Verfallene Arzneimittel dürfen nur an eine Apotheke zur Vernichtung überantwortet werden.

Beispiel

Fall 1: Die Mitarbeiterin einer gegenüberliegenden Station vertauscht Medikamente, fügt so einer Bewohnerin Schaden zu. Sie will damit die Festeinstellung der für die andere Station zuständigen Kollegin verhindern, bzw. deren Kündigung initiieren.

Fall 2: Auf einer Station werden vom Spätdienst die Tabletten, Dragees und Filmtabletten vorbereitet. Die folgenden Dienste übernehmen die Verteilung der vorbereiteten Medikamente zur entsprechenden Uhrzeit. Zwischenzeitlich wurde die Medikation verändert und diese nicht berücksichtigt.

▼

Fall 3: Mitarbeiter aus dem sozialen Dienst einer Heimeinrichtung verabreichen Medikamente an die Heimbewohner. Grundsätzlich ist das Verabreichen von Medikamenten durch Erzieher oder Pädagogen ohne besondere Qualifizierung nicht zulässig.

Fall 4: Eine Krankenschwester hat in einem Pflegeheim einer Bewohnerin unerlaubt Beruhigungsmittel gespritzt, um bei der geplanten Pflegeeinstufung des MDK eine höhere Stufe für die Frau zu erreichen. Sie wurde wegen Körperverletzung zu 8 Monaten Freiheitsentzug auf Bewährung verurteilt.

Praxistipp

- Beachten Sie, dass das Richten und Austeilen von Medikamenten Aufgabe der Pflegefachkräfte im Sinne der Ausführung ärztlicher Anordnungen ist. Der Arzt geht bei seiner Verordnung von dieser Tatsache aus. Bei Richten der Medikamente für einen längeren Zeitraum sollten diese zur besseren Kontrolle im Blisterstreifen verbleiben. Vorbereitete Medikamententabletts sollten unter Verschluss gehalten werden.
  Die Vorbereitung und die Applikation müssen jeweils dokumentiert werden.
- Berücksichtigen Sie die gestufte Kriterien- und Indikationsliste der AG »Medikamentensicherheit« im Aktionsbündnis Patientensicherheit. Wesentlich sind die Kriterien Aufklärung, Verordnung, Verteilung sowie Verträglichkeits- und Therapieerfolgskontrolle.

▶ Ärztliche Anordnung, Betäubungsmittelgesetz

Notizen für den Alltag

Medizinproduktegesetz (MPG)

Das Medizinproduktegesetz (MPG) vom 02.08.1994 (BGBl 1994 I, S. 163) in der Fassung vom 07.08.2002 (BGBl I, S. 3146), zuletzt geändert am 25.07.2009 (BGBl I, S. 2326), stellt rechtliche Anforderungen an den Pflegedienst.

Das Gesetz hat zum Zweck, den Verkehr mit Medizinprodukten zu regeln und dadurch für die Sicherheit, Eignung und Leistung von Medizinprodukten sowie für die Gesundheit und den erforderlichen Schutz der Patienten, Anwender, u. a. Pflegepersonal, und Dritter zu sorgen. Dies gilt für das Herstellen, das Inverkehrbringen, das Inbetriebnehmen, das Aufstellen, das Errichten, das Betreiben und das Anwenden von Medizinprodukten sowie deren Zubehör. Zubehör wird als eigenständiges Medizinprodukt behandelt. Gemäß § 3 sind Medizinprodukte Gegenstände mit diagnostischer, therapeutischer und helfender Funktion.

Wesentlich für den Pflegealltag ist § 4 Verbote zum Schutz von Patienten, Anwendern und Dritten:

Es ist verboten, Medizinprodukte in Verkehr zu bringen, zu errichten, in Betrieb zu nehmen, zu betreiben oder anzuwenden, wenn

(1) der begründete Verdacht besteht, dass sie die Sicherheit und Gesundheit der Patienten, der Anwender oder Dritter bei sachgemäßer Anwendung, Instandhaltung und ihrer Zweckbestimmung entsprechender Verwendung über ein nach den Erkenntnissen der medizinischen Wissenschaft vertretbares Maß gehend gefährden oder

(2) das Datum abgelaufen ist, bis zu dem eine gefahrlose Anwendung nachweislich möglich ist (Verfalldatum).

Mit dieser Formulierung ist auch die stets wiederkehrende Frage der Resterilisation von Einwegprodukten dahingehend beantwortet, dass dieses im Sinne des MPG unzulässig ist. Der Patient hat einen Anspruch auf eine sichere Versorgung nach den aktuellen Erkenntnissen der Wissenschaft.

Die Gefährdungshaftung bei unsachgemäßer Behandlung von Geräten, Instrumenten, Kathetern, bei falscher Wiederaufbereitung liegt beim anordnenden bzw. durchführenden Arzt und der verantwortlich mitwirkenden Pflegekraft. Die Pflegeperson muss den Arzt schriftlich auf etwaige Bedenken hinweisen, falls ein defektes Gerät bzw. resterilisierte Instrumente oder Katheter zum Einsatz kommen sollen. Setzt der Arzt trotz dieser Bedenken ein nicht zulässiges Sterilisationsverfahren oder später das mangelhafte Gerät am Patienten ein, so haftet ausschließlich er für Komplikationen.

Beispiel

Urteil: Tod durch fehlerhaft sterilisierte Herzkatheter-Instrumente

Nach einer transseptalen Linksherzkatheteruntersuchung verstirbt der Patient wenige Tage nach dem komplikationslos verlaufenen Eingriff. Das Gericht verurteilte auf Antrag der Hinterbliebenen zwei Krankenhausärzte zum Schadenersatz, weil beim Eingriff ein resterilisierter Katheter und Schlauch eingesetzt wurden. Hierin sah das Gericht einen groben Behandlungsfehler und stellte zugleich fest, dass in diesem Fall Beweisnachteile zu Lasten des Arztes gehen (OLG Zweibrücken, Urteil vom 19.10.1982).

§ 31 MPG Medizinprodukteberater

Der Medizinprodukteberater informiert und weist ein. Dies kann in schriftlicher, mündlicher oder telefonischer Form erfolgen. Er besitzt Sachkenntnis, ist auf die jeweiligen Medizinprodukte geschult, dokumentiert das abgesicherte Anwendungsspektrum und verweist auf eventuelle Risiken.

Strafrechtliche Konsequenzen

Eine Zuwiderhandlung gegen § 4 (1) MPG ist nach § 40 MPG mit Geld- oder Freiheitsstrafe bei fahrlässigem Handeln bis zu 3 Jahren, in besonderen Fällen bis zu 5 Jahren sanktioniert. Der Versuch ist strafbar. Ein besonders schwerer Fall liegt vor, wenn der Täter die Gesundheit einer großen Zahl von Menschen gefährdet oder einen anderen in die Gefahr des Todes oder einer schweren Schädigung bringt. Die zivilrechtliche Haftung ergibt sich aus dem BGB (Haftung).

Beispiel

Fall 1: In einer Pflegeeinrichtung werden (Einmal-)Spritzen zur Spülung von PEG-Sonden in Geschirrspülern gereinigt und dann wieder verwendet.

Fall: Ein Krankenpfleger resterilisiert auf Anordnung des Arztes einen Herzkatheter. Während der Untersuchung löst sich die Katheterspitze.

Praxistipp

1: In Umsetzung des Medizinproduktegesetzes gilt für Sie als Anwender neben der Einhaltung dieses Gesetzes eine Beobachtungs-, Informations- und Meldepflicht.

2: Verweigern Sie den Umgang mit defekten Geräten und Zubehör!

▶ Delegation, Haftung, Remonstration

Nachtwache

Der Nachtdienst in den Pflegeeinrichtungen ist ein wichtiges Element der Organisationsstruktur. Sind am Tag alle Berufsgruppen des Gesundheitswesens und der ergänzenden Dienste verfügbar, so konzentriert sich die Verantwortung für die Patienten- oder Bewohnereinheit in den Nachtstunden auf eine Pflegeperson. Der Pflegedienstleitung und Stationsleitung obliegen in der Auswahl und Einteilung zum Nachtdienst die Organisationsverantwortung und -haftung, die Delegationshaftung und die Qualitätssicherung. Die Pflegeperson des Nachtdienstes übernimmt bei Dienstantritt die Organisationsverantwortung für den gesamten pflegerischen Bereich und die Anordnungsverantwortung für evtl. zusätzlich eingesetzte Hilfskräfte.

Zwischenfälle werden unter arbeitsrechtlichen, strafrechtlichen und zivilrechtlichen Kriterien bewertet.

Beispiel

Fall 1: Eine Nachtwache im Altenheim übernimmt alleine den Dienst für zwei übereinanderliegende Stationsetagen. Beim Verlassen einer Etage schließt sie die Tür ab. Sie kann jeweils auf der anderen Etage keinen Notruf bzw. Klingelton hören.

Fall 2: Eine Altenpflegerin betreut in der Nachtwache eine Pflegestation mit 27 Bewohnern und den Bereich Betreutes Wohnen mit 17 Bewohnern über zwei Etagen. Ein Bewohner mit Alzheimer Erkrankung und starkem Bewegungsdrang neigt zum Verzehr von Zigarettenkippen, die er tagsüber sammelt, bzw. steckt diese Zigarettenkippen schlafenden Bewohnern in den Mund. Ein richterlicher Beschluss zur Fixierung bzw. zur Einschließung für den Bewohner liegt vor. Die Angehörigen sprechen sich gegen eine Fixierung aus. Die Beobachtung durch die Nachtwache ist weder bei dem mobilen Bewohner noch im Falle seiner Fixierung gewährleistet.

Fall 3: Eine Krankenschwester wird im Nachtdienst für zwei Stationen mit jeweils 33 Patienten eingesetzt. Die internistische Station und die dermatologische Station sind räumlich voneinander getrennt. Ein älterer Patient mit kardialer Erkrankung sowie leichter Demenz mit Weglauftendenz wird von der Krankenschwester mit einem Bauchgurt im Bett fixiert, da sie wegen des hohen Arbeitsanfalls nicht stets nach ihm sehen kann. Nach 3 Stunden

▼

kommt sie in das Zimmer und stellt fest, dass der Patient heruntergerutscht war und sich im Bett mit dem Bauchgurt tödlich stranguliert hatte.
Das Verhalten der Krankenschwester kann straf- und zivilrechtliche Konsequenzen bedeuten. Die Fixierung hätte im Sinne der Sorgfaltspflicht auf ärztliche Anordnung erfolgen müssen. Im Notfall können Pflegende die Fixierung durchführen, sind aber verpflichtet, umgehend einen Arzt zu rufen. Die Fixierung muss so erfolgen, dass der Patient nicht zusätzlich Schaden nimmt. Hierzu gehört auch die Durchführung zeitnaher Kontrollen.

Fall 4: In einer Reha-Klinik, Abteilung Kardiologie, möchte der Chefarzt nicht, dass im Nachtdienst nach den Patienten gesehen wird, um diese nicht zu stören. Die Stationsleitung hat große Bedenken, sie befürchtet Risiken für die Patienten.

Praxistipp

Richten Sie im Sinne der Remonstrationsverantwortung ein Schreiben an den Chefarzt und die Pflegedienstleitung. Äußern Sie im Falle von Versorgungsmängeln Ihre Bedenken, um sich vor einem drohenden Übernahmeverschulden zu entlasten.

Welche Kriterien sind zu beachten? – In der Regel sollte eine Nachtwache nicht für mehr als 32 Patienten zuständig sein. Zusätzlich ist zu beachten, dass diese Anzahl der Patienten/Bewohner sich in einer Etage und nicht über zwei Etagen oder gar in verschiedenen Gebäuden befinden.

Als Nachtwache kommt nur eine Pflegeperson in Betracht. Diese Regelung geht aus dem Krankenpflegegesetz und dem Altenpflegegesetz im Sinne von § 1 und § 3 hervor. Krankenpflege- und Altenpflegehelfer dürfen nicht für die alleinige Tätigkeit im Nachtdienst eingeteilt werden bzw. nicht eigenständig den Nachtdienst übernehmen. Für die Ruhepausen ist laut Arbeitszeitgesetz eine Vertretungsregelung zu treffen, die ebenso eine qualifizierte Pflegekraft berücksichtigt. Die Nachtwache ist zudem verpflichtet, in entsprechenden Abständen Kontrollgänge im Sinne der Sorgfaltspflicht durch die Patientenzimmer vorzunehmen: bei Erwachsenen mindestens alle 2 Stunden, bei Kindern alle 45 Minuten.

Beim Einsatz von Sitzwachen für Schwerstkranke (z. B. durch Krankenpflegehelfer, Studierende) ist die Nachtwache ihrer Sorgfaltspflicht ebenfalls nicht entbunden und trägt die Verantwortung.

Beispiel

Urteil 1: Der Träger eines Krankenhauses verstößt gegen seine Pflicht, in ausreichendem Maße fachkundiges, nicht-ärztliches Personal bereitzustellen, wenn lediglich zwei Nachtschwestern für 88 Betten in drei Abteilungen zur Verfügung stehen (OLG Stuttgart, Urteil vom 20.08.1992, AZ: 14U 3/92).

Urteil 2: Ein Patient hat Anspruch auf die Wahrung essentieller Grundvoraussetzungen für seine Sicherheit. Der Träger eines Krankenhauses muss durch geeignete organisatorische Maßnahmen Sorge tragen, dass der Personalbestand einer Station, auf der psychisch kranke Patienten untergebracht sind, gesichert ist (OLG Hamm, Urteil vom 16.09.1992, AZ: 3U 283/91).

Urteil 3: Kein Recht auf Dauernachtwachen

Krankenschwestern können nicht verlangen, eine ganze Woche am Stück nachts zu arbeiten. Solange im Arbeitsvertrag die Reihenfolge der einzelnen Früh-, Spät- und Nachtschichten nicht klar geregelt ist, bleibt die Festlegung Sache des Arbeitgebers im Rahmen seines Direktionsrechtes. Eine Krankenschwester hatte dagegen geklagt, dass in ihrem Haus jeweils nach vier Diensten die Schicht wechselte (BAG, AZ: 5 AZR 472/97).

Urteil 4: Sicherung eines sturzgefährdeten Patienten während der Nacht

Der Betreiber eines Pflegheims ist bei bekannter Sturzneigung eines Patienten verpflichtet, besondere Vorsorgemaßnahmen dagegen zu treffen, dass der Patient nachts das Bett unbeaufsichtigt verlässt. Zwei bis vier nächtliche Kontrollgänge durch das Pflegepersonal genügen nicht, um jede vermeidbare Gefahr auszuschließen.
Eine Altenheimbewohnerin leidet an einem hirnorganischen Psychosyndrom bei Zerebralsklerose mit zeitweiliger Verwirrtheit und Desorientierung sowie unter Schwindelanfällen. Laut Aufnahmebericht benötige sie ein Bettgitter, damit sie nachts nicht allein aufstehe; sie sei besonders sturzgefährdet. Die Frau fiel dennoch, als sie nachts unbeaufsichtigt aus dem Bett aufstand. Dabei zog sie sich Verletzungen zu, für die die Krankenkasse Versicherungsleistungen in Höhe von € 3.092,87 erbrachte. Diese forderte sie vom Altenheim zurück.

▼

Das AG hat zu Recht bejaht, dass die Krankenkasse Anspruch auf Ersatz der aufgewendeten Versicherungsleistungen hat, weil die Nachtschwester ihre Pflichten aus dem Heimvertrag schuldhaft verletzt hat und es dadurch zum Sturz gekommen ist. Die vom Pflegepersonal der Beklagten unternommenen zwei bis vier nächtlichen Kontrollgänge waren nicht ausreichend, um die Bewohnerin zu schützen und jede vermeidbare Gefährdung auszuschließen. Die Beklagte ist verpflichtet, den Pflegeaufenthalt so zu gestalten, dass jede vermeidbare Gefährdung der Bewohnerin ausgeschlossen ist. Die Obhutsverpflichtung erstreckt sich nicht nur auf die Verhütung von Folgen, die aus dem eigentlichen Pflege- und Heimaufenthalt resultieren, sondern umfasst auch die gebotene Vorsorge für die sich aus der Erkrankung bzw. der Konstitution der Bewohnerin selbst ergebenden körperlichen und gesundheitlichen Integritätsrisiken (LG Mönchengladbach, Urteil vom 24.10.2003, 2 S 81/03.

Praxistipp

1: Die Pflegedienstleitung und die Stationsleitung sind dafür verantwortlich, dass der fachliche Standard rund um die Uhr gesichert ist. Hieraus ist auch abzuleiten, dass Altenpflegehelfer, Krankenpflegehelfer oder Medizinstudierende nicht alleine eine Station im Nachtdienst führen dürfen, oder ein Zivildienstleistender bestimmte Beatmungspatienten alleine überwacht. Die Pflegedienstleitung bzw. Stationsleitung trägt in diesen Fällen die Konsequenzen für evtl. entstehende Pflegefehler, wenn Sie Ihre Bedenken bezüglich der Gefährdung von Bewohnern/Patienten im Sinne der Remonstration schriftlich geäußert haben.

2: Wenn Sie den Nachdienst für zwei Stationen mit jeweils 33 Patienten übernehmen müssen, teilen Sie umgehend bei Schichtübergabe der Stationsleitung bzw. Pflegedienstleitung schriftlich Ihre Bedenken bezüglich der Versorgungsqualität und Sicherheit für die Patienten/Bewohner mit. Lassen Sie sich den Empfang der Remonstration schriftlich bestätigen.

3: Bei besonderen Unruhezuständen eines Patienten mit Fixierungsnotwendigkeit rufen Sie sofort den Arzt, um sich strafrechtlich und zivilrechtlich zu entlasten.

4: Beachten Sie die Notwendigkeit einer regelmäßigen Krankenbeobachtung (Kontrollgänge), um kritische Situationen der Patienten rechtzeitig zu erkennen. Dokumentieren Sie diese Kontrollen.

Beispiel

Fall 5: Die Bewohnerin eines Pflegeheims behauptet, sie sei von einem Altenpfleger im Nachtdienst geschlagen worden. Es liegt aber die Vermutung nahe, dass diese Behauptung wegen der zeitweiligen Verwirrtheit der Bewohnerin erfunden ist. Es gibt keinerlei Zeugen für den Vorfall. Dennoch stellen der Ehegatte der Bewohnerin und der Betreuer Strafanzeige.

Praxistipp

Besteht gegen Sie der Verdacht eines Tatvorwurfs der Körperverletzung, empfiehlt es sich, umgehend im Rahmen einer körperlichen Untersuchung des Patienten/des Bewohners feststellen zu lassen, ob Schädigungen nachweisbar sind.

▶ Aufgabenstellung, Arbeitnehmerhaftung, Dokumentation, Haftung, Remonstration, Verantwortung

Notizen für den Alltag

Patienten- und Bewohnerrechte

In Deutschland wird die Notwendigkeit eines Patientenrechtegesetzes politisch erörtert. Die Rechte des Patienten ergeben sich aktuell u. a. aus dem Grundgesetz, Sozialversicherungsgesetzen mit Qualitätskriterien, dem Strafrecht und dem Zivilrecht. Verdeutlicht werden die Rechte in der Patientencharta und der im Jahr 2006 veröffentlichten Charta der Rechte hilfe- und pflegebedürftiger Menschen.

Für die ambulante Pflege und das Altenheim definieren die §§ 2 und 11 des Pflegeweiterentwicklungsgesetzes (Pflegeversicherung) die Rechte des Leistungsempfängers und die Pflichten der Leistungserbringer:

§ 2 Selbstbestimmung

Die Leistungen der Pflegeversicherung sollen dem Pflegebedürftigen helfen, trotz ihres Hilfebedarfs ein möglichst selbständiges und selbstbestimmtes Leben zu führen, dass der Würde des Menschen entspricht. Die Hilfen sind daher darauf auszurichten, die körperlichen, geistigen und seelischen Kräfte der Pflegebedürftigen wiederzugewinnen oder zu erhalten.

§ 11 Rechte und Pflichten der Pflegeeinrichtungen

Die Pflegeeinrichtungen pflegen, versorgen und betreuen die Pflegebedürftigen, die ihre Leistungen in Anspruch nehmen, entsprechend dem allgemein anerkannten Stand medizinisch-pflegerischer Erkenntnisse. Inhalt und Organisation der Leistungen haben eine humane und aktivierende Pflege unter Achtung der Menschwürde zu gewährleisten.

Für den Heimbereich trifft zusätzlich § 1 des Wohn- und Betreuungsvertragsgesetzes (WBVG) zu: Dieses Gesetz ist anzuwenden auf einen Vertrag zwischen einem Unternehmer und einem volljährigen Verbraucher, in dem sich der Unternehmer zur Überlassung von Wohnraum und zur Erbringung von Pflege- oder Betreuungsleistungen verpflichtet, die der Bewältigung eines durch Alter, Pflegebedürftigkeit oder Behinderung bedingten Hilfebedarfs dienen.

Darüber hinaus definieren die Landesheimgesetze die Rechte der Pflegebedürftigen. Für Krankenhäuser und ambulante Pflegedienste trifft das SGB V zur Gesetzlichen Krankenversicherung zu:

§ 70 Qualität, Humanität und Wirtschaftlichkeit

(1) Die Krankenkassen und die Leistungserbringer haben eine bedarfsgerechte und gleichmäßige, dem allgemein anerkannten Stand der medizinischen Er-

kenntnisse entsprechende Versorgung der Versicherten zu gewährleisten. Die Versorgung der Versicherten muss ausreichend und zweckmäßig sein, darf das Maß des Notwendigen nicht überschreiten und muss in der fachlich gebotenen Qualität sowie wirtschaftlich erbracht werden. Die Krankenkassen und die Leistungserbringer haben durch geeignete Maßnahmen auf eine humane Krankenbehandlung ihrer Versicherten hinzuwirken.

Patientencharta – Auszug

Eine von der Bundesregierung eingesetzte Arbeitsgruppe hat die Patientencharta erstellt. Patientenrechte in Deutschland Stand 2005. Darin heißt es:

I. Einleitung

Dieses Dokument appelliert an alle im Gesundheitswesen Beteiligten, insbesondere Ärzte, Zahnärzte, Pflegekräfte, Psychotherapeuten und Mitarbeiter aus Gesundheitsfachberufen, die Patientenrechte zu achten, die Patientinnen und Patienten bei der Durchsetzung ihrer Rechte zu unterstützen und darauf hinzuwirken, dass die Patientenrechte in der täglichen Praxis bei allen Beteiligten im Gesundheitswesen Berücksichtigung finden. Behandlung, Pflege, Rehabilitation und Prävention haben die Würde und Integrität des Patienten zu achten, sein Selbstbestimmungsrecht und sein Recht auf Privatheit zu respektieren. Patient und Arzt haben das gemeinsame Ziel, Krankheiten vorzubeugen, zu erkennen, zu heilen oder zu lindern. Eine vertrauensvolle Verständigung zwischen Arzt und Patient ist eine wichtige Voraussetzung für den Erfolg einer Behandlung. Die Chancen, die eine Patienten-Arzt-Beziehung bietet, wenn sie als eine echte Behandlungs- und Entscheidungspartnerschaft verstanden wird, sollten deshalb konsequent genutzt werden. Dem persönlichen Gespräch zwischen Patient und Arzt kommt deshalb eine besondere Bedeutung zu, weil sich dadurch ein größtmögliches Maß an Respekt, Vertrauen und Kooperation im Behandlungsverhältnis schaffen lässt. Der Patient hat Anspruch auf angemessene Aufklärung und Beratung sowie auf eine sorgfältige und qualifizierte Behandlung. Diagnostische und therapeutische Maßnahmen sind mit dem Patienten abzustimmen. Jede Behandlung erfordert die Mitwirkung des Patienten. Ein Behandlungserfolg kann jedoch trotz bester Therapie nicht garantiert werden. Der Patient ist für seine Gesundheit mitverantwortlich und kann durch eine gesundheitsbewusste

Lebensführung, durch frühzeitige Beteiligung an gesundheitlichen Vorsorgemaßnahmen sowie durch aktive Mitwirkung an Krankenbehandlung und Rehabilitation dazu beitragen, den Eintritt von Krankheit und Behinderung zu vermeiden oder ihre Folgen zu überwinden [...].

II. Das Behandlungsverhältnis

1. Durch wen kann sich der Patient behandeln lassen?
   Der Patient hat grundsätzlich das Recht, Arzt und Krankenhaus frei zu wählen und zu wechseln.
2. Welche Qualität muss eine medizinische Behandlung haben?
   Der Patient hat Anspruch auf eine qualifizierte und sorgfältige medizinische Behandlung nach den anerkannten Regeln der ärztlichen Kunst. Sie umfasst eine qualifizierte Pflege und Betreuung.
3. Was bedeutet die Einwilligung des Patienten?
   Der Patient hat das Recht, Art und Umfang der medizinischen Behandlung selbst zu bestimmen. Er kann entscheiden, ob er sich behandeln lassen will oder nicht. Der Patient kann eine medizinische Versorgung also grundsätzlich auch dann ablehnen, wenn sie ärztlich geboten erscheint.
4. Selbstbestimmung am Ende des Lebens
   Auch bei der Behandlung Sterbender hat der Arzt das Selbstbestimmungsrecht und die menschliche Würde des Patienten zu berücksichtigen. Patienten im Sterben haben das Recht auf eine angemessene Betreuung, insbesondere auf schmerzlindernde Behandlung. Sie können über Art und Ausmaß diagnostischer und therapeutischer Maßnahmen selbst entscheiden. Patienten, die entscheidungsfähig sind, können den Behandlungsabbruch oder das Unterlassen lebensverlängernder Maßnahmen verlangen. Eine gezielte Lebensverkürzung durch Maßnahmen, die den Tod herbeiführen oder das Sterben beschleunigen sollen, ist unzulässig und mit Strafe bedroht, auch wenn der Patient sie verlangt. Bei Patienten, die nicht entscheidungsfähig sind, muss auf ihren mutmaßlichen Willen abgestellt werden.
   Zur Ermittlung des mutmaßlichen Willens sind insbesondere frühere schriftliche oder mündliche Äußerungen des Patienten und seine sonstigen erkennbaren persönlichen Wertvorstellungen zu berücksichtigen. Eine wesentliche Rolle nimmt dabei die Befragung von Ehepartnern oder Lebensgefährten, Angehörigen und Freunden sowie von anderen

nahe stehenden Personen über die mutmaßlichen Behandlungswünsche des Patienten ein. Patienten können für den Fall, dass sie nicht mehr entscheidungsfähig sind, vorsorglich im Rahmen einer sog. Patientenverfügung auf lebenserhaltende oder lebensverlängernde Maßnahmen verzichten.

Der in einer Patientenverfügung niedergelegte Wille ist für den Arzt im Grundsatz bindend. Bei einer Patientenverfügung muss der Arzt im Einzelfall jedoch genau prüfen, ob die konkrete Situation derjenigen entspricht, die sich der Patient beim Abfassen der Verfügung vorgestellt hatte, und ob der in der Patientenverfügung geäußerte Wille im Zeitpunkt der ärztlichen Entscheidung nach wie vor aktuell ist. Der Patient kann in einer Patientenverfügung Vertrauenspersonen benennen und den Arzt ihnen gegenüber von der Schweigepflicht entbinden. Informationen zu Patientenverfügungen können beispielsweise bei Landesgesundheitsbehörden, Ärztekammern, Kirchengemeinden, Wohlfahrtsverbänden, Verbraucherzentralen, Patientenorganisationen oder Sozialstationen angefordert werden.

5. Was ist hinsichtlich der Aufklärung und Information des Patienten zu beachten?

   Der Arzt hat den Patienten rechtzeitig vor der Behandlung und grundsätzlich in einem persönlichen Gespräch über Art und Umfang der Maßnahmen und der damit verbundenen gesundheitlichen Risiken aufzuklären und die Einwilligung des Patienten dazu einzuholen.

6. Versuchsbehandlungen

   Vor einer Teilnahme an sog. Versuchsbehandlungen, deren Wirksamkeit und Sicherheit wissenschaftlich noch nicht abgesichert sind, muss der Patient umfassend über die Durchführungsbedingungen, über Nutzen und Risiken sowie über Behandlungsalternativen aufgeklärt werden.

7. Welche medizinischen Maßnahmen sind zu dokumentieren?

   Die wichtigsten diagnostischen und therapeutischen Maßnahmen (z. B. Diagnoseuntersuchungen, Funktionsbefunde, Medikation, ärztliche Hinweise für und Anweisungen an die Funktions- und Behandlungspflege, Abweichung von einer Standardbehandlung) und Verlaufsdaten (z. B. Aufklärung bzw. der Verzicht auf eine Aufklärung durch den Patienten, Operationsbericht, Narkoseprotokoll, Besonderheiten im Behandlungsverlauf) sind zu dokumentieren. Eine Aufzeichnung in Stichworten reicht aus, sofern diese für die mit- oder nachbehandelnden Ärzte verständlich sind. Routinehandreichungen und Routinekontrollen müssen grundsätzlich nicht dokumentiert werden. Die Dokumentation ist vor unbefugtem Zugriff und vor nachträglicher Veränderung zu schützen.

8. Kann der Patient in die Behandlungsunterlagen einsehen?
Der Patient hat das Recht, die ihn betreffenden Behandlungsunterlagen einzusehen und auf seine Kosten Kopien oder Ausdrucke von den Unterlagen fertigen zu lassen. Der Patient kann eine Person seines Vertrauens mit der Einsichtnahme beauftragen. Der Anspruch auf Einsichtnahme erstreckt sich auf alle objektiven Feststellungen über den Gesundheitszustand des Patienten (z. B. naturwissenschaftlich objektivierbare Befunde, Ergebnisse von Laboruntersuchungen sowie von Untersuchungen am Patienten wie EKG, Röntgenbilder usw.) und die Aufzeichnungen über die Umstände und den Verlauf der Behandlung (z. B. Angaben über verabreichte oder verordnete Arzneimittel, Operationsberichte, Arztbriefe und dergleichen). Das Einsichtsrecht erstreckt sich nicht auf Aufzeichnungen, die subjektive Einschätzungen und Eindrücke des Arztes betreffen. Weitere Einschränkungen des Einsichtsrechts können im Bereich der psychiatrischen Behandlung bestehen und wenn Rechte anderer in die Behandlung einbezogener Personen (z. B. Angehörige, Freunde) berührt werden.

9. Was ist im Hinblick auf den Persönlichkeitsschutz und die Vertraulichkeit von Patientendaten zu beachten?
Die den Patienten betreffenden Informationen, Unterlagen und Daten sind von Ärzten, Pflegepersonal, Krankenhäusern und Krankenversicherern vertraulich zu behandeln. Sie dürfen nur mit Zustimmung des Patienten oder auf der Grundlage gesetzlicher Bestimmungen weitergegeben werden. Die ärztliche Schweigepflicht besteht auch gegenüber anderen Ärzten. In Datenbanken gespeicherte Angaben über den Patienten sind technisch und organisatorisch vor Zerstörung, Änderung und unbefugtem Zugriff zu schützen. Sie sind nach Ablauf der Aufbewahrungsfrist zu löschen. Bei stationären Behandlungen soll der Patient darüber informiert werden, wer ihn in Behandlung und Pflege betreut. Bei therapeutischen Gesprächen ist Vertraulichkeit zu gewährleisten. Grundsätzlich darf der Gesundheitszustand des Patienten auch Angehörigen nicht offenbart werden. Der Patient kann jedoch den Arzt ermächtigen, anderen Personen Auskunft über seinen Gesundheitszustand zu geben. Die benannten Personen können von dem Arzt Auskunft über den Gesundheitszustand des Patienten verlangen.

III. Im Schadensfall

Wo kann sich der Patient beraten lassen und wie kann der Patient eventuelle Ersatzansprüche verfolgen?

a) Beratung
b) Geltendmachung von Ersatzansprüchen

Schadensersatzansprüche können außergerichtlich oder gerichtlich geltend gemacht werden. Unter Umständen, etwa bei Vorliegen eines groben Behandlungsfehlers, greifen aber zugunsten des Patienten Beweiserleichterungen bis hin zu einer Beweislastumkehr, d. h. der Schädiger muss den Gegenbeweis antreten. Der Beweis der ordnungsgemäßen Aufklärung des Patienten obliegt in strittigen Fällen dem behandelnden Arzt. Bei Dokumentationsmängeln wird zulasten des Arztes vermutet, dass eine nicht dokumentierte Maßnahme unterblieben ist.

Dieses Papier wurde auf Initiative des Bundesministeriums der Justiz und des Bundesministeriums für Gesundheit unter der Leitung des Präsidenten des Bundesgerichtshofes a.D. Dr. h.c. Karlmann Geiß von folgenden Organisationen erarbeitet: Bundesärztekammer, Bundesarbeitsgemeinschaft Hilfe für Behinderte e.V., Bundesarbeitsgemeinschaft der PatientInnen stellen, Bundeszahnärztekammer, Arbeitsgemeinschaft der Deutschen Zahnärztekammern e.V., Deutsche Krankenhausgesellschaft e.V., Freie Wohlfahrtsverbände (Deutscher Caritasverband e.V., Diakonisches Werk der EKD e.V., Paritätischer Wohlfahrtsverband e.V., Gesamtverband der Deutschen Versicherungswirtschaft e.V., Kassenärztliche Bundesvereinigung, Konferenz der für das Gesundheitswesen zuständigen Ministerinnen und Minister, Senatorinnen und Senatoren der Länder, vertreten durch das Bayerische Staatsministerium für Gesundheit, Ernährung und Verbraucherschutz und den Senator für Arbeit, Frauen, Gesundheit, Jugend und Soziales, Konferenz der Justizministerinnen und -minister, vertreten durch das Thüringer Justizministerium, Landesverband der Epilepsie-Selbsthilfegruppen Baden-Württemberg e.V., Spitzenverbände der gesetzlichen Krankenkassen, Verbraucherzentrale Bundesverband e.V.

Charta der Rechte hilfe- und pflegebedürftiger Menschen

Das Bundesministerium für Familie, Senioren, Frauen und Jugend und das Bundesministerium für Gesundheit und Soziale Sicherung haben 2006 diese

Charta veröffentlicht. Sie stellt eine Zusammenfassung bestehender Rechte dar und schafft keine neuen Rechte. Das besondere Ziel der Charta ist darin zu sehen, dass die bestehenden Rechte konkretisiert werden. Allerdings gibt es unterschiedliche Auffassung darüber, welche Maßnahmen ergriffen werden sollen, um die Umsetzung der in der Charta konkretisierten Rechte zu erreichen.

Artikel der Charta – Auszug (Stand: 10.05.2010 [8. Auflage])

- **Artikel 1: Selbstbestimmung und Hilfe zur Selbsthilfe**
  Jeder hilfe- und pflegebedürftige Mensch hat das Recht auf Hilfe zur Selbsthilfe sowie auf Unterstützung, um ein möglichst selbstbestimmtes und selbstständiges Leben führen zu können.
- **Artikel 2: Körperliche und seelische Unversehrtheit, Freiheit und Sicherheit**
  Jeder hilfe- und pflegebedürftige Mensch hat das Recht, vor Gefahren für Leib und Seele geschützt zu werden.
- **Artikel 3: Privatheit**
  Jeder hilfe- und pflegebedürftige Mensch hat das Recht auf Wahrung und Schutz seiner Privat- und Intimsphäre.
- **Artikel 4: Pflege, Betreuung und Behandlung**
  Jeder hilfe- und pflegebedürftige Mensch hat das Recht auf eine an seinem persönlichen Bedarf ausgerichtete, gesundheitsfördernde und qualifizierte Pflege, Betreuung und Behandlung.
- **Artikel 5: Information, Beratung und Aufklärung**
  Jeder hilfe- und pflegebedürftige Mensch hat das Recht auf umfassende Informationen über Möglichkeiten und Angebote der Beratung, der Hilfe, der Pflege sowie der Behandlung.
- **Artikel 6: Kommunikation, persönliche Zuwendung und Teilhabe an der Gesellschaft**
  Jeder hilfe- und pflegebedürftige Mensch hat das Recht auf Wertschätzung, Austausch mit anderen Menschen und Teilhabe am gesellschaftlichen Leben.
- **Artikel 7: Religion, Kultur und Weltanschauung**
  Jeder hilfe- und pflegebedürftige Mensch hat das Recht, seiner Kultur und Weltanschauung entsprechend zu leben und seine Religion auszuüben.
- **Artikel 8: Palliative Begleitung, Sterben und Tod**
  Jeder hilfe- und pflegebedürftige Mensch hat das Recht, in Würde zu sterben.

Beispiel

Urteil: »Maßstab müssen das erforderliche und für die Heimbewohner Zumutbare sein, wobei insbesondere auch die Würde und die Selbständigkeit der Bewohner zu wahren sind.« (BGH, Urteil vom 28.04.2005, AZ: III ZR 399/04)

Praxistipp

1: Für Sie als Pflegende sind diese dem Patienten oder Bewohner zugesicherten Rechte eine Herausforderung – unter haftungsrechtlichen Aspekten bei Berücksichtigung der Rahmenbedingungen.
2: Berücksichtigen Sie auch die Charta zur Betreuung schwerstkranker und sterbender Menschen in Deutschland (17.08.2010).

► Aufgabenstellung, Berufsordnung, Kodex für professionelles Verhalten, Patientenverfügung, Remonstration, Sterbehilfe

Notizen für den Alltag

Patientenverfügung

Die Voraussetzungen von Patientenverfügungen und die Konsequenzen für Betreuer und das Behandlungsteam sind eindeutig im 3. Gesetz zur Änderung des Betreuungsrechts vom 29.07.2009 in den § 1901a, 1901b, 1901c und 1904 eindeutig geregelt.

- § 1901a Patientenverfügung
- § 1901b Gespräch zur Feststellung des Patientenwillens
- § 1901c Schriftliche Betreuungswünsche, Vorsorgevollmacht
- § 1904 Genehmigung des Betreuungsgerichts bei ärztlichen Maßnahmen

Mit einer Patientenverfügung soll dem Arzt der Wille eines Patienten vermittelt werden, der sich zur Frage seiner medizinischen Behandlung nicht mehr selbst äußern kann.

Hierdurch wurde Rechtsklarheit und Rechtssicherheit im Umgang mit Patientenverfügungen herbeigeführt. Es geht um das Selbstbestimmungsrecht der Patienten, gerade in einer Phase schwerster Krankheit.

Die Patientenverfügung richtet sich an Ärzte, Pflegende und Betreuer.

Beispiel

Urteil: Abbruch lebensverlängernder Maßnahmen bei unheilbar Kranken

Die Frage war: Darf ein Betreuer in die Einstellung der Ernährung für einen unheilbar kranken Patienten einwilligen? Der betroffene Patient litt an einem hypoxischen Hirnschaden im Sinne eines apallischen Syndroms und wurde über eine PEG-Sonde ernährt; eine Kontaktaufnahme war nicht mehr möglich. Auf Anregung der behandelnden Klinik wurde ein Betreuer bestellt, der beim Amtsgericht die Einstellung der Ernährung über die PEG-Sonde beantragte. Eine Besserung des Gesundheitszustandes sei nicht zu erwarten und die Einstellung entspräche dessen früh geäußertem Wunsch. Insoweit hatte er auf eine maschinenschriftliche Verfügung verwiesen, die vorsieht, dass u. a. im Fall einer irreversiblen Bewusstlosigkeit, schwersten Dauerschäden des Gehirns oder im Endstadium einer zum Tode führenden Krankheit u. a. die Einstellung der Ernährung gewollt ist. Der BGH hatte zu klären, ob die Einwilligung

▼

des Betreuers in einem solchen Fall vormundschaftsgerichtlich genehmigungsbedürftig ist. Dabei äußerte sich der BGH auch zu der Grundsatzfrage, welche rechtliche Bindungsart eine Patientenverfügung im Falle der Bewusstlosigkeit des Betroffenen entfalten kann (BGH, Urteil vom 17.03.2003, XII ZB 2/03).

Der Beschluss des BGH vom 17.03.2003 enthält folgende Leitsätze:

1. Ist ein Patient einwilligungsunfähig und hat sein Grundleiden einen irreversiblen tödlichen Verlauf genommen, so müssten lebenserhaltende oder -verlängernde Maßnahmen unterbleiben, wenn dies seinem zuvor etwa in Form einer sog. Patientenverfügung geäußerten Willen entspricht. Dies folgt aus der Würde des Menschen, die es gebietet, sein in einwilligungsfähigem Zustand ausgeübtes Selbstbestimmungsrecht auch dann noch zu respektieren, wenn er zu eigenverantwortlichem Entscheiden nicht mehr in der Lage ist. Nur wenn ein solcher erklärter Wille des Patienten nicht festgestellt werden kann, beurteilt sich die Zulässigkeit solcher Maßnahmen nach dem mutmaßlichen Willen des Patienten, der dann individuell – also aus dessen Lebensentscheidungen, Wertvorstellungen und Überzeugungen – zu ermitteln ist.
2. Ist für einen Patienten ein Betreuer bestellt, so hat dieser den Patientenwillen gegenüber Arzt und Pflegepersonal in eigener rechtlicher Verantwortung und nach Maßgabe des § 1901 BGB Ausdruck und Geltung zu verschaffen. Seine Einwilligung in eine ärztlicherseits angebotene lebenserhaltende oder -verlängernde Behandlung kann der Betreuer jedoch nur mit Zustimmung des Vormundschaftsgerichts wirksam verweigern. Für eine Einwilligung des Betreuers und eine Zustimmung des Vormundschaftsgerichts ist kein Raum, wenn ärztlicherseits eine solche Behandlung oder Weiterbehandlung nicht angeboten wird; sei es, dass sie von vornherein medizinisch nicht indiziert, nicht mehr sinnvoll oder aus sonstigen Gründen nicht möglich ist.

Der BGH stellte bereits damals fest, dass Patientenverfügungen verbindlich sind, sofern der Patient darin seiner Einwilligung in Maßnahmen in der konkreten Situation in der Frage den Arzt verweigert hat. Eine später eingetretene Einwilligungsunfähigkeit ändere an der fortlaufenden Maßgeblichkeit des früher erklärten Willens nichts. Sei jedoch für den einwilligungsunfähigen Patienten bereits ein Betreuer bestellt und dieser erreichbar, sei damit die rechtliche Handlungsfähigkeit des Patienten wiederhergestellt. Arzt und Pflegepersonal könnten deshalb nicht mehr unmittelbar auf den Willen des einwilligungsunfähigen Patienten eingreifen. Eine Willensbekundung, mit welcher der Betroffene seine Einwilligung in die infrage stehenden Maßnahmen und für die konkret eingetretene Situation erklärt oder verweigert habe, wirke jedoch weiterhin – als Ausdruck seines Selbstbestimmungsrechts – fort. Als gesetzlicher Vertreter habe der Betreuer insoweit die exklusive Aufgabe, diesem Willen des Betroffenen Geltung zu verschaffen.

Die den Willen des Betroffenen ersetzende Einwilligung des Betreuers in den Abbruch einer Behandlung oder die Weiterbehandlung des betroffenen Patienten sei, so das BGH weiter, ein tauglicher Gegenstand einer vormundschaftsgerichtlichen Überprüfung. Ein vormundschaftliches Verfahren böte nicht nur den Rahmen für eine Prüfung, ob der Beteiligte den Willen des Betroffenen mit der Vorlage dieser Bekundung erschöpfend ermittelt habe oder ob die Umstände des Einzelfalls weitere Erkundungen geboten erscheinen lassen. Sie eröffne auch die Möglichkeit, für alle Beteiligten verbindlich festzustellen, dass die vom Beteiligten gewünschte Einstellung der Behandlung in der nunmehr vorliegenden Situation dem in der Patientenverfügung zum Ausdruck gelangten Willen des Betroffenen entspricht.

Im Hinblick auf den Inhalt des ärztlichen Heilauftrages und das aus ihm resultierende Behandlungsangebot stellte der BGH darauf ab, dass die Weigerung des Betreuers, in eine angebotene lebensverlängernde oder -erhaltende Behandlung einzuwilligen, Gegenstand der vormundschaftlichen Kontrolle ist. Eine lebensverlängernde oder -erhaltende Behandlung des einwilligungsunfähigen Patienten sei deshalb bei medizinischer Indikation auch ohne die Einwilligung des Betreuers zunächst – bis zu einer Entscheidung des Vormundschaftsgerichts – durchzuführen oder fortzusetzen. Das Vormundschaftsgericht müsse der Entscheidung des Betreuers gegen eine solche Behandlung zustimmen, wenn feststünde, dass die Krankheit des Betroffenen einen irreversiblen tödlichen Verlauf genommen hat und die ärztlicherseits angebotene Behandlung dem früher erklärten und fortgeltenden Willen des Betroffenen, hilfsweise dessen (individuell) mutmaßlichen Willen widerspricht. Verweigere das Vormundschaftsgericht seine Zustimmung, so gelte damit zugleich die Einwilligung des Betreuers in die angebotene Behandlung oder Weiterbehandlung des betroffenen Patienten als ersetzt.

Der BGH hat mit dieser Grundsatzentscheidung eindeutig Patientenverfügungen bzw. Patiententestamente als rechtsverbindlich bestätigt. Der im Beschluss statuierte Prüfungsvorbehalt des Vormundschaftsgerichts bedeutet nicht, dass derartige Verfügungen nur mit Genehmigung des Vormundschaftsgerichts wirksam sind. Vielmehr muss ein Betreuer des Patienten, der eine von den Ärzten angebotene lebenserhaltende Maßnahme ablehnt, hierfür die Genehmigung des Vormundschaftsgerichts einholen. Das Vormundschaftsgericht soll dabei prüfen und feststellen, ob die in der Patientenverfügung niedergelegte Willensäußerung des Patienten in der konkreten Situation einen Behandlungsabbruch rechtfertigt.

Mit einem weiteren Grundsatzurteil vom 25.06.2010 (AZ: BGH 2 StR 454/09) hat der BGH das Selbstbestimmungsrecht von Patienten gestärkt, indem er feststellte, der Abbruch lebenserhaltender Behandlung auf der Grundlage des Patientenwillens sei nicht strafbar. Der BGH verwies in seinem Urteil auf das Patientenverfügungsgesetz mit Wirkung vom 01.09.2009.

Praxistipp

Inhaltlich hat sich eine Patienten- und Betreuungsverfügung laut BGH an folgenden Anforderungen zu orientieren, um als rechtswirksam und verbindlich angesehen werden zu können:

- Zeitnahe Formulierung und Abfassung
- Richtige Wertung von hoffnungsloser Prognose und nichtreparablen Schäden

Im konkreten Einzelfall ist es für Arzt und Pflegepersonal in erster Linie entscheidend, ob die Äußerung des Patienten so eindeutig ist, dass sie für den konkreten Behandlungsfall und die konkrete Entscheidungssituation einen eindeutigen Schluss zulässt.

Empfehlungen des Bundesministeriums der Justiz

Empfohlener Aufbau einer schriftlichen Patientenverfügung

1. Eingangsformel
2. Exemplarische Situationen, für die die Verfügung gelten soll
3. Festlegungen zu Einleitung, Umfang oder Beendigung bestimmter ärztlicher Maßnahmen, z. B.:

3.1. Lebenserhaltende Maßnahmen
3.2. Schmerz- und Symptombehandlung
3.3. Künstliche Ernährung
3.4. Künstliche Flüssigkeitszufuhr
3.5. Wiederbelebung
3.6. Künstliche Beatmung
3.7. Dialyse
3.8. Antibiotika
3.9. Blut/Blutbestandteile
4. Ort der Behandlung, Beistand
5. Aussagen zur Verbindlichkeit, zur Auslegung und Durchsetzung und zum Widerruf der Patientenverfügung
6. Hinweise auf weitere Vorsorgeverfügungen
7. Hinweis auf beigefügte Erläuterungen zur Patientenverfügung
8. Organspende
9. Schlussformel
10. Schlussbemerkung
11. Information/Beratung
12. Ärztliche Aufklärung/Bestätigung der Einwilligungsfähigkeit
13. Aktualisierung

Betreuungsverfügung

Mit der Betreuungsverfügung wird vom Betreuungsgericht eine Person des eigenen Vertrauens als Betreuer bestellt. Sie enthält Bestimmungen für den/die Betreuer zur Übertragung bestimmter Aufgaben bzgl. Lebensgestaltung der Wohnung oder Unterbringung (§§ 1901, 1906, 1907 BGB).

Praxistipp

Fragen Sie bei Übernahme der Pflege (Erstgespräch) nach Patientenverfügung, Vorsorgevollmacht und Erklärung zur Organspende. Dokumentieren Sie die Informationen bzw. legen Sie eine Kopie der Urkunde/n bei.

▶ Berufsordnung, Betreuungsrecht, Ernährung, Kodex für professionelles Verhalten, Patientenrechte, Vorsorgevollmacht

Personalsituation

Die Personalsituation in Krankenhäusern, Altenheimen und ambulanten Pflegediensten gestaltet sich problematisch und damit auch die korrekte Durchführung von Aufgaben im Sinne aller Vorschriften und Empfehlungen. Dieses liegt in der Verweildauerverkürzung im Krankenhaus und der steigenden Pflegebedürftigkeit von Heimbewohnern, u. a. durch die steigende Zahl Demenzkranker.

Die Herausforderungen im Krankenhausbereich sind

- Fallzahlsteigerung,
- Verweildauerkürzung,
- Entlassungsmanagement,
- Bettenabbau/Umwandlung,
- Personalabbau,
- Effizienter Ressourcenverbrauch,
- Qualitätsverbesserung/Risikomanagement,
- Interprofessionelle Zusammenarbeit sowie
- Patienten- und Mitarbeiterbeteiligung.

Umso wichtiger ist es, dass die Standards bei speziellen Maßnahmen qualitativ und quantitativ definiert vorgegeben werden, um so im Rahmen der interdisziplinären Kostenverteilung innerhalb der Budgets oder Fallpauschalen einen realistischen und rechtlich verantwortbaren Personalbedarf zu sichern.

Die ausreichende Besetzung mit qualifizierten Mitarbeitern muss jeweils die Einrichtung erfüllen. Es liegt in deren Organisationsverantwortung, ausgehend vom Patientenaufnahmevertrag, Heimvertrag oder Pflegevertrag. Bei nachgewiesenem Leistungsmangel wird der Träger gegenüber dem Patienten beweisen müssen, alles Erforderliche getan zu haben, damit im Rahmen der Behandlung und Pflege keine zusätzlichen Schäden entstehen konnten; hierzu gehört auch die Einteilung ausreichend qualifizierter Mitarbeiter.

Praxistipp

Wenn Sie aufgrund der Personalsituation Bedenken bezüglich der Versorgungsqualität haben, so zeigen Sie diese schriftlich der Pflegedienstleitung bzw. dem Träger auf.

► Altenheim, Ambulante Pflege, Haftung, Krankenhaus, Remonstration, Risikomanagement

Qualitätssicherung

Im Sinne des Verbraucherschutzes wurden zur Sicherheit der Patienten bzw. Bewohner im Krankenversicherungsrecht und Pflegeversicherungsrecht hohe Maßstäbe zur Versorgungsqualität und Qualitätssicherung geprägt. Diese sind als Anforderungsprofil der Pflege unter rechtlicher Verantwortung zu sehen.

Grundlagen

Für das Krankenhaus

§§ 135 a, 137 ff SGB V Verpflichtung zur Qualitätssicherung

Die Leistungserbringer sind zur Sicherung und Weiterentwicklung der Qualität der von ihnen erbrachten Leistungen verpflichtet. Die Leistungen müssen dem jeweiligen Stand der wissenschaftlichen Erkenntnisse entsprechen und in der fachlich gebotenen Qualität erbracht werden. [...] Zugelassene Krankenhäuser [...] sind nach Maßgabe der §§ 137 und 137d verpflichtet, einrichtungsintern ein Qualitätsmanagement einzuführen und weiterzuentwickeln.

Regress bei fehlender Transparenz des QM-Systems

§ 8 Abs. 4 Krankenhausentgeltgesetz: Hält das Krankenhaus seine Verpflichtung zur Qualitätssicherung nicht ein, sind von den Fallpauschalen und Zusatzent gelten Abschläge nach § 137 Abs. 1 Satz 3 Nr. 5 des Fünften Sozialgesetzbuches vorzunehmen.

Für ambulante Pflege und Altenheime

Hier gilt seit dem 01.07.2008 das Pflegeweiterentwicklungsgesetz.

§ 112

»(2) Die zugelassenen Pflegeeinrichtungen sind verpflichtet, Maßnahmen der Qualitätssicherung sowie ein Qualitätsmanagement nach Maßgabe der Vereinbarungen nach § 113 durchzuführen, Expertenstandards nach § 113a anzuwenden sowie bei Qualitätsprüfungen nach § 114 mitzuwirken. Bei stationärer Pflege erstreckt sich die Qualitätssicherung neben den allgemeinen Pflegeleistungen auch auf die medizinische Behandlungspflege, die soziale Betreuung, die Leistungen bei Unterkunft und Verpflegung (§ 87) sowie auf die Zusatzleistungen (§ 88).«

§ 113 Maßstäbe und Grundsätze zur Sicherung und Weiterentwicklung der Pflegequalität

(1) Der Spitzenverband Bund der Pflegekassen, die Bundesarbeitsgemeinschaft der überörtlichen Träger der Sozialhilfe, die Bundesvereinigung der kommunalen Spitzenverbände und die Vereinigungen der Träger der Pflegeeinrichtungen auf Bundesebene vereinbaren bis zum 31. März 2009 gemeinsam und einheitlich unter Beteiligung des Medizinischen Dienstes das Spitzenverbandes Bund der Krankenkassen, des Verbandes der privaten Krankenversicherung e.V., der Verbände der Pflegeberufe auf Bundesebene, der maßgeblichen Organisationen für die Wahrnehmung der Interessen und der Selbsthilfe der pflegebedürftigen und behinderten Menschen sowie unabhängiger Sachverständiger Maßstäbe und Grundsätze für die Qualität und die Qualitätssicherung in der ambulanten und stationären Pflege sowie für die Entwicklung eines einrichtungsinternen Qualitätsmanagements, das auf eine stetige Sicherung und Weiterentwicklung der Pflegequalität ausgerichtet ist. Die Vereinbarungen sind im Bundesanzeiger zu veröffentlichen. Sie sind für alle Pflegekassen und deren Verbände sowie für die zugelassenen Pflegeeinrichtungen unmittelbar verbindlich. In den Vereinbarungen nach Satz 1 sind insbesondere auch Anforderungen zu regeln

1. an eine praxistaugliche, den Pflegeprozess unterstützende und die Pflegequalität fördernde Pflegedokumentation, die über ein für die Pflegeeinrichtungen vertretbares und wirtschaftliches Maß nicht hinausgehen dürfen,
2. an Sachverständige und Prüfinstitutionen nach § 114 Abs. 4 im Hinblick auf ihre Zuverlässigkeit, Unabhängigkeit und Qualifikation sowie
3. an die methodische Verlässlichkeit von Zertifizierungs- und Prüfverfahren nach § 114 Abs. 4, die den jeweils geltenden Richtlinien des Spitzenverbandes Bund der Pflegekassen über die Prüfung der in Pflegeeinrichtungen erbrachten Leistungen und deren Qualität entsprechen müssen.

§ 113a Expertenstandards zur Sicherung und Weiterentwicklung der Qualität in der Pflege

(1) Die Vertragsparteien nach § 113 stellen die Entwicklung und Aktualisierung wissenschaftlich fundierter und fachlich abgestimmter Expertenstandards zur Sicherung und Weiterentwicklung der Qualität in der Pflege sicher. Expertenstandards tragen für ihren Themenbereich zur Konkretisierung des allgemein anerkannten Standes der medizinisch-pflegerischen Erkenntnisse bei.

§ 113b Schiedsstelle Qualitätssicherung

(1) Die Vertragsparteien nach § 113 richten gemeinsam bis zum 30. September 2008 eine Schiedsstelle Qualitätssicherung ein. Diese entscheidet in den ihr nach diesem Gesetz zugewiesenen Fällen. Gegen die Entscheidung der Schiedsstelle ist der Rechtsweg zu den Sozialgerichten gegeben. Ein Vorverfahren findet nicht statt; die Klage gegen die Entscheidung der Schiedsstelle hat keine aufschiebende Wirkung.

§ 114 Qualitätsprüfungen

(1) Zur Durchführung einer Qualitätsprüfung erteilen die Landesverbände der Pflegekassen dem Medizinischen Dienst der Krankenversicherung oder den von ihnen bestellten Sachverständigen einen Prüfauftrag. Der Prüfauftrag enthält Angaben zur Prüfart, zum Prüfgegenstand und zum Prüfumfang. Die Prüfung erfolgt als Regelprüfung. Anlassprüfung oder Wiederholungsprüfung. Die Pflegeeinrichtungen haben die ordnungsgemäße Durchführung der Prüfungen zu ermöglichen

(2) Die Landesverbände der Pflegekassen veranlassen in zugelassenen Pflegeeinrichtungen bis zum 31. Dezember 2010 mindestens einmal und ab dem Jahre 2011 regelmäßig im Abstand von höchstens einem Jahr eine Prüfung durch den Medizinischen Dienst der Krankenversicherung oder durch von Ihnen bestellte Sachverständige (Regelprüfung).

Die Regelprüfung erfasst insbesondere wesentliche Aspekte des Pflegezustandes und die Wirksamkeit der Pflege- und Betreuungsmaßnahmen (Ergebnisqualität). Sie kann auch auf den Ablauf, die Durchführung, die Evaluation der Leistungserbringung (Prozessqualität) sowie die unmittelbaren Rahmenbedingungen der Leistungserbringung (Strukturqualität) erstreckt werden. Die Regelprüfung bezieht sich auf die Qualität der allgemeinen Pflegeleistungen, der medizinischen Behandlungspflege, der sozialen Betreuung einschließlich der zusätzlichen Betreuung und Aktivierung.

§ 114a Durchführung der Qualitätsprüfungen

(1) Der Medizinische Dienst der Krankenversicherung und die von den Landesverbänden der Pflegekassen bestellten Sachverständigen sind im Rahmen ihres Prüfauftrags nach § 114 jeweils berechtigt und verpflichtet, an Ort und Stelle zu überprüfen, ob die zugelassenen Pflegeeinrichtungen die Leistungs- und Qualitätsanforderungen erfüllen. Prüfungen sind grundsätzlich unangemeldet durchzuführen.

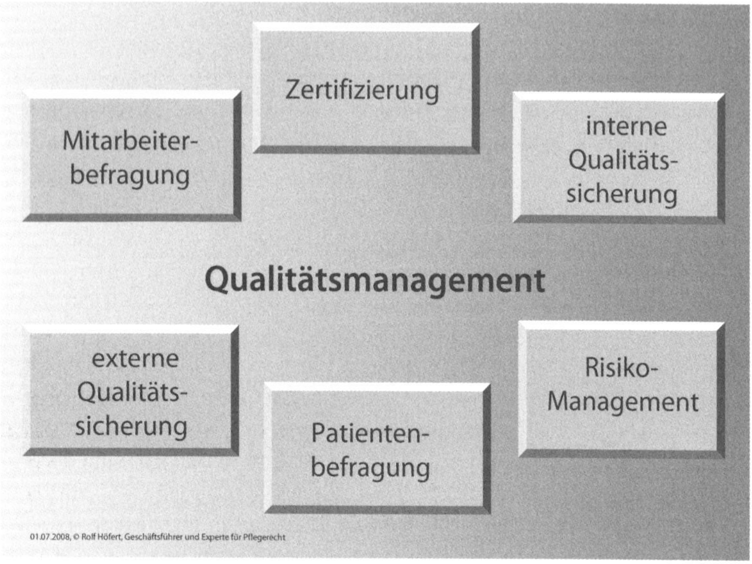

Abb. 17. Qualitätsmanagement

(3) Die Prüfungen beinhalten auch Inaugenscheinnahmen des gesundheitlichen und pflegerischen Zustands von Pflegebedürftigen. Sowohl Pflegebedürftige als auch Beschäftigte der Pflegeeinrichtungen, Betreuer und Angehörige sowie Mitglieder der heimrechtlichen Interessenvertretungen der Bewohnerinnen und Bewohner können dazu befragt werden.

Checkliste zur Qualitätssicherung

- Risikoanalyse mit Prophylaxe- und Therapieplan bei Patientenübernahme
- Aufzeichnung einer evtl. Veränderung des Status bei jeder Visite
- Einwilligung zur Fotodokumentation bei Patienten bzw. Betreuern einholen
- Dokumentation per Code durchgeführter Leistungen in jeder Schicht

- Abweichende Maßnahmen einzeln vermerken; reduzierte oder ausgelassene Versorgung gesondert begründen, u. a. auch vom Patienten verweigerte Maßnahmen
- Ergänzende Risikoanalyse und Aktualisierung des Therapieplans bei nicht erwarteter Verlaufs- oder Statusänderung
- Remonstrationshinweis an den therapieverantwortlichen Arzt bzw. an die Leitung der Einrichtung bei einer befürchteten Patientengefährdung durch Nichteinhaltung des aktuellen wissenschaftlichen Qualitätsstandards
- Transparent nachvollziehbarer Abschlussbericht bei Entlassung oder Verlegung, ggf. mit Empfehlung der Weiterbehandlung und –pflege

Das folgende Urteil stärkt die Rechte von krankenversicherten Patienten, darüber hinaus aber auch die Stellung von Leistungserbringern im Rahmen der Kranken- bzw. Pflegeversicherung wie etwa ambulanter oder stationärer Pflegeeinrichtungen.

Beispiel

Urteil: Ein Patient klagte, infolge eines falschen MDK-Gutachtens verspätet behandelt worden zu sein und dadurch einen vermeidbaren Schaden erlitten zu haben. Von der gesetzlichen Krankenkasse wurde der MDK mit einer Stellungnahme nach § 275 SGB V zu der Frage beauftragt, ob die Neuversorgung mit einer Unterschenkelprothese medizinisch notwendig sei. Der beklagte MDK-Arzt verneinte die Frage zunächst. Der Kläger machte daraufhin einen Schmerzensgeldanspruch mit der Begründung geltend, aufgrund unsorgfältiger Auswertung vorliegender Behandlungsunterlagen sei eine notwendige prothetische Neuversorgung seines Unterschenkels verzögert worden, wodurch es unter anderem zu erheblichen Komplikationen gekommen sei.

Der BGH bejaht einen Anspruch des Patienten auf Schadenersatz aus Amtspflichtverletzung nach § 839 BGB iVm Art. 34 Satz 1 GG wegen durch das MDK-Gutachten verzögerter Heilbehandlung. Schalte die Krankenkasse den MDK ein, welcher auf Grundlage arbeitsteiligen Zusammenwirkens

▼

sein überlegenes Fachwissen in die zutreffende Entscheidung einbringe, gewinne diese Mitwirkung im Verhältnis zum Bürger eine über die bloße innerbehördliche Beteiligung hinausgehende Qualität. Wie die Krankenkasse sei in solchen Fällen auch der MDK gehalten, bei der Ausübung seiner Tätigkeit die Interessen des betroffenen Patienten zu wahren. Ist der MDK – wie in den alten Bundesländern – als Körperschaft des öffentlichen Rechts organisiert, haftet der MDK für fehlerhafte Stellungnahmen selbst. Bei privat-rechtlicher Organisation des MDK – wie in den neuen Bundesländern – haftet nicht der MDK, sondern die Krankenkasse, welche den Gutachtenauftrag erteilt hat. Die Haftung des begutachtenden Arztes schloss der BGH hingegen grundsätzlich aus (BGH, Urteil vom 22.06.2006, AZ: III ZR 270/05).

Praxistipp

Nutzen Sie die Checkliste zur Qualitätssicherung (▶ Übersicht).

▶ Haftung, Patientenrechte, Remonstration, Risikodokumentation, Standards

Notizen für den Alltag

Remonstration

Unter einer Remonstration versteht man das Recht und die Pflicht, eine gefahrengeneigte Versorgung schriftlich und damit nachweislich anzuzeigen. Kann eine Pflegeperson eine ihr angewiesene Maßnahme nicht ausführen, weil sie nicht ausreichend qualifiziert ist oder die Versorgungsqualität nicht für gewährleistet hält, so ist sie verpflichtet, die Umsetzung der Anordnung zu verweigern.

Gründe für eine Remonstration können sein:

- Erkenntnis über fachlich falsche Anordnung
- Krankheit oder Überlastung
- Organisationsdefizite
- Veränderung der Patientenstruktur

Diese Remonstration ist die fachliche Kommunikation einer nachgeordneten zur fachvorgesetzten Pflegekraft, Pflegedienstleitung bzw. zum Arzt. Zugleich kommt eine Pflegekraft, die eine Remonstration aus o. g. Gründen einreicht, ihrer Hinweis- und Unterrichtungspflicht nach. Eine Remonstration sollte rechtzeitig im Sinne § 121 BGB »ohne schuldhaftes Zögern (unverzüglich)« erfolgen. Kommt eine Pflegekraft diesem Recht, dieser Pflicht jedoch nicht nach, so trifft sie das Übernahmeverschulden.

Beispiel

Fall 1: Übernahmeverschulden

Eine Krankenschwester ist aufgrund eines gebrochenen Unterarms krank geschrieben. Auf der Säuglingsstation herrscht chronische Personalnot. Die Stationsleitung ruft die arbeitsunfähige Kinderkrankenschwester an, mit der Bitte, doch in den Dienst zu kommen. Sie erklärt sich bereit. Während des Dienstes fällt ihr ein neugeborenes Kind beim Wickeln auf den Boden. Das Kind erleidet einen Schädelbasisbruch.

Fall 2: Nachtwache im Altenheim

Eine Nachtwache im Altenheim übernimmt allein den Dienst für zwei übereinanderliegende Stationsetagen. Beim Verlassen einer Etage schließt sie die Türe hinter sich ab. Sie kann auf der jeweils anderen Etage keinen Notruf bzw. Klingelton hören.

▼

Fall 3: Mangelernährung
Es droht eine Mangelernährung aufgrund einer zu geringen Verordnung. Der Bewohner einer Pflegeeinrichtung bekommt zwei Flaschen mit 1000 kcal und nimmt kontinuierlich ab. Der Arzt gibt die Anweisung, dass der Bewohner nur noch 1000 kcal bekommen soll.

► Ärztliche Anordnung, Aufzeigen von Bedenken, Risikomanagement

Notizen für den Alltag

Risikomanagement

Im Fokus des Risikomanagements steht die Patientensicherheit. Zahlreiche Studien zeigen für den Krankenhausbereich jährlich 5–10% »unerwünschte Ereignisse« wie Schäden, Behandlungsfehler und Todesfälle. Die Weltgesundheitsorganisation (WHO) definiert die Patientensicherheit als »Bewahrung des Patienten vor unnötigen Schädigungen oder potenziellen Schädigungen im Zusammenhang mit der Gesundheitsvorsorge«. Vergleichbar zum hochsensiblen Bereich der Luftfahrt muss es im Gesundheitswesen um eine offene Fehlerkultur und -prävention gehen.

In der Pflege stehen die Analyse und die Dokumentation von Risiken an zentraler Position. Bereits zum Anamnesegespräch hat die verantwortliche Pflegefachkraft darauf zu achten, Risiken zu erkennen, zu analysieren und diese entsprechend zu dokumentieren. Eine Gefahr zu erkennen ist gerade in haftungsrechtlichen Belangen entscheidend. Das Risikomanagement beinhaltet klare Strukturvorgaben und Abläufe, mit denen Risiken ermittelt, analysiert, dokumentiert und ausgewertet werden. Es setzt voraus, dass Risikofaktoren definiert sind sowie die Methodik, Ermittlung und die Analyse vorgegeben werden. Ernsthaft betriebenes Risikomanagement beeinflusst nachhaltig die Planung, Durchführung und Auswertung pflegerischer Maßnahmen und die Dokumentation.

Risikomanagement ist nicht nur eine betriebswirtschaftliche Notwendigkeit, sondern zugleich auch eine Verpflichtung im Qualitätsmanagement. Die gesetzlichen Anforderungen der Qualitätssicherung im Sinne von SGB V (Krankenversicherungsgesetz) und SGB XI (Pflegeversicherungsgesetz) werden durch ein funktionierendes Risikomanagement umgesetzt. Hierzu gehört für die Pflege die Gesamtheit aller organisatorischen Maßnahmen und Regelungen zur Risikoerkennung und zum Umgang mit den Risiken in der Einrichtung.

Ziele des Risikomanagements

- Abwendung und Minimierung von Schäden an Patienten und Bewohnern in Erfüllung des Krankenhausaufnahme-, Heim- oder Pflegevertrages (Garantenstellung)
- Erreichen eines Sicherheitsniveaus durch Überwachungs- und Prüfmaßnahmen in der Einrichtung
- Kontinuierliche Risikoermittlung und -bewertung

- Standardisierte Vorgehensweise bei Risiko- oder Schadenseintritt durch Pflegepersonal und Pflegedienstleitung
- Berücksichtigung der aktuellsten pflegewissenschaftlichen Erkenntnisse
- Vergleichbarkeit im Umgang mit jeweiligen Risiken

Module des Risikomanagements

- Orientierung an aktuellen medizin- und pflegewissenschaftlichen Erkenntnissen
- Vergleichbarkeit der einzelnen Pflegefachkräfte
- Haftungsrechtliche Absicherung aller Beteiligten (Beweislast)
- Risikoidentifikation
- Risikoanalyse und -bewertung
- Risikosteuerungs- und Kontrollprozess
- Risikokommunikation und -berichterstattung (Anonyme Fehlerberichte)
- Risikodokumentation
- Koordination und Konsequenzen für neue Standards und Dienstanweisungen
- Fort- und Weiterbildung

Beispiele für Risikoidentifikation

- Sturzgefahr
- Dekubitusgefahr
- Fixierung
- Mangelernährung
- Exsikosegefahr
- Kontraktur
- Pneumonie
- Schmerz
- Eigengefährdung/Fremdgefährdung
- Infektionsgefahr
- Gerätemängel
- Personalengpässe
- Weglauftendenz bei Dementen
- Medikamentenapplikation
- Patientenidentifikation vor Operationen
- Personalsituation

Voraussetzung sind Standards als Anleitungs- und Koordinationsinstrument. Diese schützen vor haftungsrechtlichen Auswirkungen (Beweislast) und koordinieren Verhaltensregeln nach Stand der Wissenschaft. Auch bei der Ermittlung von prophylaktischen Maßnahmen ist Risikoermittlung – also Risikomanagement – Grundvoraussetzung pflegerischen Handelns. Wichtig ist, dass die Standards und Leitlinien, die Inhalte des Risikomanagements, kurz, verständlich und umsetzbar formuliert sind. Entscheidend ist, dass diese Dinge in der täglichen Praxis Anwendung finden und damit im Sinne einer Handlungsanweisung im Unternehmen gelebt werden.

Patientenidentifikation

Nur wenn der richtige Patient die richtige, für ihn optimale Behandlung erfährt, kann die Versorgung erfolgreich sein. Identifizierungsmaßnahmen helfen, Patientenverwechslungen zu vermeiden und tragen damit wesentlich zur Patientensicherheit bei. Die Gefahr einer Verwechslung nimmt mit der Komplexität der Behandlungsprozesse und Versorgungssysteme zu. Arbeitsteilung und Zeitdruck stellen zusätzliche Risiken dar. Wo viele Patienten gleichzeitig versorgt werden, das Angebot an medizinischen Versorgungsmöglichkeiten vielfältig ist oder viele Menschen am Behandlungsprozess beteiligt sind, ist die Wahrscheinlichkeit für Verwechslungen größer.

Bereits 2006 wurden vom Aktionsbündnis Patientensicherheit e. V. die »Handlungsempfehlungen zur Vermeidung von Eingriffsverwechslungen« veröffentlicht.

Sichere Patientenidentifikation ist eine Gemeinschaftsaufgabe und fordert Ärzte, Pflegekräfte, Arzthelferinnen, medizinisch-technische Assistenten, die Mitarbeiter des Empfangspersonals und des Transportdienstes sowie alle anderen an der Versorgung beteiligten Personen. Sollten im Prozessverlauf Verwechslungen oder Unstimmigkeiten erkannt werden, ist es Aufgabe aller verantwortlichen Personen, eine umgehende Korrektur vorzunehmen, die zugleich die Benachrichtigung aller maßgeblich Beteiligten, inklusive des Patienten, umfasst.

Häufig wird die Einbeziehung des Patienten erschwert, wenn es sich um Notfallpatienten, fremdsprachige Patienten, demente, wahrnehmungseingeschränkte Menschen, Kinder oder Menschen mit geistiger Behinderung handelt. Wenn möglich sollten hier Angehörige, Dolmetscher, Sozialdienste oder

Vormundschaftsvertreter zumindest zu Behandlungsbeginn in die Aufnahme personenbezogener Daten aktiv einbezogen werden.

Automatisierte Patientenidentifikationssysteme (Patientenarmbänder, Barcode, Radio Frequenz Identifikation [RFID]) können ein sinnvolles Hilfsmittel sein, den Identifizierungsprozess technisch zu unterstützen.

Aufnahme des Patienten

Zuerst müssen Voraussetzungen für eine sichere Patientenidentifikation geschaffen werden.

Ziel: Jeder Patient bekommt eine Kombination von Identifizierungsmerkmalen zugewiesen, die ihn unverwechselbar macht. Dieser Kerndatensatz besteht aus mindestens:

- Familienname
- Vorname
- Geburtsdatum
- Identifikationsnummer (z. B. Patientennummer, Fallnummer)

Die Feststellung der Patientenidentität sollte durch Vorlage eines ausweisenden Dokuments (z. B. Versichertenkarte, Personalausweis) und/oder aktives Nachfragen beim Patienten oder bei einer Bezugsperson erfolgen (»Wie heißen Sie?« statt »Sind Sie Frau/Herr ...?«). Dabei sollten Suggestivfragen vermieden werden.

Vor jeder Maßnahme: Den Patienten sicher identifizieren

Es wird überprüft, dass

- beim richtigen Patienten
- die richtige Maßnahme
- durch den richtigen Behandler

durchgeführt wird.

Praxistipp

Patienten aus der Notaufnahme haben möglicherweise eine doppelte Fallnummer. Prüfen Sie nach und klären Sie Unstimmigkeiten umgehend! Hierfür sollten Notfallkonzepte entwickelt werden!

Besonderheiten bei diagnostischen, therapeutischen und pflegerischen Maßnahmen

Vor jeder Maßnahme versichern sich alle Beteiligten, dass:
- die geplante Maßnahme
- beim richtigen Patienten

durchgeführt wird.

Bei Medikamenten: Es ist sichergestellt, dass Medikamente eindeutig gekennzeichnet sind und stets dem Patienten richtig zugeordnet werden können (z. B. Beschriftung von Tagesblistern mit dem Kerndatensatz).

Bei der Ernährung: Es ist sichergestellt, dass die für den Patienten vorgesehene Verpflegung auf Unverträglichkeiten geprüft wurde und dass die Verpflegung patientenbezogen gekennzeichnet ist.

Besonderheiten bei Verlegungen und Transporten beziehen sich auf die Übergabe des Patienten
- von der Station an den Transportdienst,
- vom Transportdienst an die Station,
- an die Funktionsdiagnostik,
- vom Transportdienst an den OP.

Aus Fehlern lernen, um Fehler zu vermeiden

Grundsätzlich ist eine offene Fehlerkultur und -kommunikation in Gesundheitseinrichtungen zu erwarten. Nur wenn ein Fehler offenbart wird, können sofort Gegenmaßnahmen getroffen und die Patienten vor möglichen Folgen geschützt werden. Hierzu gehört auch die anonymisierte Meldung von kritischen Ereignissen und Beinahe-Schäden. Inzwischen widmen sich verschiedene Initiativen und Projekte zur Berichterstattung, Analyse und Verbesserungsvorschlägen, u. a.:
- Aktionsbündnis Patientensicherheit e.V.
- Institut für Patientensicherheit der Universität Bonn
- Krankenhaus-CIRS
- CIRSmedical (Ärzteschaft)
- Jeder Fehler zählt (Hausärzte)
- Aus kritischen Ereignissen lernen (Kuratorium Deutsche Altershilfe)
- European Union Network For Patient Safety

Ziel aller Initiativen sind nationale Strategien und Programme zur Patientensicherheit, sanktionsfreie Systeme zur Berichterstattung von Zwischenfällen und Forcierung des Themas in der Aus- und Weiterbildung von Gesundheitsberufen.

Critical Incident Reporting System (CIRS)

Jedes Krankenhaus verfügt über komplexe Strukturen, in denen viele Menschen an der Behandlung ihrer Patienten mitwirken. Für eine gute Behandlungsqualität müssen die Arbeitsabläufe dieser Menschen wirkungsvoll organisiert und koordiniert werden.

Hierzu gehört, mögliche Schwachstellen im System frühzeitig zu entdecken. CIRS sind freiwillige Berichtssysteme. Die Eindrücke und Erlebnisse Vieler ermöglichen es, ein umfassendes Bild zu zeichnen. CIRS und das Risikomanagement sind wichtige Elemente der Sicherheitskultur in der Einrichtung und erhöhen die Patienten- und Bewohnersicherheit.

In einem CIRS werden Berichte von Mitarbeitern über ungewöhnliche Ereignisse in standarisierter Form gesammelt. So kann mit der Zeit eine hausinterne Berichtssammlung wachsen. CIRS ist für alle Mitarbeiter zu jedem Zeitpunkt verfügbar, weshalb Berichte zeitnah abgegeben werden können. Zudem haben Mitarbeiter die Möglichkeit, anonym und somit frei von Ängsten zu berichten.

Eine wichtige Voraussetzung ist die Gewährleistung der Sanktionsfreiheit gegenüber den Berichtenden durch die Leitung der Einrichtung.

Der Sammlung von Berichten folgt ihre systematische Auswertung. CIRS ist ein Analyseinstrument des Qualitäts- und Risikomanagements. Sind kritische Situationen und Risiken erkannt, können Strategien zur Vermeidung und Handhabung entwickelt und umgesetzt werden.

Grundsätze sind u. a.:

- Freiwilligkeit
- Sanktionsfreiheit
- Vertraulichkeit (Anonymität)
- Unabhängigkeit
- Einfache Berichte
- Klare Definition der Berichtsinhalte
- Analyse durch Experten

- Rückmeldung an alle Beteiligten
- Systemorientierung
- Klare Strukturen

Fragestellung eines Berichtbogens:

- Was ist geschehen?
- Was war das Ergebnis?
- Warum ist es geschehen?
- Wie könnte es zukünftig verhindert werden?

Beispiel für Fehlermeldungen:

- Übergabe bei Schichtwechsel
- Lagerungsmittel im OP
- Fehlen eines mobilen Sauerstoffgerätes
- Unsaubere Milchpumpensets
- Sturzprophylaxe
- Erschwerte Inkubation
- Fehlende Gewichtskontrolle
- Medikamentenverabreichung
- Abstimmung der Schmerztherapie
- Geräteausfall bei Reanimation
- Defekt am OP-Tisch

Praxistipp

1: Berichte dürfen keine personenbezogenen Angaben über Mitarbeiter oder Patienten enthalten. Vor Einführung des Reportsystems sollten alle Mitarbeiter über die richtige Form der Berichterstattung informiert werden. Wenn dennoch Berichte mit genannten Personen eingehen, sollten die Angaben anonymisiert werden.
2: Patienten mit gleichen oder ähnlichen Namen werden leicht verwechselt. Durchgeführt werden sollte eine Identitätsprüfung nur mit vollständigen Identifizierungsmerkmalen. Diese Patienten sollten möglichst in verschiedenen Krankenzimmern untergebracht werden!
3: Verfahren Sie nach dem Prinzip »Berichten – Bearbeiten – Beheben«, um aus kritischen Situationen Strategien zu unterstützen, die der Vermeidung von Fehlern dienen.

▶ Qualitätssicherung, Remonstration

Risikodokumentation

Die Risikodokumentation ist ein Bestandteil der Qualitätssicherung und dient insbesondere der Beweisführung bei straf- und zivilrechtlichen Belangen. Besondere Bedeutung kommt ihr auch im Rahmen der sich verkürzenden Verweildauer in Krankenhäusern und der integrierten Versorgung zu.

Eine Risikodokumentation wird beispielsweise bei Dekubitus und Sturz, Mangelernährung und Fixierung eines Patienten notwendig. Mit Hilfe dieser Dokumentation wird vor allem eine durchgehende Versorgungsqualität und Kommunikation zwischen den beteiligten Berufsgruppen und pflegenden Angehörigen gewährleistet. Dokumentiert wird die gegenwärtige Verfassung des Patienten, wenn eine Aufnahme oder Überleitung mit pflegerischen Interventionshinweisen an eine andere Einrichtung bevorsteht.

Durch die Pflegedokumentation werden die Beobachtungen und Reaktionen zu einem Risiko erfasst und ärztliche sowie pflegerische Intervention initiiert (Beweislast). Die Risikodokumentation ist außerdem ein wesentliches Modul für die jährlich zu erstellenden Qualitätsberichte und bei Prüfungen durch den MDK oder die Heimaufsicht.

Praxistipp

Nehmen Sie im Rahmen Ihrer Verantwortung (§ 3 Altenpflege- und Krankenpflegegesetz) und der deliktischen Haftung (BGB) das Recht und die Pflicht zur Dokumentation von Erkenntnissen, Planungen, Ergebnissen und Risiken wahr! Sollte Ihnen dieses jedoch verwehrt werden, so beachten Sie Ihr Remonstrationsrecht bzw. die Remonstrationspflicht (Aufzeigen von Bedenken bezüglich der Versorgungsqualität).

► Beweislast, Dokumentation, Haftung, Qualitätssicherung, Remonstration, Risikomanagement

Notizen für den Alltag

Röntgen

Pflegepersonal im Röntgeneinsatz

In Ambulanz, Operationsdienst und Endoskopie kommt es immer wieder zu Verschiebungen der Tätigkeitsmerkmale, indem Pflegekräfte Röntgenkontrollaufnahmen, Durchleuchtungen und spezielle Assistenz durchführen. Grundsätzlich handelt es sich dabei um keine pflegerische Tätigkeit, da hierfür die spezielle Berufsgruppe der radiologisch technischen Assistenz zuständig ist. Sollte es dennoch wegen spezifischer pflegerischer Assistenz z. B. in der Endoskopie zum Einsatz kommen, so ist im Sinne der Röntgenverordnung vom 30.04.2003 (BGBI. I S. 604; BGBI. III 751–13) zu beachten, dass es zunächst um den Arbeitsschutz, vergleichbar mit den Unfallverhütungsvorschriften der Berufsgenossenschaften, geht. Das Hauptaugenmerk liegt auf dem Schutz und der Überwachung von sog. strahlenexponierten Personen, zu denen u. a. auch Pflegepersonal in Operationssälen, Intensivstationen, Ambulanzen und in der Endoskopie gehört. Die Röntgenverordnung definiert darüber hinaus die Anforderungen für das beim Röntgen assistierende Personal sowie qualitätssichernde technische Maßnahmen.

Wenn Pflegende indirekt oder direkt Röntgenstrahlen unter Aufsicht und Anleitung fachkundiger Ärzte anwenden, so benötigen sie dafür Kenntnisse im Strahlenschutz entsprechend § 18a, RÖV.

Die Strahlenschutzbeauftragten sind zuständig für die Einhaltung der Anweisungen der Strahlenschutzverantwortlichen und gewährleisten, dass die Rechtsvorschriften innerbetrieblich eingehalten werden. Die Kenntnisse für den Einsatz im Strahlenschutz können Pflegende in einem speziellen Kursus absolvieren.

Praxistipp

Sie dürfen beim Röntgen als Pflegeperson nur assistieren, wenn Sie eine entsprechende Bescheinigung vorlegen können. Strahlenschutzverantwortlich im Sinne der Röntgenverantwortung ist der Betreiber der Röntgeneinrichtung. Dieses ist im Krankenhaus stellvertretend die Verwaltung. Als Strahlenschutzbeauftragte für den medizinischen Bereich müssen vom Betreiber die zutreffenden Chefärzte oder die leitenden Oberärzte mit entsprechender Fachkunde der atomrechtlichen Aufsichtsbehörde benannt werden.

▶ Aufgabenstellung

Schmerz

Der akute und chronische Schmerz von Patienten prägt den Ablauf des Pflegealltags und stellt hohe Anforderungen an die Pflegenden.

Zur umfassenden Schmerztherapie gehört neben der Diagnostik von Ursachen eine aktuelle, systematische Schmerzeinschätzung und Verlaufskontrolle. Seit Januar 2004 gilt der Expertenstandard Schmerzmanagement in der Pflege als verbindlich.

Hieraus ergibt sich für den Patienten neben der Schmerzeinschätzung das Recht auf:

- Schmerzfreiheit bzw. Schmerzen von nicht mehr als 3/10 analog der numerischen Skala (NRS)
- Schmerzmittelbedingte Nebenwirkungen werden verhindert bzw. erfolgreich behandelt
- Die angewandten Maßnahmen haben sich positiv auf die Schmerzsituation und/oder die Eigenaktivität des Patienten/Betroffenen ausgewirkt
- Dem Patienten/Betroffenen sind gezielte Schulung und Beratung angeboten worden, um ihn zu befähigen, Schmerzen einzuschätzen, mitzuteilen und zu beeinflussen

Pflegenden kommt innerhalb des interdisziplinären Versorgungsauftrags eine wesentliche Rolle zu, da sie durch ständigen Kontakt zum Patienten dessen Schmerzen zeitnah wahrnehmen und einschätzen können. Eine schriftliche Verordnung von Analgetika muss neben dem Faktor Patientenorientierung, die Dosierung und Verabreichungsform enthalten. Außerdem müssen schmerzlindernde »nicht-pharmakologische« Maßnahmen im therapeutischen Team erörtert und dokumentiert werden.

Pflegerische Aufgaben bei Schmerz

- Schmerzerfassung
- Verfahrensregelung zur medikamentösen Schmerzbehandlung
- Vorbeugung von Nebenwirkungen
- Nichtmedikamentöse Therapievorschläge und Maßnahmen
- Beratung, Begleitung und Schulung

Erfolgen sollte die Schmerzeinschätzung:
- In regelmäßigen Abständen vor und nach Beginn der Schmerzbehandlung
- Nach neubeginnendem Schmerz
- Nach Applikation von Analgetika oder nicht-pharmakologischen Therapien

Beispiel

Fall: Eine Heimbewohnerin hat seit einer Woche schwere Zahnschmerzen. Die verantwortliche Pflegeperson bemüht sich vergebens um eine zahnärztliche Behandlung und Schmerztherapie, weil die Verantwortlichen das Hinzuziehen eines Zahnarztes nicht als notwendig erachten.

Praxistipp

1: Berücksichtigen Sie den Expertenstandard »Schmerzmanagement« und beachten Sie die Notwendigkeit der Dokumentation von Schmerzeinschätzung, Anordnungen, Wirkungen und Nebenwirkungen von Medikamenten.
2: Nutzen Sie zur Schmerzeinschätzung die vorgegebenen Skalen und orientieren Sie sich an den Schmerztagebüchern.

► Ärztliche Anordnung, Betäubungsmittel, Delegation, Medikamente, Risikomanagement, Standards

Notizen für den Alltag

Schweigepflicht

Die Einhaltung der Schweigepflicht wird dem Bewohner/Patienten durch § 203, (1) 1. StGB garantiert und ist für alle Gesundheitsberufe verpflichtend.

§ 203 StGB Verletzung von Privatgeheimnissen

Wer unbefugt ein fremdes Geheimnis, namentlich ein zum persönlichen Lebensbereich gehörendes Geheimnis oder ein Betriebs- oder Geschäftsgeheimnis offenbart, das ihm als Arzt, Zahnarzt, Apotheker oder Angehörigen eines anderen Heilberufs, der für die Berufsausübung oder die Berufsbezeichnung eine staatlich geregelte Ausbildung erfordert, [...] anvertraut worden oder sonst bekannt geworden ist, wird mit Freiheitsstrafe bis zu einem Jahr oder Geldstrafe bestraft. Dieser Absatz ist auch anzuwenden, wenn der Täter das fremde Geheimnis nach dem Tod des Betroffenen unbefugt offenbart.

Schutzgegenstand fremdes Geheimnis

- Krankheitsbild des Patienten
- Diagnose
- Therapie
- Prognose
- Geschehnisse des Privatlebens
- Ungünstige Charaktermerkmale
- Psychische Auffälligkeit
- Berufliche, wirtschaftliche, finanzielle Verhältnisse
- Name des Patienten
- Tatsache, dass der Patient in Behandlung ist

Die Verletzung von Privatgeheimnissen ist ein Sonderdelikt; die Tat kann nur von bestimmten Personen begangen werden (§ 203 Abs. 1 Nr. 1 bis 6 StGB).

Täterkreis

- Arzt, Zahnarzt, Tierarzt, Apotheker
- Angehörige anderer Heilberufe, die eine staatliche Ausbildung haben
- Altenpfleger
- Hebamme
- Krankenschwester
- Arzthelfer
- Pharmazeutisch-technische Assistenten
- Medizinisch-technische Assistenten

Tathandlungen

Objektiver Tatbestand

Ein Geheimnis ist offenbart, wenn es einer anderen, nicht zum Wissen berechtigten Person bekannt geworden ist. Die Form der Bekanntgabe ist beliebig. Bei schriftlicher Fixierung eines Geheimnisses: das offene Herumliegenlassen, die Datenübermittlung an ein nicht gesichertes Empfangsgerät.

Subjektiver Tatbestand

Der Täter muss vorsätzlich handeln und somit wissen, dass

- es sich um Geheimnisse oder Einzelangaben handelt, die ihm in seiner beruflichen Stellung bekannt werden,
- der Geheimnisträger die Geheimhaltung vermutlich will,
- das Geheimnis offenbart wird.

Die Schweigepflicht erstreckt sich grundsätzlich auf alle Angelegenheiten, die der Arzt oder Pflegende bei der Begegnung mit dem Patienten erfährt. Zum Geheimnis werden alle Mitteilungen des Patienten, Aufzeichnungen, Röntgenaufnahmen, Untersuchungsbefunde, Operationsprotokolle gezählt. Hierzu gehören auch Informationen über die familiären, beruflichen und wirtschaftlichen Angelegenheiten, selbst solche, die gar nicht den Patienten in eigener Person angehen. Auch der Name des Patienten sowie die Tatsache seiner Behandlung sind geschütztes Geheimnis. Damit ist die gesamte Patientendokumentation ein geschütztes Rechtsgut. Mit der Folge, dass Papierabfall, der Patientendaten trägt, als Datenmüll gesammelt und getrennt entsorgt werden muss.

Wenn Gründe vorliegen, die eine Weitergabe von Informationen über den Patienten rechtfertigen, so ist der Straftatbestand des § 203 StGB nicht erfüllt.

Die Pflicht zur Verschwiegenheit kann sich in folgenden Situationen aufheben:

Situationen für eine Entbindung der Schweigepflicht

- Der Patient hat Sie selbst rechtswirksam von der Schweigepflicht entbunden
- Die Schweigepflicht ist durch gesetzliches Gebot aufgehoben, z. B. durch die Meldepflicht nach dem Infektionsschutzgesetz (§ 8)
- Bei pflichtgemäßem Ermessen zur Wahrung eines Interesses, das höher ist, als das Interesse des Betroffenen an der Wahrung der Schweigepflicht
- Bei geplanten Straftaten (§ 138 StGB)

Notizen für den Alltag

Selbstbestimmung des Patienten

Mit den Möglichkeiten der modernen Intensivmedizin wächst auch die Angst der Menschen vor erzwungener Lebens- und Leistungsverlängerung am Lebensende. Das Selbstbestimmungsrecht des Patienten umfasst das Recht, jeder medikamentösen, operativen oder sonstigen Behandlungs- und Pflegemaßnahme zuzustimmen oder sie abzulehnen. Grundlage für die Patientenautonomie ist das Grundgesetz, insbesondere Artikel 1, der zur Achtung und zum Schutz der Würde und Freiheit des Menschen sowie seines Rechtes auf Leben und körperliche Unversehrtheit verpflichtet.

Kriterien sind:
- § 2, SGB XI
- § 1906, BGB
- § 70, SGBV
- § 223, StGB
- § 3, KrPflG
- Freiheitsentziehende Maßnahmen durch unterbringungsähnliche Maßnahmen
- Art. 2, Abs. 1 GG in Verbindung mit Art. 1, Abs. 1
- Geschütztes allgemeines Persönlichkeitsrecht
- Patientenverfügung §§ 1901a, b, c, BGB

Faktoren, die bei einer rechtfertigenden Einwilligung berücksichtigt werden müssen:
- Situation: Ausdrückliche oder stillschweigende Äußerung des Betroffenen nicht möglich
- Folge: Prüfung aller Voraussetzungen einer rechtfertigenden Einwilligung
- Durchführung der notwendigen Maßnahmen aufgrund des mutmaßlichen Willens
- Rechtfertigende Einwilligung, ausdrücklich:
  - Schriftlich
  - Mündlich
- Stillschweigend
- Mutmaßlich

So sind Ärzte und Pflegende auf die Einwilligung des Patienten, bzw. seines Betreuers oder des Betreuungsgerichts in die jeweilige Maßnahme angewiesen.

Praxistipp

1: Beachten Sie den Grundsatz des Persönlichkeitsrechts eines Patienten.

2: Halten Sie nach Abwägung Ihres medizinisch-pflegerisch wissenschaftlichen Erkenntnisstands die Verweigerung eines Patienten für bedenklich, sollten Sie das sowohl dem Team als auch dem Patienten mitteilen.

▶ Aufklärung, Einwilligung, Haftung, Patientenrechte, Patientenverfügung, Vorsorgevollmacht

Notizen für den Alltag

Sorgfaltspflicht

Der § 276 BGB regelt in Abs. 2 »Fahrlässig handelt, wer die im Verkehr erforderliche Sorgfalt außer Acht lässt«. Nach § 823 Abs. 1 BGB ist zum Schadensersatz verpflichtet, wer vorsätzlich oder fahrlässig das Leben, den Körper, die Gesundheit, die Freiheit, das Eigentum oder ein sonstiges Recht einen anderen widerrechtlich verletzt.

Die Sorgfaltspflicht gilt für Pflegende immer dann, wenn sie Patienten im Rahmen ihrer Tätigkeit pflegerisch behandeln, beaufsichtigen und betreuen. Sie korrespondiert außerdem mit den Zielformulierungen des §§ 3 des Altenpflege- und Krankenpflegegesetzes. Bestandteil der Sorgfaltspflicht ist auch die sog. Beobachtungsverantwortung, zu der das Pflegepersonal im Rahmen der Eigenverantwortlichkeit und Mitwirkung verpflichtet ist. Die Beobachtungsverantwortung umfasst sowohl die Situation des Patienten als auch alle Umstände, die seine Gesundheit beeinflussen können.

Hiermit ist gemeint, dass Mängel in der Behandlungs- oder Pflegeleistung gegenüber dem jeweils Durchführenden mitgeteilt werden müssen. Wenn dieser den Fehler jedoch nicht eingesteht, muss die Information über den Mangel und die Gefährdung des Patienten an die nächste Instanz, entweder

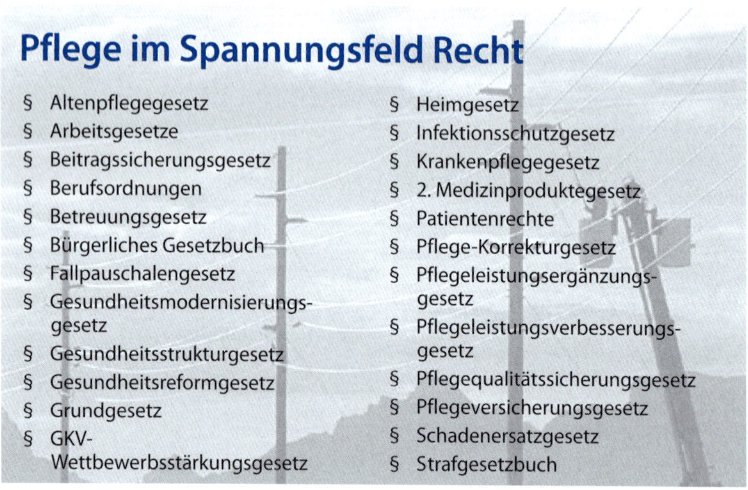

Abb. 18. Spannungsfeld Recht

Abteilungsleitung oder bei einem ärztlichen Behandlungsfehler an den zuständigen Arzt, weitergeleitet werden (Remonstrationsrecht und -pflicht).

Der Patient/Bewohner setzt voraus, dass alle gesetzlichen Anforderungen im Rahmen seiner Pflege berücksichtigt werden.

Schadensersatzansprüche bzw. Schmerzensgeldforderungen, ob aus schlechter Erfüllung des Vertrages oder aus unerlaubter Handlung, werden unter der Fragestellung geprüft, ob die Pflegekraft gegen Sorgfaltspflichten verstoßen hat.

Wesentlich ist hierbei Qualifikation der durchführenden bzw. anordnenden Pflegekraft.

Verletzung der Sorgfaltspflicht (Beispiele)

- Eine Nachtschwester muss unbedingt auch nach dem Patienten sehen, bei dem eine Sitzwache eingeteilt ist.
- Eine Krankenschwester muss in zeitlichen Abständen nach allen Patienten sehen, auch wenn es keine angedeuteten Probleme gibt, bei Erwachsenen alle 2 Stunden, bei Kindern alle 45 Minuten.
- Beim Rooming-in-System in der Geburtshilfe ist die Krankenschwester bzw. Hebamme verantwortlich für die Beaufsichtigung und Pflege des Kindes. Sie kann sich hierbei nicht auf die Mutter berufen.
- Pflegepersonen dürfen sich bei der Betreuung des Patienten durch Angehörige und Bekannte nur insofern auf diese verlassen, als diese Leistungsanforderungen nicht höher sind als die, die in dem heimischen Bereich zutreffen würden.
- Vertauschen der Schläuche am Narkosegerät.
- Einsatzplanung lediglich einer Nachtwache über zwei Stationen oder über zwei verschiedene Stockwerke bei jeweils 32 Patienten auf der Station durch die Pflegedienstleitung.
- Verspätete Reaktion einer Krankenschwester bei Herzstillstand eines Patienten im Aufwachraum.
- Vertauschen von Kreuzblutproben mit anschließend tödlich verlaufender Transfusion.
- Injektion von Penizillinpräparat bei Patienten mit einer Penizillinallergie.
- Patient verblutet nach Nierenbiopsie in seinem Bett auf der Station.
- Dekubitus bei mangelnder Dokumentation des Risikos und der Maßnahmen.

- Krankenschwester verletzt bei Injektion einen Nerv.
- Wöchnerin verblutet nach Entbindung, weil sie nicht ausreichend überwacht wurde.
- Dokumentationsmangel
- Delegation an Nichtfachkraft
- Falsche Lagerung des Patienten mit der Konsequenz von Kontrakturen.
- Patient fällt (post-narkotisch) auf dem Transport vom OP zur Station aus dem Bett und bricht sich den Arm.
- Krankenschwester führt die richtige Anordnung des Arztes falsch aus (Medikament vertauscht).
- Unterlassung der Sterilisation von Instrumenten.
- Verspätete Reanimation mit Wachkoma als Folge.
- Es kommt nach einer Operation zu septischen Komplikationen.
- Operationstuch im Bauch eines Patienten vergessen: 46-jähriger Patient stirbt nach OP.
- Haftung der instrumentierenden OP-Schwester bei abgebrochener und im Patienten verbliebener OP-Nadelspitze.
- Hygienemängel

► Aufgabenstellung, Dekubitus, Fahrlässigkeit, Haftung, Remonstration, Risikomanagement, Sturz, Verjährung

Notizen für den Alltag

Standards

Unter rechtlichen Aspekten hat der Patient Anspruch auf eine Pflege nach aktuellem Stand der medizinischen und pflegerischen Wissenschaft. Standards und Leitlinien sind in der Umsetzung dieser Anforderung ein wesentliches Anleitungs- und Koordinationsinstrument für pflegerisches Handeln. Sie beschreiben jeweils den Maßstab für die sorgfältige Durchführung im Sinne von §§ 276, 278 BGB.

Wirkung von Standards

- Adaption an aktuelle wissenschaftliche Erkenntnisse
- Festlegung des professionellen Niveaus
- Systematisierung der Handlungsfelder
- Methodische Sicherheit
- Verhaltensregeln
- Konkretisierung der Verantwortung professionell Pflegender
- Koordination zwischen den verschiedenen Professionen und Angehörigen
- Überprüfbarkeit der Wirkung von Maßnahmen
- Berücksichtigung der Rechtsprechung
- Beweisführung im Zusammenwirken mit der Dokumentation bei rechtlichen Auseinandersetzungen
- Umsetzung von Gesetzen und Verordnungen
- Ökonomische Auswirkungen
- Kriterien bei Qualitätsprüfungen
- Verbraucherschutz

Kommt es zu strafrechtlichen bzw. zivilrechtlichen Auseinandersetzungen und liegen keine Standards für den zutreffenden Pflegebereich und die Tätigkeiten vor, so wird von Seiten der Anklage jeweils auf den aktuellen Stand der Technik und Wissenschaft zurückgegriffen, der sich aus umfangreichen Veröffentlichungen ableiten lässt.

So ist beispielsweise die ventro-gluteale-intramuskuläre Injektion nach von Hochstetter bzw. die Technik nach Lanz-Wachsmuth aufgrund der Veröffentlichungen in den vergangenen 30 Jahren heute als Standard zu sehen,

Abb. 19. Standard-Pyramide

Abb. 20. Nationale Expertenstandards

die Durchführung der veralteten und mit hoher Komplikationsrate besetzten intraglutealen Injektion hiermit jedoch »Kunstfehler«. Wenn aus Gründen, die in der Situation des Patienten liegen, z. B. wegen eines Verbandes, eine andere Applikationsstelle gewählt wird, so ist dieses zu dokumentieren.

Die Pflegestandards müssen qualitative, quantitative und organisatorische Kriterien beinhalten. Wesentliche Standardfelder sind in der Übersicht zusammengefasst.

Standardfelder

- Strukturstandards: u. a. Rahmenbedingungen, Räumlichkeiten, Organisationsstruktur und Personalqualifikation
- Prozessstandards: u. a. Vorgaben pflegerischen Handelns, in Verbindung mit der Pflege-Ziel-Formulierung, den entsprechenden Maßnahmen und den einzelnen Tätigkeiten
- Ergebnisstandards: u. a. das angestrebte Ziel der Maßnahme und Überprüfbarkeit zwischen Ziel und Situation (Evaluation)

Standards legen für Pflegende ein Anforderungsprofil im Sinne des Altenpflegegesetzes § 3 und das Krankenpflegegesetzes § 3 fest. Unter juristischen Aspekten werden Standards als Kriterien qualifizierter Leistung im Sinne der Beweislastumkehr herangezogen. Darüber hinaus gelten Standards als Modul des Qualitätsmanagements und der Qualitätssicherung.

Pflegende, die von einem festgeschriebenen und per Dienstanweisung verabschiedeten Standard abweichen, haben dieses im Haftungsfall zu rechtfertigen. Handelt eine Pflegeperson nicht standardgerecht, sei es weil die individuelle Situation eines Patienten dies erfordert oder aus der Erfahrung des Pflegenden heraus, so muss diese Standardabweichung schriftlich fixiert werden.

Das Deutsche Netzwerk für Qualitätsentwicklung in der Pflege (DNQP) hat seit dem Jahr 2000 sieben Expertenstandards entwickelt, konsentiert und implementiert. Gefördert wurde das Projekt durch das Bundesministerium für Gesundheit und soziale Sicherung im Rahmen eines »Modellprogramms zur Förderung der medizinischen Qualitätssicherung«.

Die Expertenstandards basieren auf einer umfangreichen Literaturanalyse der nationalen und internationalen Fachliteratur sowie auf randomisierten, kontrollierten Studien und Praxisexpertisen der Mitglieder der jeweiligen Arbeitsgruppen. Sie enthalten inhaltlich und formal eine eindeutige Standardaussage, die Begründung und die Struktur-, Prozess- und Ergebniskriterien.

Expertenstandards

Nachstehend sind die Standardaussagen und Begründungen zu den vorhandenen Expertenstandards aufgeführt.

Expertenstandard Dekubitusprophylaxe in der Pflege (Stand: 2004)

Standardaussage: Jeder dekubitusgefährdete Patient/Betroffene erhält eine Prophylaxe, die eine Entstehung des Dekubitus verhindert.
Begründung: Ein Dekubitus gehört zu den gravierenden Gesundheitsrisiken hilfe- und pflegebedürftiger Patienten/Betroffener. Angesichts des vorhandenen Wissens über die weitgehenden Möglichkeiten der Verhinderung eines Dekubitus ist die Reduzierung auf ein Minimum anzustreben. Von herausragender Bedeutung ist, dass das Pflegefachpersonal die systematische Risikoeinschätzung, Schulung von Patienten/Betroffenen, Bewegungsförderung, Druckreduzierung und die Kontinuität prophylaktischer Maßnahmen gewährleistet.

Expertenstandard Entlassungsmanagement in der Pflege (Stand: 2009)

Standardaussage: Jeder Patient mit einem poststationären Pflege- und Unterstützungsbedarf erhält ein individuelles Entlassungsmanagement zur Sicherung einer kontinuierlichen bedarfsgerechten Versorgung.
Begründung: Versorgungsbrüche bei der Entlassung bergen gesundheitliche Risiken und führen zu unnötiger Belastung von Patienten und ihren Angehörigen sowie zu hohen Folgekosten. Mit einem frühzeitigen und systematischen Assessment sowie Beratungs-, Schulungs- und Koordinationsleistungen und abschließender Evaluation trägt die Pflegefachkraft dazu bei, Versorgungskontinuität herzustellen.

Expertenstandard zum Schmerzmanagement in der Pflege (Stand: 2005)

Standardaussage: Jeder Patient/Betroffene mit akuten oder tumorbedingten chronischen Schmerzen sowie zu erwartenden Schmerzen erhält ein

angemessenes Schmerzmanagement, das dem Entstehen von Schmerzen vorbeugt, sie auf ein erträgliches Maß reduziert oder beseitigt.
Begründung: Eine unzureichende Schmerzbehandlung kann für Patienten/Betroffene gravierende Folgen haben, z. B. physische und psychische Beeinträchtigungen, Verzögerungen des Genesungsverlaufs oder Chronifizierung der Schmerzen. Durch eine rechtzeitig eingeleitete, systematische Schmerzeinschätzung, Schmerzbehandlung sowie Schulung und Beratung von Patienten/Betroffenen und ihren Angehörigen tragen Pflegefachkräfte maßgeblich dazu bei, Schmerzen und deren Auswirkungen zu kontrollieren bzw. zu verhindern.

Expertenstandard Sturzprophylaxe in der Pflege (Stand: 2006)

Standardaussage: Jeder Patient/Bewohner mit einem erhöhten Sturzrisiko erhält eine Sturzprophylaxe, die Stürze verhindert oder Sturzfolgen minimiert.
Begründung: Stürze stellen insbesondere für ältere und kranke Menschen ein hohes Risiko dar. Sie gehen häufig mit schwerwiegenden Einschnitten in die bisherige Lebensführung einher, die von Wunden und Frakturen über Einschränkung des Bewegungsradius infolge verlorenen Vertrauens in die eigene Mobilität bis hin zum Verlust einer selbständigen Lebensführung reichen. Durch rechtzeitige Einschätzung der individuellen Risikofaktoren, eine systematische Sturzerfassung, Information und Beratung von Patienten/Bewohnern und Angehörigen sowie gemeinsame Maßnahmenplanung und Durchführung kann eine sichere Mobilität gefördert werden.

Expertenstandard Förderung der Harnkontinenz in der Pflege (Stand 2007)

Standardaussage: Bei jedem Patienten wird die Harnkontinenz erhalten oder gefördert. Identifizierte Harnkontinenz wird beseitigt, weitestgehend reduziert bzw. kompensiert.
Begründung: Harninkontinenz ist ein weit verbreitetes pflegerelevantes Problem. Für die betroffenen Menschen ist sie häufig mit sozialem Rückzug, sinkender Lebensqualität und steigendem Pflegebedarf verbunden. Durch frühzeitige Identifikation von gefährdeten und betroffenen Patienten und Bewohnern und der gemeinsamen Vereinbarung von spezifischen Maß-

nahmen kann dieses Problem erheblich positiv beeinflusst werden. Darüber hinaus können durch Inkontinenz hervorgerufene Beeinträchtigungen reduziert werden.

Expertenstandard Pflege von Menschen mit chronischen Wunden (Stand 2009)

Standardaussage: Jede Patientin/Bewohnerin mit einer chronischen Wunde vom Typ Dekubitus, Ulcus cruris venosum/arteriosum/mixtum oder Diabetisches Fußsyndrom erhält eine pflegerische Versorgung, die ihre Lebensqualität fördert, die Wundheilung unterstützt und Rezidivbildung sowie die Neuentstehung von Wunden vermeidet.
Begründung: Chronische Wunden führen, insbesondere durch Schmerzen, Einschränkung der Mobilität, Wundexsudat und -geruch, zu erheblichen Beeinträchtigungen der Lebensqualität. Durch die Anleitung und Beratung der Patientin/Bewohnerin und ihrer Angehörigen zu alltagsorientierten Maßnahmen im Umgang mit der Wunde und ihren Auswirkungen können die Fähigkeiten zum Selbstmanagement so verbessert werden, dass sich positive Effekte für Wundheilung und Lebensqualität ergeben. Des Weiteren verbessern sachgerechte Beurteilung und phasengerechte Versorgung der Wunde sowie regelmäßige Dokumentation des Verlaufs die Heilungschancen.

Expertenstandard Ernährungsmanagement zur Sicherstellung und Förderung oraler Ernährung in der Pflege (Entwurf, Stand 2010)

Zielsetzung: Bei jedem Patienten/Bewohner mit pflegerischem Unterstützungsbedarf oder einem Risiko für oder Anzeichen von Mangelernährung ist die orale Nahrungsaufnahme entsprechend seinen Bedürfnissen und seinem Bedarf sichergestellt.
Begründung: Essen und Trinken beeinflussen die Lebensqualität, sind wichtige Bestandteile sozialer und kultureller Identität und dienen der Gesunderhaltung durch die Nährstoffaufnahme. Die Sicherstellung einer bedürfnisorientierten und bedarfsgerechten Ernährung kann durch die frühzeitige Erfassung und Bewertung ernährungsrelevanter Gesundheitsprobleme, angemessene Unterstützung und Umgebungsgestaltung, spezifische Maßnahmen sowie ein geeignetes Nahrungsangebot eine Mangelernährung verhindern und bestehenden Defiziten entgegenwirken.

Unter rechtlichen Aspekten sind die genannten Standards nach deren Veröffentlichung in der Fachliteratur für alle Pflegenden in Deutschland verbindlich und gelten bei Haftungsprozessen als Grundlage anerkannter pflegewissenschaftlicher Erkenntnisse. Einrichtungseigene Standards müssen auf der Grundlage dieser nationalen Standards erstellt werden oder auf diesen basieren.

Der Patient hat Anspruch auf eine am aktuellen Standard orientierte Pflege/Sorgfaltspflicht im Rahmen der einzelnen diagnostischen, therapeutischen und pflegerischen Maßnahmen. In der Dokumentation ist darauf zu verweisen, und nur bei Abweichungen ist eine erweiterte Formulierung aufzunehmen.

Mit dem Gesetz zur strukturellen Weiterentwicklung der Pflegeversicherung (Pflegeweiterentwicklungsgesetz), Bundesgesetzblatt vom 30.05.08, sind seit 01.07.2008 Standards im Sinne des § 113a als Qualitätssicherung verbindlich.

Praxistipp

1: Im Sinne Ihrer Organisations-, Anordnungs- und Durchführungsverantwortung sollten Sie klare Handlungsanweisungen im Sinne von Standards vorgeben bzw. einfordern. Beachten Sie bitte, dass Standards aktuell zu sein haben, und richten Sie Ihre Standards an den Expertenstandards aus.

2: Pflegestandards und Pflegedokumentation dienen Ihnen als Beweismittel.

Die Expertenstandards sind zu beziehen unter:

Deutsches Netzwerk für Qualitätsentwicklung in der Pflege (DNQP)
Fachhochschule Osnabrück, Fachbereich Wirtschaft
Postfach 1940
49009 Osnabrück
Fax: 0541/969-2971
E-Mail: dnqp@fh-osnabrueck.de
Internet: http//www.dnqp.de

▶ Beweislast, Dekubitus, Dokumentation, Injektion, Qualitätssicherung, Sturz

Sterbehilfe

Für Pflegende und Ärzte besteht oft die Frage, wie sie sich verhalten sollen, wenn der Patient/Bewohner oder sein Betreuer lebensrettende oder lebenserhaltende Maßnahmen ablehnt. Hierzu gehört die Forderung zum Abstellen des Beatmungsgerätes oder Einstellen der Nahrungsversorgung per PEG-Sonde.

Die Rechtslage stützt sich derzeit auf das Strafgesetzbuch, Patientenverfügungsgesetz §§ 1901 a und b, BGB (BGBl I S. 1696) vom 29.07.2009 und mehrere Gerichtsentscheidungen.

Die Rechtslage

Hilfe beim Sterben

Die Hilfe beim Sterben (Sterbebegleitung) ist ärztlich und pflegerisch selbstverständlicher Auftrag und nicht strafbar. Der Patient erhält schmerzlindernde Medikamente, die nicht lebensverkürzend wirken und die pflegerische Versorgung ergibt sich aus dem Gesetzestext im Sinne § 3 Altenpflegegesetz und Krankenpflegegesetz.

Hilfe zum Sterben

Bei der Hilfe zum Sterben wird zwischen **aktiver** und **passiver** Sterbehilfe unterschieden:

Sterbehilfe

Aktiv	Passiv
§ Mord § 211 StGB	§ Einwilligung
§ Totschlag § 212 StGB	§ Patientenverfügung
§ Tötung auf Verlangen § 216 StGB	§ Schmerzlinderung mit lebensverkürzender Nebenwirkung

Abb. 21. Sterbehilfe

Passive Sterbehilfe. Passive Sterbehilfe bedeutet das Unterlassen oder den Abbruch lebenserhaltender medizinisch notwendiger Maßnahmen bei schlechter Prognose aufgrund der Verweigerung des einwilligungsfähigen Patienten/Bewohners oder seiner Patientenverfügung im Sinne des Selbstbestimmungsrechts (keine strafbare Handlung). In diesem Zusammenhang wird mangels Patientenverfügung oft die mutmaßliche Einwilligung zum Behandlungsabbruch berücksichtigt. Nach Auffassung des Bundesgerichtshofes sind an diesem mutmaßlichen Willen des Patienten/Bewohners hohe Anforderungen zu stellen, so u. a. religiöse Überzeugungen, frühere mündliche und schriftliche Äußerungen, Schmerzen und persönliche Wertvorstellungen. Strafbar wäre die Verweigerung der Behandlungsmaßnahmen durch den Arzt.

Die Frage der Entscheidung des Betreuers und die Genehmigung durch das Betreuungsgericht regelt § 1904 BGB:

(1) Genehmigung des Betreuungsgerichts bei ärztlichen Maßnahmen.

1. Die Einwilligung des Betreuers in eine Untersuchung des Gesundheitszustandes, eine Heilbehandlung oder einen ärztlichen Eingriff bedarf der Genehmigung des Betreuungsgerichts, wenn die begründete Gefahr besteht, dass der Betreute auf Grund der Maßnahme stirbt oder einen schweren und länger dauernden gesundheitlichen Schaden erleidet.
2. Ohne die Genehmigung darf die Maßnahme nur durchgeführt werden, wenn mit dem Aufschub Gefahr verbunden ist.

Aktive Sterbehilfe. Aktive Sterbehilfe wird rechtlich unter Mord (§ 211), Totschlag (§ 212) oder Tötung auf Verlangen (§ 216) des Strafgesetzbuches geahndet. Wenn Maßnahmen der künstlichen Ernährung und Beatmung gegen den Willen des Patienten/Bewohners unterlassen oder abgebrochen werden und der Patient/Bewohner stirbt, so ist dieses für den Arzt und die beteiligte Pflegeperson strafbar.

Beispiel

Fall 1: Die Angehörigen eines Patienten setzen nach einem Schlaganfall eine Stationsleitung unter Druck, sie solle sofort das Beatmungsgerät an ihrem Vater abstellen und die Infusion abhängen.

▼

Fall 2: Der Ehemann einer Altenheimbewohnerin, die im Wachkoma liegt, kommt in die Einrichtung und droht lautstark, dass er die PEG-Sonde bei seiner Frau entfernen wird. Sie habe zu Lebzeiten ihren Willen bekundet, nicht künstlich am Leben gehalten zu werden. Darüber hinaus drohte er seinen Selbstmord an, wenn seiner Forderung nicht gefolgt würde.

Fall 3: Der Schwiegersohn schaltet mit Bezug auf eine Patientenverfügung das Beatmungsgerät seiner Schwiegermutter auf der Intensivstation ab, nachdem die Ärzte sich mangels vorliegender Patientenverfügung dazu geweigert hatten. Eine hinzukommende Ärztin schaltet die Geräte unverzüglich wieder an. Die Frau verstarb 3 Stunden später an schwerer Lungenentzündung. Der Mann wurde zu 2 Jahren Haft auf Bewährung wegen versuchter Tötung in einem minder schweren Fall verurteilt.

Beispiel

Urteil 1: »Der Abbruch lebenserhaltender Maßnahmen kann durch das Vormundschaftsgericht genehmigt werden, wenn die dem zuvor geäußerten oder dem mutmaßlichen Willen eines im Koma liegenden Patienten entspricht und ein bewusstes und selbstbewusstes Leben nicht mehr zu erwarten ist.« (OLG Frankfurt)

Die Frage war, ob Gerichte – wie dies in § 1904 BGB ausdrücklich für schwerwiegende ärztliche Maßnahmen vorgesehen ist – auch dann eine Genehmigung erteilen dürfen, wenn es nicht um einen Heileingriff geht, sondern um die Beendigung der Sondenernährung und damit um »Hilfe zum Sterben«.

Eine 85-jährige Patientin wird nach einem ausgedehnten Herzinfarkt bei anhaltender Bewusstlosigkeit (Koma) mit vollständigem Verlust der Bewegungs- und Kommunikationsfähigkeit in einem Frankfurter Krankenhaus über eine Magensonde ernährt. Eine Besserung des Zustandes ist nicht zu erwarten. Zu einer eigenen freien Willensbestimmung ist sie nicht in der Lage. Die Tochter der Patientin, die durch das Vormundschaftsgericht zur Betreuerin bestellt worden ist, beantragte die vormundschaftsgerichtliche Genehmigung zu einem Behandlungsabbruch durch Einstellung der Sondenernährung und wies unter Vorlage mehrerer eidesstattlicher Versicherungen darauf hin, die Mutter habe früher geäußert, kein langes Sterben ertragen zu wollen.

▼

Sowohl das Amtsgericht als auch das Landgericht Frankfurt hatten abgelehnt, die Genehmigung für den ärztlicherseits empfohlenen Abbruch der Sondenernährung zu erteilen, weil § 1904 BGB nicht analog auf eine gezielte Herbeiführung des Todes angewendet werden könne. Dies habe der Gesetzgeber zu regeln. Die Richter des 20. Zivilsenats änderten die Entscheidungen der Vorinstanzen ab und vertraten die Auffassung, es liege eine Gesetzeslücke vor. Der Gesetzgeber habe das Betreuungsrecht unter Wahrung der größtmöglichen Autonomie der Betroffenen regeln wollen. Eine Analogie sei möglich, zumal der geregelte Tatbestand der Risikooperation und der nicht geregelte Tatbestand eines Behandlungsabbruchs bei wertendem Denken nicht absolut ungleich seien. Wenn schon eine Risikooperation vorher genehmigt werden müsse, bedürfe ein Behandlungsabbruch erst recht der Genehmigung des Vormundschaftsgerichtes. Hinter der Ansicht, dass in der Rechtsordnung ein »Richter über Leben und Tod« nicht vorgesehen ist und sich dies aus rechtsethischen und rechtshistorischen Gründen verbietet, sei der Gedanke an das Euthanasieprogramm der Nationalsozialisten verborgen, das das Ziel Vernichtung »lebensunwerten« Lebens gehabt habe. Demgegenüber stehe hier aber ein vom tatsächlich geäußerten oder wenigstens mutmaßlichen Willen des Betroffenen getragener Behandlungsabbruch. Die richterliche Genehmigung sollte gerade einem Missbrauch entgegenwirken. Es gehe bei der Entscheidung nicht um lediglich passive Sterbehilfe, sondern um den Abbruch einer lebenserhaltenden Maßnahme und damit um »Hilfe zum Sterben«. Dabei sei das Selbstbestimmungsrecht des Patienten grundsätzlich anzuerkennen. An die Annahme eines erklärten oder mutmaßlichen Willens seien erhöhte Anforderungen zu stellen, weil der Gefahr entgegengewirkt werden müsse, dass Arzt, Angehörige oder der Betreuer nach eigenen Vorstellungen das für sinnlos gehaltene Leben des Betroffenen beenden wollten. Es gelte, den Konflikt zwischen dem hohen Anspruch an die Achtung des Lebens und den ebenfalls hohen Anspruch auf Achtung der Selbstbestimmung der Person und ihrer Würde zu lösen. Es komme daher entscheidend auf die Feststellung einer mutmaßlichen Einwilligung des Betroffenen an, an die strenge Anforderungen zu stellen seien. In diesem Zusammenhang dürfte auf Patiententestamente künftig ein Bedeutungszuwachs zukommen. Bei nicht aufklärbarer mutmaßlicher Einwilligung sei dem Lebensschutz der Vorrang einzuräumen (OLG Frankfurt, Beschluss vom 05.07.1998 – 20 W 224/98).

▼

Urteil 2: Abbruch der künstlichen Ernährung

Zu entscheiden war die Zulässigkeit der »passiven Sterbehilfe« durch Abbruch der künstlichen Ernährung. Der Betroffene liegt nach Gehirnschaden im Koma und wird künstlich ernährt. Eine Besserung seines Zustandes ist nicht zu erwarten. In seiner »Patientenverfügung« hatte er festgelegt, dass er im Falle einer irreversiblen Bewusstlosigkeit oder anderer unheilbarer Krankheiten lebensverlängernde Maßnahmen ablehne. Sein Sohn, als dessen Betreuer, beantragte deshalb die Einstellung der künstlichen Ernährung. Der Antrag wurde von AG und LG abgelehnt, da hierfür keine Rechtsgrundlage vorliege. Im Verfahren über die weitere Beschwerde legte das OLG dem BGH die Sache nach § 28, II FGG zur Entscheidung vor.

Der Betreuer bedarf zum Abbruch der lebenserhaltenden Maßnahmen der Genehmigung des Vormundschaftsgerichtes. Dieses muss über den Antrag des Betreuers entscheiden.

1. Die gegen eine weitere künstliche Ernährung des Betroffenen gerichtete Entscheidung des Betreuers ist nicht nur deshalb einer Zustimmung des Vormundschaftsgerichtes entzogen, weil sie sich rechtlich als ein Unterlassen darstellt. Die Fortführung der künstlichen Ernährung bedarf der Einwilligung des Patienten oder – wenn dieser dazu selbst nicht in der Lage ist – der seines Betreuers. Diese Einwilligung hat der Betreuer mit dem Antrag auf Abbruch der künstlichen Ernährung verweigert, was sich mit dem zuvor geäußerten Patientenwillen deckt. Die Überprüfung dieser unterlassenen Einwilligung auf ihre Rechtsmäßigkeit hin, ist schon von vornherein dem Vormundschaftsgericht entzogen.
2. Ein Tätigwerden des Vormundschaftsgerichtes wird auch nicht dadurch ausgeschlossen, dass eine Entscheidung gegen die Fortführung der künstlichen Ernährung des Betroffenen höchstpersönlicher Natur ist. Der Betreuer ist dazu berufen, den Willen des Betroffenen umzusetzen. Dies beinhaltet auch höchstpersönliche Entscheidungen. Er trifft dabei keine eigene Entscheidung, sondern setzt nur eine zuvor getroffene höchstpersönliche Entscheidung des Betroffenen um. Die richtige Umsetzung des Willens des Betroffenen ist aber ein Gegenstand der vormundschaftsgerichtlichen Überprüfung. Eine Entscheidung des Vormundschaftsgerichts ist auch nicht deshalb ausgeschlossen, weil es etwa an Kriterien für die Überprüfung eines solchen Antrages fehlt. Der BGH hat in einer Strafsache entschieden, in welchen Fällen eine »Sterbehilfe« straflos bleibt.

▼

Danach muss die Krankheit einen irreversiblen, tödlichen Verlauf angenommen haben und der Abbruch lebenserhaltender Maßnahmen dem Willen des Patienten entsprechen. Diese Maßstäbe müssen nach dem Grundsatz der Einheit der Rechtsordnung auch für das Zivilrecht gelten. Bei der Ermittlung des Willens des Betroffenen – wenn dieser selbst nicht entscheiden kann – muss sich der Betreuer anhand des Maßstabes aus § 1901 BGB am »Wohl des Betreuten« orientieren. Ein so ermittelter mutmaßlicher Wille kann aber nur dann hilfsweise Berücksichtigung finden, wenn der Betroffene bereits zuvor, etwa mittels einer »Patientenverfügung«, eine Entscheidung getroffen hart. Trotz dieser Bindung des Betreuers an den Willen des Betroffenen bedarf die Entscheidung des Betreuers aber dennoch der vormundschaftlichen Genehmigung. In diesem Verfahren kann geprüft werden, ob der Betreuer den Willen des Patienten zutreffend ermittelt hat und ob die Einstellung der Behandlung auch in dem konkreten Falle vom Betroffenen gewünscht ist.

3. Die Rechtsgrundlage für eine Entscheidung des Vormundschaftsgerichts lässt sich allerdings nicht aus § 1904 BGB ableiten. Auch eine analoge Anwendung der Vorschrift scheitert, da ein Behandlungsabbruch genau die gegenteilige Situation zu dem in § 1904 BGB beschriebenen Fall ist, in dem der Patient vor Risiken für seine Gesundheit geschützt werden soll.
4. Die Vormundschaftsgerichtliche Zuständigkeit für die Entscheidung über den Abbruch lebenserhaltender Maßnahmen ergibt sich vielmehr im Wege der Rechtsfortbildung. Einer solchen stehen die Regelungen des Betreuungsgesetzes nicht entgegen, da die Frage nach der Genehmigungsfähigkeit eines Behandlungsabbruchs nicht generell ist. Auch der Gesetzesvorbehalt aus Artikel II 3 GG hindert eine Rechtsfortbildung nicht. Die Prüfungszuständigkeit des Vormundschaftsgerichtes greift nicht in die Rechte des Betroffenen ein, sondern schützt vielmehr dessen Grundrechte, da so die Übereinstimmung der Entscheidung des Betreuers mit dem Willen des Betroffenen geprüft wird. Allerdings ist das Vormundschaftsgericht nur in den Fällen zu einer Entscheidung über den Behandlungsabbruch berufen, in denen auch ein ärztliches Behandlungsangebot besteht.
5. Die Einwilligung des Betreuers in die Einstellung lebenserhaltender Maßnahmen unterliegt damit der Kontrolle durch das Vormundschaftsgericht. Bis dieses den Behandlungsabbruch genehmigt, sind lebenser-

▼

haltende Maßnahmen auch ohne Einwilligung des Betreuers durchzuführen. Im vorliegenden Fall wird daher die Sache an das Amtsgericht zurückgewiesen, das nun den Antrag des Betreuers zu prüfen hat. (BGH, Beschluss vom 17.03.2003 AZ: XII ZB 2/03; ▶ Sterbehilfe)

Beispiel

Urteil 3: Abbruch lebenserhaltender Behandlung auf Grundlage des Patientenwillens ist nicht strafbar. Mit einem Grundsatzurteil hat der BGH das Selbstbestimmungsrecht von Patienten gestärkt und Rechtsgrundlagen für Ärzte, Pflegende und Angehörige geschaffen.

Das LG Fulda hatte den Angeklagten P. wegen versuchten Totschlags zu einer Freiheitsstrafe von 9 Monaten auf Bewährung verurteilt. Die ursprünglich mitangeklagte Frau G. wurde rechtskräftig freigesprochen. Der Angeklagte ist ein für das Fachgebiet des Medizinrechts spezialisierter Rechtsanwalt. Er beriet die Kinder einer seit 5 Jahren im Wachkoma liegenden Patientin. Die Patientin, Frau K., wurde in einem Pflegeheim über eine sog. PEG-Sonde künstlich ernährt. Eine Besserung ihres Gesundheitszustandes war nicht mehr zu erwarten. Frau K. äußerte mündlich den Wunsch um Einstellung der künstlichen Ernährung. Die Geschwister, die inzwischen zu Betreuern ihrer Mutter bestellt worden waren, wollten ihrer Mutter ein Sterben in Würde ermöglichen. Mit der Heimleitung erzielten sie einen Kompromiss, wonach das Heimpersonal sich nur noch um die Pflegetätigkeiten im engeren Sinne kümmern sollte, während die Kinder der Patientin selbst die Ernährung über die Sonde einstellen, die erforderliche Palliativversorgung durchführen und ihrer Mutter im Sterben beistehen sollten.

Nachdem die Tochter, Frau G., die Nahrungszufuhr über die Sonde beendet hatte, wies die Geschäftsleistung des Gesamtunternehmens jedoch die Heimleitung an, die künstliche Ernährung umgehend wieder aufzunehmen. Den Kindern wurde ein Hausverbot angedroht, falls sie sich hiermit nicht einverstanden erklären sollten. Darauf erteilte der angeklagte Rechtsanwalt Frau G. am gleichen Tag den Rat, den Schlauch der PEG-Sonde unmittelbar über der Bauchdecke zu durchtrennen. Das tat Frau G. mit Unterstützung ihres inzwischen verstorbenen Bruders. Die Heimleitung verständigte Minuten später die Polizei. Frau K. wurde auf Anordnung eines Staatsanwalts gegen

▼

den Willen ihrer Kinder in ein Krankenhaus gebracht, wo ihr eine neue PEG-Sonde gelegt und die künstliche Ernährung wieder aufgenommen wurde. Sie starb dort 2 Wochen darauf eines natürlichen Todes.

Das LG wertete es als einen gemeinschaftlich mit Frau G. begangenen versuchten Totschlag durch aktives Tun – im Gegensatz zum bloßen Abbruch einer lebenserhaltenden Behandlung durch Unterlassen –, der weder durch eine mutmaßliche Einwilligung von Frau K. noch nach den Grundsätzen der Nothilfe oder des rechtfertigenden Notstandes gerechtfertigt sei. Auch auf einen entschuldigenden Notstand könne sich der Angeklagte nicht berufen. Soweit er sich in einem sog. Erlaubnisirrtum befunden habe, sei dieser für ihn als einschlägig spezialisierten Rechtsanwalt vermeidbar gewesen. Die Mitangeklagte G. hatte das LG freigesprochen, weil sie sich angesichts des Rechtsrats des Angeklagten in einem unvermeidbaren Erlaubnisirrtum befunden und deshalb ohne Schuld gehandelt habe. Der 2. Strafsenat des BGH hat das Urteil auf die Revision des Angeklagten aufgehoben und ihn freigesprochen. Die Frage, unter welchen Voraussetzungen in Fällen aktueller Einwilligungsunfähigkeit von einem bindenden Patientenwillen auszugehen ist, war zur Tatzeit durch miteinander nicht vereinbare Entscheidungen des BGH noch nicht geklärt. Divergenzen in der Rechtsprechung betrafen die Verbindlichkeit von sog. Patientenverfügungen und die Frage, ob die Zulässigkeit des Abbruchs einer lebenserhaltenden Behandlung auf tödliche und irreversibel verlaufende Erkrankungen des Patienten beschränkt oder von Art und Stadium der Erkrankung unabhängig ist, daneben auch die Erfordernis der gerichtlichen Genehmigung einer Entscheidung des gesetzlichen Betreuers über eine solche Maßnahme. Der Gesetzgeber hat diese Fragen durch das sog. Patientenverfügungsgesetz mit Wirkung vom 01.09.2009 ausdrücklich geregelt. Der Senat konnte daher entscheiden, ohne an frühere Entscheidungen anderer Senate gebunden zu sein.

Das LG ist im Ergebnis zutreffend davon ausgegangen, dass die durch den Kompromiss mit der Heimleitung getroffene Entscheidung zum Unterlassen weiterer künstlicher Ernährung rechtmäßig war und dass die von der Heimleitung angekündigte Wiederaufnahme als rechtswidriger Angriff gegen das Selbstbestimmungsrecht der Patientin gewertet werden konnte. Die geäußerte Einwilligung der Patientin, die ihre Betreuer geprüft und bestätigt

▼

hatten, entfaltete bindende Wirkung und stellte sowohl nach dem seit dem 01.09.2009 als auch nach dem zur Tatzeit geltenden Recht eine Rechtfertigung des Behandlungsabbruchs dar. Dies gilt jetzt, wie inzwischen § 1901 a Abs. 3 BGB ausdrücklich bestimmt, unabhängig von Art und Stadium der Erkrankung. Dagegen trifft die Bewertung des LG nicht zu, der Angeklagte habe sich durch seine Mitwirkung an der aktiven Verhinderung der Wiederaufnahme der Ernährung wegen versuchten Totschlags strafbar gemacht. Die von den Betreuern – in Übereinstimmung auch mit den inzwischen in Kraft getretenen Regelungen der §§ 1901 a, 1904 BGB – geprüfte Einwilligung der Patientin rechtfertigte nicht nur den Behandlungsabbruch durch bloßes Unterlassen weiterer Ernährung, sondern auch ein aktives Tun, das der Beendigung oder Verhinderung einer von ihr nicht oder nicht mehr gewollten Behandlung diente (BGH, Urteil vom 25.06.2010, AZ: 2 StR 454/09).

Praxistipp

Beachten Sie die Rechte des Patienten/Bewohners und die strafrechtlichen Auswirkungen der Sterbehilfe. Berücksichtigen Sie die Patientenverfügung oder tragen Sie gemeinsam mit dem Arzt Sorge, dass eine Entscheidung des Betreuers und des Betreuungsgerichts vorliegt.

► Altenpflegegesetz, Berufsordnung, Ernährung, Kodex für professionelles Verhalten, Krankenpflegegesetz, Patienten- und Bewohnerrechte, Patientenverfügung, Vorsorgevollmacht

Notizen für den Alltag

Sturz

Schätzungen ergaben, dass jährlich mehr als 100.000 alte Menschen über 65 Jahre einen Hüftbruch erleiden. Darüber hinaus kommt es häufig zu schweren Schädelverletzungen. Neben dem Leid für die Betroffenen – und den Haftungsprozessen – entstehen in der Versorgung Folgekosten in Höhe von über € 1 Mrd.

Sturzprävention ist daher eine wichtige pflegerische Aufgabe. Die Schadenersatzforderungen gegen Krankenhäuser, Alten- und Pflegeheime, hier insbesondere Regressansprüche durch die Krankenkassen, haben stark zugenommen. Bei gerichtlichen Auseinandersetzungen geht es immer darum, ob und inwiefern Sorgfalts- und Aufsichtspflichten seitens der Träger und des Pflegepersonals gegenüber gefährdeten Patienten verletzt worden sind. Zu Stürzen kommt es u. a. im postnarkotischen Zustand von Patienten. Dies kann im Aufwachraum, Patientenzimmer, Bad oder in der Toilette sowie bei Umlagerungen vom Op-Tisch geschehen.

Vorwürfe sind im Wesentlichen:

- Keine Sturzanamnese bei Aufnahme
- Keine Kenntnis und Berücksichtigung der Mitarbeiter über den Inhalt der MDK-Gutachten bezüglich besonderer Pflegebedürftigkeit
- Unzureichende Kommunikation mit dem behandelnden Arzt
- Mangelhafte Dokumentation
- Nichtbeachtung medikamentöser Beeinträchtigung
- Nichtbeachtung vorangegangener Stürze
- Unzureichende Hilfestellung durch das Pflegepersonal (Reichte die Begleitung durch eine Person aus?)
- Kein Sturzprotokoll

Der Expertenstandard Sturzprophylaxe in der Pflege des Deutschen Netzwerkes für Qualitätsentwicklung in der Pflege (DNQP) sieht folgende Ergebnisqualität vor:

- **E1:** Eine aktuelle, systematische Erfassung der Sturzrisikofaktoren liegt vor.
- **E2:** Der Patient/Bewohner und seine Angehörigen kennen die individuellen Risikofaktoren sowie geeignete Maßnahmen zur Sturzprophylaxe.
- **E3:** Ein individueller Maßnahmeplan zur Sturzprophylaxe liegt vor.
- **E4:** Interventionen, Hilfsmittel und Umgebung sind dem individuellen Sturzrisiko des Patienten/Bewohners angepasst und fördern eine sichere Mobilität.

- **E5:** Den an der Versorgung beteiligten Berufs- und Personengruppen sind das individuelle Sturzrisiko und die jeweils notwendigen Maßnahmen zur Sturzprophylaxe bekannt.
- **E6:** Jeder Sturz ist dokumentiert und analysiert. In der Einrichtung liegen Zahlen zu Häufigkeit, Umständen und Folgen von Stürzen vor.

Beispiel

Fall 1: Eine Bewohnerin im Altenheim bricht sich bei einem verhängnisvollen Sturz beide Beine. Wenige Tage später verstirbt sie im Krankenhaus an den Folgen der Verletzungen. Eine Krankenschwester soll Schuld am Tod der alten Frau sein. Im Rahmen einer Strafanzeige wegen fahrlässiger Tötung wird gegen die Krankenschwester ermittelt.
Die Heimleitung stellt in diesem Zusammenhang fest, dass – entgegen der Anordnung der Heimleitung, die Patientin immer mit zwei Pflegekräften zum Bad zu begleiten – die Frau von der Krankenschwester nur alleine gestützt wurde. Dabei war die Patientin zusammengesackt und zu Boden gestürzt. Der Krankenschwester wird gekündigt.

Fall 2: Eine Altenheimbewohnerin, Pflegestufe III, Schwerstpflegebedürftigkeit, stürzt vom Toilettenstuhl, nachdem sie ca. 10 Minuten unbeaufsichtigt war, und erleidet einen Schenkelhalsbruch. Die Staatsanwaltschaft ermittelt gegen den Altenpflegehelfer wegen fahrlässiger Körperverletzung (§ 229 StGB). Hierbei geht es auch um die Verantwortung der Wohnbereichsleitung.

Beispiel

Urteil 1: Bekommt ein Patient im Krankenhaus bei einer Bewegungs- und Transportmaßnahme der ihn betreuenden Krankenschwester aus ungeklärten Gründen das Übergewicht und stürzt, so ist es Sache des Krankenhausträgers aufzuzeigen und nachzuweisen, dass der Vorfall nicht auf einem pflichtwidrigen Verhalten der Pflegekraft beruht (BGH, Urteil vom 18.12.1990 – VI ZR 169/90, OLG Düsseldorf, LG Kleve).

Urteil 2: Sturz einer Patientin beim Duschen

In diesem BGH-Urteil wurden die hohen Anforderungen an die ärztliche und pflegerische Betreuung im Krankenhaus bestätigt. Es ging um die

▼

Sorgfaltspflicht in einem Krankenhaus gegenüber einer Patientin, die sich nach dem Duschen in einem Duschstuhl mit besonderer Kippgefahr befand. Die 52-jährige Klägerin wurde in einer orthopädischen Klinik am rechten Knie operiert; ihr linkes Bein konnte sie in Folge einer Kinderlähmung nur mit einem Spezialschuh belasten. Nach der Operation duschte sie im Bewegungsbad der Klinik in einem sog. Duschstuhl, einem leichten Spezialrollstuhl. In diesem Stuhl wurde sie dann von der Praktikantin in den Ankleideraum nahe an eine Bank gefahren. Die Praktikantin verließ den Raum für wenige Minuten. Als die Patientin nach einem Handtuch greifen wollte, stürzte sie vornüber aus dem Duschstuhl und zog sich eine Stauchungsfraktur des zwölften Rückenwirbels sowie Prellungen und Blutergüsse zu. Die Patientin klagte auf Ersatz materiellen Schadens von DM 1.477,57 sowie auf Zahlung eines Schmerzensgelds und forderte, dass die Beklagten (Krankenhaus und Pflegerin) ihr auch alle weiteren Schäden aus dem Unfall ersetzen.
Die Vorinstanzen hatten die Klage abgewiesen. Nach Auffassung des BGH habe die Praktikantin der Patientin die Sturzgefahr nicht vor Augen geführt und sei deshalb den Anforderungen an die Sorgfaltspflichten, die dem Pflegepersonal in einem Krankenhaus gegenüber einem Patienten obliegen, nicht gerecht geworden. In einer Klinik müsse der Sturz der Patienten bei einem Transport ausgeschlossen sein. Diese im Streitfall nicht erfüllte Aufgabe ist Bestandteil des Behandlungsvertrages und damit Teil der Verpflichtung des Krankenhausträgers zur sachgerechten, pflegerischen Betreuung. Sie obliege dem Krankenhausträger und dem Pflegepersonal aufgrund ihrer Garantenstellung für die übernommene Behandlungsaufgabe in gleicher Weise auch deliktisch (BGH, Urteil vom 25.06.1991 – VI ZR 320/90).

Urteil 3: Sturz eines Bewohners beim Toilettengang
Eine Krankenkasse klagte gegen ein Altenheim auf Kostenersatz für zusätzliche Heilmaßnahmen. Die Berufung des Altenheimes war erfolgreich.
Aus den Entscheidungsgründen: Die Klägerin hat gegen die Beklagte unter keinem rechtlichen Gesichtspunkt Anspruch auf Kostenersatz für Heilmaßnahmen für ihr in dem von der Beklagten betriebenen Altenwohnheim lebendes und dort verunfalltes Mitglied. Der Beklagte bzw. den Mitarbeitern des Altenwohnheimes ist eine Verletzung ihrer Pflichten, insbesondere bei

▼

der Beaufsichtigung des Toilettenbesuches des Bewohners nicht vorzuwerfen (OLG Hamm, Urteil vom 30.04.2002, 24 U 87/01).

Urteil 4: Sturz aus dem Toilettenstuhl

Der Klägerin steht gegen die Beklagte kein Schmerzensgeldanspruch wegen schuldhafter Schlechterfüllung des Vertrages über die Unterbringung und Betreuung der Bewohnerin gemäß §§ 611, 276, 278, 328 BGB i.V. § 116 Abs. 1 SGB zu. Die streitgegenständlichen Verletzungen, die eine Frau sich anlässlich des Sturzes aus dem Toilettenstuhl zugezogen hat, beruhen nicht auf einer schuldhaften Pflichtverletzung des Pflegepersonals der Beklagten. Die Obhutspflicht der Beklagten erstreckte sich zwar ganz allein auf alle irgendwie mit dem Körper und der Gesundheit der zu Pflegenden zusammenhängenden Risiken. Eine schuldhafte Pflichtverletzung im vorgenannten Sinn kann dem Pflegepersonal der Beklagten indes nicht angelastet werden. Hinreichende Umstände, die es für das Pflegepersonal der Beklagten zwingend angeraten erschienen lassen mussten, die Frau keinesfalls, d. h. auch nicht für wenige Minuten allein im Rollstuhl bzw. Toilettenstuhl sitzen zu lassen, lagen nicht vor. Unstreitig ereignete sich der Unfall deshalb, sie nach Beendigung des Stuhlgangs beabsichtigte, ihre Schuhe anzuziehen und hierbei nicht berücksichtigte, dass sie ihren Rumpf nicht richtig kontrollieren konnte (OLG Düsseldorf, Urteil vom 16.05.2002, AZ: 13U 2/02).

Urteil 5: Sturz im Altenheim

Die klagende Krankenkasse begehrte vom Betreiber eines Pflegeheimes die Erstattung von verauslagten Behandlungskosten nach einem Sturz des krankenversicherten Mitgliedes (Geschädigte). Eine 85-jährige Pflegeheimbewohnerin mit »zeitweise schweren Schwindelzuständen bei Kleinhirnatrophie mit Stürzen…« (MDK-Gutachten) stürzte mehrmals in ihrem Zimmer. Alle Stürze wurden vom Nachtdienst des Heimes ohne nähere Zeitangaben dokumentiert. Beim dritten Sturz erlitt sie Frakturen der Halswirbelsäule mit Lähmung aller vier Extremitäten, eine respiratorische Insuffizienz und eine Lungenentzündung. Die Bewohnerin wurde ins Krankenhaus eingeliefert, wo sie 3 Monate später verstarb. Die Krankenkasse fordert die Kosten für die stationäre Behandlung der Geschädigten im Krankenhaus, einschl. weiterer Kosten für den Krankentransport, die Versorgung mit Arznei- und Verband-

▼

mitteln und einer Vertikalstütze vom Betreiber des Pflegeheims zurück. Das Landgericht hatte die Klage abgewiesen. Gegen dieses Urteil richtete sich die Berufung der Krankenkasse.

Aus den Entscheidungsgründen: Der Klägerin steht gem. § 116 SGB X übergegangenem Recht der Geschädigten gegen die Beklagte (Pflegeheim) ein Schadenersatzanspruch wegen Verletzung der aus dem Pflegevertrag resultierenden Pflichten zu. Der Beklagte (Pflegeheim) hat die ihm aus dem Pflegevertrag mit der Geschädigten obliegende Pflicht, sie vor Schäden aufgrund der vorhandenen körperlichen Gebrechlichkeit zu bewahren, schuldhaft verletzt. Die Beklagte (Pflegeheim) hat nicht alles ihr Mögliche und Zumutbare getan, um den Sturz zu verhindern. Das schuldhafte Unterlassen der gebotenen Maßnahmen seitens des Pflegeheims war ursächlich Grund für den Sturz der Geschädigten. Wie allgemein bei der Verletzung berufsspezifischer Pflichten, die dem Schutz von Leben und Gesundheit dienen, tritt entsprechend § 282 BGB, auch im Bezug auf die Ursächlichkeit der Pflichtverletzung für den Schaden, eine Umkehr der Beweislast ein.

Der Betreiber musste insgesamt € 86.067,04 nebst Zinsen in Höhe von 4% an die Krankenkasse zahlen (OLG Dresden, AZ: 7U 753/04).

Urteil 6: Sturz beim Transport vom Nachtstuhl auf das Bett

Bekommt ein Patient im Krankenhaus bei einer Bewegungs- und Transportmaßnahme der ihn betreuenden Krankenschwester aus ungeklärten Gründen das Übergewicht und stürzt, so ist es Sache des Krankenhausträgers, aufzuzeigen und nachzuweisen, dass der Vorfall nicht auf einem pflichtwidrigen Verhalten der Pflegekraft beruht. Die klagende AOK verlangte aus übergegangenem Recht des bei ihr krankenversicherten Rentners von der beklagten Stiftung als Trägerin Schadensersatz wegen fehlerhafter stationärer Pflege. Der Patient fiel, als die Krankenschwester ihn vom Nachtstuhl heben und auf die Bettkante setzen wollte. Durch den Sturz zog er sich einen Oberschenkelhalsbruch am linken Bein zu, der stationär behandelt werden musste. Der Krankenkasse entstanden dadurch Kosten von DM 8.022,-.

Die Klägerin (Krankenkasse) hat die Beklagte auf Ersatz dieser Aufwendungen sowie auf Zahlung einer sog. Fallpauschale von DM 173,- in Anspruch genommen. Sie hat geltend gemacht, die Krankenschwester habe schuldhaft gehandelt, als sie den 60 kg schweren Patienten ohne weitere Hilfskraft

▼

habe anheben und transportieren wollen. Die Beklagte (Trägerin) hat dem entgegengehalten, die von der Krankenschwester ausgeführte Tätigkeit könne ohne weiteres von einer einzelnen Pflegekraft erledigt werden. Sie habe den Patienten auch fachgerecht gefasst; die Ursache für den Sturz lasse sich nicht mehr klären.

Aus den Entscheidungsgründen: Das Berufungsgericht hält die Beklagte für verpflichtet, der Klägerin die Kosten für die Heilbehandlung zu ersetzen. Der Sturz sei die Folge eines auf leichter Fahrlässigkeit der Krankenschwester beruhenden Fehlverhaltens, das nach der Beweisregel des § 282, BGB festzustellen sei und für das die Beklagte aufgrund des Krankenhausaufnahmevertrages einzustehen habe. Da die Einzelheiten des Unfallablaufes nicht mehr aufzuklären seien, wirke sich zu Lasten der Beklagten aus, dass die Schadensursache aus ihrem Gefahrenbereich hervorgegangen ist. Die Krankenschwester habe in dem auf der Station geführten Berichtsbogen vermerkt, dass der Patient beim Herunternehmen vom Nachtstuhl das Übergewicht bekommen hat. Das zeige, dass sie nicht fest genug gestanden hat, um eine solche Gewichtsverlagerung auszugleichen. Ebenso, wie es in einem Krankenhaus nicht vorkommen darf, dass ein Desinfektionsmittel durch einen »unglücklichen Zufall« verunreinigt wird (BGH-Urteil vom 09.05.1978, a. a. O.), so darf es auch nicht geschehen, dass ein Patient bei einer Pflegemaßnahme seitens der ihn betreuenden Krankenschwester aus nicht zu klärenden Gründen zu Fall kommt (BGH Urteil vom 18.12.1990 – VI ZR 169/90 – OLG Düsseldorf/LG Kleve).

Urteil 7: Schutz der körperlichen Unversehrtheit von Heimbewohnern
Eine Pflegeheimbewohnerin, hochgradig sehbehindert, zeitweise desorientiert und verwirrt wurde vor ihrem Bett liegend gefunden. Sie hatte sich eine Oberschenkelhalsfraktur zugezogen. Laut zuständiger Krankenkasse (Klägerin) sei der Unfall auf eine Pflichtverletzung der Einrichtung (Beklagten) zurückzuführen. Sie lastete dem Altenheim insbesondere an, diese habe es versäumt, die sturzgefährdete Bewohnerin in ihrem Bett zu fixieren, mindestens die Bettgitter hochzufahren. Außerdem hätte die Beklagte der Bewohnerin Hüftschutzhosen (Protektorhosen) anlegen müssen, durch die die Gefahr eines Knochenbruchs bei einem Sturz gemindert worden wäre. Das Berufungsgericht hatte es mit Recht abgelehnt, der Klägerin Beweiserleichterungen im Sinne einer Beweislastumkehr zugute kommen zu

▼

lassen. Allein aus dem Umstand, dass die Heimbewohnerin im Bereich des Pflegeheims der Beklagten gestürzt war und sich dabei verletzt hatte, konnte nicht auf eine schuldhafte Pflichtverletzung des Pflegepersonals der Beklagten geschlossen werden. Darlegungs- und beweispflichtig war vielmehr insoweit die Klägerin als Anspruchstellerin. Nach den Besonderheiten des Falles bestand für das Pflegepersonal insbesondere kein hinreichender Anlass, die Bewohnerin im Bett zu fixieren, mindestens aber die Bettgitter hochzufahren. In rechtsfehlerfreier tatrichterlicher Würdigung hatte das Berufungsgericht eine schuldhafte Pflichtverletzung auch nicht darin erblickt, dass die Mitarbeiter der Beklagten es unterlassen hatten, der Bewohnerin Hüftschutzhosen (Protektorhosen) anzulegen, durch die die Gefahr eines Knochenbruchs bei einem Sturz gemindert worden wäre. Die Klägerin hatte weder konkret vorgetragen, noch unter Beweis gestellt, mit welchem Grad an Wahrscheinlichkeit Verletzungen, wie sie die Bewohnerin erlitten hatte, durch das Tragen dieser Schutzvorrichtung zu verhindern gewesen wären (BGH, Urteil vom 28.04.2005 – III ZR 399/04, LG Berlin – 280336/02/KG Berlin – 12 U 107/03).

Urteil 8: Die Krankenkasse klagte gegen eine Pflegeeinrichtung auf Schadensersatz. Sie forderte die Erstattung von Behandlungskosten ihres Versicherten. Der demente Bewohner wurde von einer ungelernten Hilfskraft (freiwilliges soziales Jahr) zum Toilettengang begleitet. Der Patient stürzte und musste 21 Tage stationär im Krankenhaus behandelt werden.
Entscheidungsgründe: Dem Pflegeheim ist ein schuldhafter Pflegefehler vorzuwerfen, der ursächlich für den Sturz verantwortlich war. Aus den Pflegeberichten geht hervor, dass der Bewohner zu dem Zeitpunkt erheblich sturzgefährdet war. Zur Vermeidung eines Sturzes wäre die Beaufsichtigung durch eine insbesondere im Umgang mit sturzgefährdeten Patienten erfahrene Pflegekraft erforderlich gewesen. Das Handeln der Beklagten rechtfertigt eine entsprechende Beweislastumkehr. Die Beklagte kann den ihr obliegenden Entlastungsbeweis, dass im vorliegenden Fall trotz Verwirklichung eines Schadens im von ihr voll beherrschbaren Risikobereich kein objektiv pflichtwidriger und ihr vorwerfbarer Pflegefehler vorlag, nicht führen. Die Klägerin hat Anspruch auf Erstattung der von ihr erbrachten Aufwendungen für die Krankenhausbehandlung in Höhe von € 5.120,86 (LG Heilbronn, Urteil vom 29.07.2009, AZ: 1 O 195/08).

Praxistipp

1: Setzen Sie den Expertenstandard »Sturzprophylaxe« in Ihrem Leistungsbereich um. Beachten Sie bei Patienten/Bewohnern die nachfolgenden Faktoren:

- Sturzvorgeschichte
- Veränderte Beweglichkeit
- Veränderter geistiger Zustand
- Veränderte Fähigkeit der Sinne
- Nutzung von Hilfsmitteln zur Fortbewegung
- Nebenwirkungen von Medikamenten
- Sichere Umgebung (Beleuchtung, Betthöhe, freier Bettzugang)
- Rutschhemmende Schuhe
- Berücksichtigung der Erkenntnisse aus der Pflegeplanung und aus MDK-Einschätzung
- Konsequente Erstellung von Sturzprotokollen
- Dokumentation und Risikodokumentation

2: Sichern Sie immer, dass der Patient/Bewohner einen Alarm (Klingel) auslösen kann, dass Überwachungspatienten immer in Sichtweite sind, den sofortigen Zugang zum Bett, Einbeziehung der Angehörigen und freiheitsentziehende Maßnahmen nur im Notfall. Wenn es zu einem unvermeidbaren Sturz kam, fertigen Sie sofort ein Sturzprotokoll an.

► Beweislast, Freiheitsentziehende Maßnahmen, Haftung, Risikodokumentation, Standards, Sorgfaltspflicht

Transfusion

Die Transfusion ist eine dem Arzt vorbehaltene Tätigkeit und nicht auf Pflegepersonen delegierbar. Insbesondere gehören hierzu die Kreuzblutbestimmung, der Bedside-Test und das Anhängen der Transfusion. Pflegende übernehmen bei laufender Transfusion als mitwirkende und ausführende Kräfte die Überwachungs- und Beobachtungsverantwortung!

§ 15 Transfusionsgesetz (TFG)

Vom 01.07.1998 BGBl I, S. 1752, zuletzt geändert durch Art. 12 Gesetzes vom 17.07.2009 (BGBl I, S. 1990)

(1) Einrichtungen der Krankenversorgung, die Blutprodukte anwenden, haben ein System der Qualitätssicherung für die Anwendung von Blutprodukten nach dem Stand der medizinischen Wissenschaft und Technik einzurichten. Sie haben eine ärztliche Person zu bestellen, die für die transfusionsmedizinischen Aufgaben verantwortlich und mit den dafür erforderlichen Kompetenzen ausgestattet ist (transfusionsverantwortliche Person). Sie haben zusätzlich für jede Behandlungseinheit, in der Blutprodukte angewendet werden, eine ärztliche Person zu bestellen, die in der Krankenversorgung tätig ist und über transfusionsmedizinische Grundkenntnisse und Erfahrungen verfügt (transfusionsbeauftragte Person). Hat die Einrichtung der Krankenversorgung eine Spendeeinrichtung oder ein Institut für Transfusionsmedizin oder handelt es sich um eine Einrichtung der Krankenversorgung mit Akutversorgung, so ist zusätzlich eine Kommission für transfusionsmedizinische Angelegenheiten (Transfusionskommission) zu bilden.

(2) Im Rahmen des Qualitätssicherungssystems sind die Qualifikation und die Aufgaben der Personen, die im engen Zusammenhang mit der Anwendung von Blutprodukten tätig sind, festzulegen. Zusätzlich sind die Grundsätze für die patientenbezogene Qualitätssicherung der Anwendung von Blutprodukten, insbesondere der Dokumentation und des fachübergreifenden Informationsaustausches, die Überwachung der Anwendung, die anwendungsbezogenen Wirkungen und Nebenwirkungen und zusätzlich erforderliche therapeutische Maßnahmen festzulegen.

Beispiel

Fall: Blut verwechselt

Eine Krankenschwester wurde zu einer Geldbuße und Bewährung verurteilt mit der Feststellung, sie habe das von zwei Patienten in einem Zimmer entnommene Blut verwechselt. Der 73-jährige Patient hatte nach einer Hüftoperation daraufhin eine Blutkonserve mit der falschen Blutgruppe erhalten und war verstorben. Ein Bedside-Test war von den Ärzten nicht durchgeführt worden. Dennoch wurde neben dem leitenden Arzt und dem Assistenzarzt die Krankenschwester verurteilt aufgrund der kausalen Zuständigkeit durch die Blutentnahme und die vorgeworfene Verwechslung. In der Pflegedokumentation wurde zu der Zeit in der Abteilung nicht festgehalten, wer die Blutentnahme durchgeführt hatte, und so war der zweite Patient Belastungszeuge mit seinen Tagesaufzeichnungen, in denen er feststellte, welche Leistungen an ihm erbracht wurden.

Praxistipp

Beachten Sie die besondere Verantwortung des Arztes, wenn Blutprodukte zur Anwendung kommen. Auch das Anhängen einer zweiten Konserve ist eine erneute Verabreichung und muss durch den Arzt erfolgen.

► Ärztliche Anordnung, Aufgabenstellung, Delegation, Kooperation, Remonstration

Notizen für den Alltag

Verantwortung

Die Aufgabenstellung und rechtliche Würdigung in der Pflege erfolgt unter folgenden Kriterien:

Verantwortungsarten

Verantwortung im Pflegealltag

Im Pflegealltag kommt es immer wieder zu Unsicherheiten bezüglich der Verantwortungsbereiche unter rechtlichen Aspekten. Die Berufe der Alten-, Kranken- und Kinderkrankenpflege gelten im Sinne von Artikel 74 des Grundgesetzes, Abs. 1, Nr. 19 als »anderer Heilberuf«.

Grundlage für die Verantwortlichkeit sind das Altenpflegegesetz vom 25.08.2003 (BGBl I S.1690) und das Krankenpflegegesetz vom 16.07.2003 (BGBl I S. 1442). Diese Gesetze regeln die Erlaubnis zum Führen der Berufsbezeichnung und so auch jeweils zur Wahrnehmung der Aufgaben im Sinne der Ausbildungsziele (§ 3).

Die Aufgabenstellung und rechtliche Würdigung im Sinne der Haftung unterliegen den folgenden Kriterien:

Anordnungsverantwortung

Die Anordnungsverantwortung kommt primär in der ärztlichen Behandlung eines Patienten zum Tragen, sie liegt also beim Arzt. Dieser haftet strafrechtlich und zivilrechtlich für seine Entscheidung. Die Anordnungsverantwortung und -haftung treffen aber ebenso z. B. die Pflegedienstleitung oder Schichtleitung, die eine notwendige, vom Arzt übertragene angeordnete

Abb. 22. Verantwortung und Haftung

Maßnahme oder eine Maßnahme aus dem eigenverantwortlichen Aufgabenbereich der Pflege an einen nicht ausreichend qualifizierten Mitarbeiter überträgt. Der Arzt geht in seiner ursprünglichen Anordnung davon aus, dass die Ausführung durch eine qualifizierte Pflegeperson erfolgt. Anordnungen müssen schriftlich in der Dokumentation formuliert werden (Beweislast).

Im Sinne des BGB können der Pflegeperson nur solche Tätigkeiten übertragen werden, die ihr billigerweise zugemutet werden können (315 ff.).

Beispiel

Urteil 1: »Klare Unterscheidungen zwischen Einsatzbereichen von Fachkräften und ausgebildeten Helfern sind erforderlich und gesetzliche Regelungen zur Abgrenzung der Tätigkeiten notwendig« (BVG, Urteil vom 24.10.2002, AZ: 2BvF 1/01).

Urteil 2: Eine Heimleiterin wurde wegen Anstiftung zur Körperverletzung (§ 223 StGB) zu einer Geldstrafe von 80 Tagessätzen à € 30,- verurteilt. Sie hatte die Verabreichung einer subkutanen Injektion auf einen medizinisch-pflegerisch unerfahrenen Kfz-Mechaniker übertragen (LG Waldshut-Tiengen, AZ: 2 NS 13 Js 10959/99).

Hat die Pflegefachkraft bei der Übernahme einer Aufgabe Bedenken bezüglich der Versorgungsqualität, so muss sie diese schriftlich äußern, sonst trifft sie das **Übernahmeverschulden**. Im Sinne des BGB können der Pflegeperson nur solche Tätigkeiten übertragen werden, die ihr billigerweise zugemutet werden können (§§ 315 ff.).

Durchführungsverantwortung

Unter Durchführungsverantwortung ist zu verstehen, dass die Pflegeperson die volle Verantwortung für die Durchführung einer ärztlich angeordneten oder aufgrund der Pflegeeinschätzung notwendigen Maßnahme trägt. Jeweils zu beachten ist: Je höher die Qualifikation der Anordnenden gegenüber der durchführenden Pflegeperson, umso höher ist die Verantwortung. Würde z. B. von der Pflegedienstleitung angeordnet, dass ein Praktikant eine intramuskuläre Injektion verabreichen soll, so würde in diesem Falle die Durchführungsverantwortung bei der Pflegedienstleitung liegen, und es wäre bei einem Haftungsfall so, als wenn sie selbst die Spritze verabreicht hätte. Hat eine Pflegeperson Zweifel, eine angeordnete Leistung durchführen zu können, so muss sie dieses nachweislich mitteilen bzw. die Durchführung ablehnen (Remonstration).

Beispiel

Fall: Ein Arzt hat während einer Visite eine Infusion verordnet und die Stationsschwester die Delegation auf sich genommen. Sie überträgt die Ausführung auf eine Schülerin des ersten Ausbildungsjahres. In diesem Fall trifft bei einer Schädigung des Patienten für die Stationsschwester neben dem Übernahmeverschulden auch die Anordnungs- und Durchführungsverantwortung zu.

Organisationsverantwortung

Die Organisationsverantwortung und -haftung liegt primär beim Träger der Einrichtung, geht aber über auf die Pflegedienstleitung für den gesamten Pflegedienst, auf die jeweilige Schichtleitung für die Einsatzplanung, so auch auf die Nachtwache. Zur Organisationsverantwortung zählt etwa, ausreichend qualifizierte Mitarbeiter für den aktuellen Pflegebedarf bereitzustellen.

Beispiel

Urteil 2: Leitungen sind juristisch verantwortlich

Für die unzureichende Versorgung von Pflegepatienten können auch Heimleiter strafrechtlich zur Verantwortung gezogen werden. Mit der Entscheidung bestätigten die Richter ein Urteil des LG Karlsruhe, das den ehemaligen Leiter eines Altenpflegeheims wegen fahrlässiger Körperverletzung zu einer Geldstrafe in Höhe von € 900,- verurteilt hatte.

In dem Heim war eine 76-jährige Schlaganfallpatientin so schlecht gepflegt worden, dass sie vom Liegen einen Dekubitus bekam und im Krankenhaus behandelt werden musste. Die Pflegekräfte waren deshalb bereits wegen Körperverletzung rechtskräftig verurteilt worden. Das OLG begründete die strafrechtliche Verantwortlichkeit des Heimleiters u. a. damit, dass er durch sein Pflegepersonal ständig über den Zustand der Patientin informiert gewesen sei. Als direkter Vorgesetzter der Pflegekräfte trage er die Verantwortung. Spätestens bei Verschlechterung der Geschwürerkrankung hätte der Angeklagte ärztliche Hilfe holen müssen (OLG Karlsruhe, AZ: 1Ss 84/04).

Praxistipp

Es bedarf einer klaren Zuständigkeitsregelung, um ggf. die haftungsrechtliche Verantwortung zu klären. Hierzu dienen Stellenbeschreibungen, Dienstanweisungen, Standards und Befähigungsnachweise.

▶ Ärztliche Anordnung, Altenpflegegesetz, Aufgabenstellung, Delegation, Haftung, Krankenpflegegesetz, Remonstration

Verjährung

Pflegende haben in ihrer täglichen Arbeit darauf zu achten, dass Pflegedokumentationen sorgfältig archiviert werden und Standards sowie Dienstanweisungen für sie grundlegend sind. Bedeutend wird dieses nicht zuletzt bei Haftungsfragen bzw. der Verjährung.

Nach ständiger Rechtsprechung zur Verjährung ist der Wissensstand des Geschädigten oder, wenn dieser geschäftsunfähig ist, durch den gesetzlichen Vertreter über einen Behandlungsfehler entscheidend. Entscheidend für den Beginn der Verjährungsfrist ist auch die Kenntnis der anspruchbegründeten Tatsache und nicht der zutreffenden rechtlichen Würdigung. Deshalb setzt die Verjährungsfrist nicht ein, bevor nicht der Patient als medizinischer Laie Kenntnis von Tatsachen erlangt hat, aus denen sich ergibt, dass vom üblichen ärztlichen oder pflegerischen Vorgehen abgewichen wurde oder Maßnahmen nicht getroffen wurden, die nach ärztlichem bzw. pflegerischem Standard zur Vermeidung oder Beherrschung von Komplikationen erforderlich waren.

Laut Gesetz zur Modernisierung des Schuldrechtes ab 01.01.2002 beträgt die regelmäßige Verjährungsfrist 3 Jahre (§ 195 BGB). Für den Medizin- und Pflegebereich gelten weiterhin 30 Jahre (§ 199 BGB).

Beginn der regelmäßigen Verjährungsfrist und Höchstfristen

(1) Die regelmäßige Verjährungsfrist beginnt mit dem Schluss des Jahres, indem

1. der Anspruch entstanden ist und
2. der Gläubiger von den Anspruch begründeten Umständen und der Person des Schuldners Kenntnis erlangt oder ohne große Fahrlässigkeit erlangen müsste.

Die strafrechtliche Verjährung (§ 78 SGB): Straftaten nach § 211 StGB (Mord) verjähren nicht. Nach § 78 Abs. 3 STGB liegen die Verjährungsfristen in Abhängigkeit der für die Tat vorgesehenen Höchststrafe zwischen 30 und 3 Jahren.

(2) Schadenersatzansprüche, die auf der Verletzung des Lebens, des Körpers, der Gesundheit oder der Freiheit beruhen, verjähren ohne Rücksicht auf ihre Entstehung und die Kenntnis oder grob fahrlässige Unkenntnis in 30 Jahren von der Begehung der Handlung, der Pflichtverletzung oder dem sonstigen, den Schaden auslösenden Ereignis an.

Beispiel

Fall: Der Schwiegervater einer Altenpflegerin liest zufällig die Fachzeitung seiner Schwiegertochter zum Thema Injektionstechniken. Nach der Lektüre wird ihm klar, dass seine zwischenzeitlichen Lähmungserscheinungen und das ständige Kribbeln im Oberschenkel mit einer falschen Applikation von mehreren intramuskulären Injektionen in den oberen äußeren Quadranten bei einer Krankenhausbehandlung vor mehr als 5 Jahren zusammenhängen könnten. Er macht Schadenersatz geltend, da er neben den Schmerzen zwischenzeitlich aus seinem Skatclub ausgeschlossen wurde. Da er ständig mit der Hand zum Oberschenkel griff, mutmaßten die Skatbrüder, dass er falsch spielt.

Beispiel

Urteil: Verjährung rechtlicher Ansprüche des Patienten nach Behandlungsfehlern

Im Arzt-Haftungsprozess beginnt die Verjährungsfrist deliktischer Ansprüche (3 Jahre) nicht, bevor nicht der Patient, als medizinischer Laie, Kenntnis von Tatsachen hat, aus denen sich ein Abweichen des Arztes vom ärztlichen Standard ergibt (BGH, Urteil vom 23.04.1991, VI ZR 161/90, Frankfurt/M.).

Praxistipp

Wenn es um die Verjährungsfristen von Schadenersatzansprüchen geht, beachten Sie, dass Sie zeitnah und standardrelevant dokumentieren, um bei einem Haftungsprozess die nach aktuellem Stand der Wissenschaft zu dem Zeitpunkt durchgeführten Maßnahmen belegen zu können. Wichtig ist bei der Dokumentation auch, dass Sie vermerken, warum eine Maßnahme, z. B. spezielle Situation des Patienten, nicht nach Standard durchgeführt werden konnte.

▶ Beweislast, Dokumentation

Notizen für den Alltag

Versicherungsschutz

Pflegende werden häufig mit zivilrechtlichen Schadenersatzhaftungsklagen konfrontiert, nicht nur in ihrem eigenverantwortlichen Aufgabenfeld, sondern vor allem auch wenn sie ärztliche Anordnungen ausführen. Hierbei geht es um die direkten Schadenersatzansprüche von Patienten/Bewohnern oder deren Angehörigen gegen die Pflegeperson oder gegen die Einrichtung aufgrund des geschlossenen Vertrages. Auch wenn der Träger der Einrichtung eine Haftpflichtversicherung für seine Mitarbeiter abgeschlossen hat, kann eine fehlerhaft handelnde Pflegeperson vom Arbeitgeber bzw. seiner Versicherung in Regress genommen werden (Arbeitnehmerhaftung). Viele Einrichtungen haben jedoch keine Haftpflichtversicherung für ihr Personal abgeschlossen.

Sowohl bei strafrechtlichen als auch bei zivilrechtlichen Verfahren entsteht unabhängig von der evtl. vom klagenden Patienten/Bewohner geforderten Schadenssumme für die Einrichtung oder verantwortliche Pflegekraft ein hoher finanzieller Aufwand. In den letzten Jahren haben die Regressansprüche gegen die Träger von Krankenhäusern und Altenheimen rasant zugenommen. Folge ist, dass entweder die Haftpflichtversicherung wegen des hohen Risikos oder der Träger wegen der hohen Prämie die Verträge kündigt. Es empfiehlt sich daher, für jede einzelne Pflegeperson eine eigene Rechtschutzversicherung und Berufshaftpflichtversicherung abzuschließen.

Bei der **Haftpflichtversicherung** wäre, ausgenommen Vorsatz, beispielhaft folgender Versicherungsschutz u. a. gewährleistet:

- Befriedigung begründeter Ansprüche insbesondere etwaiger Rückgriffsansprüche des Dienstherren
- Die Kosten einer von der Gesellschaft verlangten oder von ihr genehmigten Strafverteidigung
- Schäden am Eigentum der Dienststelle oder den Versicherten (Pflegeperson) anvertrauten Sachen
- Die Deckungssummen betragen beispielhaft:
  - für Personenschäden: € 5 Mio.
  - für Sachschäden: € 1 Mio.
  - für Vermögensschäden: € 55.000,-
  - und bei einigen Versicherungen auch das Risiko des Schlüsselverlusts

Mit einer **Rechtschutzversicherung** werden Arbeitsrecht, Strafrecht und Sozialrecht abgedeckt. Bei einigen Berufs- und Pflegeverbänden ist die Rechtsschutz- und Haftpflichtversicherung aufgrund der Gruppenversicherungsverträge im Rahmen des Mitgliedsbeitrags beinhaltet.

Beispiel

Fall: Eine Krankenschwester soll für die verspätete Reanimation einer Patientin verantwortlich sein. Der Ehemann der verstorbenen Frau fordert € 3 Mio. Schmerzensgeld und Schadenersatz mit der Begründung, dass seine Frau als Boutiquenbesitzerin diese Summe als Ergebnis in den folgenden 30 Jahren hätte erwirtschaften können.

Praxistipp

Erfragen Sie bei Ihrem Träger der Einrichtung, ob und wie die Haftpflichtversicherung für Mitarbeiter geregelt ist. Nutzen Sie zu Ihrer eigenen Sicherheit die Möglichkeit, eine Rechtschutz- und Berufshaftpflichtversicherung abzuschließen. Beachten Sie, dass bei dem versicherten Risiko auch die grobe Fahrlässigkeit berücksichtigt ist.

▶ Arbeitnehmerhaftung, Beweislast, Haftung, Verantwortung

Notizen für den Alltag

Vorsorgevollmacht

Mit der Patientenverfügung kann eine Vorsorgevollmacht an eine Vertrauensperson des Patienten übertragen werden. Die Vertrauensperson wird mit dieser Vollmacht dazu ermächtigt, den Patienten in all seinen Angelegenheiten zu vertreten, die er entsprechend festgelegt hat. Mit dieser Vollmacht soll eine vom Gericht angeordnete Betreuung vermieden werden. Sie bleibt auch bei Geschäftsunfähigkeit des Vollmachtgebers in Kraft. Die Vollmacht ist nur wirksam, solange die bevollmächtigte Person die Urkunde im Original vorlegen kann.

Die Vorsorgevollmacht ermächtigt den Bevollmächtigten im Rahmen seiner Patientenverfügung zur Umsetzung des Patientenwillens.

Inhalte der Vollmacht, die für die Pflegenden zu beachten sind:

Vorsorgevollmacht (Muster des Bundesministeriums der Justiz) – Auszüge

1. Gesundheitsvorsorge/Pflegebedürftigkeit
   - Sie darf in allen Angelegenheiten der Gesundheitssorge entscheiden, ebenso aber alle Einzelheiten einer ambulanten oder (teil-)stationären Pflege. Sie ist befugt, meinen in einer Patientenverfügung festgelegten Willen durchzusetzen.
   - Sie darf insbesondere in sämtlichen Maßnahmen zur Untersuchung des Gesundheitszustandes und in Heilbehandlungen einwilligen, auch wenn diese mit Lebensgefahr verbunden sein könnten oder ich einen schweren oder länger dauernden gesundheitlichen Schaden erleiden könnte. Sie darf die Einwilligung zum Unterlassen oder Beenden lebensverlängernder Maßnahmen erteilen.
   - Sie darf Krankenunterlagen einsehen und deren Herausgabe an Dritte bewilligen. Ich entbinde alle mich behandelnden Ärzte und nichtärztliches Personal gegenüber meiner bevollmächtigten Vertrauensperson von der Schweigepflicht.
   - Sie darf über meine Unterbringung mit freiheitsentziehender Wirkung (§ 1906 Abs. 1 BGB) und über freiheitsentziehende Maßnahmen (z. B. Bettgitter, Medikamente u. a.) in einem Heim oder in einer sonstigen Einrichtung (§ 1906 Abs. 4 BGB) entscheiden, solange dergleichen zu meinem Wohle erforderlich ist.

2. Behörden
   - Sie darf mich bei Behörden, Versicherungen, Renten- und Sozialversicherungsträgern vertreten.
3. Vermögenssorge
   - Sie darf mein Vermögen verwalten und hierbei alle Rechtshandlungen und Rechtsgeschäfte im In- und Ausland vornehmen, Erklärungen aller Art abgeben und entgegennehmen sowie Anträge stellen, abändern, zurücknehmen,
     a) über Vermögensgegenstände jeder Art
     b) Zahlungen und Wertgegenstände annehmen
     c) Verbindlichkeiten eingehen
   - Willenserklärungen bezüglich meiner Konten, Depots und Safes abgeben. Sie darf mich im Geschäftsverkehr mit Kreditinstituten vertreten.
   - Schenkungen in dem Rahmen vornehmen, der einem Betreuer rechtlich gestattet ist.

[...]

5. Post- und Fernmeldeverkehr
   - Sie darf die für mich bestimmte Post entgegennehmen und öffnen und über den Fernmeldeverkehr entscheiden. Sie darf alle hiermit zusammenhängenden Willenserklärungen (z. B. Vertragsabschlüsse, Kündigungen) abgeben.
6. Vertretung vor Gericht
   - Sie darf mich gegenüber Gerichten vertreten sowie Prozesshandlungen aller Art vornehmen.

[...]

8. Betreuungsverfügung
   - Falls trotz dieser Vollmacht gesetzliche Vertretung (»rechtliche Betreuung«) erforderlich sein sollte, bitte ich, die bezeichnete Vertrauensperson als Betreuer zu bestellen.

Die einzelnen Vollmachtsbereiche werden jeweils mit Ja oder Nein bestätigt.

Praxistipp

Lassen Sie sich die Vorsorgevollmacht (Urkunde) vorlegen und fügen Sie eine Kopie der Dokumentation bei.

▶ Betreuungsrecht, Patientenverfügung

Wertsachen

Aufbewahrung von Geld und Wertsachen

Der Träger der Einrichtung hat im Rahmen des Krankenhausaufnahmevertrages oder Heimvertrages eine nebenvertragliche Obhutspflicht und hiermit dafür Sorge zu tragen, dass Patienten bzw. Bewohner ihr Geld und ihre Wertsachen im Tresor des Hauses hinterlegen können. Wird in den allgemeinen Vertragsbedingungen (AVB) darauf hingewiesen, so ist ein Haftungsausschluss wirksam, falls Geld oder Wertsachen abhanden kommen, die im Patientenzimmer aufbewahrt wurden.

In Ergänzung der vertraglichen Regelung sind vom Träger Bestimmungen vorzugeben, wie mit Wertsachen des Patienten bei der Aufnahme verfahren wird: Im Allgemeinen sind die Wertsachen bei der Verwaltung in Verwahrung zu geben. Wenn der Patient dieses Verwahrungsangebot für seine Wertsachen nicht annimmt, so muss ihm der Haftungsausschluss schriftlich bewusst gemacht werden.

Bei Aufnahme von bewusstlosen oder dementen Patienten ist der Hinterlegungswunsch für die Wertsachen des Patienten vorauszusetzen, und so sind die Gegenstände durch den aufnehmenden Arzt oder die aufnehmende Pflegeperson im Sinne der Geschäftsführung ohne Auftrag in die Verwaltung des Hauses zu bringen.

Beispiel

Fall 1: Eine Bewohnerin im Altenheim, zeitweise verwirrt, behauptet, dass eine Altenpflegerin ihr ganzes Bargeld (€ 1.500,-) aus dem Zimmer entwendet hat. Eine Kollegin bezeugt, dass die Altenpflegerin längere Zeit allein im Zimmer der Bewohnerin war. Die Angehörigen stellen Strafanzeige wegen Diebstahls, der Arbeitgeber entlässt die Altenpflegerin fristlos.

Fall 2: Der Mitarbeiter hebt mit entsprechender Einzelvollmacht € 100,- mit der EC-Karte des Versicherten und der übermittelten PIN ab. Er gibt das Geld dem Patienten und lässt sich dies nicht gegenzeichnen. Nach einer Woche behauptet der Patient, er hätte das Geld nie erhalten. Der Pflegedienst kann nicht nachweisen, dass er das Geld übermittelt hat und haftet damit zivilrechtlich für den Schaden und ist auch strafrechtlich verantwortlich, denn der Sachverhalt erfüllt den Strafbestand des Betruges bzw. Unterschlagung.

Urteile, die diese Regelung untermauern:
- OLG Karlsruhe, 06.11.1974 – 1U 97/74
- LG Berlin, 23.01.1978 – 52, S 296–77
- OLG Hamburg, 29.09.1989 – 1U 29/89
- LG Nürnberg/Fürth, 21.01.1993 – 40 84 27/92

Auszug aus dem Strafgesetzbuch

§ 242 Diebstahl

(1) Wer eine fremde bewegliche Sache einem anderen in der Absicht wegnimmt, die Sache sich oder einem Dritten rechtswidrig zuzueignen, wird mit Freiheitsstrafe bis zu fünf Jahren oder mit Geldstrafe bestraft.

§ 243 Besonders schwerer Fall des Diebstahls

In besonders schweren Fällen wird der Diebstahl mit Freiheitsstrafe von drei Monaten bis zu zehn Jahren bestraft. Ein besonders schwerer Fall liegt in der Regel vor, wenn der Täter

[...]

6. stiehlt, indem er die Hilflosigkeit einer anderen Person, einen Unglücksfall oder eine gemeine Gefahr ausnutzt

Praxistipp

Weisen Sie den Patienten bzw. Bewohner oder seinen Betreuer bei Aufnahme unbedingt darauf hin, dass die Wertsachen gegen Empfangsquittung in der Verwaltung aufbewahrt werden, da Sie sonst keine Verantwortung übernehmen können. Kommt es dennoch zu einem Diebstahl, so wird dieser im Sinne des § 242 Strafgesetzbuch geahndet.

Notizen für den Alltag

Wundmanagement

Dekubitus, diabetischer Fuß und Ulcus cruris sind oftmals chronische Wunden, die einer besonderen Wundversorgung durch Ärzte und Pflegende bedürfen.

Schätzungsweise leiden rund 4 Mio. Menschen in Deutschland an chronischen Wunden. Eine 2009 veröffentlichte Studie der Hamburger Rechtsmedizin zeigte, dass 2008 nach Untersuchungen von 8518 Verstorbenen ab dem 60. Lebensjahr, 3,3% einen Dekubitus 3. und 4. Grades aufwiesen. Davon waren 38,3% im Krankenhaus, 32,5% in Pflegeheimen und 22,5% im privaten Bereich verstorben. Die fachgerechte Versorgung stellt große Herausforderungen an Pflegekräfte dar. Ziel ist die optimale, am aktuellen Stand der Wissenschaft orientierte Versorgung und die Vermeidung von Komplikationen. Insbesondere der Dekubitus stand in den letzten Jahren im Mittelpunkt der Medienberichterstattung, weil es in der Vorbeugung und Wundversorgung zu Pflegefehlern kam.

Schadenersatzansprüche des Patienten oder seiner Krankenkasse entstehen, wenn

- die durchgeführte Prophylaxe und die Maßnahmen nicht nach aktuellem Stand der Wissenschaft erfolgten,
- die Dokumentation nicht zeitnah und umfangreich ausgeführt wurde,

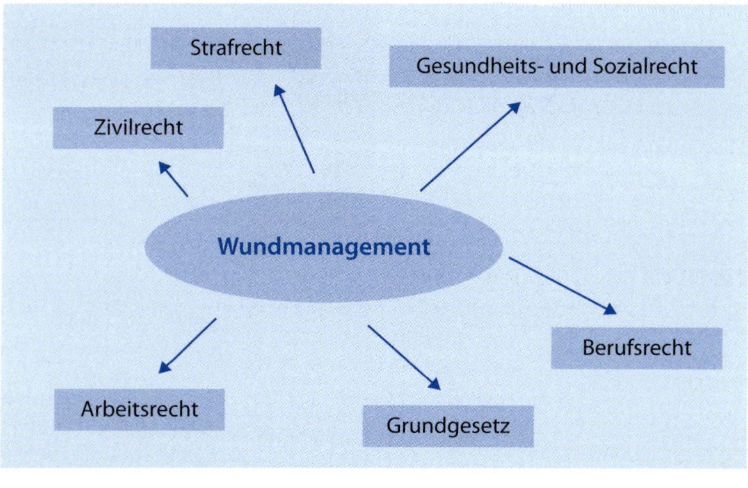

Abb. 23. Wundmanagement

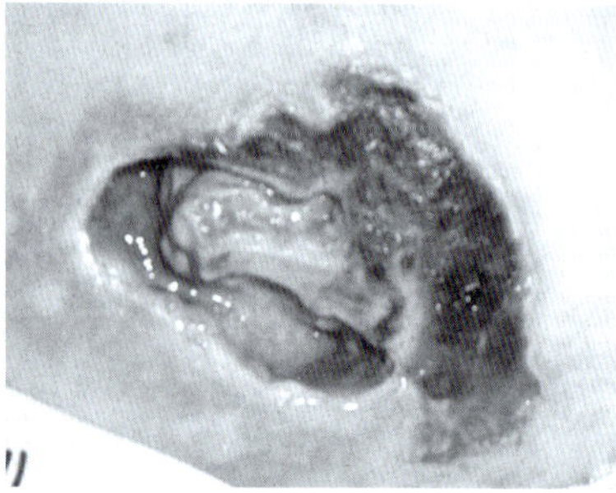

Abb. 24. Eingewachsene Kompresse
(Veronika Gerber, Aurich)

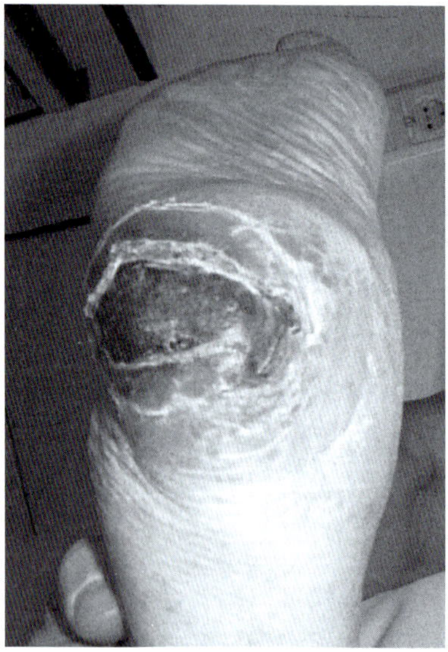

Abb. 25. Dekubitus an der Ferse
(Veronika Gerber, Aurich)

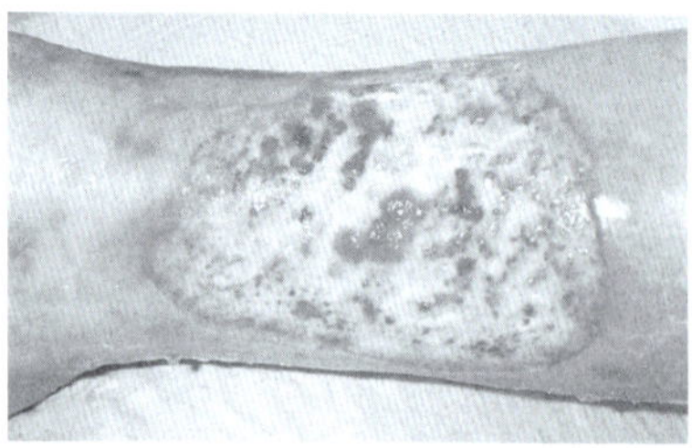

Abb. 26. Ulcus cruris
(Veronika Gerber, Aurich)

- von bestehenden Standards abgewichen und dieses nicht begründet wurde,
- die Dekubitusgefahr nicht anhand einer Risikoskala erhoben und dokumentiert wurde,
- der Dekubitus erkannt, aber nicht dokumentiert wurde.

Das Wundmanagement unter Vorgabe, Beobachtung, Durchführung und Dokumentation dient der Qualitätssicherung und gegenüber Kostenträgern, MDK sowie vor Gericht als Beweismittel.

Der Expertenstandard »Pflege von Menschen mit chronischen Wunden« des Deutschen Netzwerkes für Qualitätsentwicklung in der Pflege (DNQP) sieht folgende Kriterien der Ergebnisqualität vor:

- **E1:** Eine Dokumentation enthält differenzierte Aussagen zu den Punkten:
  - Mobilitäts- und andere Einschränkungen, Schmerzen und Wundgeruch, Exsudat, Ernährungsstatus, psychische Verfassung;
  - Wissen des Patienten/Bewohners und seiner Angehörigen über Ursachen und Heilung der Wunde sowie Selbstmanagementkompetenzen;
  - Spezifische, medizinische Wunddiagnose, Rezidivzahl, Wunddauer, -lokalisation, -größe, -rand, -umgebung, -grund und Entzündungszeichen
- **E2:** Ein individueller, alltagsorientierter Maßnahmenplan, der die gesundheitsbezogenen Selbstmanagementkompetenzen des Patienten/Bewohners und seiner Angehörigen berücksichtigt, liegt vor.
- **E3:** Die koordinierten und aufeinander abgestimmten Maßnahmen sind sach- und fachgerecht umgesetzt. Ihre Durchführung und Wirkung sind fortlaufend dokumentiert. Der Patient/Bewohner und seine Angehörigen erleben die aktive Einbindung in die Versorgung positiv.
- **E4:** Der Patient/Bewohner und seine Angehörigen kennen die Ursache der Wunde sowie die Bedeutung der vereinbarten Maßnahmen und sind über weitere Unterstützungsmöglichkeiten informiert. Sein gesundheitsbezogenes Selbstmanagement ist entsprechend seiner individuellen Möglichkeiten gefördert.
- **E5:** Anzeichen für eine Verbesserung der Wundsituation oder der durch die Wunde hervorgerufenen Beeinträchtigungen der Lebensqualität liegen vor. Änderungen im Maßnahmeplan sind dokumentiert.

! Die Standards sollten auch eine Negativliste von Präparaten enthalten, die nach Stand der Wissenschaft falsch oder gefährlich sind, z. B. Melkfett, Zinkpräparate.

Bei der Dokumentation einer Wunde sind u. a. zu berücksichtigen:

- Wundart
- Lokalisation
- Größe (in cm^2, Stadium, evtl. Tiefe)
- Wundbeschaffenheit
- Infektionszeichen und Wundumgebung
- Befunderhebung
- Anordnungs- und Durchführungsnachweis
- Veränderung und Planung neuer Maßnahmen

Die Wunddokumentation muss aus einem schriftlichen und einem fotografischen Teil bestehen.

Beispiel

Urteil 1: Die Fotografie einer Wunde ist für die Therapie eine dringend erforderliche Grundlage. Nicht richtig fotografiert – nicht richtig therapiert! (OLG Köln, Urteil vom 04.08.1999, AZ: U 19/99)

Beispiel

Fall 1: Eine Krankenschwester soll auf ärztliche Anordnung zur Versorgung einer chronischen Wunde Insulinampullen verwenden. Sie verweigert die Durchführung, da sie diese Anordnung als nicht »state of the art« sieht. Der Arzt hingegen besteht auf die Umsetzung der Anordnung.

Fall 2: Der Pflegedienst hat lediglich einmal wöchentlich den Auftrag eine Patientin zu baden (kleine Pflege). Nach einem Schlaganfall der Patientin stellen die Angehörigen eine unausgebildete Helferin ein. Die Pflegefachkraft stellt drei Dekubitalgeschwüre fest, die Angehörigen unternehmen nichts.

Fall 3: Eine Pflegehilfskraft führt einen Verbandswechsel bei einer Bewohnerin mit mehreren Ulcera crurum durch. Sie wischt mit der sterilen Kompresse auf dem Wundgrund herum und benutzt dieselbe Kompresse für fünf weitere offene Stellen am Bein.

Verantwortungsebenen

Arzt Anordnungsverantwortung	Pflege Durchführungsverantwortung/ Übernahmeverschulden
§ Ordnungsgemäße Diagnose und Auswahl der wundtherapeutischen Maßnahme nach aktuellem Medizinstandard Ordnungsgemäße Delegation der Pflegemaßnahmen an qualifiziertes Pflegepersonal	§ Sach- und fachgerechte Durchführung der angewiesenen Maßnahmen nach Expertenstandard § Sorgfaltsmaßstab § Fähigkeit/Kenntnisse § Remonstration § Lückenlose Dokumentation Hinweis an den Arzt, dass angeordnete Maßnahme nicht zeitgemäß ist.

Abb. 27. Verantwortungsebenen

Beispiel

Urteil 2: Ein Pflegedienst sollte für eine Fußentzündung bei einer Patientin mit Diabetes verantwortlich gemacht werden. Es entstand ein Gangrän, das eine Notfallbehandlung erforderlich machte. Dem Pflegedienst wurde vorgehalten, die Veränderung am Fuß nicht rechtzeitig erkannt und falsch behandelt zu haben. Die Klage wurde abgewiesen (AG Neuss, Urteil vom 08.11.2000, AZ: 37C 7054/99).

Praxistipp

1: Bestehen Sie auf verbindliche Standards, die für alle Leistungserbringer gelten, und einen Wunddokumentationsbogen in Ihrer Einrichtung.
2: Nutzen Sie die Möglichkeit, sich zur Wundexpertin weiterzubilden.
3: Berücksichtigen Sie die Empfehlung der Kommission für Krankenhaushygiene und Infektionsprävention beim Robert-Koch-Institut.

▶ Dekubitus, Dokumentation, Haftung, Remonstration, Risikodokumentation, Standards

Zeugnis

Das Zeugnis ist Inhalt vieler arbeitsrechtlicher Auseinandersetzungen. Nachstehend sind die wesentlichen Grundlagen für das Recht auf und die Form von Zeugnissen zusammengefasst.

Anspruch auf ein Arbeitszeugnis

Jeder Arbeitnehmer und jeder Auszubildende hat bei Beendigung des Arbeits- oder Ausbildungsverhältnisses einen Rechtsanspruch auf ein schriftliches Arbeitszeugnis. Anspruchsgrundlage hierzu ist § 630 des Bürgerlichen Gesetzbuches (BGB). Dieser Anspruch ist auch durch das Tarifrecht im BAT, § 61, und in den AVR, § 20, geregelt. Der Arbeitgeber ist verpflichtet, ein vom Arbeitnehmer gefordertes Zeugnis unverzüglich auszustellen. Eingeräumt wird hierbei die Zeit, die er benötigt, um die unmittelbaren Vorgesetzten über Leistung und Führung des Arbeitnehmers zu befragen. Vorliegende Mitarbeiterbeurteilungen müssen in die Beurteilung einbezogen werden.

§ 630, BGB

Bei der Beendigung eines dauernden Dienstverhältnisses kann der Verpflichtete von dem anderen Teile ein schriftliches Zeugnis über das Dienstverhältnis und dessen Verlauf fordern. Das Zeugnis ist auf Verlangen auf die Leistung und die Führung im Dienste zu erstrecken.

§ 61, BAT

(1) Bei Kündigung hat der Angestellte Anspruch auf unverzügliche Ausstellung eines vorläufigen Zeugnisses über Art und Dauer seiner Tätigkeit. Dieses Zeugnis ist bei Beendigung des Arbeitsverhältnisses sofort gegen ein endgültiges Zeugnis umzutauschen, das sich auf Antrag auch auf Führung und Leistung erstrecken muss.

(2) Der Angestellte ist berechtigt, aus triftigen Gründen auch während des Arbeitsverhältnisses ein Zeugnis zu verlangen.

(3) Auf Antrag ist dem Angestellten bei Beendigung des Arbeitsverhältnisses eine Bescheinigung über die Vergütungsgruppe und über die zuletzt bezogene Grundvergütung auszuhändigen.

Beispiel

Urteil 1: Ein fristgerecht entlassener Arbeitnehmer hat spätestens mit Ablauf der Kündigungsfrist oder bei seinem tatsächlichen Ausscheiden Anspruch auf ein Zeugnis über Führung und Leistung und nicht lediglich auf ein Zwischenzeugnis. Das gilt auch dann, wenn die Parteien in einem Kündigungsschutzprozess über die Rechtmäßigkeit der Kündigung streiten (BAG, Urteil vom 27.02.1987, 5 AZR 710/85).

Der Anspruch des Arbeitnehmers auf ein vorläufiges Zeugnis vom Arbeitgeber besteht mit dem Zeitpunkt der Kündigung. Mit dem vorläufigen Zeugnis soll der Arbeitnehmer eine Unterstützung zur erfolgreichen Bewerbung bei einem neuen Arbeitgeber erfahren. Bei dem Anspruch ist es unerheblich, ob der Arbeitnehmer eine Vollzeit- oder Teilzeitbeschäftigung eingenommen hat. Auf Wunsch eines Arbeitnehmers ist ihm auch ohne Kündigung ein Zwischenzeugnis auszustellen, wenn er hierfür einen triftigen Grund, z. B. Bewerbung um einen neuen Arbeitsplatz oder den Wechsel seiner für ihn zuständigen Leitung, die ihn beurteilen kann, angibt.

Die theoretische Anspruchszeit auf Ausstellung eines Zeugnisses beträgt nach dem BGB, § 195, 30 Jahre. Bei einem Verlust des ausgestellten Zeugnisses kann normalerweise eine Zeugniskopie erstellt werden, da die Personalakten ebenfalls 30 Jahre aufgehoben werden müssen.

Zeugnisformen

Einfaches Zeugnis

Das einfache Zeugnis enthält lediglich die Bestätigung des Arbeitgebers über die Art und Dauer der Beschäftigung mit dem Ziel, dass ein Dritter sich darüber ein Bild machen kann, wo und wie der Arbeitnehmer beschäftigt war. Beim einfachen Zeugnis ist es Zweck, dem Arbeitnehmer beim Arbeitsplatzwechsel einen lückenlosen Nachweis über seine bisherigen fachspezifischen Tätigkeiten zu ermöglichen.

Beispiel

Urteil 2: Eine Beurteilung von Führung und Leistung ist im einfachen Zeugnis unzulässig. Im einfachen Zeugnis dürfen Beendigungsgrund und -art nicht erwähnt werden, sondern sind nur auf Verlangen des Arbeitnehmers aufzunehmen (LAG Düsseldorf, Urteil vom 22.01.1988, AZ: 2SA 165/84).

Qualifiziertes Zeugnis

Das qualifizierte Zeugnis beinhaltet neben den Merkmalen des einfachen Zeugnisses zusätzlich die Beurteilung der Leistung und der Führung des Arbeitnehmers. Der Arbeitgeber muss hierbei den Grundsatz der Wahrhaftigkeit und im Hinblick auf den Arbeitnehmer des Wohlwollens beachten. Bei der leistungsbezogenen Bewertung ist eine Orientierung an der Aufgabenstellung der Pflege im Sinne des § 3 Altenpflege- und Krankenpflegegesetz sowie an vorhandenen Stellenbeschreibungen und Tätigkeitsmerkmalen hilfreich. Hier sind u. a. die eigenverantwortlichen und mitwirkenden Bereiche formuliert.

Bei der Leistungsbeurteilung sind Standardformulierungen zum Begriff »Zufriedenheit« als Gesamtbeurteilung des Arbeitnehmers üblich (Tab. 1).

Tab. 1. Leistungsbeurteilung

Formulierung	Wertung
Vollste Zufriedenheit	Sehr gute Leistung
Stets zur vollen Zufriedenheit	Gute Leistung
Zu unserer vollen Zufriedenheit	Befriedigende Leistung
Zu unserer Zufriedenheit	Ausreichende Leistung
Im Großen und Ganzen zu unserer Zufriedenheit	Mangelhafte Leistung
Hat sich bemüht, seine Arbeit zu unserer Zufriedenheit zu erledigen	Völlig ungenügende Leistung

Im Bereich der Führung sind folgende Formulierungen und Wertungen üblich (Tab. 2).

Tab. 2. Leistungsbeurteilung (Führungsverantwortung)

Formulierung	Wertung
Sehr vorbildlich	Sehr gut
War vorbildlich	Gut
War stets einwandfrei	Voll befriedigend
War einwandfrei	Befriedigend
War ohne Tadel	Ausreichend
Gab zu keiner Klage Anlass	Mangelhaft
Nichts Nachteiliges über sein Verhalten bekannt geworden	Unzureichend

Beispiel

Urteil 3: Bei der Erteilung eines qualifizierten Zeugnisses hat der Arbeitgeber sowohl das Gebot der Wahrheitspflicht als auch die Verpflichtung zu beachten, das berufliche Fortkommen des Arbeitnehmers nicht unnötig zu erschweren. Diese Grundsätze sind auch bei der Angabe des Beendigungstatbestandes im Zeugnis zu beachten (LAG Düsseldorf, Urteil vom 22.01.1988, 2 Sa 1654/87).

Dank und Zukunftswünsche

Es ist üblich, Zeugnisse mit Dankbezeugungen und Wünschen für die Zukunft zu beenden. Dieses ist zwar nicht zwingend erforderlich. Das Fehlen würde aber zu Missverständnissen führen, da diese geübte Höflichkeitsform die Anerkennung des Arbeitgebers gegenüber dem Arbeitnehmer bescheinigt. Gleichfalls kann dieses auch in dem Bedauern über den Verlust anlässlich des Ausscheidens kundgetan werden.

Beispiel

Urteil 4: Ein Arbeitnehmer hat keinen Anspruch darauf, dass in einem ihm ausgestellten qualifizierten Arbeitszeugnis die Formel: »Wir wünschen ihr für die Zukunft alles Gute und viel Erfolg« enthalten ist (ArbG Bremen, Urteil vom 11.02.1992, 4a Ca4168/91).

Unterschrift

Zeugnisse werden üblicherweise von den leitenden Mitarbeitern unterschrieben, die beim Arbeitgeber die Personalhoheit haben. Wenn die Pflegedienstleitung selbständig Personaleinstellungen vornimmt, so ist sie in der Regel auch berechtigt, Zeugnisse auszustellen und zu unterschreiben. Es ist durchaus üblich, dass ein Verwaltungs- bzw. Personalleiter mit unterzeichnet.

Datum

Beispiel

Urteil 5: Zeugnisse müssen ein Ausstellungsdatum tragen. Wird ein Zeugnis auf Wunsch des Arbeitnehmers aufgrund eines gerichtlichen Vergleichs oder Urteils berichtigt, so muss das berichtigte Zeugnis das Datum des ur-

▼

sprünglichen Zeugnisses, dessen Berichtigung verlangt wird, erhalten (LAG Bremen, Urteil vom 23.06.1989, 4 Sa 320/88).

Urteil 6: Ein vom Arbeitgeber berichtigtes Zeugnis ist auf das ursprüngliche Ausstellungsdatum zurückzudatieren, wenn die verspätete Ausstellung nicht vom Arbeitnehmer zu vertreten ist (BAG, Urteil vom 09.09.1992, 2 AZR 509/91).

Zustellung des Zeugnisses

Beispiel

Urteil 7: Der Arbeitgeber muss dem Arbeitnehmer das Zeugnis nicht zusenden. Juristisch handelt es sich hier um eine Holschuld, in der vom Arbeitgeber das Zeugnis zur Abholung bereitgehalten werden muss. Grundsätzlich muss der Arbeitnehmer seine Arbeitspapiere, zu denen auch das Arbeitszeugnis gehört, beim Arbeitgeber abholen.
Nach § 242 BGB kann der Arbeitgeber im Einzelfall gehalten sein, dem Arbeitnehmer das Arbeitszeugnis nachzuschicken (BAG, Urteil vom 08.03.1995, 5 AZR 848/93).

Krankheit

Beispiel

Urteil 8: Ein Hinweis auf eine Erkrankung darf im Zeugnis nicht enthalten sein, da dieses den Arbeitnehmer während des ganzen Berufslebens belasten würde (LAG Chemnitz, Urteil vom 30.01.1996, SA 996/95).

Anspruch auf Schadenersatz

Zivilrechtlich kann der Zeugnisaussteller für den Schaden eines ehemaligen Mitarbeiters beim neuen Arbeitgeber durch Schlechtleistung verantwortlich gemacht werden, wenn das Zeugnis nicht der wahren Leistung des Arbeitnehmers entsprochen hat. Der Arbeitnehmer kann seinen Anspruch auf Erteilung eines Zeugnisses gerichtlich durchsetzen, wenn der Arbeitgeber das Zeugnis nicht oder nicht rechtzeitig aushändigt.

Beispiel

Urteil 9: Auf Wunsch des Arbeitnehmers ist der Arbeitgeber Dritten gegenüber zur Auskunft über die Leistungen und sein Verhalten im bisherigen Arbeitsverhältnis verpflichtet. Verletzt der Arbeitgeber diese seine nachvertragliche Pflicht rechtswidrig und schuldhaft, macht er sich gegenüber dem Arbeitnehmer schadensersatzpflichtig (LAG Berlin, Urteil vom 08.05.1989, 9 Sa 21/89).

Ein Zurückbehaltungsrecht am Zeugnis durch den Arbeitgeber wegen anderer Ansprüche gegen den Arbeitnehmer, z. B. Gehaltsüberzahlungen, besteht nicht.

Praxistipp

Bei der Ausstellung von Zeugnissen müssen Sie das Wahrheitsgebot beachten, da unter Umständen Schadenersatzverpflichtungen gegenüber nachfolgenden Arbeitgebern Ihres Mitarbeiters erwachsen können. Sollten Sie sich mit dem Zeugnis des Arbeitgebers ungerecht bewertet fühlen, so müssen Sie dagegen Widerspruch einlegen.

Notizen für den Alltag

Literatur

Aktionsbündnis Patientensicherheit e.V., Empfehlungen zur Einführung von Critical Incident Reporting System 12/07
Aktionsbündnis Patientensicherheit e.V., Handlungsempfehlungen zur Sicherung der Patientenidentifikation 03/08
Aktionsbündnis Patientensicherheit e.V., Aus Fehlern lernen 28.02.08
Bildungskonzept des Deutschen Bildungsrates für Pflegeberufe, ADS und DBfK, Das Krankenhaus. Göttingen/Eschborn 1993
Böhme H (1991) Das Recht des Krankenpflegepersonals, Teil II Haftungsrecht, 3. Auflage. Kohlhammer, Stuttgart
Böhme H (1996) Heilberufe 48, Heft 8, S. 53
Böhme H, Haftungsfragen und Pflegeversicherungsgesetz; Kuratorium Deutsche Altershilfe
Brodehl R (1993) Die Schwester/Der Pfleger 32. Jg. 4; Biblomed
Bundesgesundheitsblatt September 2005. Springer, Heidelberg
Bundesministerium für Familie, Senioren, Frauen und Jugend
Bundesministerium für Gesundheit (2006) Broschüre »Charta der Rechte hilfe- und pflegebedürftiger Menschen« Berlin
Bundesdrucksache 210/08
Das Personal-Büro, Arbeitsrecht, Rudolf Haufe, Freiburg
Debong B, Andreas M, Sigmund-Schulze G (1992) Karlsruhe. In: Die Schwester/Der Pfleger 31. Jg. 4
Debong B, Andreas M (1994) Die Schwester/Der Pfleger 33. Jg. 4
Debong B, Andreas G, Sigmund-Schulze G (2003) Die Schwester/Der Pfleger 06, Biblomed
Debong B, Andreas G, Sigmund Schulze G (1991) Die Schwester/Der Pfleger 30, Jg. 5, Biblomed
DeCoite Friederike, Offenburg
DPV (2006) Leitfaden zur Umsetzung der nationalen Expertenstandards in der Pflege
Ehlers, Ehlers und Partner Newsletter 08.02.07
Endopraxis 1/92, Ein Unglück kommt selten allein. W. Rösch
Expertenstandard Dekubitusprophylaxe in der Pflege (2004) 2. Auflage, Entlassungsmanagement in der Pflege, (2002), Schmerzmanagement in der Pflege, (2003), Sturzprophylaxe in der Pflege, (2004), Deutsches Netzwerk für Qualitätsentwicklung in der Pflege, Fachhochschule Osnabrück
Felme E (1995) Das Krankenhaus 10
Goberg O (1993) Altenheim 9; S. 720–721
Großkopf V, Klein H (2002) Krankenpflege und Recht, Spitta 2. vollst. überarbeitete und aktualisierte Ausgabe
Heinzmann A et al. (2000) Dtsch. med. Wschr. 125. Georg Thieme, Stuttgart New York, 45–51
Höfert R (2010) Heilberufe 03, Urban & Vogel, München. S. 54/55
Höfert R (2010) Heilberufe 01, Urban & Vogel, München. S. 42/43
Höfert R (2009) Heilberufe 10, Urban & Vogel, München. S. 57/58
Höfert R (2007) Heilberufe 09, Urban & Vogel, München
Höfert R (2007) Heilberufe 09, Urban & Vogel, München. S. 52
Höfert R (2007) Heilberufe 06, Urban & Vogel, München. S. 56

Höfert R (2007) Heilberufe 04, Urban & Vogel, München, S. 46
Höfert R (2007) Heilberufe 01, Urban & Vogel, München. S. 48
Höfert R (2006) Heilberufe 10, Urban & Vogel, München. S. 48
Höfert R (2005) Heilberufe 01, Urban & Vogel, München. S. 41, 43, 44
Höfert R (2004) Heilberufe 02, Urban & Vogel, München. S. 35
Höfert R (2004) Heilberufe 04, Urban & Vogel, München. S. 35
Höfert R (2004) Heilberufe 05, Urban & Vogel, München. S. 43
Höfert R (2004) Heilberufe 07, Urban & Vogel, München. S. 59
Höfert R (2004) Heilberufe 08, Urban & Vogel, München. S. 49
Höfert R (2004) Heilberufe 09, Urban & Vogel, München. S. 53
Höfert R (2004) Heilberufe 11, Urban & Vogel, München. S. 53
Höfert R (2004) Heilberufe 10, Urban & Vogel, München. S. 53
Höfert R (2003) Heilberufe 08, Urban & Vogel, München. S. 49
Höfert R (2003) Heilberufe 09, Urban & Vogel, München. S. 47
Höfert R (2003) Heilberufe 11, Urban & Vogel, München. S. 47
Höfert R (1999) Heilberufe 51, Urban & Vogel, München. Heft 2
Höfert R (1999) Heilberufe 51, Urban & Vogel, München. Heft 4
Höfert R (1998) Heilberufe 50, Urban & Vogel, München. Heft 4
Höfert R, Großkopf, Heilberufe 08/04. Urban & Vogel, München
Höfert R, Dekubitus. Auch die Kostenträger stehen in der Verantwortung, Pflegen Ambulant
Höfert R, High-Tech-Medizin und Pflege
Höfert R, Pflegerecht im Spiegel der Praxis
Höfert R (1998) Pflegethema: Spannungsfeld Recht, Georg Thieme, Stuttgart
Höfert R, Meißner T (2008) Von Fall zu Fall – Ambulante Pflege im Recht. Springer, Heidelberg
Hoen JH (1995) Pflegezeitschrift, 3/95, Kohlhammer, Stuttgart
Horn T (1995) Tauglich für die Praxis – Anforderungen der Heimpersonalverordnung; Altenpflege 2; Vincentz. S. 109–112
ICW, Initiative Chronische Wunden e.V., Uslar
JQB – Lutz Barth, Rechtssprechungsreport 2010
Jansen (Januar 1992) Schadenshaftung im Krankenhaus; Krankenhaustechnik
http://www.justiz-bayern.de, 10.03.2009
Kammerhoff U, Biblomed, Melsungen
Klie S (2004) Gesetze für Pflegeberufe, 8. Auflage. Nomos Verlagsgesellschaft, Baden-Baden
Kreuels/Dreßen 2005 Pflegen ohne Risiko, Wolters Kluwer Deutschland
Kriminologisches Institut Niedersachsen e.V., Januar 2007
Kolb C Nahrungsverweigerung bei Demenzkranken
http:///www.kostenlose-urteile.de, 07.04.2008
Landesärztekammer Baden-Württemberg, Gewalt gegen Alte. März 2010
Muschiol T (1995) Streit ums Arbeitszeugnis, Häusliche Pflege 6
Orlowski U, Wasen J: Gesundheitsreform 2004, Economica, Heidelberg
Positionspapier zur Kooperation von Ärzten und Pflegenden, Deutsches Ärzteblatt 91, Heft 9, 4. März 1994
ProCompliance: Dokumentierte Qualitätssicherung, Erlangen
Reinhard B (1993) Arbeitszeugnisse verstehen, Die Schwester/Der Pfleger 5

http:///www.rechtstipp.de, 20.01.2010
Sachverständigenrat zur Begutachtung der Entwicklung im Gesundheitswesen – Gutachten 2007, Juli 2007
Schell W (1995) Kinderkrankenschwester, 14. Jg., Nr. 4
Schell W (1993) Heilberufe, 45, Heft 1, Urban & Vogel, München
Schell W (1991) Heilberufe 43. Urban & Vogel, München
Schlichtner S (2001) Mein Recht als Patient. dtv/Nomos, Baden-Baden
Schneider A (1994) Rechts- und Berufskunde für die Fachberufe im Gesundheitswesen. Springer, Berlin Heidelberg New York
Schneider A, Zivilrechtliche Aspekte bei Hygienemängeln, Referat anlässlich des 2. Symposiums Infektionsverhütung
Siefarth T, http://www.ra-siefarth.de, 30.09.2009
Sträßner H, Ill-Groß M (2002) Das Recht der Stationsleitung, 2. Auflage. Kohlhammer, Stuttgart
http://www.t.anwaelte.de, 28.04.2010
TVÖD – Tarifvertrag für den öffentlichen Dienst
Ullrich, Heinzelmann, Pflegezeitschrift 08/03, W. Kohlhammer, Stuttgart
Universitätsklinikum Hamburg-Eppendorf, 08.07.2009
Universität Witten-Herdecke, Veröffentlichung, Bosch/Bienstein, 05.05.2004
http://www.wdr.de, 09.02.2010
Weiß T (2010) Recht in der Pflege. C.H. Beck, München
Wundfibel LBK Hamburg 09/03

Zeitungen und Zeitschriften

Altenheim 03/05, Vincentz
Altenpflege 11/04, Vincentz
Amtsblatt des Saarlandes vom 13.12.2007
Ärzte-Zeitung, 31.07.2000
Augsburger Allgemeine, 30.01.2003
Berliner Morgenpost, 04.06.2010
Bundesgesundheitsblatt 2009, 52-951-962 vom 20.08.2009
Care Konkret, Vincentz Network, 04.02.05
Care Konkret, Vincentz Network, 30.07.04
Care Konkret, Vincentz Network, 07.03.03
http://www.dailynet.de, 03.04.2007
Der Westen, Oberhausen, 02.10.2007
Dpa, 17.05.01
http://www.euskirchen-online.de, Kölner Stadtanzeiger, 21.01.2010
Frankfurter Rundschau, 11.04.1987
Geronto-News, Nr. 3/09, Mai 2009
GW Pflegerecht 1996
Häusliche Pflege, Vincentz Network 08/2004
HNA, Hessische Niedersächsische Allgemeine, 29.11.2000
Kölner Stadtanzeiger 05.09.2000

Mainzer Allgemeine Zeitung, 27.11.1996
Medical Tribune, 20.07.2010
Medizinprodukte-Recht MPG, Biblomed, Melsungen
Medizinrecht; 1987, 192
Neue Juristische Wochenzeitung NJW, 1985, 685 L
Neue Juristische Wochenzeitung NJW, 1984, 1403
Neue Juristische Wochenzeitschrift NJW 1980, 1903 ff.
NJW 1999, 3642
Österreichische Krankenpflegezeitschrift, 01/1991, 44. Jahrgang
Pflege Aktuell 12/04
Pflege Intern 13.07.05
Pflege- und Krankenhausrecht 03/98
Pflegekonkret, DPV, 06/05
Pflegen Ambulant 10. Jg. 1/99
Pflegerecht Oktober 1996
Pressemitteilung BAG Nr. 25/06
Rhein-Zeitung, 14.07.2010
http://www.rp-online.de, 24.04.2010
http://www.sueddeutsche.de, 11.08.2008
http://www.suedkurier.de, 03.12.2008
http://www.taz.de, 08.05.2009
Union Versicherungsdienst GmbH, Infodienst 03/2003, 02/2001, 04/1997, 01/1991
Versicherungsrecht, Zeitschrift für Versicherungsrecht 2004, Heft 36
Versicherungsrecht, Zeitschrift für Versicherungsrecht, 18.07.1997
Versicherungsrecht, Zeitschrift für Versicherungsrecht 1990, 385 L
Versicherungsrecht, Zeitschrift für Versicherungsrecht 1990; 385
Versicherungsrecht, Zeitschrift für Versicherungsrecht 1988, 1076

Urteile und Gesetzestexte

Bundesgerichtshof (BGH), Urteil vom 18.03.1980, veröffentlicht in: Neue juristische Wochenschrift 1980, S. 1903 ff.
Bundessozialgerichtsurteil (BSG), Urteil vom 27.11.1986, Aktenzeichen 2 RU 10/86
Bundesministerium der Justiz, Betreuungsrecht, 10/03
Das Neue Betreuungsrecht – Das Bundesministerium der Justiz informiert; Ausgabe Dezember 1992
Hessisches Sozialministerium, Erlass vom 23.11.1990
Nationale Konferenz zur Einrichtung von Pflegekammern 2002
Rechtsdepesche für das Gesundheitswesen 03/2007
Rechtsdepesche für das Gesundheitswesen 05/06/2005
Rechtsdepesche für das Gesundheitswesen 06/2004
Rechtsdepesche für das Gesundheitswesen 01/2004
Rechtsdepesche für das Gesundheitswesen 05/2004

Stichwortverzeichnis

A

B

C

D

E

F

G

H

L

M

N

O

P

Q

R

S

T

U

V

W

Z